BRAMBLE

Meng Xi Shi

Thousand Autumns

1

TIEFER FALL

Übersetzt von
Babsi Schwarz

BRAMBLE

Besuche uns im Internet:
www.bramblebooks.de
Instagram: @bramble_verlag
TikTok: @bramble_verlag

MIX
Papier | Fördert gute Waldnutzung
FSC® C014496

Deutsche Erstausgabe März 2025
Published originally under the title of »千秋«

German edition arranged through JS Agency Co., Ltd.
Redaktion: Catherine Beck
Beratung: Luise Renner
Covergestaltung: © Guter Punkt, München, nach einer
Vorlage des Originalumschlags von © Me.Mimo
Illustrationen Umschlag, Innenteil und Doppelseite auf Vorsatz: Me.Mimo
Illustrations © 2023 Seven Seas Entertainment, Inc.
Vorsatz Bonusillustration: Furifuricchin
Landkarte: Peter Palm
Postkarte: Butchinelle
Schriftrolle im Innenteil: RoMashkaVector / Shutterstock.com
Satz: Daniela Schulz, Gilching
Druck und Bindung: GGP Media GmbH, Pößneck
ISBN 978-3-426-56368-7

2 4 5 3 1

Törichter A-Qiao,
wann war ich je gut zu dir?

Meng Xi Shi

FIGUREN

Ein ausführliches Verzeichnis mit mehr Informationen über die Figuren befindet sich im Glossar am Ende des Buches.

Xuandu-Berg (Daoistische Schule)
Shen Qiao
Yu Ai
Qi Fengge (ehemaliger Anführer, verstorben)

Huanyue-Schule (Dämonische Schule)
Yan Wushi
Yu Shengyan
Bian Yanmei

Hehuan-Schule (Dämonische Schule)
Bai Rong
Huo Xijing
Yuan Xiuxiu

Tiantai-Schule (Buddhistische Schule)
Xueting (ehemaliges Mitglied)

Linchuan-Akademie (Konfuzianische Schule)
Ruyan Kehui
Xie Xiang
Zhan Ziqian

Liuhe-Gilde
Yun Fuyi
Dou Yanshan

Angehörige der Qi-Dynastie
Gao Wei (amtierender Kaiser von Qi)
Murong Qin
Mu Tipo

Angehörige der Zhou-Dynastie
Yuwen Yong (amtierender Kaiser von Zhou)
Puliuru Jian
Su Wei
Madame Qin

Göktürk-Khaganat
Kunye
Hulugu
Duan Wenyang

Chunyang-Kloster
Yi Pichen
Su Qiao
Li Qingyu

Weitere Figuren:
Tao Hongjing (Verfasser der Zhuyang-Strategien, verstorben)
Chen Gong (junger obdachloser Mann)
Cui Youwang (ehemaliger Meister der aufgelösten Riyue-Schule, verstorben)

JEDE GESCHICHTE BEGINNT …

Wenn du eine Geschichte schreiben würdest, wo würdest du sie ansiedeln? In einer prächtigen, fantastischen Welt wie Mittelerde aus *Der Herr der Ringe?* Oder angelehnt an die uns bekannte Welt wie bei *House of Cards,* die Menschlichkeit verborgen zwischen Wolkenkratzern und Hochhäusern?

Würdest du ihr all das geben, was die Welt wundervoll macht, oder sie mit schonungslosem Egoismus füllen, sowohl grausam als auch brutal?

Ich glaube, dass die Antwort im Herzen eines jeden Menschen selbst liegt. Selbst wenn wir ein einfaches und ödes Leben führen, können wir wunderschöne Szenen beschreiben, die so viel größer sind als all die Landschaften, die man in der Welt finden kann.

Thousand Autumns öffnet die Tür zu einer solchen Geschichte. Die beiden Hauptfiguren haben starke Persönlichkeiten, die absolute Gegenteile sind: Einer findet Freude daran, Menschen zu helfen, während der andere davon überzeugt ist, dass die menschliche Natur von Grund auf bösartig ist. Aber weil beide Figuren unglaublich stark sind, können sie sich gegenseitig nicht von ihren Standpunkten überzeugen. Es ist ihr Schicksal, in einem Funken sprühenden Knall aufeinanderzuprallen.

An meine lieben Lesenden: Ich bin dankbar, dass wir das Glück haben, uns zu begegnen. Ich bin dankbar, dass ihr diese Geschichte aufgeschlagen habt, um ins Jianghu des antiken Chinas zu reisen, um dort Zeuge von Ritterlichkeit und Blutvergießen zu werden und die Geschichte eines Mannes zu erleben, der vom Gipfel auf den tiefsten Grund seines Lebens hinabgestürzt ist. Der aus diesem Abgrund herausklettert, Stück für Stück, zurück zum Gipfel der Welt als martialischer Großmeister von unglaublicher Stärke.

Ich hoffe, dass diese Geschichte die großen Tore der Vorstellungskraft für euch öffnet und eine prächtige und leidenschaftliche Musik für euer Leben spielt.

KAPITEL 1
RÜCKKEHR UND FALL

Banbu-Gipfel – Halbschritt-Gipfel.

Wie der Name vermuten ließ, war der Gipfel nur wenige Zentimeter breit: Ein halber Schritt nach vorne führte zu einer majestätischen Klippe, Tausende Meter hoch. Darüber ragten zerklüftete Steine gen Himmel, und die Bäume neigten sich vorwärts. Darunter wirbelten dichte Nebelschwaden, in denen unheimliches Geheul widerhallte. Es war ein trügerischer, schroffer Ort, wo sich Himmel und Erde nicht berührten. Dieser Klippe zugewandt thronte ein anderer Berggipfel, Yinghui-Gipfel genannt. Er war weder höher noch steiler als Banbu – seine Wände stiegen Tausende Meter empor, blank, als hätte man sie mit einem Messer geschnitten. Es gab keinen festen Boden, auf dem man stehen konnte. Selbst die Wurzeln der Pflanzen fanden keinen Halt im Gestein. Der Anblick reichte aus, um jeden Menschen allein beim Gedanken an den Anstieg verzweifeln zu lassen. Und so war der Name Yinghui-Gipfel geboren – der Gipfel der Sicheren Reue. Zwischen diesen beiden Gipfeln erstreckte sich gähnend eine Schlucht. Von oben betrachtet, trieb dort ein träges Meer aus Wolken. Es versteckte die wahre Tiefe, und das wilde Rauschen unaufhörlicher Stromschnellen war nur geradeso wahrnehmbar. Die einfachen Holzfäller und Jäger wagten es nicht, hinaufzuklettern; selbst die Meister des Xiantian[1], die dort standen, verspürten eine tiefe Wehmut über die Nichtigkeit der Menschen im Angesicht der Natur. Aber unter dem Nebel, am Fuße der Schlucht, zwischen den Wassern des Flusses und den Bergwänden, schlängelte sich ein steinerner Pfad, geschaffen aus unebenem Geröll. Er war lang, eng und zerklüftet, doch in diesem Moment wanderten dort zwei Männer entlang, einer vorne, einer hinten. Während der Fluss wütete, schlugen in regelmäßigem Rhythmus Wellen nach oben und brachen an den nassen, glitschigen Steinen. Wenn man auch nur ein wenig unvorsichtig war, würde man auch ohne ins Wasser zu fallen klitschnass werden. Lehnte man sich zur anderen Seite, waren dort nur scharfkantige, hervorstehende Felsen. Kurz gesagt löste dieser Pfad ebenso eine sichere Reue aus wie der Gipfel weiter oben, und dennoch wirkten diese beiden Männer, als würden sie durch einen Hofgarten flanieren, ihre Bewegungen voller Stolz und Eleganz.

»Ich habe gehört, dass Großmeister Qi vom Xuandu-Berg vor zwanzig Jahren Hulugu, den besten Krieger der Göktürks, genau hier auf dem Banbu-Gipfel besiegt hat. Und dann hat er ihn den Schwur ablegen lassen, sich in den nächsten zwanzig Jahren von den Zentralen Ebenen fernzuhalten. Eine Schande, dass ich zu jung war, um das Duell mit anzusehen. Der Kampf muss unvergesslich gewesen sein.«

Der junge Mann, der sprach, ging hinter dem anderen. Ihre Geschwindigkeit war weder langsam noch schnell, doch er blieb immer drei Schritte zurück. Der Mann vorne schlenderte mit kleinen Schritten, sein Auftreten so gelassen, als laufe er

1 先天高手, starke Kampfkünstler*innen, die das Xiantian oder den »Frühen Himmel«-Status durch extensives Training und Kultivierung erreicht haben. Für eine Erklärung des Konzepts Xiantian siehe den Eintrag zum Daoismus im Glossar.

auf ebenem Grund. Die Schritte des jungen Mannes streckten sich etwas länger. Allein hätte der junge Mann hinten ebenso die schwerelose Grazie eines Unsterblichen gehabt, aber zusammen betrachtet war es einfach, die kleinen Unterschiede zwischen den beiden zu finden. Yan Wushi lachte spöttisch. »Qi Fengge war es wirklich würdig, dass man ihn auf der ganzen Welt als Nummer eins bezeichnete. Hulugu war ein ausländischer Barbar – er hat sich überschätzt und sich so selbst diese Demütigung eingehandelt. Er kann sich nur selbst die Schuld geben. Dennoch, um das reine und edelmütige Bild der Daoisten-Schule aufrechtzuerhalten, hat sich Qi Fengge geweigert, ihn zu töten, und sich stattdessen entschieden, diesen zwanzigjährigen Schwur zu fordern. Was hat er daraus gewonnen, außer die Saat des Ärgers für die Zukunft des Xuandu-Bergs zu pflanzen?«

Yu Shengyan war neugierig. »Shizun[2], war Hulugu wirklich ein derart großartiger Krieger?«

»Wenn ich ihn jetzt bekämpfen würde, wäre mein Sieg ungewiss.«

»Ist er wirklich so stark?« Yu Shengyan war fassungslos. Natürlich wusste er genau, wie umfassend die Kampfkünste seines eigenen Meisters waren. Hulugus Fähigkeiten mussten ebenso Furcht einflößend sein, wenn Yan Wushi ihm ein solches Lob aussprach. Vielleicht war er sogar einer der besten drei der ganzen Welt.

Yan Wushi klang gleichgültig. »Warum sonst würde ich sagen, dass Qi Fengge seinen Schülern und zukünftigen Generationen eine endlose Anzahl Scherereien hinterlassen hat? Vor

2 Lehrer*in oder Meister*in, genderneutral, wörtlich »ehrenwerte*r Meister*in«; eine respektvolle Anrede für den/die (Lehr-)Meister*in der eigenen Schule.

zwanzig Jahren war Hulugu Qi Fengge vielleicht unterlegen, aber in zwanzig Jahren kann diese Lücke geschlossen werden. Und nun ist Qi Fengge tot. Der Xuandu-Berg wird niemals einen zweiten Qi Fengge finden.«

Yu Shengyan stieß einen Schwall Luft aus. »Ja, Großmeister Qi starb vor fünf Jahren.«

»Wer ist der aktuelle Anführer des Xuandu-Bergs?«

»Ein Schüler von Qi Fengge namens Shen Qiao.«

Yan Wushi reagierte kaum auf den Namen. Er hatte Qi Fengge nur einmal getroffen, und das lag fünfundzwanzig Jahre zurück. Damals war Shen Qiao gerade erst in den Reihen seiner Schüler akzeptiert worden. Die Schule des Xuandu-Bergs war zweifellos die »allerbeste Daoistengruppe der Welt«, aber Yan Wushi, der nach zehn Jahren aus der Seklusion[3] zurückgekehrt war, fand, dass es dort niemanden gab, der ein würdiger Gegner für ihn wäre – außer Qi Fengge. Und der war unglücklicherweise tot. Yu Shengyan bemerkte das fehlende Interesse seines Meisters und fügte hinzu: »Ich hab gehört, dass Hulugus Schüler Kunye die aktuelle Nummer eins der Krieger Göktürks und weiser König der Linken heute Shen Qiao hier auf dem Banbu-Gipfel herausfordern will. Er sagt, er möchte die Schande von Hulugus Niederlage wiedergutmachen. Wünscht Ihr, dorthin zu gehen und zuzusehen?«

Yan Wushi antwortete weder mit Ja noch mit Nein. »Gab es in den zehn Jahren, in denen ich in Seklusion war, irgendein Ereignis außer Qi Fengges Tod?«, fragte er stattdessen.

Yu Shenyan dachte für einen Moment nach. »Kurz nach-

3 闭关. Auch als »Kultivierung hinter geschlossenen Türen« bekannt. Seklusion beschreibt, wenn ein*e Kampfkünstler*in sich vom Rest der Welt isoliert, um zu meditieren und die eigene innere Kultivierung zu stärken, um Verletzungen zu heilen oder um die Kampfkünste auf die nächste Stufe zu heben.

dem Ihr in die Seklusion gegangen seid, bestieg ein neuer Kaiser namens Gao Wei den Thron in Qi. Aber er ist ein wollüstiger und verschwenderischer Mann, deshalb nahm Qis Stärke seither ab. Es gibt Gerüchte, dass Yuwen Yong, der Kaiser von Zhou, einen Angriff auf Qi plant – Zhou wird wahrscheinlich bald den Norden einnehmen. Über die letzten zehn Jahre hat sich außerdem die Rangliste der besten Kampfmeister verändert, weil Qi Fengge gestorben ist. Yi Pichen vom Chunyang-Kloster auf dem Qingcheng-Berg, der buddhistische Meister Xueting aus Zhou und Ruyan Kehui aus der Linchuan-Akademie gelten als die besten Drei in der Welt und repräsentieren die drei Schulen des Daoismus, des Buddhismus und des Konfuzianismus. Aber manche sagen, dass Kosa Sage von den Tuyuhun auch zu den Besten Drei gezählt werden sollte. Außerdem ist da noch Hulugu – sollte er in seinem Exil stärker geworden sein, könnte er möglicherweise den Thron aller Kampfkünstler erklimmen, sobald er wieder in die Ebenen kommt.«

Nach dieser Rede sah Yu Shengyan, dass sein Meister weiter den Weg entlangwanderte, und konnte nicht anders, als hinzuzufügen: »Shizun, das Duell zwischen Kunye und Shen Qiao wird sicherlich ein weiterer seltener und aufregender Kampf sein. Shen Qiao ist ein Einsiedler, der nur selten gekämpft hat, seit er die Leitung des Violetten Palasts übernommen hat. Er reiht sich nur aufgrund des prestigeträchtigen Ansehens seines Meisters Qi Fengge unter die Besten Zehn ein. Wenn Ihr das wahre Ausmaß der Stärke des Xuandu-Bergs sehen möchtet, sollten wir den heutigen Kampf nicht verpassen. Ich kann mir vorstellen, dass der Yinghui-Gipfel bereits voller Kampfkünstler ist, die zusehen wollen!«

»Denkst du, ich bin hierhergekommen, um mir den Kampf anzusehen?« Yan Wushi blieb endlich stehen.

Yu Shengyan war ein wenig aufgeregt. »Was möchtet Ihr denn sonst tun?«

Er war mit gerade einmal sieben Jahren ein Schüler Yan Wushis geworden. Dann, drei Jahre später, hatte Yan Wushi einen Kampf gegen den Großmeister der dämonischen Riyue-Schule Cui Youwang verloren. Schwer verletzt hatte sich Yan Wushi zurückgezogen – in eine Seklusion, die ein ganzes Jahrzehnt angedauert hatte. Während dieser Zeit hatte Yu Shengyan sein Training anhand von Yan Wushis Instruktionen fortgeführt und war weit gereist. Er hatte seit damals große Fortschritte gemacht, und innerhalb des Jianghu[4] war er inzwischen ein erstklassiger Kampfkünstler. Aber natürlich hatte er seinen Meister seit zehn Jahren nicht gesehen, deshalb waren sie einander nicht mehr so vertraut. Außerdem waren Yan Wushis Kampfkünste noch ausgefeilter geworden, seit er weggegangen war, und ebenso war Yu Shengyans Bewunderung gewachsen. So sehr, dass seine sonst so direkte und unbekümmerte Art, die andere an ihm beobachteten, in der Gegenwart seines Lehrmeisters – seines Shizuns – eher zögerlich wirkte.

Yan Wushi verschränkte die Hände hinter dem Rücken. »Ich habe den Kampf zwischen Qi Fengge und Hulugu schon gesehen«, sagte er in gleichgültigem Ton. »Shen Qiao und Kunye sind ihre Schüler und noch grün hinter den Ohren. Egal, wie stark sie sind, sie können das große Spektakel des Qi-Hu-Kampfs nicht übertreffen. Ich habe dich wegen der reißenden Wasser und des unwirschen Terrains hergebracht, das die

4 Jianghu 江湖, wörtlich »Flüsse und Seen«, beschreibt die Jianghu-Gesellschaft, die große Untergrundgesellschaft der Kampfkünste, die es in diesem Setting gibt. Die Mitglieder regieren sich selbst und lösen auch Probleme zwischen sich, basierend auf den Lehren von Stärke und Ehre, auch wenn sie das nicht immer davon abhält, auch Einfluss auf die gewöhnliche Gesellschaft zu nehmen.

Energie des Himmels mit den Geistern der Erde verbindet. Dieser Ort ist bestens für Training und Erleuchtung geeignet. Während ich in Seklusion war, hatte ich keine Zeit, mich um dich zu kümmern, aber nun, da ich zurück bin, kann ich dich nicht weiter auf deiner aktuellen Stufe herumbummeln lassen. Du sollst hier trainieren, bis du die fünfte Stufe der Fenglin-Schriften verstehst.«

Yu Shengyan fühlte sich plötzlich ein wenig verletzt. Obwohl er in den letzten zehn Jahren viel gereist war, hatte er sein Training niemals vernachlässigt, nicht mal für einen Tag. Nun war er in seinen frühen Zwanzigern und hatte bereits die vierte Stufe der Fenglin-Schriften erlernt. In Jianghu war er einer der wenigen Meister der Kampfkunst seiner Generation, daher war er zufrieden mit sich selbst. Aber nun wirkte es, als sehe sein Shizun darin keinen Wert.

Als ob er die Gefühle seines Schülers spüren konnte, verzog sich Yan Wushis Mundwinkel zu einem belustigten Lächeln. »Als ich so alt war wie du, habe ich bereits die sechste Stufe entschlüsselt. Was hast du, worauf du stolz sein kannst? Warum misst du dich lieber mit diesen kleinen Fischen als mit mir?«

Obwohl die Haare an Yan Wushis Schläfen von Weiß durchzogen waren, tat es seinem Charme keinen Abbruch. Im Gegenteil, der Schatten eines Lächelns machte es noch schwerer, die Augen von seinem attraktiven Gesicht abzuwenden. Seine weiße Robe, lang und weit, flatterte im stürmischen Wind, aber er blieb unbewegt wie immer. Obwohl er nur regungslos mit den Händen hinter dem Rücken dastand, strahlte er allumfassende Arroganz und Verachtung aus, die jedem den Schweiß auf die Stirn trieb.

Yu Shenyang spürte einen erstickenden Druck auf seiner Brust und trat zwei Schritte zurück.

»Sie sind ein Genie, wie kann ich es also wagen, mich mit Ihnen zu vergleichen?«, sagte er ehrfürchtig und ängstlich.

»Zeig mir deinen stärksten Angriff. Ich möchte sehen, wie weit du es in den Jahren gebracht hast.«

Yu Shengyan war nicht in seinen Kampfkünsten geprüft worden, seit sein Meister die Seklusion verlassen hatte. Der Befehl ließ ihn zögern, doch er war auch aufgeregt. Doch als er einen Anflug von Ungeduld in Yan Wushis Gesicht erahnte, verschwand auch die letzte Spur Zurückhaltung.

»Dann vergeben Sie bitte der Unhöflichkeit Ihres Schülers!« Als die Worte über seine Lippen kamen, bewegte sich sein Körper so, wie er es wollte, und seine Ärmel hoben sich. Er bewegte sich zu schnell für gewöhnliche Augen und war bereits vor Yan Wushi. Yu Shengyan hob einen Arm, schlug mit der Handinnenseite nach vorn. Für einen Zuschauer sah es aus, als wäre da keine Kraft hinter seinen Bewegungen – sie wirkten so sanft, als würde er an einem Frühlingstag Blumen pflücken oder in einer Herbstnacht Staub beiseitewischen – luftig und leicht, ohne einen Funken Feuerkraft.

Nur jene, die mit der Materie vertraut waren, würden die Macht in seiner Handinnenfläche spüren. In einem Radius von einem Meter um ihn herum beugten sich Gras und Bäume, das Wasser stob auseinander, die Wellen stiegen an, und Schaum spritzte empor, als starke Windströme sich erhoben und ihre ganze Macht auf Yan Wushi zuschoss. Diese Ströme waren in der Lage, Flüsse aufzuhalten und das Meer umzuwälzen, aber als sie Yan Wushi erreichten, stießen sie auf eine unsichtbare Barriere. Die tosenden Stürme teilten sich entzwei und sausten in entgegengesetzte Richtungen davon.

Yan Wushi stand noch an demselben Punkt wie zuvor, vollkommen unbewegt. Erst als Yu Shengyans Handfläche direkt vor seinen Augen auftauchte, bewegte er unbeeindruckt einen

Finger. Nur einen, nicht mehr. Und nur mit diesem Finger war Yu Shengyans Angriff mitten in der Luft eingefroren. Yu Shengyan spürte, wie die Winde, die er aus seiner Handfläche beschworen hatte, plötzlich umdrehten und nun als Gegenwind, vielfach stärker als sein eigener, auf ihn zutosten. Alarmiert benutzte er das Momentum des Wirbels, um sich zurückzuziehen. Er wich zehn Schritte zurück. Erst nachdem er festen Untergrund auf den Felsen gefunden hatte, sprach er endlich, noch etwas schockiert und gebeutelt: »Shizun, ich danke Euch für Eure Gnade!«

Yu Shengyan war ziemlich selbstbewusst gewesen, als er seinen Handschlag eingesetzt hatte – nur wenige Menschen im ganzen Jianghu konnten ihm widerstehen. Und doch, mit nur einem Finger hatte Yan Wushi ihn dazu gezwungen, seine Hand zurückzuziehen und sich selbst zu schützen. Glücklicherweise hatte sein Shizun lediglich seine Fortschritte getestet und seine Überlegenheit nicht zur Schau gestellt. Wäre er ein Feind gewesen … Kalter Schweiß brach Yu Shengyan bei diesem Gedanken aus; er konnte sich nicht dagegen wehren. Er würde es nicht wagen, noch einmal so selbstgefällig zu sein.

Yan Wushi hatte sein Ziel erreicht. Nun, da er Yu Shengyan einen Weckruf verpasst hatte, musste er nicht viel hinzufügen. »Verschwende deine großen Talente nicht. In ein paar Tagen werde ich zum Göktürk-Khaganat reisen. Wenn du hier die fünfte Stufe gemeistert und nichts mehr zu tun hast, geh und finde deinen Shixiong[5]. Und treib dich nicht zu viel in der Weltgeschichte herum.«

5 师兄, wörtlich »älterer Lehrbruder«, wird im Gespräch genutzt, um einen älteren, männlichen Kollegen derselben Schule oder desselben Meisters oder derselben Meisterin respektvoll anzureden.

»Ja«, sagte Yu Shengyan ehrfürchtig.

»Die Landschaft hier ist naturbelassen und fast menschenleer«, sagte Yan Wushi. »Ich möchte mich nur etwas umsehen, also musst du nicht …«

Bevor er den Satz beenden konnte, ertönte ein ungewöhnliches Geräusch über ihren Köpfen. Die beiden blickten suchend nach dem Ursprung des Lärms und sahen einen Mann hinabstürzen, als wäre er von weit oben gefallen. Er sauste durch Schichten und Schichten von Ästen hindurch, bevor er auf dem felsigen Boden aufschlug. Selbst Yu Shengyan schnappte beim dumpfen Geräusch des Aufpralls nach Luft.

Bestimmt wäre es selbst für einen Xiantian-Meister schwierig, einen Fall von einer so hohen Bergspitze zu überleben? Zudem war dieser Mann sicher nicht ohne Grund von der Klippe gestürzt. Er musste schon vor dem Sturz schwer verletzt gewesen sein.

»Shizun?« Yu Shengyan sah in Erwartung einer Anweisung zu Yan Wushi.

»Geh rüber und sieh nach«, sagte er.

Die daoistische Robe des Mannes war an vielen Stellen zerrissen. Seine Haut war ein Mosaik aus sich überlappenden Blutflecken und frischer Wunden, was es schwer machte, seinen Zustand einzuschätzen. Er war nicht mehr bei Bewusstsein, unfähig, sein Schwert in Händen zu halten. Als er am Boden aufgekommen war, hatte das Schwert es ihm gleichgetan und war einige Meter entfernt gelandet.

»Wahrscheinlich sind die Knochen in seinem gesamten Körper zerschmettert.« Yu Shengyan runzelte die Stirn und inspizierte den Mann eine Weile, schnalzte dabei mitleidig mit der Zunge. Dann fühlte er seinen Puls. Dort spürte er etwas, das wie ein Funke des Lebens wirkte.

Aber selbst wenn sie den Mann in diesem Zustand noch

retten konnten, wäre er tot vermutlich besser dran. Yu Shengyan war schließlich Mitglied einer dämonischen Schule – er war zwar jung, aber seine Freundlichkeit hatte Grenzen. Obwohl er eine Dahaidan[6] hatte, wollte er sie auf keinen Fall diesem verletzten Mann geben. Da war nur …

»Shizun, heute ist das Datum des Kampfs zwischen Shen Qiao und Kunye. Dieser Mann ist von oben herabgestürzt, wo das Duell stattfand, könnte er …«

Yan Wushi näherte sich. Anstatt sich den Mann anzusehen, hob er das Schwert auf.

Das Schwert war kalt wie Herbstwasser und vollkommen unbeschädigt. Es reflektierte den Fluss und den Nebel, und es schien, als tanzten kleine Wellen auf seiner Oberfläche. Nahe dem Schaft waren vier kleine Schriftzeichen in Siegelschrift eingeritzt.

Yu Shengyan kam herüber, um es sich anzusehen. »Ah, das Schwert Shanhe-Tongbei[7]! Es ist das Schwert des Anführers des Violetten Palasts von Xuandu. Dieser Mann *ist* wirklich Shen Qiao!«

Ungläubig sah er zurück zu dem schwer verletzten Mann, der dem Tode so nah war – Shen Qiao. »Qi Fengges Fähigkeiten waren die besten in der Welt. Shen Qiao war sein persönlicher Schüler, *und* er ist an die Spitze des Xuandu-Bergs aufgestiegen. Wie konnte er nur so vernichtend verlieren?«

Yu Shengyan kniete sich vor Shen Qiao und verzog das Gesicht. »Könnten Kunyes Kampfkünste selbst die seines Meisters Hulugu übertreffen?«

6 大还丹, »Pille der Wiederbelebung« – eine mächtige und seltene Medizin, die innere und äußere Verletzungen heilen kann.

7 山河同悲, »Auch die Berge und Flüsse trauern«, als Klagespruch bei einer Tragödie verwendet.

Wenn irgendwer sonst vom Xuandu-Berg gefallen wäre, hätte Yan Wushi keinen zweiten Blick verschwendet. Aber Shen Qiao, der Anführer der Xuandu-Schule, war ein Sonderfall.

Er warf das Schwert Shanhe-Tongbei zu Yu Shengyan und starrte dann für einen Moment auf Shen Qiaos kaum erkennbares Gesicht. Schließlich breitete sich ein geheimnisvolles Lächeln auf Yan Wushis Gesicht aus.

»Nimm die Dahaidan und gib sie ihm.«

KAPITEL 2
ERWACHEN

Selbstverständlich verschwendete Yan Wushi keinen Gedanken daran, selbst einen schwer verletzten, sterbenden Mann auf dem Rücken zu tragen, auch wenn dieser Mann der Anführer des Xuandu-Bergs war. Für solche Tätigkeiten gab es Schüler. Also fiel die Aufgabe Yu Shengyan zu.

Die Huanyue-Schule hatte ein zusätzliches Anwesen im Bezirk Funing, nahe dem Banbu-Gipfel. Da so gut wie jeder Knochen in Shen Qiaos Körper zertrümmert war, war es keine einfache Aufgabe für Yu Shengyan, ihn auf dem Rücken zu tragen. Er musste besonders behutsam sein, um Shen Qiaos Verletzungen nicht noch zu verschlimmern. Obwohl Yu Shengyans Qinggong[8] exzellent war, dauerte es dennoch fast eine Stunde, das Anwesen zu erreichen. Yan Wushi war vorausgegangen; in diesem Moment nippte er bereits gelangweilt an seinem Tee.

»Shizun, wünscht Ihr wirklich, Shen Qiao zu retten?«

8 轻功, wörtlich »Leichtigkeitsfähigkeit«: eine wirklich existierende Trainingsform, werden die Ausmaße des Qinggong im Wuxia oft stark übertrieben und erlauben es Praktizierenden, durch die Luft zu gleiten, Wände hochzurennen, auf Wasser zu wandeln, über Bäume zu springen oder Hunderte von Stufen auf einmal zu erklimmen.

Nachdem er sich um den Mann gekümmert hatte, kam Yu Shengyan zu ihm, um Bericht zu erstatten.

»Denkst du, ich sollte es nicht tun?«, fragte Yan Wushi zurück.

»Neunzig Prozent seiner Sehnen und Meridiane[9] sind gerissen, und seine Knochen sind an mehreren Stellen gebrochen. Ein winziges bisschen seiner inneren Atmung[10] ist vielleicht noch da, aber selbst wenn wir ihn retten können, wird es schwierig für ihn werden, seine Kampfkünste zurückzuerlangen. Nicht zu vergessen, dass er sich bei der Landung den Schädel gebrochen hat. Er könnte also auch mit einem Hirnschaden aufwachen!«

Yan Wushi zeigte ein schmales, kühles Lächeln. »Qi Fengges Schüler, Kopf des Xuandu-Bergs. Er stand am Gipfel der daoistischen Disziplin, kommandierte mit grenzenlosem Ruhm. Und mit nur einer Niederlage wurde er in ein Häufchen Elend verwandelt. Selbst wenn er zum Xuandu-Berg zurückkehrt, kann er die Schule nicht mehr anführen. Wenn er aufwacht und seine Situation begreift, wie wird er sich da wohl fühlen?«

Yu Shengyan seufzte. »Das stimmt. Selbst normale Leute wären nicht in der Lage, so einen Absturz zu akzeptieren, schon gar nicht ein vom Himmel bevorteilter Mann wie Shen Qiao. Je höher man aufsteigt, desto schmerzhafter ist der Fall!«

Dann holten ihn Zweifel ein. »Aber auf der anderen Seite: Shen Qiao *ist* Qi Fengges Schüler, und er *war* fähig genug, den

9 经脉, wie Blut durch Adern transportiert wird, glaubt man, dass Qi durch Meridiane fließt. Das ursprüngliche chinesische Wort beschreibt im Allgemeinen die zirkulierenden Systeme des Körpers.

10 内息, beschreibt eine fortgeschrittene Atmung, die Kampfkünstler*innen erlangen können; eine fundamentale Komponente der inneren Kultivierung, sie wird genauer im Glossareintrag zu innerer Kultivierung beschrieben.

Xuandu-Berg anzuführen und neben den Besten Zehn zu stehen – seine Fähigkeiten *müssen* also außergewöhnlich gewesen sein. Selbst wenn Kunye ihn besiegt hat, wie konnte diese Niederlage so vernichtend sein? Könnten Kunyes Kriegskünste noch größer sein als die von Hulugu vor zwanzig Jahren?«

Yan Wushi schmunzelte erneut. »Wenn Shen Qiao aufwacht und sein Gehirn noch intakt ist, kannst du ihn fragen.«

Yu Shengyan bemerkte, dass sich die Laune seines Shizun gebessert hatte und er häufiger lächelte, seit Shen Qiao in ihrer Obhut war. Aber er unterlag nicht der Illusion, dass Shizun sich für Shen Qiao interessierte. Yan Wushi hatte Shen Qiao schließlich kaum angesehen, als sie ihn gefunden hatten.

»Wünscht Shizun, dass der Xuandu-Berg durch die Rettung von Shen Qiao in unserer Schuld steht?«, fragte Yu Shengyan zaghaft.

Yan Wushi war frohen Mutes. »Wenn er im Gefecht gestorben wäre, wären all seine Sorgen mit ihm fort. Aber wenn er aufwacht, wird er nun feststellen, dass er nicht nur am Leben ist, sondern auch alles andere verloren hat – schwerstverletzt, seine Kräfte geschwunden, die Kampfkunst verloren. Wie wird er sich dann fühlen? Je größer jemandes Autorität und Prestige, desto weniger können sie so einen Schlag verkraften. Sein Herz und Verstand werden sicherlich brechen. Und wenn das passiert, nehme ich ihn unter meine Fittiche. Ich werde den einst frommen und sanftherzigen Anführer des Xuandu-Bergs in einen Schüler der dämonischen Disziplin verwandeln. In den Augen der Welt wird er eine vollkommen unmoralische Person werden. Wäre das nicht schrecklich interessant?«

Seine Worte verblüfften Yu Shengyan. »Was, wenn er mit einem Hirnschaden aufwacht?«

»Dann vergrab ihn lebendig. Egal, wo«, erwiderte Yan Wushi schnippisch.

Yu Shengyan wusste, dass Shizun ein launischer Mann war, der tat, wie ihm beliebte. Praktizierende der dämonischen Schulen folgten stets ihren eigenen Interessen. Yan Wushi als Leiter der Huanyue-Schule war dafür das beste Beispiel.

»Shizun, Shen Qiao ist eine Person von besonderem Status, also warum tauschen wir ihn nicht gegen einen Gefallen beim Xuandu-Berg ein? Sie können ihren eigenen Schulleiter nicht als Landstreicher herumziehen lassen, selbst wenn es ihnen nur um das Ansehen der Schule geht, oder?«

Yan Wushi seufzte. Wenn sein ältester Schüler Bian Yanmei hier stehen würde, hätte er niemals so eine kindische und lächerliche Frage gestellt. Yu Shengyan war immer noch grün hinter den Ohren.

Aber er war gut gelaunt und gönnte ihm eine Antwort. »Shen Qiao gehört, wie du weißt, zu den Besten Zehn. Selbst wenn er ein Einsiedler war und kaum gekämpft hat, ist er doch einer der wenigen, die in der Lage sind, in Qi Fengges Fußstapfen zu treten. Also, wie unfähig kann er sein? Schließlich ist Kunye kein Hulugu. Selbst wenn Shen Qiao Kunye nicht besiegen konnte, warum hat er so eine katastrophale Niederlage erlitten? Shen Qiao hätte aus diesem Duell unverletzt hervorgehen können, selbst wenn er gegen Kunye verloren hätte. Warum hat er also eine so schreckliche Niederlage erlitten?«

Es schien, als wäre Yu Shengyan kein kompletter Idiot. Als er das hörte, sagte er: »Irgendetwas Unerwartetes muss während des Duells passiert sein. Und wenn das die Schuld des Xuandu-Bergs ist, werden sie uns nicht danken, wenn wir ihnen Shen Qiao übergeben. In diesem Fall würden wir uns anstatt einer Gefälligkeit auch noch Ärger einhandeln.«

Er war also kein vollkommen hoffnungsloser Fall. Yan Wushi sah ihn schief an. »Solange ich hier bin, muss sich die Huanyue-Schule nicht mit den Meinungen anderer beschäftigen oder irgendwelche Gefallen austauschen.«

Shen Qiao mochte vielleicht einen außerordentlichen Status haben, aber für Yan Wushi war er nichts als ein neues Spielzeug. Er hatte etwas unglaublich Herrisches gesagt, aber Yan Wushi konnte sich das leisten. Vor zehn Jahren hatte er gegen Cui Youwang gekämpft, und obwohl er einige Blessuren und eine Niederlage eingesteckt hatte, war auch Cui Youwang nicht ungeschoren davongekommen. Damals waren Cui Youwangs Kräfte schon unfassbar gewesen, auf einer Höhe mit denen Qi Fengges. Zehn Jahre später waren Cui Youwang und Qi Fengge tot, und Yan Wushi hatte die neunte Stufe der Fenglin-Schriften erreicht und war zu noch größeren Höhen aufgestiegen. Es war unmöglich zu sagen, wie weit er es gebracht hatte, aber er war gewiss nicht schwächer als vor zehn Jahren.

Bisher hatten nur wenige Leute von seiner Rückkehr ins Jianghu erfahren. Sonst würde es hier deutlich lebhafter zugehen. Die weltbesten Zehn bedurften sicherlich auch einer Aktualisierung. Als er daran dachte, begannen Yu Shengyans Augen vor Aufregung zu leuchten. »Während Shizun in Seklusion war, kam die Hehuan-Schule auf der Suche nach Ärger bestimmt alle drei Tage zweimal täglich vorbei«, sagte er. »Ich habe einmal mit Sang Jingxing gekämpft und war verletzt, sodass ich die Provinz Fenglin verlassen und tief ins Jianghu reisen musste. Das ist der Grund, warum ich für so viele Tage herumgereist ist. Aber glücklicherweise seid Ihr zurückgekehrt …«

Was Außenseiter als dämonische Schule oder dämonische Lehre bezeichneten, war nur ein Überbegriff. Anfänglich bezog sich die dämonische Lehre auf die Praktizierenden des

Riyue-Bergs, die Riyue-Schule in der Provinz Fenglin. Aber später teilte sich die Riyue-Schule in drei Zweige auf: die Huanyue-Schule, Hehuan-Schule und Fajing-Schule. Obwohl diese drei Zweige alle Teil der dämonischen Lehre waren, waren sie untereinander zerstritten. Ihre Zusammenstöße waren weitreichend und endlos, sowohl an der Oberfläche als auch im Verborgenen.

Nachdem Yan Wushi vor zehn Jahren in Seklusion gegangen war, hatte die Hehuan-Schule ein Auge auf die führungslose Huanyue-Schule geworfen und versucht, sie einzunehmen. Aber die Schüler waren stets verteilt, und die Schule selbst war dezentralisiert. Außerdem war Bian Yanmei vorsichtig und unauffällig mit seinen Aktionen – er konnte Yuan Xiuxiu oder Sang Jingxing nicht besiegen, aber er hatte im Verborgenen für einige Probleme bei der Hehuan-Schule gesorgt. So hatten sich ihre Anstrengungen ausgeglichen, und die Hehuan-Schule hatte kaum etwas für ihre Bemühungen erhalten. Stattdessen hatte Yu Shengyan aufgrund seiner Jugend und des späten Beitritts zur Schule oft den Kürzeren gezogen. Nun, da Yan Wushi zurück aus der Seklusion war, waren die Mitglieder der Huanyue-Schule wie verlorene Kinder, die ihre Mutter wiedergefunden hatten. Natürlich war Yu Shengyan vor Freude überwältigt.

»Gewöhnliche Diener werden es nicht schaffen, Shen Qiaos Verletzungen zu versorgen, also bleib hier und sieh für ein paar Tage nach ihm, bis er aufwacht«, sagte Yan Wushi. »Dann geh zurück zum Banbu-Gipfel und sorg dafür, dass du die fünfte Stufe der Fenglin-Schriften meisterst.«

Yu Shengyan antwortete respektvoll: »Wie Ihr wünscht.«

Shen Qiao war schwer verletzt, aber die Wunden in seinem Gesicht waren fast ausschließlich Kratzer von seinem Sturz. Als das Blut weggewaschen war, konnte man sein eigentliches Antlitz erkennen. Weder die Schürfwunden in seinem Gesicht noch der Mullverband um seinen Kopf konnten von seiner Schönheit ablenken. Von der Kurve seiner Nase zu den fest geschlossenen Lippen, all seine Züge trugen einen Hauch unnahbarer Zurückhaltung. Er sah genau wie jemand aus, den man bei den praktizierenden Daoisten des Xuandu-Bergs erwarten würde – jemand, der fernab gewöhnlicher Menschen war. Es war nicht schwierig, sich vorzustellen, wie viel heller seine Pracht erstrahlen würde, sobald er endlich die Augen öffnete. Natürlich war Yu Shengyan selbst auch nicht gerade unansehnlich – er war schließlich einer von Yan Wushis Schülern, und Yan Wushi nahm keine hässlichen Schüler auf. Er hatte auf seinen Reisen schon einige beispiellose Schönheiten gesehen, dennoch verbrachte er einen langen Moment wie in Trance damit, Shen Qiaos verletztes Gesicht anzustarren. Danach nahm er die Salbe und seufzte innerlich, während er sie verteilte.

Gebrochene Knochen konnten stabilisiert und Meridiane wieder verbunden werden, aber schwer verletzte innere Organe waren nicht so einfach zu heilen. Noch schlimmer war, dass seine Kultivierung weit zurückgesetzt wurde – von jetzt an war es möglich, dass er schwächer war als ein gewöhnlicher Mann. Als Yu Shengyan daran dachte, all seine hart erarbeiteten Kampfkünste in einer einzigen Nacht zu verlieren, rebellierte sein Verstand dagegen. Und in Shen Qiaos Fall wäre der Schock noch größer.

So bemitleidenswert. Yu Shengyan murmelte zu sich selbst, betrachtete das blasse, blutleere Gesicht und schüttelte den Kopf. Yan Wushi hatte Shen Qiao nur aus einer Laune heraus gerettet. Nun, da der Mann in Sicherheit war, hatte Yu Shengyan die ganze Verantwortung erhalten, und Yan Wushi kümmerte sich kein bisschen. Der Bezirk Funing war klein und zog normalerweise nicht viele Besucher an, aber weil der Kampf auf dem Banbu-Gipfel so unglaublich spektakulär gewesen war, besuchten viele Jianghu-Reisende diesen Ort, um nach dem Abstieg vom Banbu-Gipfel die Nacht hier zu verbringen. Yu Shengyan konnte allerlei Neuigkeiten aufschnappen, indem er einfach nur ab und an hinausging. Eine davon war, dass das Duell zwischen Shen Qiao und Kunye unglaublich aufregend gewesen war, aber leider war Shen Qiao kein Qi Fengge. Man sagte sich, dass er weit unter dem Niveau seines Meisters lag, während Kunye auf dem Weg war, das Können von Hulugu vor zwanzig Jahren zu übersteigen. So war der Meister-Daoist Shen nicht nur besiegt, sondern von der Klippe geworfen worden, und nicht einmal seine Knochen hatten überlebt.

Man erzählte sich, dass sich vor dem Duell viele Gemüter von rechtschaffener Empörung über Kunyes dreiste Herausforderung erhitzt hatten. Manche waren bereit, selbst zu kämpfen, um die Arroganz des Göktürks zu zerschmettern. Aber nach dem Kampf, als sie den Xuandu-Berg gänzlich besiegt sahen, zerstreuten sich all die Leute, die sich aufgeregt hatten, zu verängstigt, um auch nur eine Hand gegen Kunye zu erheben.

Mit dem Kampf war Kunyes Ansehen sprunghaft gestiegen. Er hatte Shen Qiao ersetzt und war in die Riege der Besten Zehn aufgestiegen. Es wurde gesagt, dass er bei einem Besuch in den Zentralen Ebenen einen Meister nach dem anderen herausforderte und sein nächstes Ziel wahrscheinlich der buddhistische Meister Xueting von Zhou war.

Seit der Massenwanderung der Jin gen Süden und dem

Aufstieg der Fünf Barbaren war das Land gespalten. Nun befanden sich Zhou und Qi im Norden, die Chen-Dynastie im Süden, und die Göktürk und Tuyuhun besetzten große Landstriche entlang der Grenzen, während die Schulen und Familien alle ihren eigenen Meistern dienten. Als führende daoistische Schule war der Xuandu-Berg seit der Zeit von Qi Fengge neutral gesinnt und hatte sich nicht mit weltlichen Angelegenheiten beschäftigt. Nun, da Shen Qiao von Kunye besiegt worden war und sein Schicksal ungewiss, wusste niemand, wer ihm als Anführer des Xuandu-Bergs folgen würde oder ob der Nachfolger die neutrale Gesinnung seiner Vorgänger teilte. Falls er das nicht tun sollte, würde sich die Balance der Welt verschieben.

Aber der Protagonist dieses Strudels blieb im Bett liegen, während die Gerüchte herumwirbelten, mit Yu Shengyan und den Dienern des Anwesens, die ihm Medizin verabreichten und seine Kleidung täglich für ihn wechselten. Frei von Gedanken oder Bewusstsein, von Freude oder Sorgen, waren ihm die Geschehnisse der Außenwelt vollständig unbewusst. Erst einen halben Monat später zeigte er eine erste Regung.

Eilig von den Bediensteten gerufen, sah Yu Shengyan zu, wie Shen Qiao langsam die Augen öffnete.

»Du wurdest schwer verletzt«, sagte er. »Und die gebrochenen Knochen sind noch nicht verheilt, also halte am besten still.«

Der andere Mann verzog leicht das Gesicht, sein Mund bewegte sich, als versuchte er, etwas zu sagen. Er sah verwirrt aus.

Der Sturz hatte ihn bestimmt nicht seine geistigen Fähigkeiten gekostet, oder doch?, dachte Yu Shengyan und fragte: »Erinnerst du dich an deinen Namen?«

Der andere Mann blinzelte träge und schüttelte dann leicht

den Kopf, die Bewegung so zaghaft, dass man sie kaum wahrnehmen konnte.

Amnesie? Das war zu erwarten gewesen. Schließlich hatte sein Kopf ein schlimmes Trauma erlitten. Yu Shengyan erinnerte sich noch an den Tag, an dem er Shen Qiao hierhin getragen hatte und an dessen Hinterkopf eine so lange und tiefe Wunde gewesen war, dass man beinahe den bleichen weißen Schädel hatte sehen können.

»Werter Freund …«, sagte Shen Qiao unter großer Anstrengung. Yu Shengyan beugte sich hinab, um besser zu hören.

»Es liegt nur Dunkelheit vor meinen Augen. Vielleicht kann ich nicht sehen …«

Yu Shengyan war entsetzt. Shen Qiao hatte nicht den Verstand verloren, sondern sein Augenlicht.

KAPITEL 3
DIE LIST

Dein Name ist Shen Qiao. Du warst Schüler der Huanyue-Schule und wurdest schwer verletzt. Zum Glück bin ich zufällig vorbeigekommen und hab dich gefunden, deshalb konnten wir dich in letzter Sekunde retten. Die Feinde, die dich verletzt haben, waren von der Hehuan-Schule – ich allein hätte ihnen nichts entgegenzusetzen gehabt, deswegen habe ich dich zuerst hierhergebracht. Sobald deine Wunden verheilt sind und du deine Kampfkünste wiedererlangt hast, gehen wir zurück und rächen uns.«

Yu Shengyan erzählte dieses Märchen mit einem ernsten Gesichtsausdruck, aber Shen Qiao hörte sich alles aufmerksam an.

Am Ende fragte er: »Dann … wie soll ich dich anreden?«

»Mein Vorname ist Yu, Yu Shengyan. Ich bin dein Shixiong.«

Diese Worte entbehrten jeglichen Anstands. Yu Shengyan war in seinen frühen Zwanzigern. Man sah Shen Qiao sein Alter zwar nicht an, aber er war Qi Fengges Schüler und hatte fünf Jahre den Xuandu-Berg angeführt. Wie könnte er jemals jünger sein als Yu Shengyan?

Es war eine offensichtliche List von Yu Shengyan, der Shen Qiaos Blindheit für den Vorzug einer unrechtmäßigen Anrede nutzte.

Aber Shen Qiao folgte seinen Anweisungen gewissenhaft. »Grüße, Shixiong.«

Als er in dieses freundliche und ehrliche Gesicht schaute, verspürte Yu Shengyan unerklärlicherweise einen winzigen Stich Schuld.

Er versuchte, das Thema beiseitezuwischen. »Guter Junge. Da du nicht aufstehen kannst, bleib einfach liegen und erhol dich. Sobald du wieder gesund bist, bringe ich dich zu unserem Meister, damit du ihm deinen Respekt zollen kannst.«

»Verstanden«, sagte Shen Qiao.

Er schloss die Augen, um sie einen Moment später wieder zu öffnen. Sein Blick fokussierte sich nicht, er wirkte leer und seelenlos. »Shixiong …?«

»Gibt es noch etwas?«

Als er Shen Qiao – den glorreichen Anführer der Spitze der Daoisten-Schulen – so zugerichtet sah, wurde ihm das Herz schwer. Wie bemitleidenswert. Wenn stattdessen der alte Shen Qiao hier wäre, der glorreiche Schulleiter, am Gipfel seiner Kampfkünste – wie majestätisch wäre er wohl?

»Ich würde gern etwas Wasser trinken …«

»Trink fürs Erste kein Wasser, die Medizin wird gleich fertig sein. Für den Moment musst du die Medizin als dein Wasser akzeptieren.«

Gerade als er das gesagt hatte, kam eine Bedienstete mit der Medizin. Vielleicht hatte diese wilde Geschichte, die er Shen Qiao aufgetischt hatte, sein Schuldbewusstsein angeregt, denn Yu Shengyan nahm die Schüssel in die Hand, wies die Bedienstete an, Shen Qiaos Nacken mit einem Kissen anzuheben, und flößte ihm dann persönlich, Löffel für Löffel, die Medizin ein.

Obwohl Shen Qiaos Knochen nicht komplett zertrümmert waren, hielt sie nicht mehr viel zusammen. Seine Muskelfasern und Meridiane waren alle schwer verletzt, und er war nur knapp mit dem Leben davongekommen. Er hatte es einzig seinem starken Fundament zu verdanken, dass er in weniger als einem Monat wieder zu sich gekommen war. Wenn er auch nur einen Schimmer Hoffnung auf Genesung haben wollte, müsste er für weitere drei Monate im Bett bleiben.

Yu Shengyan hatte, wenn es ums Training ging, schon viele schwere Zeiten unter Yan Wushi erlebt, aber abseits davon enthielt sein Leben als Schüler keine Unannehmlichkeiten. Dämonische Schulen waren stets extravagant, also machten sein Essen, seine Kleidung und seine Ausgaben dem Erstgeborenen einer reichen Familie Konkurrenz. Jemanden zu füttern, lag weit außerhalb seiner Fahrwasser. Egal, wie vorsichtig er war, ab und an fand ein Tropfen seinen Weg auf Shen Qiaos Revers, aber Shen Qiao trank Löffel um Löffel, ohne auch nur den Anflug von Unmut. Nachdem er fertig war, lächelte er sogar. »Danke, Shixiong.«

Liebenswürdig und wohlerzogen, wunderschön und freundlich. Die Kurve seines Lächelns war nicht breit, aber es reichte, um sein blasses Gesicht mit Wärme zu färben. Die Bedienstete an seiner Seite errötete still und schlug schnell die Augen nieder.

Shen Qiao stellte keine Fragen, und das fand Yu Shengyan seltsam. Wenn er derjenige gewesen wäre, der ohne Erinnerungen, blind, verletzt und bettlägerig aufgewacht wäre – selbst wenn er dann in der Lage gewesen wäre, nicht den Verstand zu verlieren –, wäre er sicherlich nicht so ruhig geblieben.

»Warum hast du mich nicht gefragt, wann es dir besser gehen wird?«

»Mit Shixiong und Shifu im Haus musst du sicherlich von hier nach da eilen und läufst dir wegen meiner Situation die

Füße wund.« Shen Qiao hustete mehrmals, die Bewegung zerrte an seinen Wunden und ließ ihn das Gesicht verziehen. »Wenn ich fragen würde, würde ich dir nicht nur weitere Schwierigkeiten verursachen?«

Yu Shengyan konnte nicht antworten. Vielleicht, weil er nie jemanden getroffen hatte, der so umsichtig und aufmerksam war, oder vielleicht, weil er sich wirklich ein wenig schuldig fühlte, wenn er dieses Gesicht sah. Aber er wusste nichts zu sagen. Erst nach einer Weile sprach er wieder. »Dann solltest du dich zunächst ordentlich ausruhen. Ich werde dich nicht weiter stören. Ich kehre morgen zurück, um dir mehr Medizin zu bringen.«

»Danke, Shixiong. Bitte bestell Shizun auch meine Grüße.«

»Das werde ich.« Yu Shengyan wollte diesen unangenehmen Moment nicht noch mehr in die Länge ziehen. Er rieb seine Nase, sagte diese Worte und ging.

Er hatte seine Zweifel daran, ob Shen Qiao die Amnesie nur vorspielte, aber er hatte ihn täglich besucht, und sein Patient war immer noch wie an dem Tag, an dem er zuerst erwacht war: freundlich, optimistisch und voller Dankbarkeit. Was auch immer Yu Shengyan erzählte, Shen Qiao akzeptierte alles ohne Nachfrage, so ehrlich und direkt wie ein weißes Blatt Papier. Sobald er es aus dem Bett schaffen und sich ein wenig bewegen konnte, hatte Shen Qiao vorgeschlagen, würde er seinen »Shizun« Yan Wushi persönlich besuchen, um ihm zu danken.

Wenn Yu Shengyan ihn nicht erinnert hätte, hätte Yan Wushi Shen Qiao komplett vergessen. Während seiner zehnjährigen

Seklusion hatte sich die Welt drastisch verändert. Es war mehr, als man in ein paar kurzen Sätzen erklären konnte. Es gab viele Schulen in der Welt, die alle unterschiedliche politische Kräfte und Regimes unterstützten. In den letzten Jahren hatte Zhou nach und nach Macht angehäuft, was keinem der anderen Länder gefiel. Und nicht nur das, die drei Strömungen hatten außerdem keinen guten Draht zum Kaiser von Zhou. Yuwen Yong verbot Buddhismus und Daoismus und hatte auch den Konfuzianern das Recht verwehrt, in Zhou zu unterrichten, was sie davon abhielt, massenhaft Schüler zu rekrutieren.

Inmitten dieser Umstände hatte die Huanyue-Schule Yuwen Yong mit ihrer Unterstützung umgarnt, und Yuwen Yong brauchte die Huanyue-Schule, um seine Regentschaft zu erhalten. Nach einem Treffen mit Yuwen Yong hatte Yan Wushi die Nördliche Zhou verlassen und einen Abstecher zum Xuandu-Berg unternommen, um Kunye zu treffen, die sagenumwobene Nummer eins der Kampfkünstler von Göktürk und den Bezwinger von Shen Qiao. Sie hatten ein Duell ausgefochten, das Kunye verloren hatte. Yan Wushis Spitzname »Dämonenkönig« verbreitete sich wieder im Jianghu, und sowohl der Himmel als auch die Erde erzitterten. Die Gerüchte strotzten davon, dass ein weiteres schreckenerregendes Kraftpaket aus den dämonischen Schulen gekommen war, um die Lücke zu füllen, die Cui Youwang hinterlassen hatte.

Aber nun, da Qi Fengge fort war, gab es einen Menschen weniger, der ihm ebenbürtig war.

Yan Wushis Meinung nach war Kunye zwar sicherlich fähig und angemessen talentiert, aber immer noch meilenweit von Hulugus vergangenen Leistungen entfernt. Selbst verglichen mit den anderen Mitgliedern der Besten Zehn war Kunye nicht herausragend.

Dass er den Anführer des Xuandu-Bergs so schlimm verletzt hatte, war seltsam.

Aber das war nicht Yan Wushis Hauptanliegen. Die wahre Geschichte hinter Shen Qiaos Verletzungen und ob sie etwas mit Kunye zu tun hatte – Yan Wushi interessierte sich nicht weiter dafür. Der einzige Grund, warum er Kunye ins Visier genommen hatte, war, alle wissen zu lassen, dass er wieder im Jianghu aufgetaucht war. Kunye stand nach seinem Sieg über den Schulleiter des Xuandu-Bergs im Rampenlicht, also war er die naheliegendste Wahl gewesen.

Viel wichtiger war aber, dass Yan Wushis größte Errungenschaft während seiner Reise nicht der Ruf war, den er sich erarbeitet hatte, oder sein Sieg über Kunye, sondern dass er nun den Aufenthaltsort einer der Schriftrollen der Zhuyang-Strategien kannte.

Der Legende nach hatte Tao Hongjing, Großmeister seiner Generation, vor fünfzig Jahren einen Unsterblichen auf dem Mao-Berg getroffen und die *Dengzhen-Instruktionen* erhalten. Das Buch bestand aus vier Teilen, und Tao Hongjing fasste drei davon in einem Handbuch namens *Dengzhens Versteckte Instruktionen* zusammen. Den anderen Teil arbeitete Tao Hongjing in ein anderes Buch ein, denn seine Inhalte waren kryptisch und bezogen sich hauptsächlich auf die Union von Mann und Himmel durch Kultivierung. Dazu schrieb er die Lehren seines Lebens und Kernpunkte seiner Erkenntnisse auf, und das alles wurde später zu den berühmten Zhuyang-Strategien.

Tao Hongjing war ein Mann großer Weisheit. Obwohl er von Beruf ein daoistischer Priester war, kannte er sich in allen drei Schulen aus und hatte auch die Lebenslehren des unsterblichen Meisters Sun Youyue von Danyang erhalten.

Dieses Wissen verwandelte seine Kampfkünste in etwas, das jenseits von Perfektion lag. Selbst Qi Fengge musste sich seine

Niederlage eingestehen. Tao Hongjing war die unangefochtene Nummer eins der Welt.

Viele würden ihr Leben geben, um nur einen Blick auf die Zhuyang-Strategien zu erhaschen. Man erzählte sich, dass, wenn jemand alle fünf Bände der Zhuyang-Strategien verstehen würde, dieser in der Lage wäre, einen Blick auf den Zenit zu werfen, den alle Kampfkünstler durch die Jahre anstrebten, ihn zu ergreifen und auf eine Stufe jenseits aller anderen aufzusteigen. Es könnte sogar sein, dass man als Unsterblicher in den Himmel aufstieg.

Unglücklicherweise wurde die Shangqing-Schule vom Berg Mao nach Tao Hongjings Tod in die politischen Machenschaften der Dynastie verwickelt. Jeder Schüler hatte seine eigene Haltung und Position, und als die Liang-Dynastie inneren Unruhen zum Opfer fiel, wurden die fünf Bände der Zhuyang-Strategien im ganzen Land verstreut und blieben spurlos verschwunden.

So blieb es, bis Qi Fengge höchstselbst einige Dekaden später die Wahrheit über seine eigenen Kampfkünste zugab – dass er zusätzlich zum Erbe des Xuandu-Bergs auch von den Zhuyang-Strategien profitiert hatte. Danach wurden die Aufenthaltsorte der Zhuyang-Strategien nach und nach ans Licht gebracht. Man sagte sich, dass ein Band versteckt in Zhou war, einer bei der Tiantai-Schule, ein weiterer beim Xuandu-Berg. Aber die letzten beiden blieben ein Rätsel. Es hatte jahrzehntelang keine Neuigkeiten gegeben, und alle Suchaktionen blieben ertraglos.

Jahre zuvor war Yan Wushi zufällig auf den Band der Zhuyang-Strategien gestoßen, der im Palast von Zhou versteckt war. Sein unglaublicher Fortschritt nach seiner Seklusion, der große Sprung seiner Kultivierung, war teilweise diesem Band der Zhuyang-Strategien zu verdanken.

Nur diejenigen, die es persönlich erlebt hatten, konnten die schiere Brillanz der Zhuyang-Strategien verstehen. Schon ein Blick garantierte Hunderte Erkenntnisse. Die Zhuyang-Strategien fassten Tao Hongjings Lebenswerk zusammen; integrierten die Techniken der mentalen Kultivierung und Kampfkünste aller drei spirituellen Schulen. Die Teile ergänzten sich, ihre Vereinigung war makellos. Wenn Yan Wushi die anderen vier Bände sehen könnte, würden nicht nur die höchsten Kampfkünste für ihn greifbar werden, sondern auch das, was man sich nur in Legenden erzählte. Naturgesetze zu enträtseln, eins mit dem Himmel zu werden, alles davon.

Das war der eigentliche Grund für Yan Wushis Exkursion. Während der Xuandu-Berg ohne Anführer und in Panik war, wollte er sich hineinstehlen und die Schriftrolle der Zhuyang-Strategien suchen. Aber er hatte nicht erwartet, dass eine Laune des Schicksals ihn zu einer ganz anderen Entdeckung leiten würde. Während des Kampfs war ihm aufgefallen, dass – obwohl sich Kunyes Bewegungen auf die westlichen Regionen zurückführen ließen – die Quelle seiner inneren Kultivierung[11] und sein wahres Qi[12] anders waren. Tatsächlich schienen sie, wenn auch kaum wahrnehmbar, aus einer Quelle mit denen von Yan Wushi zu sein. Das ließ ihn vermuten, dass der Grund, warum Hulugu Qi Fengge fast ebenbürtig gewesen war, darin lag, dass er ebenfalls von den Zhuyang-Strategien profitiert hatte.

11 内功, die Kultivierung des Qi und der inneren Atmung bildet den Gegenpol zur äußeren Kultivierung von Kampftechniken. Für mehr siehe den Glossar-Eintrag zu innerer Kultivierung.

12 真气, ein präziserer Begriff für das »Qi«, das man in den Medien oft sieht. Im Daoismus wird das wahre Qi einer Person oder die Lebensenergie aus der Fusion des Xiantian-Qi und des Houtian-Qi abgeleitet.

Kunye war eine der neueren Generationen von Kampfkünstlern der Göktürks. Mit etwas mehr Zeit könnte er dieselbe Stufe erreichen wie einst Hulugu – wenn die Techniken der Kultivierung der westlichen Regionen zusammen mit den Zhuyang-Strategien einen Hulugu erschaffen konnten, dann sicherlich auch einen zweiten.

Das erregte großes Interesse bei Yan Wushi. Einige Zeit nach ihrem Duell hatte er Kunye wie ein Hund verfolgt und Streit mit ihm gesucht, wann immer ihm danach war. Kunye konnte ihn nicht besiegen und hatte auch keine Chance zu fliehen. Am Rande eines Nervenzusammenbruchs hatte er sich endlich entschlossen, zu den Göktürks zurückzukehren.

Yan Wushi hatte nicht vorgehabt, ihn den ganzen Weg ins Khaganat zu jagen, also kehrte er entspannt zum Anwesen zurück. Im Moment seiner Rückkehr hörte er seinen Schüler sagen, dass Shen Qiao aufgewacht war, er das Bett verlassen und laufen konnte.

Shen Qiao lehnte auf einem Bambusstock, als er kam, um Yan Wushi zu sehen. Er näherte sich, Schritt für Schritt, seine Bewegungen langsam, aber stabil. Eine Magd war an seiner Seite und stützte ihn. Sie flüsterte mit ihm, wies ihm den Weg durch die Gänge.

»Grüße, Shizun.«

Sobald die Magd ihm die korrekte Richtung gewiesen hatte, verbeugte sich Shen Qiao dort, wo Yan Wushi saß.

»Setz dich.«

Yan Wushi legte die Weiqi[13]-Figur nieder, die er gehalten hatte. Ihm gegenüber war Yu Shengyan, dem vernichtender

13 围棋, ein Strategie-Brettspiel, im Westen oft besser bekannt als Go. Man braucht schwarze und weiße Spielsteine und ein 19×19-Brett.

Kummer ins Gesicht geschrieben stand. Aber dennoch auch ehrliche Erleichterung – er verlor das Spiel offensichtlich.

Shen Qiao setzte sich mithilfe der Magd.

Nachdem er aufgewacht war, waren seine Erinnerungen vage gewesen, so sehr, dass er sich nicht an seinen eigenen Namen oder seine Vergangenheit erinnern konnte. Und natürlich hatte er keine Erinnerung an Yan Wushi oder Yu Shengyan.

»Wie heilen deine Wunden?«, fragte Yan Wushi.

»Ich danke Shizun vielmals für sein Interesse. Ich kann bereits das Bett verlassen und laufen, aber meine Glieder sind noch schwach, und meine Kampfkünste … müssen sich offenbar erst erholen.«

»Hand«, befahl Yan Wushi.

Shen Qiao streckte gehorsam eine Hand aus, und Yan Wushi zwickte sofort sein Handgelenk und seine Pforte des Lebens[14]. Er untersuchte sie für einen Moment, und eine Spur der Überraschung zeigte sich in seinem teilnahmslosen Gesicht.

Er schenkte Shen Qiao einen eindringlichen Blick. Da Shen Qiao nicht sehen konnte, blieb sein Ausdruck arglos und offen.

Yan Wushi fragte: »Verspürst du irgendwelche Beschwerden?«

Shen Qiao dachte einen Moment lang nach. »Jede Nacht um Mitternacht wird mein Körper heiß und kalt, und es gibt einen dumpfen Schmerz in meiner Brust. Manchmal ist es so schmerzhaft, dass ich kaum laufen kann.«

14 命门, ein vitaler Akupunkturpunkt zwischen Lendenbereich und Nieren, dient als Quelle der Lebensenergie. Ein verbundener Punkt befindet sich am kleinen Finger.

Yu Shengyan fügte hinzu: »Ich habe einen Doktor beauftragt, sich das anzusehen. Es hat laut ihm wahrscheinlich etwas mit den schweren Verletzungen meines Shidis[15] zu tun, und dass die Genesung Zeit brauchen wird.«

Yan Wushi grinste hämisch darüber, wie geschmeidig dieses *Shidi* gewesen war. Dann sagte er zu Shen Qiao: »Deine Kampfkünste sind nicht komplett verloren. Ich hab einen Hauch von wahrem Qi in deinem Körper gespürt. Es war nicht stark, aber es war auch nicht schwach, also ist eine Erholung mit der Zeit möglich. Jedoch hat meine Huanyue-Schule keinen Platz für wertlose Müßiggänger. Ich habe eine Aufgabe für deinen Shixiong, und du solltest ihm folgen und ihn unterstützen.«

»Natürlich«, sagte Shen Qiao.

Er fragte nicht, was die Aufgabe war. Es war genau wie bei Yu Shengyan – er stimmte allem zu, was gesagt wurde. Den Rest der Zeit saß er nur ruhig da und machte keine unnötigen Bewegungen.

In seinem jetzigen Zustand war Shen Qiao ein gefallener Tiger, aber Yan Wushi spürte kein Mitleid für seine Notlage. Das Unglück dieses Mannes löste nur eine noch größere Boshaftigkeit in ihm aus. Mehr und mehr wollte er dieses reine Weiß komplett schwarz färben, es ruinieren.

»Dann geh zunächst zurück in dein Zimmer und ruh dich aus«, sagte er leichthin.

Shen Qiao erhob sich folgsam und verbeugte sich, um sich zu entschuldigen, und ging dann, langsam und mit der Unterstützung der Magd.

15 师弟, wörtlich »kleiner Lehrbruder«; wird benutzt, um einen jüngeren männlichen Kollegen aus derselben Schule oder unter demselben Meister oder derselben Meisterin anzusprechen.

Yan Wushi löste den Blick von Shen Qiaos Rücken und sagte zu Yu Shengyan: »Vergiss den Banbu-Gipfel. Reise direkt nach Qi und töte den Beamten Yan Zhiwen sowie seine ganze Familie.«

»Ja.« Yu Shengyan akzeptiere ohne Zögern. »Hat dieser Mann Euch erzürnt?«

»Er ist ein Mitglied der Hehuan-Schule und eines ihrer Augen in Qi.«

Yu Shengyan war nur zu begeistert, das zu hören. »Ja, die Hehuan-Schule hat sich zu lange hier breitgemacht. Während Ihr in Seklusion wart, hat Yuan Xiuxiu uns immer wieder Ärger bereitet. Wenn wir den Gefallen nicht erwidern, würde unsere Huanyue-Schule unheimlich nachsichtig wirken, nicht wahr? Ich werde in wenigen Tagen aufbrechen!«

Dann machte er eine Pause, sein Lächeln verblasste nur ein wenig. »Ihr möchtet, dass ich Shen Qiao mitnehme?«, fragte er voller Zweifel. »Er hat all seine Kampfkünste verloren, also fürchte ich, dass er keine große Hilfe sein wird.«

Der Schatten eines Lächelns stahl sich auf Yan Wushis Gesicht. »Nachdem du ihn ›Shidi‹ genannt hast, solltest du ihm zumindest die Welt zeigen. Seine Kampfkünste mögen sich noch nicht erholt haben, aber er kann immer noch eine oder zwei Gestalten umbringen.«

Yu Shengyan verstand es in diesem Moment. Sein Meister behandelte Shen Qiao wie ein weißes Blatt Papier, eines, das er tiefschwarz färben wollte. Selbst wenn Shen Qiao eines Tages seine Sinne oder Erinnerungen wiedererlangen würde, wäre alles, was er bis dahin getan hätte, unwiderruflich. An diesem Punkt wäre es unmöglich, wieder auf den rechtschaffenen Pfad zurückzukehren, selbst wenn er das gewollt hätte.

Und was war schon falsch daran, so zu sein, wie sie es waren? Sie handelten ohne Ketten, taten, was sie wollten, und waren frei von den Gesetzen und Konventionen dieser Welt. Yu Shengyan glaubte, dass es in der menschlichen Natur lag, böse zu sein. Tief drinnen, dachte er, verbarg jeder eine dunkle Seite. Der einzige Unterschied war, ob diese Dunkelheit die Chance hatte, zu erwachen. Die sogenannten daoistischen, buddhistischen und konfuzianischen Ideologien faselten pausenlos von Güte und Würde, von Moral und Mitgefühl, aber am Ende benutzten sie diese Rechtschaffenheit nur, um ihre eigenen, selbstsüchtigen Begehren zu verbergen. Über den Kampf um den Thron gab es noch weniger zu sagen – wer Macht hatte, hatte recht, und der Gewinner erhielt alles. Gab es irgendein Land, dessen Anführer kein Blut an seinen Händen kleben hatte? Der sagen konnte, dass er reiner war als der Rest?

»Ja, ich werde meinem Shidi den Weg weisen.«

KAPITEL 4
DIE REISE BEGINNT

Yu Shengyan offenbarte Shen Qiao den Zweck ihrer Reise nicht direkt. Der Bezirk Funing lag nicht weit entfernt von Qis Hauptstadt Yecheng. Mit seiner üblichen Geschwindigkeit wäre Yu Shengyan in drei bis fünf Tagen angekommen. Aber aus Rücksicht auf Shen Qiaos Gesundheit ließ er es langsamer angehen, und sie erreichten Yecheng nach sieben Tagen.

Shen Qiaos Zustand war trotz des gemütlichen Tempos noch nicht stabil genug für lange Reisen. Direkt nach ihrer Ankunft in Yecheng bekam er Fieber. Die Huanyue-Schule hatte nicht viele Schüler, aber es mangelte ihnen nicht an Geld. Sie besaßen ein Haus in Yecheng, in dem Yu Shengyan und Shen Qiao unterkamen. Das Haus gehörte Yan Wushi, und als die Diener Yu Shengyan und Shen Qiao erblickten, sprachen sie sie mit »junge Meister« an und richteten ihnen mit größter Sorgfalt Zimmer her. Shen Qiao sprach während der Reisen kaum. Er lief und stoppte, wenn Yu Shengyan es ihm befahl, und erwähnte seine Gebrechlichkeit nie – Yu Shengyan musste selbst darauf achten. Wenn er nachfragte, lächelte Shen Qiao bloß und sagte: »Ich weiß, dass diese Reise ein Auftrag des Shizun ist. Ich schäme mich schon sehr, dass diese Verletzungen mich daran hindern, zu helfen. Wie könnte ich dir noch mehr Ärger zumuten?«

Sein Gesicht war blass und schwitzig, aber er lächelte sanft, während er sprach. Es ließ ihn bemitleidenswert und doch liebenswürdig aussehen. Und Yu Shengyan war schließlich noch nicht Yan Wushi. Ein Hauch Mitgefühl wallte in ihm auf – eine seltene Regung.

»Du magst vielleicht krank sein, aber es bereitet mir keinen Ärger, wenn du mir davon erzählst. Ich bin kein unvernünftiger Mann. Dennoch müssen wir Shizuns Auftrag erfüllen. Ich habe schon nachgeforscht. Yan Zhiwen ist Mitglied der Hehuan-Schule, aber als Kampfkünstler nur zweite Klasse. Außerdem sind weder seine Frau noch seine Kinder in der Kriegskunst geschult. Ihr Haus hat keine Sicherheitsvorkehrungen, also werde ich kein Problem damit haben, ihn zu töten. Aber Shizun hat befohlen, dass wir auch seine ganze Familie umbringen. Wenn die Zeit kommt, nehme ich dich mit dorthin. Sobald ich Yan Zhiwen erledigt habe, bringe ich dir eine Frau oder ein Kind, damit du dich darum kümmern kannst.«

Das war das erste Mal, dass Shen Qiao erfuhr, was für eine Aufgabe Yan Wushi ihnen zugeteilt hatte. Überraschung machte sich auf seinem Gesicht breit. »Darf ich dich nach der Geschichte der Hehuan-Schule fragen? Welchen Groll hegen wir auf Yan Zhiwen?«

Yu Shengyan fiel ein, dass Shen Qiao nichts mehr wusste, also begann er zu erklären: »Unsere Huanyue-Schule, die Hehuan- und die Fajing-Schule stammen alle von der Riyue-Schule der Provinz Fengling ab. Als die Riyue-Schule auseinanderbrach, teilte sie sich in diese drei Richtungen auf. Normalerweise sind wir gegen Außenstehende vereint, weil wir denselben Ursprung haben. Aber alle wollen diejenigen sein, die die noble Disziplin[16] wiedervereint, vor allem die Hehuan-Schule. Ihre Anführerin ist Yuan Xiuxiu, und alle ihre Schüler sind wie sie – sie setzen ihre Schönheit ein, um ihre Ziele zu erreichen. Aber das heißt nicht, dass ihre Kampfkünste schwach sind, deshalb solltest du dich zurückhalten. Diese Yuan Xiuxiu hat einen Liebhaber namens Sang Jingxing, der einst Cui Youwangs Schüler war. Diese beiden Schädlinge stecken unter einer Decke und begehen täglich abscheuliche Taten. Während Shizun in Seklusion war, versuchten sie wieder und wieder, unsere Huanyue-Schule zu erobern.«

Shen Qiao nickte. »Aber da Yan Zhiwen in ihren Reihen nur zweitklassig und er ein offizieller Angestellter von Qi ist, kann ich mir vorstellen, dass er selbst der Huanyue-Schule keinen Ärger bereitet hat. Also warum will Shizun ihn tot sehen?«

Yu Shengyan kräuselte die Lippen. »Shidi, deine Verletzung hat dich weich und naiv gemacht. Wie ein kleiner Hase! Yan Zhiwen ist ein besonderer Fall. Er hat seine Position als Angestellter als Schutzmantel genutzt, damit niemand erfährt, dass er Teil der Hehuan-Schule ist. Wenn wir ihn töten, ist das erstens eine Warnung an unsere Feinde, und zweitens wird die Hehuan-Schule erkennen müssen, dass wir alles über sie wissen. Sie werden es nicht mehr wagen, uns gegenüber frech zu sein. Drittens haben sie uns jede Menge Ärger gemacht, als Shizun weg war, deshalb erwidern wir ihnen den Gefallen nun, da Shizun zurück ist, nicht wahr? Sonst würden alle denken, die Huanyue-Schule bestünde nur aus Schwächlingen. Im Jahr, als Cui Youwang starb, war die Huanyue-Schule die

16 圣门 – so bezeichnen sich Praktizierende der dämonischen Schulen selbst, um sich von anderen abzugrenzen. Es kann aber auch synonym für die Riyue-Schule stehen.

stärkste der drei Zweige der Riyue-Schule. Wir hatten die größte Hoffnung darauf, die noble Disziplin zu vereinen. Die Hehuan-Schule hatte nur deshalb eine Gelegenheit dazu, da Shizun verletzt wurde und sich in die Seklusion zurückgezogen hat.«

»Und was ist mit der Fajing-Schule? Haben diese uns niemals Scherereien verursacht?«

»Um ehrlich zu sein, von allen drei Schulen ist die Hehuan-Schule diejenige, die am meisten Stärke aus den Zahlen ihrer Mitglieder zieht. Die Fajing-Schule ist ebenso wie die Huanyue-Schule: Schüler sind im ganzen Land verstreut, die unabhängig voneinander handeln. Sie versammeln sich nur selten. Nachdem Shizun aus der Seklusion zurückgekehrt ist, hat er nur mich kontaktiert, und deshalb eilte ich herbei. Aber du …« Yu Shengyan hüstelte. »Natürlich bist du bei uns, weil du verletzt wurdest. Lange Rede, kurzer Sinn: Wir drei Schulen kommen nicht miteinander aus, aber die Hehuan-Schule macht uns schamlos immer wieder Ärger.«

Shen Qiao seufzte. »Jeder Groll hat einen Ursprung, jede Schuld einen Schuldner. Wenn die Hehuan-Schule von Yuan Xiuxiu angeführt wird, warum macht Shizun das nicht direkt mit ihr aus? Selbst wenn man das Yan Zhiwen anlastet, seine Frauen und Kinder haben keine Verbindung zum Jianghu, warum also sie mit hineinziehen?«

Yu Shengyan spielte unbeeindruckt mit der Quaste, die vorne am Bett hing. »Unser Shizun hat uns einen Befehl gegeben, und wir führen ihn aus. Warum so viele Fragen? Gras muss man an den Wurzeln ausreißen, sonst sprießt es im nächsten Frühling wieder. Mal angenommen, wir bringen Yan Zhiwens Frauen und Kinder nicht um – sollen wir dann einfach warten, bis sie eines Tages auf der Suche nach Rache zu uns kommen?«

Er stand auf. »Egal, es ist keine dringende Angelegenheit. Wir haben noch Zeit bis zum Siebten. Du solltest dich die nächsten zwei Tage ordentlich ausruhen. Sobald du dich besser fühlst, bitte ich jemanden, uns in Yecheng herumzuführen. Meiner Meinung nach ist Yecheng so luxuriös wie Jiankang und noch um einiges größer. Es lohnt sich, die Stadt zu erkunden. Vor allem das Freudenviertel …«

Yu Shengyan war erst in seinen frühen Zwanzigern, aber ein wahrer Romantiker. In der südlichen Chen hatte er unter einem falschen Namen Poesie und Verse mit den örtlichen Gelehrten diskutiert, Freundschaften geschlossen und sogar ein wenig Bekanntheit erlangt. Er hatte gute Laune und wollte weitersprechen, doch dann dachte er an Shen Qiaos Zustand. Selbst wenn er in der Stimmung war, hätte dieser Mann nicht die Kraft dafür. Also hielt Yu Shengyan den Mund und schenkte Shen Qiao ein Lächeln. »Es ist nicht schlimm, dass du im Moment Amnesie hast und dich nicht an die Vergangenheit erinnern kannst. Nur damit du es weißt: Die Huanyue-Schule ist voller Freigeister und Romantiker, die das tun, was sie wollen. Du kannst es langsam angehen lassen, denn du wirst in Zukunft noch genügend Gelegenheiten haben, alles selbst zu erleben.«

Yan Wushi gab sich auf Reisen stets als reicher Händler mit Nachnamen Xie aus, sodass auf dem Schild am Eingang des Hauses »Xie-Residenz« stand. Yu Shengyan war oft unterwegs und ließ Shen Qiao allein zurück. Die anderen Bewohner der Xie-Residenz fassten schnell Vertrauen zu Shen Qiao, da er ihnen trotz seiner schlechten Verfassung mit so viel Freundlichkeit begegnete. Die Mädge, die ihm dienten, waren besonders angetan. Sie erzählten ihm von der Landschaft und den Leuten in der Hauptstadt und der Xie-Residenz, damit er sich nicht langweilte. Shen Qiao bat die Mädge darum, ihn mit nach draußen zu nehmen, als er sich besser fühlte. Auf diesen Ausflügen entdeckte er, dass Yecheng tatsächlich so war, wie Yu Shengyan es beschrieben hatte. Weißer Jade säumte die Straßen, und an den Rändern der Dächer prangten glasierte Schnitzereien und Verzierungen. Der Gao-Clan aus Qi stammte aus einer Linie der Han[17], die unter dem Einfluss des Xianbei[18]-Volks stand. Deshalb fanden sich überall an Gebäuden, in der Kleidung und den Bräuchen und Traditionen noch Spuren der Xianbei. Im Gegensatz zur filigranen Eleganz des Südens strahlte diese Stadt eine unbändige jugendliche Kraft aus. Derselbe Wein schmeckte in den Likörgeschäften Yechengs voller und reichhaltiger als in Jiankang. Weite Roben und lose Ärmel, flatternde Kragen und tanzende Gürtel, exquisite Pferde und extravagante Kutschen. Obwohl Shen Qiao es nicht sehen konnte, spürte er Yechengs Ruhm und Wohlstand in den Gerüchen und der Atmosphäre auf den Straßen der Hauptstadt. Mithilfe einer Magd betrat er eine Apotheke und setzte sich in den Nebenraum, während sie die Arznei für ihn abholte. Shen Qiao hatte quasi einen ganzen Topf voll Medizin für sich: Jeden Tag musste er mindestens eine riesige Schüssel heilender Suppe trinken. Auch wenn Yan Wushi nicht so großzügig war, ihm beim Wiedererlangen seiner Kampfkünste zu helfen, ließ er Shen Qiao jedoch nicht in seinem erbärmlichen Zustand zurück. Die Medizin, die er trank, diente vor allem der Regulation seines Qis, des Bluts und der Meridiane, stärkte seine Knochen und verstärkte die

17 漢人, Han-Volk bzw. die Menschen des Han-Reichs, die größte Bevölkerungsgruppe der Welt. Ihr Name leitet sich von der Han-Dynastie ab. Mehr dazu im Kapitel »Einführung in die Geschichte« im Anhang.

18 鮮卑, Xianbei, ein Stamm aus dem mongolisch-mandschurischen Grenzgebiet. Mehr dazu im Kapitel »Einführung in die Geschichte« im Anhang.

Yang-Energie. Im Moment war Shen Qiaos innere Energie komplett leer und ausgehöhlt. Ohne seine Erinnerungen würden auch seine Kampfkünste nicht einfach so zurückkehren. Nur dank der Monate Ruhe und Pflege konnte er überhaupt wieder ungehindert laufen.

Als die Mägde zur Apotheke aufgebrochen waren, hatte er sich ihnen angeschlossen, um etwas frische Luft zu schnappen. Er konnte sich kaum vorstellen, dass er trotz seiner Blindheit und seines kränklichen Äußeren nach wie vor die Aufmerksamkeit in der Apotheke auf sich zog.

Shen Qiao hatte schon immer ein hübsches Gesicht gehabt. Auch wenn es nun schmaler war, wirkte er weiterhin elegant und attraktiv. Seine Haare waren nicht mit einer Krone geschmückt, sondern mit einer einfachen Holzspange. Er saß da, tat nichts und sprach nichts, trug nur ein schmales Lächeln auf den Lippen, während er dem Gespräch der Magd mit dem Apotheker lauschte.

Offenbar war Yan Wushi nicht besorgt darüber, dass man Shen Qiao erkannte – er hatte ihm erlaubt, sich in der Öffentlichkeit zu zeigen, und Yu Shengyan hatte keinerlei Anweisungen, ihn in eine Verkleidung zu stecken. Shen Qiao hatte den Xuandu-Berg selten verlassen, sowohl vor als auch nach seinem Aufstieg zum Anführer. Man sagte sich, dass selbst einige Schüler ihn nicht erkennen würden. Es gab wesentlich bekanntere Schüler des Xuandu-Bergs, dennoch hatte man den relativ unbekannten Shen Qiao zum Anführer ernannt. Wahrscheinlich wusste nur Qi Fengge selbst, warum, und der war tot. Außerdem waren bei dem Duell nur Kunye und Shen Qiao auf dem Banbu-Gipfel gewesen. Es gab dort oben kaum Platz, sodass sich die Zuschauenden auf dem Yinghui-Gipfel gegenübergestanden hatten. Aus der Entfernung wäre es beinahe unmöglich, sich all die Details eines Gesichts zu merken.

Und nach seiner Zeit der Bettlägerigkeit waren Shen Qiaos Präsenz und Energie geschrumpft. Aber das waren alles nur Spekulationen von Yu Shengyan. Weil er seinen Shizun kannte, vermutete Yu Shengyan, dass Shen Qiao nichts als eine Laune seines Meisters war – etwas, mit dem er spielen konnte.

»Mein Herr, ich habe die Medizin. Sollen wir gehen?«

Shen Qiao nickte, und die Magd half ihm auf. Die beiden hatten gerade den Eingang erreicht, als sie jemanden sagen hörten: »Dieser junge Herr ist so gut aussehend und elegant, aber ich habe ihn noch nie hier gesehen. Darf ich wohl seinen werten Namen erfahren?«

Die Besitzerin der Stimme verbarg ihre Bewunderung nicht. Als die Schritte der Magd stoppten, wusste Shen Qiao, dass man über ihn sprach.

»Ich heiße Shen Qiao«, sagte er.

»Ah, Shen-langjun[19] also.« Die Stimme der Frau war klar, angenehm und lebhaft. »Kommt Shen-langjun aus der Hauptstadt? Oder vielleicht aus einer noblen Familie?«

Die Magd beugte sich näher zu Shen Qiao und flüsterte ihm ins Ohr: »Das ist Han Eying, die Tochter des obersten Verwalters Han.«

Der oberste Verwalter Han war Han Feng. Er war nicht irgendein oberer Verwalter, sondern der des Palasts von Qi. Er war ein bekannter Mann im Land – sein Sohn war mit einer Prinzessin verheiratet, und er selbst war neben Mu Tipo und Gao Anagong als einer der drei Adligen von Qi bekannt. Seine Autorität war sowohl beim kaiserlichen Hofe als auch beim gemeinen Volk bekannt. Als Tochter der Han-Familie konnte Han Eying alles haben, was sie begehrte.

19 郎君, eine respektvolle Anrede für junge Männer, ähnlich wie Gentleman; kann wie oben auch als Suffix verwendet werden.

Shen Qiao sagte mit einem Lächeln: »Ich habe bereits von Han-niangzis[20] edlem Namen gehört, aber ich leide gerade an einer Augenkrankheit, weshalb ich Eure Schönheit nicht erfassen kann. Ich hoffe, Ihr vergebt mir. Wenn ich mich eines Tages von der Krankheit erhole, werde ich Euch besuchen.«

Han Eying war sein leerer Blick aufgefallen. Sie konnte nicht anders, als zu bedauern, dass ein solch wunderschöner Mann erblinden musste. Ihr Interesse geriet ins Wanken, und sie sagte: »Nun gut. Ihr solltet gut auf Euch aufpassen. Xiao-Lian, geh zum Apotheker und bring etwas Ginseng für Shen-langjun mit. Ich bezahle!«

»Danke, Han-niangzi«, sagte Shen Qiao. »Ich habe auch ein Geschenk für Euch. Seid so gütig, es zu akzeptieren, auch wenn es nichts Besonderes ist.«

Han Eying richtete sich auf. »Oh? Was ist es?«

»A-Miao[21]«, sagte Shen Qiao. »Hol die Kiste vom Wagen da drüben.«

Die Magd nickte. Shen Qiao konnte nicht sehen, aber seine Worte waren so sanft, seine Art zu sprechen so lieblich, dass es jeden Zuhörer beruhigte. Selbst Han Eying, eine arrogante, eigensinnige Dame, die schöne Männer auf der Straße anhielt, nur um mit ihnen zu flirten, konnte nicht anders, als ihm gegenüber etwas weicher zu werden. Die Magd brachte die von Shen Qiao gewünschte Kiste, und Han Eying beäugte ihren kurzen Austausch, bevor sie sich verabschiedete. Sie hatte nach Shen Qiaos Adresse gefragt und sagte, dass sie ihn an einem anderen Tag besuchen würde. Dann stieg sie auf ihr Pferd und verschwand.

20 娘子, eine respektvolle Anrede für junge Frauen, ähnlich wie Lady; kann wie oben auch als Suffix verwendet werden.

21 阿, »A-«, eine liebevolle Anrede. Das Präfix wird für gewöhnlich an Namen gehängt, die aus nur einem Schriftzeichen bestehen.

Als sie in die Xie-Residenz zurückkehrten und Yu Shengyan von der Begegnung erfuhr, schnalzte er beeindruckt mit der Zunge.

»Du hast ein gutes Händchen. Bei deinem ersten Ausflug in die Außenwelt hast du Han Eying getroffen. Das Mädchen ist die Shizhi[22] von Zhao Chiying aus der Bixia-Schule vom Tai-Berg. Ihre Kampfkünste sind nichts Besonderes, aber durch den Status ihres Vaters erlaubt sie sich in der Stadt eine ziemlich große Klappe.«

Shen Qiao lächelte. »Meiner Meinung nach war sie nicht so schlimm. Sie hatte auch keine allzu große Klappe.«

Yu Shengyan lachte. »Sie ist eine wahre Schönheit, aber leider ist ihre Persönlichkeit unerträglich. Jeder in der Hauptstadt stimmt mir da zu. Du bist der Einzige, der so etwas sagt!«

Shen Qiao lächelte, antwortete aber nicht.

22 师侄, wörtlich: »Lehrneffe«, kann aber auch für Frauen genutzt werden; Bezeichnung für die Schüler eines Lehrbruders.

KAPITEL 5
DIE WAHRHEIT KOMMT ANS LICHT

Etwa drei Tage nach diesem Ereignis plante Yu Shengyan zuzuschlagen. Das Neue Jahr war angebrochen, und die Vorbereitungen für das Laternenfest waren in vollem Gange. Die fröhliche Stimmung war in jeder Ecke Yechengs zu spüren.

Yan Zhiwen war kein hochrangiger Beamter. Die Hehuan-Schule hatte ihm diese Position vermutlich gegeben, um mehr Augen und Ohren bei Hofe zu haben. Er war kein begabter Kampfkünstler und hatte keine Vorkehrungen für seine Sicherheit getroffen. Obwohl Yu Shengyan nur ein Schüler war, wäre Yan Zhiwen vermutlich so gefährlich für ihn wie ein kühler Becher Wasser. Dennoch befolgte Yu Shengyan die Anweisungen seines Shizuns und nahm Shen Qiao mit.

Während Shen Qiao außerhalb der Yan-Residenz wartete, sprang Yu Shengyan direkt auf das Vordach. Geräuschlos kletterte er am Gebäude hinauf bis zu Yan Zhiwens Studierzimmer. Wenn Yu Shengyan seinen Quellen glauben konnte, war Yan Zhiwen zwar nur ein zweitklassiger Kampfkünstler, aber dennoch sehr gerissen. Aber ohne irgendeinen Hauch von Talent schaffte man es auch nicht in die Hehuan-Schule.

Yu Shengyan hatte sich keine weiteren Gedanken darüber gemacht, er wollte ihn nur töten, um ihren Feinden eine deutliche Warnung auszusprechen. Erst als er das Zimmer betrat, merkte er, dass irgendetwas nicht stimmte.

Die Diener der Yan-Residenz waren noch da, die Wärter patrouillierten von Zeit zu Zeit über das Gelände, aber obwohl Yu Shengyan vom Studierzimmer bis zum Schlafgemach alles durchsuchte, fand er keine Spur von Yan Zhiwen.

Und nicht nur von Yan Zhiwen. Auch all seine Frauen, Konkubinen und Kinder hatten sich offenbar in Luft aufgelöst. Gehüllt in Schatten, erinnerten Yu Shengyans Bewegungen an ein Phantom, ganz im Stil der Huanyue-Schule – unvorhersehbar und hinterlistig. Er landete im Inneren des Hauses, griff sich einen Diener und drückte einen Akupunkturpunkt nahe seinem Hals, sodass er keinen Ton hervorbringen konnte. Der Diener hatte keine Chance, zu reagieren.

»Wo ist Yan Zhiwen?«

Die Augen des Dieners weiteten sich vor Schreck, als er bemerkte, wie einfach dieser attraktive junge Mann ihn in Schach halten konnte. Trotz seiner Panik konnte der Diener nicht sprechen.

Yu Shengyan schenkte ihm ein schmales Lächeln. »Du sagst mir, wo Yan Zhiwen und seine Familie sind, und ich werde dich nicht töten. Wenn du nach Hilfe rufst, kann ich jeden in diesem Haus umbringen, bis keine einzige Seele mehr übrig ist. Verstanden?«

Der Diener nickte hektisch. Yu Shengyan lockerte seinen Griff und gab den Akupunkturpunkt frei.

Der Diener beeilte sich zu sagen: »Die werten Damen und jungen Herren sind vor zwei Tagen aufgebrochen. Der Meister sagte, er habe sie in die Zweitvilla bei den Quellen geschickt, um dort etwas Zeit zu verbringen.«

Yu Shengyan grinste spöttisch. »Selbst wenn die Frauen weg sind; du willst mir doch nicht sagen, dass Yan Zhiwen mit ihnen gegangen ist, oder? Er muss morgen am Hof auftauchen. Hat er nicht vor, zurückzukehren?«

»Der Meister hat uns nicht allzu viel gesagt, als er gegangen ist, deshalb weiß ich es … nicht.«

Yu Shengyan hatte keine Geduld mit dem Gestammel des Dieners und schlug ihn mit seiner Handkante bewusstlos. Dann suchte er nach dem Verwalter der Yan-Residenz und bedrängte diesen um Informationen, erhielt aber dieselbe Antwort. Yu Shengyan war nicht schwer von Begriff. Er hatte verstanden, dass irgendjemand Yan Zhiwen gewarnt haben musste. Aber Yan Wushi selbst hatte die Ermordung angeordnet. Außer ihm wusste nur Shen Qiao davon – selbst der Verwalter der Xie-Residenz hatte keinen Schimmer. Yu Shengyan war sicher nicht derjenige, der diese Pläne in der Stadt herumerzählt hatte. Kalte Mordlust wallte in ihm auf. Er wollte den Verwalter an Ort und Stelle erwürgen, aber dann zögerte er. Nun, da er nicht die ganze Yan-Familie töten konnte, wäre ein Mord an einem einzigen Diener nutzlos. Es würde ihre Feinde nur vorwarnen und die Hehuan-Schule lächerlich wirken lassen. Deshalb schlug er auch diesen Mann bewusstlos, drehte sich um und verließ die Residenz. Kochend vor Wut fand er Shen Qiao, der immer noch in einer Seitengasse auf ihn wartete.

»Hast du Yan Zhiwen einen Tipp gegeben?«

Shen Qiao nickte ohne einen Hauch des Zögerns. »In der Tat.«

Kalte Wut über diesen Verrat verhärtete Yu Shengyans sonst so entspanntes Gesicht. »Warum?«

»Ich weiß, dass es eine Kluft zwischen uns und der Hehuan-Schule gibt. Yan Zhiwen gehört der Hehuan-Schule an, deshalb möchte Shizun ihn tot sehen. Es steht mir nicht zu, das zu kommentieren. Aber trifft die Kinder irgendeine Schuld? Wenn er Yan Zhiwen töten will, warum die Ehepartner und Kinder mit hineinziehen?«

»Es *steht dir nicht zu,* zu sagen, ob seine Partner und Kinder sterben sollten«, sagte Yu Shengyan kalt. »Aber was ich wirklich wissen will, ist, wie du es geschafft hast, Yan Zhiwen zu benachrichtigen. Du bist blind, kränklich und kannst den Norden nicht vom Süden unterscheiden.«

»Du sagtest mir, dass Yan Zhiwen ein gerissener Mann ist«, antwortete Shen Qiao. »Wenn ein einziges Detail nicht stimmt, wird er Verdacht schöpfen. Meine verschriebenen Medikamente enthielten eine Portion Danggui[23]. Ich habe etwas davon versteckt und auf eine Gelegenheit gewartet, es zur Yan-Residenz zu schicken. Aber dann habe ich Han Eying vor der Apotheke getroffen. Die Danggui, die für Yan Zhiwen bestimmt waren, packte ich in diese Schachtel und bat sie, sie ihm zu überreichen. Sie dachte wohl, wir wären Bekannte, und stellte keine weiteren Fragen. Ich kann mir gut vorstellen, dass Yan Zhiwen gemerkt hat, dass etwas nicht stimmt, als er die Schachtel erhalten und seine Familie vorsorglich in Sicherheit gebracht hat.«

Yu Shengyan war so wütend, dass er nur lachen konnte. »Ich hab dich wirklich unterschätzt! Ich dachte nicht, dass du so kompetent bist.«

Er griff nach Shen Qiaos Hals und würgte ihn. »Bist du dir der Konsequenzen bewusst, wenn du eine Mission des Shizuns ruinierst, hm?«

23 当归, die chinesische Engelwurz. Der chinesische Name bedeutet wörtlich übersetzt »sollte heimkehren« und wurde oft symbolisch in Gedichten verwendet. Das erregte Yan Zhiwens Aufmerksamkeit.

Shen Qiao hatte keine Kraft, sich zu wehren. Er konnte nicht atmen, und sein Gesicht wurde blasser, seine Brust bebte. Er schaffte es, ein paar Worte hervorzuspucken.

»In Wahrheit … bin ich gar kein Schüler der Huanyue-Schule, oder?«

Yu Shengyan erstarrte, sein Griff lockerte sich. Shen Qiao hustete und tastete stützend nach der Wand.

»Wie hast du es herausgefunden?«

»Ein Gefühl«, sagte Shen Qiao ruhig. »Auch wenn ich keine Erinnerungen habe, so ist meine Urteilsfähigkeit noch intakt. Egal, ob Shizun oder Shixiong, keiner von euch hat mich als Schüler oder Lehrbruder behandelt. Die Diener, die mich in der ersten Villa versorgten, waren auch sehr vorsichtig im Umgang mit mir. Als ob sie Angst hätten, etwas zu offenbaren. Ich beherrsche keine Kampfkünste und kann bei dieser Mission kein bisschen helfen. Obwohl ich dir nur ein Klotz am Bein bin, wollte Shizun, dass ich mitkomme. Zusätzlich hätte meine eigene Unfähigkeit das Ansehen meines Meisters besudelt, selbst wenn ich durch mein eigenes Verschulden so schwer verletzt worden bin. Trotzdem hat niemand je darüber gesprochen. Das ergab alles keinen Sinn.«

Als er bemerkte, dass Yu Shengyan ihm nicht antwortete, fuhr er fort: »Tatsächlich war die Methode, die ich genutzt habe, gar nicht so clever. Ich konnte nur die Magd der Xie-Residenz täuschen. Wenn du Yan Zhiwen nicht unterschätzt und jemanden zur Beschattung entsendet hättest, wäre ihm die Flucht nicht gelungen.«

»Das stimmt. Yan Zhiwen ist bedeutungslos, deshalb habe ich ihn nicht ernst genommen. So hattest du die Gelegenheit einzugreifen. Aber weißt du, was die Konsequenzen sind, wenn Shizun davon erfährt? Du hast ein paar Menschen gerettet, die du überhaupt nicht kennst und die nicht einmal wissen, dass du ihnen geholfen hast. Und selbst wenn, sind sie vielleicht nicht einmal dankbar. War es das wert?«

Shen Qiao schüttelte den Kopf. »Wenn es um den Wert geht, so wiegt jedes Herz anders ab. Jeder Groll hat einen Ursprung, jeder Schuldige einen Schuldner, aber unschuldige Leute sollten niemals mit hineingezogen werden. Wenn du nicht aktiv wirst und die Menschen rettest, die du retten kannst, wird sich für immer ein Schatten über dein Herz legen. Egal, ob andere Leute davon wissen – ob sie dankbar sind – oder nicht, das ist ihre Sache.«

Yu Shengyan hatte Shen Qiao vor dessen Sturz nie gesehen, und er wusste nicht, wie er ohne Verletzungen gewesen war. Aber von dem Moment an, in dem er aufgewacht war, krank und gebrechlich, hatte er neun von zehn Tagen im Bett verbracht. Außer seinem guten Aussehen gab es nichts Bemerkenswertes an ihm. Obwohl Yu Shengyan nie ein böses Wort über ihn gesagt hatte, tief in seinem Herzen hatte er auf Shen Qiao herabgesehen. Er hatte gedacht, dass nur jemand unfassbar Unfähiges so tief fallen könnte. Vom Leiter einer Schule zu einem gebrechlichen Kranken. Doch in diesem Moment, als er an der Wand lehnte, war Shen Qiaos Gesicht so ruhig wie ein klarer Tag, frei von Panik. Da, kaum sichtbar, zeigte sich die Aura des Mannes, der einst der Großmeister seiner Generation gewesen war.

Yu Shengyan verhöhnte ihn: »Du kannst dich nicht einmal um dich selbst kümmern, aber du sorgst dich darum, ob andere Menschen leben oder sterben? Wenn du so randvoll mit Güte bist, warum denkst du nicht an den Tag zurück, an dem du all deine Kampfkünste verloren hast und am Boden einer Klippe lagst? Wir waren diejenigen, die dich gerettet haben. Ohne uns wärst du nichts als eine verwesende Leiche in den Bergen, und so dankst du es uns?«

Shen Qiao seufzte. »Die Freundlichkeit, ein Leben zu ret-

ten, sollte in aller Fülle zurückgezahlt werden, aber diese beiden Situationen haben nichts miteinander zu tun.«

Yu Shengyan runzelte die Stirn. Das hätte ein einfacher Auftrag sein sollen, aber er hatte nicht damit gerechnet, dass Shen Qiao ohne jegliche Erinnerungen so unerwartet handeln würde. Es war ihm gelungen, Yan Zhiwen Informationen zukommen zu lassen, direkt unter Yu Shengyans Nase. Wenn sein Shizun von dieser Angelegenheit erfuhr, würde er derjenige sein, den man als inkompetent bezeichnete.

Shen Qiao war etwas Besonderes, deshalb konnte Yu Shengyan ihn nicht töten. Er musste ihn wahrscheinlich zurück zum Shizun bringen.

Shen Qiao schien seine Gedanken zu erraten und versuchte ihn zu beruhigen. »Sorg dich nicht, ich werde dem Anführer erklären, was geschehen ist. Du wirst in meiner Geschichte nicht erwähnt werden.«

Yu Shengyan schmollte. »Du solltest dich um dich selbst sorgen!«

Shen Qiao lächelte. Plötzlich fragte er: »Yu-shixiong, da ich kein Mitglied der Huanyue-Schule bin, darf ich fragen, ob ›Shen Qiao‹ mein echter Name ist?«

Yu Shengyan schwieg für einen Moment. »Der ist echt.«

»Wer war ich, bevor ich verletzt wurde? Habe ich noch Familie, die am Leben ist?«

»Wenn wir zurückkehren, solltest du Shizun selbst fragen.«

Aber sie trafen Yan Wushi nicht an, als sie zurückkamen. Kurz nachdem sie nach Yecheng aufgebrochen waren, hatte Yan Wushi ebenfalls das Anwesen verlassen. Man sagte ihnen, er sei in Richtung Zhou unterwegs.

»Hat Shizun denn irgendwelche Instruktionen hinterlassen?«, fragte Yu Shengyan den Verwalter des Anwesens.

»Der Meister möchte, dass Ihr zum Banbu-Gipfel reist, um dort zu trainieren«, sagte der Verwalter. »Was Shen-gongzi[24] angeht, hat der Meister zwei Anweisungen. Wenn alles gut gelaufen ist, soll er sich hier im Anwesen erholen. Aber falls Shen-gongzi Eure Pläne in Yecheng gestört hat und Euch Ärger bereitet, soll er von hier fortgehen und darf nichts mitnehmen.«

Yu Shengyan war erstaunt. »Hat Shizun das wirklich gesagt?«

Der Verwalter lächelte gequält. »Warum würde ein einfacher Diener wie ich Euch eine solche Lüge auftischen?«

Yu Shengyan hatte sich über den ganzen Rückweg darüber Gedanken gemacht, wie er das Dilemma erklären konnte. Wer hätte so einen Ausgang erwartet?

Er dachte für einen Moment nach und ließ dann Shen Qiao rufen, um ihm die Nachricht zu überbringen, die Yan Wushi ihnen hinterlassen hatte. Shen Qiao nahm alles sehr ruhig auf. »Na ja, ich habe dir schließlich Ärger bereitet und dich davon abgehalten, den Auftrag des Shizuns auszuführen. Es ist sehr gütig von ihm, es so zu lösen.«

Yu Shengyan war anderer Ansicht, er kannte seinen Shizun. Yan Wushi war definitiv kein gütiger Mensch – er hatte vermutlich irgendeinen Hintergedanken dabei. Shen Qiao war blind, und die Welt versank im Chaos. Dort draußen konnte alles passieren. Wenn er entführt wurde und man herausfand, dass das Opfer der einst so imposante Anführer des Xuandu-

24 公子, gongzi – eine respektvolle Anrede für junge Männer. Sie ist in jedem formalen Kontext angemessen, wird aber oft genutzt, wenn die sprechende Person einen niedrigeren Rang hat.

Bergs war, wäre das Ansehen dieses Bergs zerstört. Sie könnten ihre Gesichter nicht mehr im Jianghu zeigen. Yu Shengyan war vielleicht nicht so unberechenbar und zügellos wie Yan Wushi, aber er würde für Shen Qiao nicht gegen die Wünsche seines Meisters verstoßen.

»Dann solltest du das Anwesen morgen verlassen. Nordöstlich von hier liegt Yecheng, und im Südosten befindet sich die Südliche Chen. Wenn du nach Jiankang gehen willst, solltest du dich südöstlich halten, aber die Reise wird lange dauern. In Yecheng warst du bereits. Die Stadt floriert, ist aber chaotisch, und auf dem Weg werden einige Vagabunden lauern. Wenn du ein friedliches Leben anstrebst, wäre die Südliche Chen besser.«

Shen Qiao nickte und faltete seine Hände in Dankbarkeit. »Danke, dass du mir das sagst, Yu-xiong[25]. Ich habe nur eine Bitte: Ich wünsche mir, dass du mir sagst, wer ich bin und woher ich komme. So habe ich einen Ort, an den ich gehen kann.«

Yu Shengyan zuckte mit den Schultern. »Ich denke, es schadet nichts, es dir zu sagen: Du warst der Anführer des Violetten Palasts des Xuandu-Bergs. Während eines Duells mit Kunye, dem stärksten Kampfkünstler der Göktürks, bist du von einer Klippe gefallen. Shizun hat dich gerettet. Aber ich würde dir nicht raten, dorthin zurückzueilen, um Gleichgesinnte zu finden. Seit dem Vorfall habe ich kein einziges Mal gehört, dass irgendjemand von dort nach dir sucht.«

»Xuandu-Berg …« Shen Qiao runzelte die Stirn, wiederholte den Namen, und Bestürzung breitete sich auf seinem Gesicht aus.

25 兄, wörtlich »älterer Bruder«, eine freundliche, aber höfliche Anrede für einen Mann gleichen Ranges.

Yu Shengyan grinste. »Unsere Huanyue-Schule mag dämonisch auf die Außenwelt wirken, aber zumindest sind wir offene und ehrliche Schurken. Wir töten, wenn wir sagen, dass wir es tun, und wir nehmen nie ein Blatt vor den Mund. Nicht wie diese rechtschaffenen Schulen, die das eine sagen und etwas anderes tun! Natürlich liegt es an dir, ob du meinen Worten Glauben schenkst. Wenn du stirbst, sag nicht, ich hätte dich nicht gewarnt!«

Shen Qiao blieb still.

Früh am nächsten Morgen weckten ihn die Diener und verabschiedeten ihn höflich aus dem Haus. Er hatte nichts bei sich außer einem grünen Bambusstock. Schon gar keine Kupfermünzen und weniger als eine Handvoll Nahrung.

Yu Shengyan hatte ihm offensichtlich keinerlei Zugeständnisse gemacht. Genau wie vorgesehen, war Shen Qiao nun sich selbst überlassen. Die Morgensonne schien warm auf sein Gesicht und brachte einen Hauch von Frühling mit sich. Es war alles andere als unangenehm.

Shen Qiao kniff die Augen zusammen und hob eine Hand, um sie abzuschirmen. Er machte langsam Fortschritte und war nun in der Lage, Licht wahrzunehmen, auch wenn er nur unklare Schemen erkannte und seine Augen nach einer Weile tränten. Es war immer noch besser, als nur die Dunkelheit zu sehen. Er wandte dem Anwesen noch ein letztes Mal den Kopf zu. Obwohl die Huanyue-Schule keine guten Absichten gehabt hatte, hatten sie ihn aufgenommen und versorgt. Dieser Gefallen war unumstößlich. Wenn Shen Qiao eines Tages persönlich auf Yan Wushi treffen würde, wollte er ihm danken.

KAPITEL 6
CHEN GONG

Es waren mehr als zweihundert Jahre vergangen, seit die Menschen aus Jin nach Süden gegangen waren. Nach dem Aufstieg der Fünf Barbaren fand auch der Norden endlich etwas mehr Stabilität. Die Dynastien Qi und Zhou wurden durch eine Grenze getrennt. Eine lag im Osten, die andere im Westen. Der Kaiser von Qi, Gao Wei, agierte seltsam und sprunghaft, und seine Nachlässigkeit führte zum Verfall der Nördlichen Qi und der Ausbreitung von Flüchtlingen, Landstreichern und Banditen. In der Nördlichen Zhou hingegen florierte das Land unter Kaiser Yuwen Yong – innerhalb der Grenzen war das Leben stabil, und die Leute genossen ihren Wohlstand. Es war eine lange Strecke zwischen dem Bezirk Funing und Zhou, und viele Flüchtlinge reisten auf den Straßen. Wenn jemand ohne Vorbereitungen diese lange Reise antrat, würde dieser Mensch bald verstehen, wie es war, wenn sowohl der Himmel als auch die Erde alle Gebete ignorierten. Eine Dürre hatte die Nördliche Qi seit dem letzten Jahr fest im Griff – auch als der Winter kam, schneite es kaum –, und die Hungersnot dauerte an. Man konnte Flüchtlinge sehen, die den ganzen Weg von Yecheng bis zur Grenze Chens zu Fuß zurücklegten. An einigen Orten erzählte man Gerüchte, dass die verhungernden Menschen die Kinder anderer aßen.[26] Shen Qiao dachte über seine schlechte Sicht und Unfähigkeit zu kämpfen nach. Falls er sich in der Gegenwart von Kannibalen fand, würde er mit großer Sicherheit auf deren Speisekarte landen.

Der Bezirk Funing lag näher an Yecheng im Norden, und obwohl es dort ebenfalls wenig geregnet hatte, gab es keine großen Katastrophen, und die Gegend war verglichen mit anderen stabil. Der Bezirk war ebenfalls groß, und da das Tempelfest begonnen hatte, war die Stadt voller Leben, da zahlreiche Leute kamen und gingen. Qi und Zhou waren nördliche Dynastien, und während der ersten Jahre hatten sich die Bräuche der Xianbei gehalten. Aber nun breitete sich langsam der Einfluss der Han aus, selbst die Kleidung und Schmuckstücke trugen Verzierungen der Han, mit einem Hauch der Xianbei. Die Oberschicht bevorzugte Eleganz und Prunk, trug lange Schleppen und Schleifen mit klimpernden Perlen aus Jade. Ihre Neigungen formten die Mode für alle in der Stadt, deswegen trugen alle reichen Familien lange Kleider. Auch Hüte und wallende Röcke fanden sich in der nördlichen Mode. Mit solch einer Vielzahl an Stilen verwandelte sich diese Stadt im Bezirk Funing während des Tempelfests in eine »kleine Hauptstadt«.

Das Tempelfest wurde im Tempel des jüngeren Herzogs Jiang abgehalten, wo man natürlich den großen Herzog Jiang, Jiang Shang[27], verehrte. Der Tempel des eigentlichen Herzogs von Jiang lag südlich außerhalb der Stadt. Angeblich sei er

26 Bezieht sich darauf, dass verhungernde Menschen es manchmal nicht ertrugen, ihre eigenen Kinder zu essen. Sie tauschten ihr eigenes Kind gegen das eines Fremden und kochten und aßen dann dieses Kind.

27 Bezieht sich auf Jiang Ziya, einen chinesischen Adligen und Premierminister, der im 11. Jahrhundert v. Chr. lebte. Er wird manchmal als daoistischer Unsterblicher gezählt.

während der Han-Dynastie errichtet, im Krieg beschädigt und später verlassen worden. Nun war nur eine baufällige Hülle übrig, und selbst die Statue des Herzogs Jiang war verschwunden. So wurde der leere, heruntergekommene Tempel ein Zufluchtsort für Bettler und Arme.

Kürzlich war ein neuer Bewohner dort eingezogen, sein Name war Chen Gong. Am Tag arbeitete er als Saisonarbeiter in der Kornkammer der Stadt, belud und entlud Reis von den Karren und verrichtete harte Arbeit. Das wenige Geld, das er verdiente, konnte er nicht für eine Miete opfern, also kehrte er bei Nacht zu dem alten Tempel zurück. Er war zufrieden mit diesem Lebenswandel, aber es gab zwei Bettler im Tempel, sodass er diesen Ort nicht zu seinem Heim machen konnte. Er musste sein Geld immer bei sich tragen und sogar auf sein Essen aufpassen, damit sie es ihm nicht klauten. Als er an diesem einen Abend zum Tempel kam, bemerkte er sofort, dass sich eine weitere Gestalt dort befand. Ein Mann in einer grau-weißen Robe saß dort. Chen Gong konnte nicht anders als zu seufzen. Der Tempel war nicht gerade geräumig. Eine weitere Person hier leben zu lassen, bedeutete, etwas von seinem Territorium aufgeben zu müssen. Dann bemerkte er, dass der andere Mann eine Papiertüte in der Hand hielt und mit gesenktem Kopf langsam daraus aß. Das Aroma verbreitete sich in der Luft. Gebratenes Eselsfleisch im Brot. Chen Gong erkannte den Geruch sofort. Als sein Vater noch gelebt hatte, hatte er manchmal davon gegessen. Aber nach dessen Tod hatten ihn die Schwiegermutter und ihre Kinder aus dem Haus gejagt. Er verdiente so wenige Kupferstücke von der Plackerei mit den Reissäcken, dass er sich wünschte, er könne die Münzen entzweibrechen, um mehr zu haben. Wie könnte er jemals in den Genuss eines solchen Festmahls kommen? Der Geruch weckte lang vergessene Erinnerungen. Chen Gong lief das Wasser im Mund zusammen.

Beim zweiten Blick erkannte er, dass sich neben dem Mann eine weitere Papiertüte befand. Das bedeutete, dass es ein zweites Brot mit Eselsfleisch gab. Nicht nur Chen Gong bemerkte das, sondern auch die zwei Bettler. Einer zeterte bereits: »Hey, wenn du hierbleiben willst, musst du zuerst uns fragen! Dieser Tempel ist klein, und hier passt niemand mehr rein! Los, scher dich fort!«

Chen Gong wusste, dass der Bettler mit Absicht einen Streit anzettelte. Er machte keinen Laut, sondern lief zu dem Ort, wo er üblicherweise schlief, setzte sich hin und schob etwas Stroh zusammen. Wachsam lauschte er und ließ das Eselsfleisch nicht aus den Augen.

»Ich kann ebenfalls nirgendwo anders hin«, sagte der Mann in der grau-weißen Robe freundlich. »Ich habe gesehen, dass hier noch etwas Platz war, deshalb wollte ich mich für einen Moment ausruhen. Wenn ihr mir Obdach schenkt, bin ich zutiefst dankbar.«

»Wenn du bleiben und dich ausruhen willst, dann mach das. Aber gib mir zuerst alles, was du bei dir trägst!«

Chen Gong lächelte mit einer Spur Abscheu. »Ich möchte deine Sachen nicht. Wenn du mich in Essen bezahlst, halte ich dir die zwei da vom Hals!«

»Chen-dalang[28], wir haben nicht mal mit dir geredet, warum reißt du den Mund auf?«, erwiderte der Bettler wütend.

Cheng Gong war gerade sechzehn, also nicht wirklich alt. Er war nicht groß oder stark, aber dank seiner Jugend beweglich und hart im Nehmen. Außerdem war er rücksichtslos. Ohne diese Eigenschaft hätte er sich nicht das größte Fleck-

28 大郎, wörtlich »ältester Sohn«. Hier wird es als Suffix verwendet.

chen Platz im Tempel gesichert, nachdem die beiden Bettler eingezogen waren.

»Also darfst du reden, aber ich nicht?«, fragte Chen Gong müde.

Die beiden waren Bettler, aber in dieser Stadt verbündeten sich die Armen und teilten Informationen. Weil sie zu zweit waren, dachten sie, sie müssten keine Angst vor Chen Gong haben. Der Bettler beachtete ihn nicht weiter, sondern stand auf und griff nach dem Brot mit Eselsfleisch neben dem Mann in Grau. »Hör mit dem Scheiß auf und gib mir alles, was du hast! Du willst hier im Tempel bleiben? Ich bin Opa Lai, und ich hab hier das Sagen!«

Aber bevor seine Hand das Essen berührte, packte ihn jemand am Handgelenk. Der Bettler raste vor Wut.

»Chen-dalang, warum kümmerst du dich nicht um deinen eigenen Kram? Hast du was dagegen, wenn ich etwas esse?«

Mit seiner freien Hand schnappte Chen Gong die Papiertüte. »Ich möchte auch essen. Warum fragst du nicht mich?«

Er packte das Brot aus und biss ab. »Hier, ich hatte schon was. Möchtest du den Rest?«, fragte er gut gelaunt.

Der Bettler warf sich auf Chen Gong und versuchte, ihn zu schlagen. Chen Gong steckte die Tüte in seine Schärpe, und die beiden fingen an zu rangeln. Der andere Bettler, der sich bisher zurückgehalten hatte, mischte sich ebenfalls in den Kampf ein. Verglichen mit den anderen beiden war Chen Gong weder groß noch stark. Aber das Geheimnis seiner Siege war, dass er stets ohne Rücksicht auf sein eigenes Leben kämpfte. Er war unglaublich wild.

Nachdem er einen Bettler hart in den Bauch getreten hatte, klopfte er sich den Staub vom Hemd.

»Ich hab euch beide lange genug ausgehalten! Nur weil ihr zuerst hier gewohnt habt, habt ihr mir das Leben schwer gemacht. Ihr habt sogar heimlich in mein Essen gespuckt, als ich hier ankam, und dachtet, ich sehe das nicht! Ihr wollt weiterkämpfen! Na, dann los! Ich habe nichts – also habe ich auch nichts zu verlieren, außer mein Leben! Wenn ihr den Mumm habt, dann zeigt's mir!«

Genau diese Unverfrorenheit jagte dem Bettler Angst ein. Er sah auf seinen Partner, der nach Chen Gongs herausfordernden Worten immer noch am Boden lag. Er zog sofort den Schwanz ein, drehte sich um und rannte davon. Der andere Bettler wagte es nicht, ohne seinen Partner zu kämpfen. Er stemmte sich auf die Füße und hielt noch seinen schmerzenden Bauch.

»Warte nur, du elendiges Balg!«, schimpfte er und humpelte mit diesen letzten Worten aus dem Tempel.

Chen Gong fischte das angefangene Eselsfleischbrot aus seiner Schärpe und nahm einen weiteren Bissen. »Nicht schlecht«, sagte er zufrieden. »Hast du das von der Li-Familie im Süden der Stadt gekauft? Das Fleisch hat Biss und ist immer noch heiß! Ich hab mir fast die Zunge verbrannt!«

Allein für diesen köstlichen Bissen hatte sich die Schlägerei gelohnt. Außerdem waren ihm die beiden schon länger ein Dorn im Auge, und nun, da er die Gelegenheit genutzt hatte, hatte er bald den ganzen Tempel für sich. Das war großartig. Als der Mann in Grau nicht antwortete, sagte er: »Hey, ich hab dir eine Frage gestellt. Bist du stumm?«

Der andere Mann sah auf. »Du hast sie fortgejagt. Sorgst du dich nicht, dass sie zurückkommen und sich rächen?«

Erst jetzt bemerkte Chen Gong, dass irgendetwas mit den Augen des Mannes nicht stimmte. Sein Blick war trüb, und obwohl er in seine Richtung schaute, sah er ihn nicht *an*. Nachdem Chen Gong den Bambusstock an der Seite des Mannes bemerkt hatte, wurde ihm klar: Das war kein stummer, sondern ein blinder Mann. Chen Gong schnalzte verächtlich mit der Zunge. »Angst? Ich hab nie Angst! Was sollen diese Verlierer schon ausrichten?«

Chen Gong musterte den Mann in Grau genau. Er war von oben bis unten in gewöhnliche Kleidung gehüllt, weder das Material noch die Art waren besonders. Das einzig Bemerkenswerte war sein Gesicht. Direkt ausgedrückt, sah er nicht aus wie eine obdachlose Gestalt, wie Chen Gong, sondern mehr wie ein reisender Gelehrter.

»Wie heißt du?«, fragte Chen Gong. »Du siehst nicht wie jemand aus, der in Not ist. Was machst du an einem solchen Ort? Nicht mal Ratten wollen hierbleiben!«

Der Mann in Grau nickte in seine Richtung und lächelte. »Mein Name ist Shen Qiao. Ich wurde krank und habe kein Geld. Das ist der einzige Unterschlupf, den ich finden konnte. Sobald ich etwas Geld für meine Reise verdient habe, mache ich mich auf den Heimweg. Danke, dass du mir geholfen hast, die beiden zu vertreiben. Wie soll ich dich ansprechen?«

Yu Shengyans Worte waren sowohl wahr als auch gelogen, man konnte ihm nicht vollständig vertrauen, aber am Ende gab es für Shen Qiao keinen anderen Ort als den Xuandu-Berg. Nachdem er eine Weile darüber nachgedacht hatte, hatte er beschlossen, zuerst dorthin zu reisen. Der Xuandu-Berg lag an der Grenze zwischen der Nördlichen Zhou und der Südlichen Chen. Es gab zwei Wege dorthin. Die erste Möglichkeit war, vom Bezirk Funing südwärts zu reisen, bis es in Chen überging, und sich dann nordöstlich zu halten, eine eher indirekte Route. Der andere Weg führte direkt von diesem Ort Richtung Süden und war damit verglichen kürzer und praktischer. Shen Qiao hatte sich für Letzteres entschieden. Auch wenn die Welt rundherum im Chaos versank, war der Bezirk Funing vor Katastrophen verschont geblieben und gedieh prächtig – eine Oase in einer turbulenten Welt. Und was Shen Qiao sagte, entsprach der Wahrheit: Er hatte kein einziges Kupferstück, und hier gab es die besten Möglichkeiten, etwas daran zu ändern. Sein Augenlicht erholte sich nur sehr langsam, aber es gab Fortschritte. An Tagen mit genug Licht konnte er schon vage Formen und Umrisse erkennen. Viel besser als an dem Tag, an dem er aufgewacht war und nicht einmal die eigene Hand vor Augen hatte sehen können.

Chen Gong setzte sich. »Mir egal. Mein Name ist Chen Gong, also kannst du mich einfach Chen-dalang nennen. Ich hab eines deiner Eselsfleischbrote gegessen, lass uns also sagen, dass das die Miete für heute ist. Aber ich hab dir auch geholfen, die anderen zwei zu verjagen. Wenn wir das auf die Kosten morgen addieren, musst du mir morgen mindestens drei Brote bringen!«

Shen Qiao lächelte. »Einverstanden.«

Als Chen Gong sah, wie schnell er zustimmte, wurde er misstrauisch. »Womit willst du das Eselsfleisch kaufen? Sagtest du nicht, du hast kein Geld?«

»Dann verdiene ich einfach welches!«

»Du? Ich hab davon gehört, dass Gelehrte als Buchhalter und Händler arbeiten, aber du kannst ja nicht mal sehen!«, spottete Chen Gong. »Wie sollst du Bücher führen? Sag bloß nicht, dass du auch Reissäcke schleppst? Ich sag's dir: drei Eselsfleischbrote und keins weniger. Denk nicht, dass du dich da herauswinden kannst. Du kannst jeden hier fragen – ich, Chen-dalang, hab vielleicht nicht viel, aber selbst die Ghule haben Angst, gegen mich zu kämpfen! Hast du die beiden Angsthasen nicht gesehen? Wenn du mir keine drei Brote bringst, kannst du draußen schlafen und Luft zu Abend essen!«

Shen Qiao war gutmütig. Er wurde nicht wütend, als Chen Gong so ungehobelt mit ihm sprach. Stattdessen lächelte er und stimmte zu.

Obwohl der Tempel in einem schlechten Zustand war, der Wind durch die kaputten Fenster zog und es durch das undichte Dach tropfte, hatte er einen Vorteil. Die vielen Säulen, die als Stützen für die Altäre dienten, waren ein guter Rückzugsort. Chen Gong hatte auch einige Heuballen und Feuerholz mitgebracht. Er deckte sich mit dem Stroh zu, und ein kleines Lagerfeuer sorgte zusätzlich für Wärme. Natürlich hatte er diese Bequemlichkeiten nur für sich selbst mitgebracht. Aber nun, da Shen Qiao gewillt war, dem Tempel »Opfergaben« darzubringen, teilte Chen Gong etwas Stroh und Holz mit ihm. Dann sah er, dass Shen Qiao eigentlich sehr gut vorbereitet war: In seiner Tasche war dicker, alter Stoff, den er als Decke nutzte. Chen Gong schnaubte. Die beiden Bettler kehrten nicht zurück; wahrscheinlich hatten sie eine neue Bleibe gefunden. Chen Gong griff nach den Kleidungsstücken, die sie als Decken genutzt hatten, aber als er den sauren Geruch daran wahrnahm, warf er sie mit einem angewiderten Gesichtsausdruck weg und rückte näher ans Feuer. Sein eigentlicher Plan war, sich auch Shen Qiaos Kleidung unter den Nagel zu reißen, aber dann dachte er sich, dass er auch dann zuschlagen konnte, wenn der andere Mann keine »Opfergaben« mehr brachte. Mit diesem Plan im Kopf fiel ihm das Einschlafen nicht schwer.

Früh am nächsten Morgen stand Cheng Gong auf und bereitete sich auf die Arbeit in den Kornspeichern vor. Er sah sich um. Shen Qiao war verschwunden und hatte nur eine Kuhle im Stroh und einen Haufen dunkler Asche, die Überbleibsel des Feuers, zurückgelassen. Chen Gong dachte sich nicht viel dabei und ging zur Arbeit. Er glaubte nicht daran, dass Shen Qiao wirklich mit drei belegten Broten zurückkehren würde. Denn wenn dieser Typ wirklich Geld übrig hatte, müsste er nicht in einem zerfallenen Tempel bleiben, von dem sich selbst die Geister fernhielten. Außerdem war er sowohl gebrechlich als auch blind – als was wollte er denn arbeiten, um Geld zu verdienen?

Wag es nicht, mit leeren Händen zu mir zu kommen! Ich werde dich so verprügeln, dass dich selbst deine Mama nicht wiedererkennt!

Am Abend kehrte Chen Gong zum Tempel zurück, während er das leise vor sich hin murmelte. Doch schon bevor er durch die Tür trat, roch er den vertrauten Duft. Seine Schritte lenkten Shen Qiaos Aufmerksamkeit auf sich – er hob den Kopf und lächelte in Chen Gongs Richtung. »Du bist zurück.«

»Eselsfleisch …«, brachte Chen Gong hervor, bevor er mit einem ernsten Gesichtsausdruck stehen blieb. Er sah drei kleine Papiertüten mit belegten Broten, ordentlich auf dem Stroh abgelegt, auf dem er schlief.

KAPITEL 7
GEGENWEHR

Chen Gong war für einen Moment wie festgefroren. Dann fragte er: »Hast du die mitgebracht?«

Shen Qiao nickte. »Hast du mir nicht gesagt, ich soll mit drei Eselsfleischbroten zurückkommen?«

Chen Gong bemerkte, dass Shen Qiao in eine neue grüne Robe gekleidet war. Die graue, die er zuvor getragen hatte, lag nun als Decke unter ihm. Und er selbst war immer noch sauber und ordentlich – vielleicht hatte er sogar ein Bad genommen?

»Wo hast du das Geld dafür her?«, fragte Chen Gong misstrauisch.

Shen Qiao lächelte. »Ich hab es natürlich auf ehrliche Weise verdient. Sieh mich an, denkst du, ich könnte etwas stehlen?«

Chen Gong schnaubte missbilligend. »Wer weiß!«

Dann hob er sein Brot auf. Es war warm und weich – eindeutig frisch aus dem Ofen. Er schlug das Papier zurück und biss ab. Das belegte Brötchen war goldbraun gebacken, und als er in die gebratene Kruste des Fleisches biss, füllte das saftige, rauchige Aroma seinen Mund, und der Duft breitete sich aus. Chen Gong war gierig und aß zwei auf einmal. Er brachte es nicht über sich, das dritte zu essen, und wollte es für das morgige Frühstück aufheben. Dann könnte er es direkt vor der Arbeit verzehren. Er drehte sich zu Shen Qiao, der im

Schneidersitz auf dem Boden saß, die Bambuskrücke in den Armen. Seine Augen waren geschlossen, Chen Gong konnte nicht sagen, ob er sich ausruhte oder nachdachte.

»Hey«, fragte er. »Woher kommst du?«

Shen Qiao schüttelte den Kopf. »Ich weiß es nicht. Ich bin auf meiner Reise gestürzt und habe mir den Kopf gestoßen, deswegen habe ich vieles vergessen.«

»Wenn du es nicht sagen willst, sag's einfach nicht. Was für 'ne Entschuldigung ist das denn? Du denkst, ich bin ein Trottel, oder?«

Chen Gong verlor jegliches Interesse an einem Gespräch und legte sich schlecht gelaunt hin. Vielleicht lag es daran, dass er zu viel gegessen hatte, doch egal, wie er sich drehte und hinlegte, er konnte nicht einschlafen. In Ermangelung einer besseren Beschäftigung fing er erneut das Gespräch an: »Hey, was hast du eigentlich den ganzen Tag gemacht? Wie hast du das Geld verdient?«

»Ich habe aus Händen gelesen und wahrgesagt«, erklang Shen Qiaos sanfte Stimme unweit von ihm.

Chen Gong setzte sich auf. »Du kannst wahrsagen?«

Shen Qiao saß immer noch im Schneidersitz am selben Ort. »Ehrlich gesagt, gibt es gar nicht so viel zu sagen«, erklärte er lächelnd. »Aber die Hand eines Menschen enthält Spuren seines Lebens, ob er reich oder arm ist. Es ist nur eine kleine Spielerei, um etwas Geld zu verdienen.«

Chen Gong richtete sich auf. »Siehst du auch in meiner Zukunft Ruhm und Reichtümer?«

»Lass mich deine Hand fühlen.«

Chen Gong streckte seine Hand aus, und Shen Qiao betastete sie. »Du bist es gewohnt, jeden Tag schwere Last zu tragen, wahrscheinlich arbeitest du saisonal in den Kornspeichern oder an den Docks, richtig?«

»Was noch?«

Chen Gong war kein leichtgläubiger Mensch. Er wusste, dass Shen Qiao dies anhand der dicken Hornhaut an seinen Händen erraten hatte.

»Du bist von Natur aus dickköpfig, zäh und unverfroren, außerdem ein wenig misstrauisch. Wahrscheinlich hattest du als Kind Streit mit deiner Familie, vielleicht mit einer Stiefmutter oder einem Stiefvater.«

Chen Gong konnte nicht anders, als Shen Qiao mit großen Augen anzustarren. »Was noch?«

Shen Qiao lächelte. »In einer turbulenten Zeit wie jetzt gibt es eine Sache, die du tun kannst. Mit deinem Charakter könntest du es in der Armee weit bringen.«

»Wie hast du das alles gesehen?«

»Dein Dialekt ist von hier, also bist du kein Flüchtling aus der Ferne. Aber Einwohner der Stadt haben normalerweise Häuser, also ist etwas mit deiner Familie passiert. Wenn man deine Persönlichkeit miteinbezieht, erscheint ein Streit am wahrscheinlichsten. Aber selbst nach einem Streit hätten deine Eltern dich nicht einfach auf die Straße geworfen, also hat dein Vater entweder eine strenge Stiefmutter geheiratet, oder beide Eltern sind früh gestorben.«

Er legte seine Schlussfolgerungen dar, und Chen Gong war langsam überzeugt.

»Gut, aber wie kannst du wissen, ob ich Erfolg bei der Armee haben werde?«

»Du wolltest nicht unter der Fuchtel deiner Stiefmutter leben, also hast du vor Wut dein Zuhause verlassen und lebst lieber hier. Und letzte Nacht hast du für ein paar Brote diese Bettler bekämpft. Deshalb denke ich, dass du jemand bist, der sich selbst und anderen gegenüber keine Gnade zeigt. Und wenn das der Fall ist, eignest du dich gut für ein militärisches Umfeld.«

Chen Gong schnaubte kalt. »Also schaust du eigentlich auf Leute wie mich herab, die sich keine vollständige Mahlzeit erarbeiten können und deine Sachen klauen. All dieses Herumgerede, und eigentlich wolltest du dich nur über mich lustig machen!«

Shen Qiao lächelte wieder. »Wer bin ich, auf dich herabzusehen, wenn ich selbst in so einer misslichen Lage bin? Hast du mich nicht gerade gebeten, dir deine Zukunft vorherzusagen? Ich habe dich nur als Beispiel genutzt, um zu erklären, wie ich vorgehe. Und ich habe recht, oder? So kann ich zwar keine Reichtümer verdienen, aber genug für eine Mahlzeit.«

»Wenn du so ein vornehmer Besserwisser bist, wie kommt es dann, dass du arm dran bist? Wurdest du auf den Straßen von Banditen ausgeraubt?«

»Möglich. Ich erinnere mich nicht daran – manchmal ist mein Geist klar und manchmal nicht. Manche Dinge sind verschwommen und vage. Zum Glück hast du mir erlaubt, hierzubleiben, sonst wüsste ich nicht, wo ich die letzten zwei Nächte verbracht hätte. Ich schulde dir meinen Dank!«

Nachdem man ihm gebührend gedankt hatte, fühlte sich Chen Gong ruhiger. Außerdem kam es ihm rechtmäßig vor, dass Shen Qiao ihm diese drei belegten Eselsfleischbrote gebracht hatte, so als hätte Chen Gong Shen Qiao höchstpersönlich beschützt.

»Und jetzt? Morgen wieder drei Brote. Denk nicht, dass du dich da rauswinden kannst, indem du mir ein Ohr abkaust!«

»In Ordnung.«

Als Chen Gong am nächsten Abend zum heruntergekommenen Tempel zurückkehrte, fand er wieder drei Papiertüten an seinem Platz, wie in der Nacht zuvor. In der anderen Ecke des Raums saß Shen Qiao, hielt ein Brot in der Hand und aß es langsam und bedächtig, als wäre es kein gebratenes Eselsfleisch im Brot, sondern irgendeine exotische Delikatesse. Was für ein Angeber! Chen Gong schnaubte, packte sein Brot aus und nahm einen großen Bissen.

Und auch am darauffolgenden Abend lagen dort wieder drei belegte Brote. Er hielt sich nicht mit höflichen Floskeln auf, sondern nahm sich eins und aß es direkt auf. Auch wenn Shen Qiao sanftmütiger Natur war und schnell auf jede seiner Fragen antwortete, spüre Chen Gong, dass sie sehr verschieden waren. Worte schienen es nie besser zu machen. Er hatte Schwierigkeiten zu verstehen, was Shen Qiao erzählte, und Shen Qiao schien immun gegen seine Einschüchterungen zu sein. Als würde er Watte schlagen. Obwohl er natürlich die Oberhand hatte, fühlte er sich oft unterdrückt. Seine Intuition sagte ihm, dass Shen Qiao jemand Besonderes war. Nicht nur aufgrund der makellosen Kleidung, die ihn wie einen Gelehrten wirken ließen, sondern weil er etwas Unbeschreibliches und Unergründliches an sich hatte. Auch wenn sie beide im selben baufälligen Tempel Unterschlupf suchten, fühlte sich Chen Gong unterlegen. Chen Gong mochte dieses Gefühl nicht, deshalb mochte er auch Shen Qiao nicht.

Der Wind zog durch die Ritzen im Gemäuer, und die Nächte waren bitterkalt. Hier gab es mehr Ratten als Menschen. Seine Schuhe waren zerschlissen, und es fühlte sich an, als knabbere etwas an seinem Zeh. Chen Gong jaulte vor Schmerz auf, aber es hatte keinen Zweck, aus Rache nach einer Ratte zu suchen, also rollte er sich noch kleiner zusammen. Neben dem heulenden Wind glaubte Chen Gong draußen Schritte zu hören. Aber wer würde bei so einem Sturm in so ein zerfallenes Loch kommen? Er schlief langsam wieder ein, doch dann sagte Shen Qiao: »Da kommt jemand.«

Er öffnete die Augen und sah mehrere gebückt laufende Silhouetten hereinschleichen, Knüppel in den Händen. Die zwei ganz vorne kamen ihm bekannt vor – er erkannte die beiden Bettler, die er weggejagt hatte.

Chen Gong war sofort wach und sprang auf. »Was zur Hölle macht ihr hier?«

Einer von ihnen lachte und sagte: »Chen-dalang, Chen-dalang, warst du letztens nicht noch so vorlaut? Du hast uns rausgejagt! Aber wir haben unsere Brüder aus der benachbarten Bettlergilde mitgebracht. Mal sehen, ob du jetzt immer noch so arrogant bist!«

Chen Gong spuckte. »Ihr seid nur ein paar Landstreicher, die sich zusammengetan haben. Was soll das bitte für eine Gilde sein?«

»Du reißt also auch kurz vorm Untergang noch das Maul auf!«, erwiderte der andere Mann wütend. »Fleh nachher nicht um Gnade. Brüder, dieser Bastard hat unser Land gestohlen! Und da ist dieser Neuling, der trägt Geld bei sich. Wir machen beide platt und kaufen uns dann eine schöne Runde Schnaps!«

Jeder konnte mit einem Blick sehen, dass Chen Gong bettelarm war. Selbst wenn er Geld bei sich trug, hätte man dafür nur ein paar Scheiben Brot kaufen können. Aber der andere Mann war anders – seine Kleidung war sauber und ordentlich. Auch wenn sie ihm nur diese Roben vom Körper rissen, konnte man sie sicher für einige Kupferstücke verkaufen. Fünf oder sechs Männer gingen auf Chen Gong los. Trotz seiner Kraft und Rücksichtslosigkeit war er am Ende nur ein Teenager und nicht ansatzweise so groß und stark. Die anderen waren in der Überzahl und stärker. In Windeseile hatten sie ihn auf dem Boden und teilten harte Schläge gegen ihn aus. Es war nicht ihr Ziel, ihn umzubringen, aber sie hielten sich auch nicht zurück. Chen Gongs Lippe platzte auf. Alles, was er tun konnte, war, sich zusammenzukrümmen und seine Weichteile zu schützen. Die Bettler durchsuchten Chen Gong, aber alles, was sie fanden, waren magere dreißig Kupfermünzen. Einer von ihnen spuckte und sagte: »Was für ein Pech! Lai Da, sagtest du nicht, er hat mindestens fünfzig Kupfer?«

Lai Da lächelte entschuldigend. »Vielleicht hat er alles ausgegeben. Aber da drüben ist ja noch einer!«

Sie wandten sich Shen Qiao zu und sahen, dass er die ganze Zeit ruhig sitzen geblieben war, als wäre er starr vor Angst. Er hielt den Bambusstock unter den Arm geklemmt und rührte sich nicht.

»Etwas scheint mit seinen Augen nicht zu stimmen. Ist er blind?«

Selbstbewusst brüllte Lai Da: »He, gib uns all dein Geld, und wir alten Herren werden dich nicht windelweich schlagen, hörst du?«

Shen Qiao schüttelte den Kopf. »Ich hab hart gearbeitet, um mir das Geld zu verdienen. Ich kann es euch nicht geben.«

Lai Da grinste angriffslustig. »Oh, ho? Da hat jemand Rückgrat. Na gut, halt dich daran fest. Vor zwei Tagen wolltest du nicht mal ein belegtes Brot abgeben. Aber heute sorgen wir dafür, dass du Kupfer blutest!«

Mehrere Leute stürzten sich auf Shen Qiao, wie sie es bei Chen Gong getan hatten. Sie hatten den zerbrechlich wirkenden Gelehrten von Anfang an unterschätzt. Lai Da bewegte sich am schnellsten: Eine Faust flog in Richtung von Shen Qiaos Gesicht, die andere griff nach seinem Kragen. Eigentlich sollten Lai Das Fäuste treffen, den anderen Mann zu Boden reißen und Lai Da so die Gelegenheit geben, sich auf ihn zu setzen. Aber plötzlich durchflutete Schmerz sein Handgelenk. Lai Da jaulte auf. Bevor er verstand, was geschehen war, traf ihn etwas anderes an der Hüfte, sodass er zu Boden ging und seinen Nebenmann mit sich riss. Die beiden stolperten zu Boden. Im Tempel gab es kein Kerzenlicht, und in dieser windigen Nacht lag der Mond hinter vorbeiziehenden Wolken verborgen. Niemand hatte gesehen, warum Lai Da gefallen war, und deshalb ließ niemand locker – sie stürzten sich auf Shen Qiao. Aber wieder gab es das Geräusch von Schlägen, und weitere Männer gingen zu Boden.

»Was für eine Zauberei setzt du ein?«

Lai Da ließ sich nicht unterkriegen. Er raffte sich wieder auf und warf sich brüllend auf seinen Gegner.

Shen Qiaos Augenlicht erholte sich nur langsam. Nachts, bei wenig Licht, konnte er nur eine verschwommene Masse Schatten sehen. Als seine Aufmerksamkeit für einen Moment nachließ, schlug ihn Lai Da zu Boden, und seine Faust donnerte auf seine Brust, sodass er schmerzerfüllt nach Luft rang. Nach dem erfolgreichen Schlag riss Lai Da den Gehstock aus Shen Qiaos Händen. Aber dann fühlte sich ein Punkt an seiner Hüfte taub an, und der Gehstock schlug nach ihm. Es war nicht wirklich schnell, doch als Lai Da danach greifen wollte, gelang es ihm nicht. Der Bambusstock landete krachend auf seiner Nase. Er heulte vor Schmerz auf. Unfähig, an etwas anderes zu denken, griff er nach seiner Nase und krümmte sich auf dem Boden zusammen. Blut quoll zwischen seinen Fingern hervor.

Diese Entwicklung überraschte alle. Chen Gong blieb komplett still, als er Shen Qiao beobachtete, wie er mit dem Bambusstock um sich schlug. Auch wenn es scheinbar keinen Rhythmus oder Grund für seine Hiebe gab, konnten sich die Bettler ihm nicht nähern. Stattdessen gingen sie überall zu Boden und jammerten vor sich hin.

»Ich halte mich zurück«, sagte Shen Qiao. »Und trotzdem

wollt ihr nicht gehen? Wollt ihr, dass ich euch die Augen aussteche und euch erblinden lasse, so wie mich selbst?«

Seine Stimme war nervtötend weich und mischte sich mit dem Wind wie ein Geist.

Natürlich wagten Lai Da und seine Freunde es nicht, zu bleiben. Sofort stemmten sie sich auf die Füße und flohen. Diesmal verschwendeten sie keinen Atem an weitere Verwünschungen, sondern zogen sich so schnell zurück, als würden sie sich gleich vor Angst in die Hosen machen.

»Du hättest ihnen die Augen ausstechen sollen!«, sagte Chen Gong hasserfüllt. »Warum hält man sich bei solchen Menschen zurück?«

Shen Qiao lehnte sich auf seinen Bambusstock und antwortete nicht. Seine Schultern hoben und senkten sich merklich, als wäre er außer Atem. Erst jetzt begriff Chen Gong: Wenn Shen Qiao all diese Bettler besiegen konnte, war er selbst ihm ebenfalls unterlegen. Und er hatte Shen Qiao so oft angemeckert und angeschrien. Zum Glück war Shen Qiao nicht wütend geworden, sonst …

»Hey, ähm, Shen Qiao? Shen-langjun? Shen-qianbei[29]?«, fragte Chen Gong nun höflich, da er sich fürchtete. Doch im selben Moment rutschte Shen Qiao an der Säule herunter und fiel schlaff zu Boden. Chen Gong konnte nur zusehen.

29 前輩, ein respektvoller Titel oder ein Suffix für eine ältere Person oder jemand mit mehr Erfahrung in derselben Disziplin.

KAPITEL 8
GEMEINSAM REISEN

Als Shen Qiao zu sich kam, sah er alte, verwitterte Holzbalken über sich, die jeden Moment einstürzen konnten. Jemand rüttelte an seiner Schulter. Zuerst verstand er nicht, wo er war, und murmelte: »Shidi, reg dich nicht auf.«

»Wen nennst du hier Shidi?«

Chen Gong war schlecht gelaunt. »Du hast ganze zwei Tage und Nächte geschlafen! Ich hab all mein Geld aufgebraucht, also hab ich deins genommen, aber es reichte nur für drei Tage. Wenn wir morgen nicht bezahlen können, werden wir rausgeworfen und müssen zurück in den alten Tempel!«

»Oh«, sagte Shen Qiao. Er starrte mit abwesendem Blick an die Decke.

Chen Gong wusste nicht, was er dort beobachtete. Shen Qiao schien so zu tun, als wäre das alles nicht sein Problem, und Chen Gong wurde wütend. Er konnte nicht anders, als wieder seine Schulter zu rütteln. »Sag was, glotz nicht nur so! Wir sind gerade in einem Gasthaus. Ich hatte Angst, dass die anderen aus Rache zurückkommen, also hab ich dich aus dem Tempel getragen und sogar einen Arzt gerufen! Der Arzt sagte irgendwas von stillstehendem Qi, irgendein kaltes Qi in dir. Aber egal, es ist etwas *Schlimmes,* er hat dir *eine Menge* Medizin verschrieben, und wir haben das *ganze* Geld aufgebraucht!«

Shen Qiao kam wieder zu sich. »Sag dem Arzt, dass er mir nichts verschreiben soll. Selbst wenn ich Medizin nehme, wird es nichts bringen. Ich kenne meinen Körper am besten; das ist kein Prozess, den man beschleunigen kann.«

»Was bringt es, mir das jetzt zu sagen? Ich hab die Medizin schon gekauft. Soll ich sie jetzt etwa zurückgeben?«

»Oh«, sagte Shen Qiao. »Dann vergiss, was ich gesagt habe.«

Chen Gong kauerte neben ihm, sodass sie sich direkt in die Augen sehen konnten.

»Hey, warum arbeitest du nicht als Straßenkünstler, wenn du so begabt bist? Oder vielleicht trittst du der Liuhe-Gilde bei? Die haben einen Zweig in diesem Bezirk – mit deiner Kampfkraft kannst du dir da bestimmt eine gute Position sichern. Und dann kannst du mich reinbringen …«

»Was ist die Liuhe-Gilde?«, fragte Shen Qiao.

Im Angesicht seines leeren und unschuldigen Blicks blieb Chen Gong nichts anderes übrig, als es ihm ungeduldig zu erklären.

»Es ist eine Gilde, die sowohl an Land als auch auf See aktiv ist. An Land sind sie vor allem als Eskorten im Einsatz. Ich hab auch gehört, dass man sie für Spionage anheuern kann. Also, es ist einfach eine große Gilde! Ich hab auch erst davon erfahren, als jemand über sie geredet hat. Na, wie wär's? Lass uns der Liuhe-Gilde beitreten! Wenn wir eine gute Arbeit finden, müssen wir weder wahrsagen noch Reissäcke schleppen!«

Chen Gong strahlte vor Aufregung.

Shen Qiao schüttelte den Kopf. »Ich habe dir bereits gesagt, es gibt viele Dinge, an die ich mich nicht erinnere. Und davon abgesehen, was für eine Arbeit könnte ich mit meiner schwachen Sehkraft verrichten? Es ist besser, wenn ich hier einfach friedlich mein Geld verdiene.«

Die Worte waren wie ein Schwall kaltes Wasser für Chen

Gong und spülten sein Lächeln fort. Shen Qiao konnte es nicht sehen, aber er konnte die Enttäuschung des Jüngeren spüren.

»Du bist noch jung. Du solltest dir keinen Erfolg über Nacht erhoffen – wir gehören nicht dem Jianghu an. Würde uns das nicht schnell über den Kopf wachsen, wenn wir einer Jianghu-Gilde beitreten, ohne ihre Regeln zu kennen?«

Chen Gong war unglücklich. »Ich weiß nicht, was ›über den Kopf wachsen‹ bedeutet. Ich weiß nur, dass das Geld, das ich durchs Reisschleppen verdiene, nicht ausreicht, um ein Zimmer im Gasthaus zu mieten. Ich weiß, dass Medizin und Essen Geld kosten. Du magst irgendwie edel und so sein, aber fällt Geld vom Himmel? Ich bin kein Bandit, also sprich nicht so, als würde ich den ganzen Tag rumstehen und von Geld träumen … He, was ist los? Jag mir keine Angst ein! Ich hab mich doch nur etwas über dich beschwert!«

Shen Qiao hielt sich den Kopf und wartete darauf, dass der stechende Schmerz vorüberzog.

»Ich werde der Liuhe-Gilde nicht beitreten. Ich reise zum Xuandu-Berg«, sagte er dann langsam.

»Xuandu-Berg?«, fragte Chen Gong neugierig. »Wo ist das?«

Chen Gong war im Bezirk Funing aufgewachsen, war nicht zur Schule gegangen und hatte die Gegend nie verlassen, deswegen wusste er nicht so viel. Er hatte nur von der Liuhe-Gilde gehört, da sie einen Ableger im Bezirk hatten. Mit allem anderen kannte er sich nicht aus. Für ihn war die Welt des Jianghu so fern und geheimnisvoll wie die Sterne am Himmel. Shen Qiao schüttelte den Kopf, ohne zu antworten, und wirkte dann wieder benommen.

»He, sag etwas!«, schimpfte Chen Gong. »Ich hab mein Geld aufgebraucht, um dich behandeln zu lassen! Du zahlst es mir besser zurück!«

»In den nächsten Tagen werde ich einen Wahrsagestand aufbauen. Dann kann ich es dir bald zurückzahlen.«

Chen Gong merkte, dass Shen Qiao überhaupt kein Interesse daran hatte, der Liuhe-Gilde beizutreten, und fühlte sich niedergeschlagen. Wenn Shen Qiao ihn nicht begleitete, wer würde ihn dann beachten, wenn alles, was er hatte, die Kraft war, Reissäcke herumzuwerfen?

»Was für ein Ort ist der Xuandu-Berg?«, fragte er.

»Ein Berg.«

Chen Gong ließ diese Antwort einen Moment wirken. Shen Qiao würde ihn noch zu Tode nerven.

»Kuhmist«, sagte er. »Ich weiß, dass es ein Berg ist! Ich *frage* dich, was du dort *machen* willst!«

»Ich weiß es nicht«, sagte Shen Qiao. »Aber jemand sagte mir, dass ich von dort komme, deshalb möchte ich dorthin und es mit eigenen Augen sehen.«

»Wo ist dieser Berg?«

»Nahe der Grenze von Qi, Zhou und Chen.«

Chen Gong war schockiert. »So weit? Wie bist du denn überhaupt hier gelandet?«

Hilflos sagte Shen Qiao: »Hab ich das nicht schon gesagt? Ich habe vieles vergessen und kann mich nicht erinnern. Wenn ich die Antwort wüsste, wieso würde ich dann sagen, dass ich diesen Ort untersuchen will?«

Chen Gong dachte für einen Moment nach. »Okay, wie wär's damit: Ich begleite dich, und du musst mir nichts zurückzahlen. Ich will nur, dass du mir auch ein, zwei dieser Tricks beibringst. So wie du es gemacht hast, damit ich sechs oder sieben Männer vermöbeln kann! Und wenn wir Chen erreichen, trete ich der Liuhe-Gilde bei, und du gehst zum Xuandu-Berg. Wie klingt das?«

»Funing ist dein Zuhause«, sagte Shen Qiao. »Es ist ein

friedlicher Ort, fernab von Kriegen und anders als die Welt da draußen. Sobald ich aufbreche, muss ich nach Westen gehen, und je näher die Qi-Zhou-Grenze kommt, desto chaotischer wird es. Ich habe keine Wahl, aber warum willst du dich auf eine so gefährliche Reise begeben?«

»Mein Vater und meine Mutter sind tot, und meine Stiefgeschwister haben das Haus übernommen. Ich will lieber meinen eigenen Weg finden, als hier in Funing ewig Reis zu schleppen. Hast du nicht gesagt, ich hab das Zeug, der Armee beizutreten? Um einer beizutreten, muss ich auch dahin, wo es viele Kämpfe gibt und man Soldaten braucht, oder? Ich möchte nicht mein ganzes Leben vergeuden und mich von Bettlern ärgern und bespucken lassen!«

Shen Qiao schwieg für einen Moment. »Also gut, dann …«

Er hatte die Worte kaum ausgesprochen, da landete Chen Gongs Stirn mit einem dumpfen Geräusch auf dem Bett. »Gepriesen sei Shifu, bitte akzeptiere den Respekt dieses Schülers!«

Shen Qiaos Mundwinkel zuckten. Er wusste nicht, ob er lachen oder weinen sollte.

»Steh auf, ich kann und werde keine Schüler akzeptieren. Selbst an die Tricks, die ich aktuell beherrsche, kann ich mich nicht ganz erinnern. Ich kann dir nur beibringen, welche Schritte ich noch kenne, und ich weiß nicht, wie viel dir das nützt. Du musst mich nicht als deinen Lehrmeister sehen.«

Chen Gong sprang auf und strahlte über das ganze Gesicht.

»In Ordnung, aber du bist älter als ich, also nenne ich dich ab jetzt Xiongzhang![30] Wenn irgendjemand mich ärgert, hilfst du mir aus.«

30 兄长, bedeutet so viel wie »ehrenwerter älterer Bruder«; eine äußerst respektvolle Weise, einen nahestehenden älteren Mann anzureden.

Shen Qiao lächelte, antwortete jedoch nicht. Er döste wieder weg.

Chen Gong beobachtete ihn still für einen Moment, aber als Shen Qiao nicht aufwachte, drehte er sich um und ging.

Der Sturz von der Klippe hatte Shen Qiaos Knochen zertrümmert. Trotz seines kritischen Zustands hatte er überlebt, und seine oberflächlichen Verletzungen waren in den drei Monaten bei Yu Shengyan und der Huanyue-Schule größtenteils verheilt. Seine inneren Organe und die Kampfkünste blieben jedoch beschädigt. Dieser eine Kampf hatte ihm fast alles genommen. Nun waren unscharfe Erinnerungen und ein schwächlicher Körper alles, was ihm geblieben war. Eine vollständige Genesung war nicht garantiert. Für jeden anderen wäre so eine Aussicht ein schrecklicher, schwer auszuhaltender Schlag. Trotzdem war es Chen Gong, der wütend war. Sie kehrten nicht zum Tempel zurück, sondern handelten mit dem Gastwirt einen Rabatt aus und mieteten das Zimmer für einen ganzen Monat. Shen Qiao bot seine Weissagungen im Tempel von Herzog Jiang an, und Chen Gong trug Reissäcke in den Kornspeichern. Nachts lernte Chen Gong Kampftechniken von Shen Qiao. Seine Veranlagungen waren nicht schlecht, und er hatte Talent, deshalb machte er in diesem einen Monat gute Fortschritte. Aber ohne die innere Atmung, um seine Entwicklung zu festigen, war er wie eine Sandburg in Erwartung auf die Flut. Seine Fähigkeiten würden gut gegen gewöhnliche Halunken helfen, aber im Angesicht eines wahren Praktizierenden wäre er hilflos. Nach dem Monat verließen Shen Qiao und Chen Gong den Bezirk Funing gen Westen.

Seit er die Residenz verlassen hatte, hatte Shen Qiao weder

Yu Shengyan noch andere Mitglieder der Huanyue-Schule gesehen. Der Funing-Bezirk lag in der Nähe der Residenz, aber jedes Mal, wenn Shen Qiao seinen Stand im Tempel des Herzogs aufgebaut hatte, war er nur gewöhnlichen Leuten begegnet. Das Jianghu wirkte unglaublich fern. So ungreifbar, dass Shen Qiao manchmal das Gefühl beschlich, er müsse gar nicht zum Xuandu-Berg, sondern könne sein ganzes Leben im Bezirk Funing fristen. Aber dann und wann fühlte er einen Stein auf seinem Herzen. Vereint mit dem Schmerz, der an Regentagen an seinen frisch verheilten Knochen nagte, huschten Erinnerungsfetzen durch seinen Verstand. Auch das wahre Qi, das ungleichmäßig durch seinen Körper floss; all das waren Beweise für etwas: Der Shen Qiao, der er jetzt war, war nicht der ganze Shen Qiao.

Im Westen des Bezirks Funing lag die Huai-Provinz mit großen Ländereien und starken Verteidigungen wegen der Nähe zu Zhou. Der Provinzvorsteher wurde vom Kaiser selbst gewählt, und von Zeit zu Zeit patrouillierten kaiserliche Gutachter durch die Ländereien und riefen das Kriegsrecht aus. Auch wenn die Welt seit langer Zeit zerrissen war, gab es kein Handelsverbot in den verschiedenen Ländern. Die einzige Ausnahme war die Huai-Provinz, deren Provinzvorsteher, Shen Buyi, einen sonderbaren Ansatz hatte: Von dem Moment seines Amtsantritts an hatte er den Grenzhandel zwischen Qi und Zhou verboten. Jeder Händler, den man erwischte, wurde hart bestraft. Shen Buyi sagte dem Kaiser, dass Spione aus Zhou einfach die Märkte unterwandern und die Informationen über die Verteidigung an den Grenzen an die Feinde weitergeben konnten. Er riet sogar, dass Qi alle Grenzen schließen sollte, aber obwohl der Kaiser von Qi, Gao Wei, diese Idee nicht umsetzte, lobte er dessen Loyalität und setzte ein Anerkennungsschreiben auf. Shen Buyi war nicht nur in

Bezug auf seinen Regierungsstil durchsetzungsfähig, sondern auch bei seinen Schmeicheleien gegenüber den Beamten und Adligen von Qi. Die Vertrauten des Kaisers legten oft ein gutes Wort für ihn ein, sodass er von einem kleinen Dorfleutnant zu einem Provinzvorsteher aufgestiegen war.

Nachdem Shen Qiao und Chen Gong ihre Finanzen geprüft hatten, entschieden sie sich gegen ein Gasthaus in der Stadt und verbrachten die Nacht außerhalb in einem Tempel. Am nächsten Tag gingen sie in die Stadt, um Vorräte einzukaufen. So konnten sie sich bereits nachmittags wieder auf den Weg machen. Der Tempel nannte sich Chuyun-Tempel. Sie hatten gehört, dass er von Gläubigen genutzt wurde, aber in Wirklichkeit sah er nicht viel besser aus als ihre Bleibe im Bezirk Funing.

Im Chuyun-Tempel lebten drei Mönche: ein alter Abt und zwei junge Mönche, die er adoptiert hatte. Es war ein einfacher Ort mit zwei privaten Schlafzimmern – eins für den Abt und eins für die Mönche. Die anderen Räume waren gemischte Schlafsäle. Chen Gong war an ein hartes Leben gewohnt. Im alten Tempel hatte er nicht nur keine Liege, sondern nicht mal eine Decke gehabt. Für ihn war es eine sehr komfortable Unterbringung. Shen Qiao war der genügsame Typ, der sich jeglichen Umständen anpassen konnte. Und auch er hatte keine Einwände. Als sie den Schlafsaal betraten, bemerkten sie eine andere Gruppe junger Männer. Sie hatten sogar zwei große Versorgungstruhen mitgebracht. Chen Gong war anderen Leuten gegenüber misstrauisch, deswegen war er kühl und blieb bei Fremden auf Distanz. Shen Qiaos schlechte Sehqualität erschwerte es ihm, die Fremden genauer einzuschätzen. Die vier Männer schienen ebenfalls keinerlei Interesse an näherem Kontakt zu haben – sie musterten Chen Gong und Shen Qiao lediglich. Als sie sahen, dass ihre Schritte nicht durch Qi verstärkt und ihre Kleidung schäbig war, beachtete die Gruppe sie nicht weiter. Schon bald kamen die beiden jungen Mönche und brachten ihr eigenes Bettzeug mit. Der Schlafsaal war klein und mit zwei zusätzlichen Männern noch enger. In Chen Gong brodelte die Unzufriedenheit. Er konnte nicht anders, als zu murmeln: »Sechs Leute sind schon ziemlich viel, und jetzt noch zwei mehr!«

Einer der jungen Mönche hörte das und flüsterte: »Werter Wohltäter, eine junge Dame reist mit den anderen Wohltätern dort drüben, und es wäre eine große Unannehmlichkeit für sie, den Raum mit uns zu teilen. Deswegen haben wir ihr selbstverständlich unser bescheidenes Zimmer überlassen. Hilf anderen, und dir wird geholfen.«

Die Dame brauchte ein Zimmer für sich allein. Chen Gong war immer noch unglücklich, aber dagegen konnte er nichts sagen. Die Schwerter, die er bei der anderen Gruppe bemerkte, halfen seinem Schweigen. Aber dann nahm er im Augenwinkel etwas wahr und war direkt aufgeregt. Während alle beim Essen waren, griff er Shen Qiao am Arm und flüsterte: »Hast du gesehen? Diese Männer sind von der Liuhe-Gilde! Sie tragen das Gildensymbol auf ihrer Kleidung und der Truhe, es ist dasselbe wie im Bezirk Funing!«

Shen Qiao schmunzelte. »Wie könnte ich das mit meinen schlechten Augen sehen?«

Chen Gong war nicht weniger aufgeregt. »Sag, wenn ich eine Chance finde, mit ihnen zu sprechen, und sie mich mögen, denkst du, sie lassen mich der Liuhe-Gilde beitreten?«

Shen Qiao wusste, dass Chens Herz noch immer für die Gilde schlug. Selbst nach der langen Reise hatte sich daran nichts geändert.

»Ich glaube nicht, dass das eine gute Idee ist«, sagte Shen Qiao leise.

KAPITEL 9
MITTERNACHT IM TEMPEL

Warum nicht?«, fragte Chen Gong.

»Ich hab gerade deinen Versuch beobachtet, dich ihnen zu nähern«, sagte Shen Qiao. »Und wie sie sich überhaupt nicht dafür interessiert haben. Außerdem haben sie kein Wort gesprochen, als wir im Raum waren. Es scheint, als wären sie entweder misstrauisch oder haben keinen Drang, mit uns zu sprechen. So oder so fürchte ich, dass dein Wunsch unerhört bleibt.«

Chen Gong war aufgebracht, aber er musste Shen Qiao zustimmen. »Hmph, ich wusste, dass diese Leute auf so ein kleines Licht wie mich herabschauen. Eines Tages werde ich derjenige sein, der an der Spitze steht, und dann müssen sie vor mir katzbuckeln!«

Shen Qiao wusste, dass diese Ansicht aus seinen Erfahrungen im Leben entstanden waren und sich nicht mit ein paar Worten auflösen ließen, also schwieg er.

Das Essen im Chuyun-Tempel war einfach wie der Tempel selbst: eine Schüssel Reisbrei und ein paar Beilagen. Die Beilagen wurden direkt im Tempel eingelegt und schmeckten ganz gut. Shen Qiao aß langsam, aber Chen Gong schaufelte alles in sich hinein. Da er sich nicht mit der Liuhe-Gilde anfreunden konnte, war er schlecht gelaunt. Nachdem er sein

Essen hinuntergeschlungen hatte, kehrte in den Schlafsaal zurück. Kurz danach kamen zwei Männer der Gilde zum Essen. Auch wenn Shen Qiao inzwischen Licht wahrnehmen konnte, fiel es ihm schwer, Objekte voneinander zu unterscheiden, und seine Augen schmerzten, wenn er es zu lange versuchte. Die meiste Zeit hielt er sie geschlossen und nutzte sie nur, wenn er es musste. In diesem Augenblick sah er, wie vier vage Umrisse sich näherten und an einem anderen langen Tisch niederließen. Zwei von ihnen trugen Kleider – es schienen Frauen zu sein. Shen Qiao wusste, was das bedeutete. Die Liuhe-Gilde bildete vermutlich die Eskorte für etwas Wichtiges, deshalb blieben zwei Männer zurück, um die Truhen zu bewachen. Und die jungen Damen waren wohl die Gäste, die im Zimmer der Mönche blieben. Shen Qiao kümmerte sich nicht darum. Er aß seinen Brei, und als er fertig war, griff er nach seinem Bambusstock. Der Stock fiel und landete mit einem Knall auf dem Boden. Shen Qiao verzog das Gesicht – seine Hand hatte den Stock noch nicht erreicht, und er war sicher nicht ohne Grund umgefallen.

»Ich hab ihn versehentlich berührt«, ertönte eine sanfte Frauenstimme. »Bitte vergeben Sie mir, werter Herr.«

Sie beugte sich nach dem Stock und gab ihn Shen Qiao zurück.

»Kein Problem«, sagte Shen Qiao und wollte aufstehen. Aber die Frau fuhr fort.

»Unser Treffen war wohl vorherbestimmt. Darf ich Euren erfahren?«

»Mein Nachname ist Shen«, sagte Shen Qiao.

»Ist Shen-xiansheng[31] auf dem Weg in die Stadt?«

31 先生, eine höfliche Anrede für Männer, kann als Äquivalent zum deutschen »Herr« gesehen werden.

»Korrekt.«

»Es gibt viele Gasthäuser und Herbergen, warum habt Ihr Euch für so einen heruntergekommenen Tempel entschieden?«

Sie wollte mehr über Shen Qiao erfahren. Wenn er jemand anderes gewesen wäre, hätte er vermutlich geantwortet mit: »Du bist auch hier, oder? Was gibt dir das Recht, die Nase in meinen Kram zu stecken?«

Aber Shen Qiao war ein höflicher Mann und gab ihr eine anständige Antwort. »Wir haben nicht genug Geld. In der Stadt zu übernachten ist teuer, deswegen begeben wir uns erst tagsüber dorthin.«

Seine Stimme war angenehm, und seine Aura lullte die Menschen ein. Trotz seiner schäbigen Kleidung war es unmöglich, ihn mit Chen Gong in einen Topf zu werfen. Natürlich erregte es Aufmerksamkeit, dass zwei so verschiedene Menschen miteinander reisten. Deshalb wollten die Leute die Geschichte dahinter erfahren. Besonders, da sie gewöhnliche Leute und keine Kampfkünstler waren. Seine Antwort klang plausibel, und die Frau konnte darin keine Lücken entdecken, also antwortete sie warm: »Ich war zu forsch, bitte vergeben Sie mir. Mein Nachname ist Yun. Ich heiße Yun Fuyi.«

Shen Qiao nickte. »Genießen Sie Ihre Mahlzeit, Yun-niangzi. Ich werde mich nun zurückziehen.«

»Gute Reise, mein Herr.«

Shen Qiao ertastete den Weg zur Tür langsam mit seinem Bambusstock.

Yun Fuyi runzelte die Stirn, als sie ihn dabei beobachtete, sagte aber nichts. Hu Yun, der an ihrer Seite saß, sagte: »Vizechefin, ich denke, dass es kein Zufall ist, dass die beiden hier sind. Das Kind ist kein Problem, aber dieser Shen – er sieht aus wie ein blinder Mann, aber warum sollte er herumreisen? Er könnte es auf unsere Lieferung abgesehen haben.« Sein Zwillingsbruder Hu Yan rollte mit den Augen. »Wenn du das bemerkt hast, denkst du nicht, dass es unserer Vizechefin auch aufgefallen ist?«

»Ich habe ihn getestet«, sagte Yun Fuyi. »Er hat keine innere Energie und hat nicht auf meinen Namen reagiert; er scheint auch nicht zu schauspielern. Trotzdem sollten wir heute Nacht vorsichtig sein. Ich dachte, dass sich die Kunde über unsere Reise in der Stadt noch schneller verbreitet und wir außerhalb sicher wären. Aber es scheint, als wäre unsere Vorsicht vergebens.«

»Was für einen Schatz transportieren wir wohl?«, fragte Hu Yu. »Wir haben schon zwei Räubertruppen auf dem Weg getroffen, eine stärker als die andere. Und es ist noch ein ziemlich langer Weg Richtung Süden bis Jiangkang. Ich mache mir Sorgen um die Lieferung. Wenn wir sie verlieren, geht es nicht nur ums Geld, sondern vor allem um das Ansehen der Liuhe-Gilde.«

Auch wenn sie als kleine Gruppe reisten, waren sie die Elite der Liuhe-Gilde. Schließlich reisten sie in Gegenwart der Vizechefin Yun Fuyi. Dennoch nahmen sie ihre Aufgabe nicht auf die leichte Schulter.

Yun Fuyi schüttelte den Kopf. »Der Anführer hat uns einen klaren Befehl gegeben, die Lieferung bis nach Jiankang zu eskortieren. Er hat uns am Morgen eine Nachricht gesendet, dass er in die Provinz Luo reist und uns dort trifft. Danach reisen wir gemeinsam gen Süden.«

Als sie hörten, dass ihr Anführer in der Nähe war, freuten sich Hu Yan und Hu Yu. Sie rätselten darüber, was wohl in diesen Kisten war, das die Gilde so scharf bewachte. Die Liuhe-Gilde war sowohl südlich als auch nördlich des Yangtse-Flusses vertreten. Sie eskortierten zahlreiche Lieferungen, sogar Schätze des Kaiserpalasts, aber selten hatten ihre Anführer etwas so ernst genommen. Die Vizechefin als Begleiterin und der Gildenchef, der die Lieferung persönlich entgegennahm? Das war ein nie da gewesenes und eindrucksvolles Ereignis. Hu Yan und Hu Yu kamen von der Longmen-Schule, und sie gehörten zu der kleinen Elite der Jianghu-Kampfkünstler. Aber sie waren noch jung – zwei Räubergruppen abzuwehren, hatte sie nicht im Geringsten entmutigt, sie waren sogar noch aufgeregter. Im Gegensatz zu ihnen war Yun Fuyi besorgt.

»Jedenfalls«, sagte sie, »sollten wir auf der Hut sein, bis wir uns mit dem Chef treffen.«

Die Nacht am Stadtrand war ruhig. So ruhig, dass sie einen schaudern ließ. Im Tempel gab es so spät kaum etwas zu tun, deshalb begaben sich alle früh ins Bett. Neben Hu Yan und Hu Yu, Shen Qiao und Chen Gong waren noch zwei andere Männer der Liuhe-Gilde im Schlafsaal. Sie waren Meister der Gilde, und ihre Fähigkeiten überstiegen die der Hu-Brüder. Solch eine Truppe war selbst im Jianghu etwas Besonderes. Chen Gong verstand nicht viel vom Jianghu, aber selbst er erkannte, wie mächtig diese Leute waren. Er versuchte mehrmals, sich ihnen zu nähern und der Liuhe-Gilde beizutreten. Aber seine heißblütigen Versuche prallten an Eiswänden ab – sie ignorierten ihn einfach. Selbst zu Shen Qiao waren sie höflicher. Nach einigen Versuchen verlor Chen Gong den Mut. Manchmal fühlte er sich frustriert und wertlos. Manchmal fragte er sich, ob er zu wenig Entschlossenheit zeigte – dass er morgen zu ihnen gehen und ihnen seine Bereitschaft zeigen würde. Dass er sogar putzen oder andere Arbeiten verrichten würde, damit die Liuhe-Gilde ihn zumindest akzeptierte. Die rasenden Gedanken hielten ihn vom Schlafen ab. Nachdem er sich mehrmals hin und her gewälzt hatte, bemerkte er plötzlich, wie sich einige Mitglieder der Gilde in Bewegung setzten. Sie waren schnell und leise, zogen Kleider und Schuhe an und waren im nächsten Augenblick verschwunden. Neugierig stand auch Chen Gong auf, um nachzusehen, aber eine Hand ergriff seinen Arm und hielt ihn zurück. Chen Gong zuckte zusammen, dann merkte er, dass es Shen Qiao war.

»Geh nicht raus, bleib hier«, sagte Shen Qiao leise.

»Ich mach die Tür nur einen Spalt auf und schaue raus«, sagte Chen Gong. »Ich werde nichts machen.«

Als er das aussprach, hörte er draußen Geschrei und Geräusche eines Kampfs. Aufregung erfasste Chen Gong. Er fühlte sich wieder einen Schritt näher an seinen Fantasien über das Jianghu. Aber als er nach der Tür griff, wurden seine Finger plötzlich taub. Eine starke Windböe riss die Türen aus ihrer Verankerung. Unfähig, auszuweichen, taumelte Chen Gong rückwärts und schrie vor Schmerz auf. Der Wind war stark wie ein Wirbelsturm. Er knallte mit dem Rücken an den Bettpfosten und jaulte auf. Im nächsten Moment legte sich eine Hand um seinen Hals. Die Gestalt hob ihn scheinbar sanft hoch, und Chen Gong flog mit der Bewegung empor. Er befand sich nicht mehr im Raum, sondern draußen. Chen Gong riss die Augen vor Angst auf, doch er bekam keinen Ton heraus. Als er wieder Boden unter den Füßen spürte, hörte er jemanden lachen.

»Sanlang[32], bist du doof? Schau dir das Kind doch mal an,

32 三郎, wörtlich »dritter Sohn«.

das ist kein Kampfkünstler. Der ist doch niemals ein Mitglied der Liuhe-Gilde, warum hast du ihn eingefangen?«

»Was, der gehört nicht zur Gilde? Mist, kein Wunder, dass er so einfach zu fangen war. Ich hab Müll geangelt!«

Der Mann, der ihn festhielt, fluchte laut, und sein Griff verstärkte sich. Chen Gongs Hals schmerzte, ihm traten Tränen in die Augen.

Ich bin erledigt, jetzt werde ich getötet!

Diese Erkenntnis erfüllte Chen Gongs Herz mit Reue. Warum hatte er nicht auf Shen Qiao gehört? Sie hätten sich einfach leise im Raum versteckt, aber er musste ja rausschleichen, um zuzusehen. Das Jianghu war weit außerhalb seiner Reichweite, aber Leben und Tod lagen nah beieinander. Chen Gong fühlte einen scharfen Schmerz im Nacken – ein Zeichen, dass seine Kehle gleich zerschmettert würde. Aber plötzlich schrie der Mann, der ihn ermorden wollte, erschrocken auf und zog seine Hand zurück. Chen Gong sackte kraftlos auf dem Boden zusammen und hustete.

Als Murong Xun Chen Gong ergriffen hatte, war ihm bewusst, dass da noch jemand im Raum war, aber er hatte beide nicht ernst genommen – sie waren nur Ungeziefer. Er hatte definitiv nicht erwartet, dass der andere Mann genug Mumm hatte, um ihn anzugreifen, während er sich das Kind vornahm. Der Bambusstock flog wie eine Feder auf ihn zu, ohne einen Hauch innerer Energie, deshalb dachte Murong Xun, er könne ihn einfach greifen. Aber als seine Hand das Material berührte, rutschte es zur Seite weg und traf einen Akupunkturpunkt an seinem Rücken. Murong Xun war gezwungen, Chen Gong loszulassen und zur Seite auszuweichen.

»Wer bist du?«, fragte er und musterte den anderen Mann mit zusammengekniffenen Augen.

»Wir sind keine Mitglieder der Liuhe-Gilde oder Menschen des Jianghu. Wir wollten hier nur die Nacht verbringen und haben nichts mit eurem Streit zu tun. Bitte zeigt uns Gnade und lasst uns gehen«, sagte Shen Qiao.

Im Dunkeln konnte er Murong Xun nicht sehen. Er wusste nur grob, in welche Richtung er seine Hände beschwichtigend faltete. Aber Murong Xun durchschaute ihn sofort.

»Du bist blind!«

❖

In nur einer Nacht war der kleine Chuyun-Tempel das Zentrum eines Mahlstroms geworden. Auch wenn sich Yun Fuyi auf einen Kampf eingestellt hatte, übertraf die aktuelle Lage ihre Erwartungen. Ihre Ärmel rollten sich auf, sie sandte einen Handkantenschlag aus, während sie nach hinten schwebte. Ihre Pose war wunderschön und elegant, voll von unvergänglicher Grazie. Ein Zuschauer würde denken, dass sie tanzte – es war unbegreiflich, wie viel Kraft sich hinter ihrer Hand verbarg. Der Ärmel ihres Gegners rollte sich ein und schnappte dann zurück, wehrte Yun Fuyis Angriff mit Leichtigkeit ab. Aber Yun Fuyi entdeckte im Ärmel zwei Dolche, so schmal wie das Laub einer Weide. Die Klingen blitzten kurz auf und verschwanden, aber der zerstörerische Wind aus ihrer Hand verschwand vollständig. Das war ein harter Gegner.

»Yun Fuyi: ›Von den Wolken tropft der Frühlingsregen auf die Kleider, hinterlässt aber keine Spuren.‹ Nichts anderes hätte ich von der Nummer zwei der Liuhe-Gilde erwartet. Außenstehende sagen, dass du eine Frau und damit nur eine Marionette bist. Aber diese Trottel haben nicht das Vergnügen gehabt, die Fähigkeiten der Vizechefin Yun mit eigenen Augen zu sehen!«

Ein stiller Windstoß begleitete die Worte. Ihr Gesicht veränderte sich. Die gelassene Ruhe, mit der sie zuvor gekämpft hatte, war wie weggeblasen. Sie verteilte zahlreiche Handkantenstöße in der Luft, die Form blühte auf wie ein Lotus, und ihr wahres Qi preschte vorwärts. Erst als ihre beiden Energien aufeinandertrafen, erkannte Yun Fuyi, wie unberechenbar das Qi ihres Gegners war: scharf wie eine Nadel. Es gab keine Lücke, die es nicht durchdringen konnte. Präzise bohrte es sich in den winzigsten Riss, und als ihre Hand damit in Berührung kam, prallte die Kälte auf ihr Fleisch und ihr Blut und drang ihr bis ins Mark. Ihr Gegner ließ ihr keine Zeit, zu reagieren. Bevor der erste Schlag verebbt war, folgte ein zweiter und rauschte über sie hinweg wie eine Wasserwelle an einem windigen Frühlingstag. Sie hatte diese unsichtbare Runde verloren, deshalb zog sich Yun Fuyi zurück, auch wenn sie dadurch Bewegungsraum verlor. Sie landete, und ein dumpfer Schmerz pochte in ihrer Brust. In ihrem Mund schmeckte sie Blut, doch sie schluckte es hinunter, überspielte es.

»Wer bist du?«, fragte sie.

Ihr Gegner sah Yun Fuyis unbeeindruckte Reaktion und lachte. Leichte Überraschung und Respekt legten sich über seine Züge.

»Im ganzen Qi gibt es wenige, die meinem Schlag widerstehen können. Du bist wirklich begabt.«

»Wer bist du?«, fragte Yun Fuyi erneut.

Der Mann verschränkte die Hände hinter dem Rücken und grinste überheblich. »Du bist in Qi, und du willst Güter aus Qi über die Grenze transportieren. Darf der Hof sich nicht dafür interessieren? Wenn die Liuhe-Gilde ihre Ware zurücklässt, dann werden wir euch wegen des heutigen Vorfalls nicht weiter behelligen und garantieren euch eine sichere Ausreise aus Qi!«

Bei der Erwähnung des Kaiserhofs machte Yun Fuyis Herz einen Sprung. Sie kombinierte schnell. »Du bist Mitglied der Qi-Dynastie? Du bist Murong Qin?«

Der Murong-Clan war nach dem Zusammenbruch der Yan-Dynastie verstreut und in den folgenden Jahren umhergewandert. Der aktuelle Patriarch der Murong-Familie, Murong Qin, gab stets damit an, von der königlichen Murong-Linie abzustammen, aber er war nur ein Untertan in den Diensten des Kaisers, Gao Wei. Es war nur seinem Rang als bester Kampfkünstler Qis zu verdanken, dass ihn die Leute mit Bewunderung und Schmeicheleien überhäuften. Normalerweise hätte Yun Fuyi keine Skrupel, ihn zu bekämpfen. Aber er hatte es offensichtlich auf die Ware abgesehen, die sie transportierten. Das bedeutete …

»Wo sind Liu Qingya und Shangguan Xingchen?«

Ihr Gesichtsausdruck verfinsterte sich, als sie nach den beiden Meistern fragte, die mit ihr gereist waren. Hu Yun und Hu Yan waren überrascht.

»Die Hallenvorsteher[33] Liu und Shangguan waren beide im Zimmer, um die Ware zu bewachen, sind sie …«

Yun Fuyi sagte streng: »Ich denke nicht, dass der Murong-Patriarch, der beste Kampfkünstler von Qi, seine Männer für einen Hinterhalt mitbringen würde. Wenn die Öffentlichkeit davon erfahren würde, wäre ihm Spott gewiss.«

33 Ein gehobener Rang im Prozess der Kultivierung. Hallenvorsteher oder Hallenmeister kümmern sich oft um wichtige Aufgaben in einer Schule oder Gilde.

Murong Qin lächelte herablassend. »Vizechefin Yun ist persönlich anwesend. Wie könnte ich so arrogant sein, allein zu kommen? Aber wir sind heute Nacht nicht die Einzigen hier … wollt ihr Ratten in den Schatten euch nicht endlich zeigen?«

KAPITEL 10
EINE UNERWARTETE ANKUNFT

Nach Murong Qins Worten herrschte Schweigen um sie herum – niemand antwortete. Yun Fuyi runzelte die Stirn, der Abt und die Mönche mussten noch hier sein. Waren sie aus Angst in Ohnmacht gefallen, oder was war mit ihnen geschehen? Stattdessen tauchten Murong Xun und Tuoba Liangzhe auf. Sie sollten den Tempel durchsuchen und kehrten mit Shen Qiao, Chen Gong und den beiden Hallenvorstehern in ihrer Gewalt wieder zurück.

»Patriarch, in diesen Kisten ist nur Plunder. Was wir wollen, war nicht da!«, sagte Tuoba Liangzhe und warf Chen Gong grob zu Boden. Chen Gong blieb klagend liegen. Genervt davon drückte Tuoba einen Akupunkturpunkt, um ihn ruhigzustellen. Chen Gong konnte keinen Laut mehr von sich geben, aber sein Gesicht war schmerzverzerrt. Shen Qiao war ein wenig besser behandelt worden, wahrscheinlich, da sein Angriff Murong Xun ein wenig gegruselt hatte. Er ging sogar so weit, Shen Qiao an den Schultern festzuhalten. Liu Qingya und Shangguan Xingchen, die beiden sonst so erhabenen Hallenmeister, waren bewegungsunfähig, ihre Akupunkturpunkte alle versiegelt. Sie waren in einem erbärmlichen Zustand, der Frust über die Niederlage zeigte sich deutlich in ihren Gesichtern. Doch sie bissen die Zähne zusammen und schwiegen. Murong Qin warf ihn einen kurzen Blick zu. »Vizechefin Yun, wenn dir die kläglichen Leben deiner Diener etwas wert sind, gib uns die Ware.«

Yun Fuyi seufzte. »Nun gut. Da du nur unsere Güter haben willst: Die beiden Kisten sind im selben Zimmer, in dem Hallenvorsteher Liu war. Schick jemanden, sie zu holen. Ich bin dir klar unterlegen, deswegen werde ich keinen Widerstand leisten.«

Murong Qin schnaubte. »Deine beiden Truhen sind nur ein Ablenkungsmanöver! Willst du uns für dumm verkaufen? Du trägst die eigentliche Ware vermutlich bei dir, oder?«

Die Mitglieder der Liuhe-Gilde sahen erstaunt zu Yun Fuyi. Ihr Blick verfinsterte sich.

»Wo hast du denn solches Gewäsch aufgeschnappt? Und du glaubst es auch noch? Diese Truhen wurden uns anvertraut. Die Anweisungen unseres Auftraggebers waren eindeutig: die Truhen in die Südliche Chen zu bringen. Du kennst ihren Besitzer sogar. Xue Rong, Junior-Unterweiser des Kronprinzen. Er ist nach langer Krankheit gestorben, und seine Familie hat die Liuhe-Gilde beauftragt, sie zurück in seine Heimat zu liefern. Xue Rong und unser Anführer waren gute Freunde, deswegen bin ich als persönliche Eskorte dabei.«

»Die beiden Kisten sind mit Xue Rongs Habseligkeiten beladen, hauptsächlich Bücher«, sagte Murong Qin. »Sie hätten die Kisten sofort loswerden können. Warum müssen sie von Qi bis in den Süden transportiert werden?«

»Das fragst du mich?«, sagte Yun Fuyi.

»Ihr seid auf der Reise schon einigen Räubern begegnet. Denkst du wirklich, sie wollten alte Bücher klauen?«

»Vielleicht denken sie, dass der Junior-Unterweiser zu Lebzeiten Reichtümer angehäuft hat. Dass Silber und Gold darin sind. Sie wissen nicht, dass Xue Rong ein ehrlicher, anständiger Beamter war, der kaum Besitz hatte.«

»Bei Xue Rongs Sachen ist eine Kopie der *Canghai-Sammlungen*«, sagte Murong Qin kalt. »Ich verlange, dass du sie mir aushändigst, Vizechefin Yun.«

»Alle Bücher sind in diesen beiden Kisten. Was ihr darin findet, ist da, was nicht darin ist, nicht. Ihr habt sie doch bereits. Es gibt nichts, was ich euch noch geben kann.«

Murong Qin sah zu Murong Xun und den anderen.

»Ich habe alles durchsucht«, sagte Murong Xun. »Es gab kein Buch mit dem Titel *Canghai-Sammlungen*.«

Aus dem Nichts ertönte ein Kichern in der Luft.

»Der Murong-Patriarch ist so geduldig. Wenn ihr weiterhin so um den heißen Brei redet, wird Vizechefin Yun bis zum Ende Unwissenheit vortäuschen. Ihr könntet auch direkt sagen: *Canghai-Sammlungen* ist nur ein Umschlag. Darin befindet sich ein Band der Zhuyang-Strategien, das *Buch der getäuschten Gedanken!* Verlang, dass sie die Zhuyang-Strategien aushändigt.«

Jemand anderes hatte sich in der Nähe versteckt? Hu Yan und Hu Yu drehten sich entsetzt um, doch sie sahen nur Äste und Zweige. Einen Wimpernschlag später entdeckten sie eine Person hinter einer der Säulen der Kolonnade.

Chen Gong hatte dem Gespräch trotz seiner Schmerzen aufmerksam gelauscht. Aber als er begriff, dass er nichts davon verstand, erlosch sein Wunsch, der Liuhe-Gilde beizutreten, wie eine ausgepustete Kerze. Er hatte ordentlich eingesteckt, Schweiß rann seinen Nacken hinab. Erst als der Schmerz ein wenig nachließ, konnte er den Kopf heben, um den Neuankömmling anzuschauen. Als er die Gestalt sah, zuckte er entsetzt zurück.

Sie stand im Mondlicht, der Kopf kahl und glatt, der Körper in weite Roben gehüllt. Es war einer der jungen Mönche des Chuyun-Tempels. Einer, der sein Zimmer für Yun Fuyi geräumt hatte und in den Schlafsaal gezogen war. Als Chen Gong aufgestanden war, um nach den Mitgliedern der Liuhe-Gilde zu sehen, hatte er nicht darauf geachtet, was mit den Mönchen war. Aber nun sprach der Mönch mit einer gänzlich anderen Stimme – zart und geschmeidig, wie man es bei einer Frau erwarten würde! Chen Gongs Gedanken fühlten sich schwer und zäh an, als hätte jemand Reisbrei in seinen Kopf gefüllt. Er verstand nicht, was hier passierte.

Aber die anderen kümmerten sich nicht darum, ob jemand den Mönch ausgetauscht hatte oder ob der Mönch von Anfang an ein Verräter gewesen war.

Nein, all ihre Gesichtszüge entgleisten, als er »Zhuyang-Strategien« sagte.

»Und mit welchem erlesenen Herrn haben wir das Vergnügen?«, fragte Yun Fuyi. »Der herumschleicht, als hätte er Angst, sich im Licht zu zeigen?«

»Ich wollte mich leise hereinschleichen und mit der Schrift im Gepäck wieder auf demselben Weg hinaus«, sagte der junge Mönch. »Aber Vizechefin Yun ließ mir keine Gelegenheit, und mittendrin ist der Murong-Patriarch hereingeplatzt. Mir blieb also nichts anderes übrig, als mich zu zeigen.«

Yun Fuyi runzelte die Stirn und beäugte den »jungen Mönch«. Sie wusste nicht, woher er gekommen war.

Aber der Mönch fuhr lächelnd fort: »Vizechefin Yun hält sich für vorsichtig und diskret, aber sie hat die vielen Augen nicht bemerkt, die sie seit der Abreise aus der Hauptstadt beobachten. Die ersten Truppen waren Amateure, aber heute Nacht haben wir hohe Gäste. Neben unserer Hehuan-Schule und dem Murong-Patriarchen gibt es noch weitere Experten, die noch in den Schatten weilen, oder? Es ist eine wunderschöne Nacht und eine seltene Chance für eine derartige Versammlung. Warum rufen wir den Rest nicht auch noch herbei, um unsere Bande zu stärken und eine fruchtbare Diskussion darüber zu führen, was mit der Zhuyang-Schriftrolle passieren soll? Sollte der Stärkste sie bekommen, oder sollen wir sie zerreißen und jeder ein Stück erhalten?«

Sie klang amüsiert und schäkernd, doch niemand im Tempel lachte. Yun Fuyis Mut sank. Sie konnte kaum gegen Murong Qin ankommen, und nun hatte sich die verbrecherische Hehuan-Schule dazugesellt. Die Situation was aus dem Ruder gelaufen. Und die andere Frau hatte gesagt, dass noch weitere Leute in den Schatten lauerten.

»Vizechefin Yun, du siehst selbst, dass sich hier Meister um den Chuyun-Tempel sammeln wie Gewitterwolken«, sagte Murong Qin scharf. »Du kannst es unmöglich mit allen aufnehmen. Wenn du mir die Zhuyang-Strategien aushändigst, dann lasse ich dich im Namen des Hofes gehen und sicher die Grenze passieren.«

»Du bist bei Hofe, ja, aber ich denke, wir sind qualifizierter, um solche Versprechungen zu machen, wenn man den Einfluss unserer Hehuan-Schule in Qi bedenkt«, sagte der junge Mönch mit breitem Lächeln. Sie trat hinter der Säule hervor, ihr Gesicht einfach und gewöhnlich.

Sie hatte sich kaum bewegt, aber Murong Xun keuchte auf, taumelte zurück und ließ Shen Qiao los. Blitzschnell war Murong Qin vor seinem Neffen und schützte ihn. Zwei schimmernde Lichter schossen aus seinen Ärmeln, als er sich auf den jungen Mönch stürzte.

Chen Gong starrte die beiden an. Ihre Roben flatterten unter dem Sternenhimmel, Schatten und Licht, der Kampf auf Leben und Tod, wie der Tanz fallender Pfirsichblüten. Plötzlich wurde ihm klar, wie kindisch sein Groll auf die Liuhe-Gilde war. Wie wenig er über das Jianghu wusste. Er sah zu Shen Qiao hinüber. Der stand still, halb verdeckt in den Schatten, und umklammerte den Bambusstock. Auf den ersten Blick wirkte der Mann, den er kannte, vollkommen gewöhnlich. Doch etwas steckte in ihm, ein Geheimnis, das ihn unerreichbar wirken ließ.

Während Murong Qin und der junge Mönch mit ihrem Schlagabtausch beschäftigt waren, sah sich Yun Fuyi um, und ihre Gedanken schweiften ab. Ihre Füße folgten ebenso. Sie war geschickt und schnell – gewöhnliche Menschen brauchten zehn Schritte für einen ihrer Schritte. Ihr Gang war elegant und anmutig, und wie eine leichte Brise im Haar hinterließ sie keine Spuren. Aber als sie diesen einen Schritt machte, erfasste sie eine Druckwelle so schwer wie ein Berg von hinten. Inmitten ihres Kampfs hatten Murong Qin und der junge Mönch stillschweigend beschlossen, sie anzugreifen. Der junge Mönch verspottete sie mit glockenheller Stimme. »Wie unaufrichtig von dir, Vizechefin Yun. Läufst du davon und lässt deine Untergebenen zurück? Sollte sich eine Führungsperson der Gilde so benehmen? Wer wird noch deinen Befehlen folgen, wenn sich das herumspricht?«

Aber Yun Fuyi wusste, dass sie sich nicht um Liu Qingya und die anderen sorgen musste, solange sie die Schriftrolle bei sich trug. Murong Qin hielt sie für Ameisen, deshalb waren sie nicht in Gefahr. Daher hatte sie sich für einen schnellen Rückzug allein entschieden. Selbst als der junge Mönch sie provozierte, sprach sie kein Wort – allein für Murong Qin brauchte sie ihre ganze Konzentration, und mit dieser Dämonin aus der Hehuan-Schule stand sie unter noch höherem

Druck. Sie standen zu dritt in einem Kreis, und drei Wellen von wahrem Qi prallten in einem heftigen Sturm aufeinander. Den anderen blieb nichts übrig, als zu fliehen, um dem überwältigenden Kreuzfeuer zu entgehen. Aber Liu Qingya und Shangguan Xingchen hatten nicht so viel Glück. Sie konnten sich nicht bewegen und wurden von Qi getroffen. Hu Yan und Hu Yu wurden blass, als ihre Kollegen Blut spuckten und versuchten, ihnen zu helfen. Aber sie konnten sich dem Kampf nicht weiter nähern.

Oberflächlich sah es aus, als hätten Murong Qin und der Mönch sich zusammengeschlossen, doch sie achteten auch aufeinander, immer bereit, sich gegen einen heimtückischen Angriff zu verteidigen. Yun Fuyi hätte gegen die beiden verloren, aber das Misstrauen untereinander half ihr, Lücken in der Verteidigung zu nutzen, und trotz großer Schwierigkeiten gab sie nicht nach. Diese instabile Balance wurde zertrümmert, als Murong Qin seine Meinung änderte. Sein Dolch sauste an Yun Fuyis Gesicht vorbei, änderte die Richtung und schoss auf die Frau zu, die wie ein Mönch gekleidet war. Der Dolch war von einem eiskalten, schneidenden Wind umgeben. Die Frau versuchte, Yun Fuyis Fluchtweg abzuschneiden, doch musste dem Dolch ausweichen. Die Klinge folgte ihr nach, unnachgiebig wie ihr eigener Schatten. Als sie gemeinsam angegriffen hatten, war die Differenz in ihren Kräften nicht aufgefallen. Aber Murong Qin war stärker als die Frau in Mönchgestalt, die nun in der Klemme steckte. Hinter ihr war eine Säule, über ihr die Decke. Es gab keinen Ausweg. Im Augenwinkel sah sie Chen Gong, packte ihn, ohne zu zögern, und wollte ihn als Schild benutzen. Alles passierte in einem Wimpernschlag. Für gewöhnliche Menschen, die sich mit Kampfkünsten nicht auskannten, sahen die Bewegungen wie Licht- und Schattenspiele aus – sie konnten keine Details erkennen. Chen Gong sah nicht, wie der Mönch den Arm nach ihm ausstreckte. Er sah Yun Fuyi und Murong Qin zu. Aber Shen Qiao bemerkte es. Seine innere Energie war kaum vorhanden, er erinnerte sich kaum an seine Kampfkünste und vergaß oft vieles davon. Sein Körper war gebrechlich, sein Augenlicht schwach. Manchmal hustete er sogar Blut. Aber er konnte nicht nur herumstehen und zusehen. Er entschied sich, den Jungen zu retten. Chen Gong verstand nicht, was passierte, als er hart zu Boden geschubst wurde. Als der Mönch sah, dass anstatt ihres menschlichen Schilds nur ein Bambusstock auf sie wartete, schrie sie erschrocken auf. Im nächsten Atemzug war der Dolch da. Sie hatte keine andere Wahl, als den Stock wegzuwerfen und den Dolch mit ihrer eigenen Hand zu stoppen. Die Klinge durchbrach ihren Schutz aus Qi und bohrte sich direkt in das weiche Fleisch ihrer Hand. Wenn sie den Dolch nicht mit voller Kraft ergriffen hätte, hätte er noch mehr Fleisch zerfetzt. Ihre Hand war ein unbrauchbares Durcheinander aus Haut und Blut. Wenn der Bambusstock ihren Plan nicht ruiniert hätte, wäre es nicht dazu gekommen. Wütende, blutrünstige Rage breitete sich auf ihrem Gesicht aus. Sie ignorierte Yun Fuyi und Murong Qin, formte ihre Finger zu Klauen und schlug nach Shen Qiao!

Murong Qin hatte sich von Yun abgewandt und richtete seine Aufmerksamkeit auf den Mönch. Yun würde nicht entkommen, egal, wem sie heute Nacht begegnete. Und wie erwartet hinderte sie jemand daran. Ein Jadeglöckchen klimperte in der Dunkelheit, fern und doch klar. In den Ohren aller war es einfach nur das Geräusch einer Glocke, aber für Yun Fuyi war es wie die Spitze von eintausend Schwertern, die sich in ihr Fleisch bohrten. Der Fluss ihres wahren Qi verlangsamte sich, und der Schmerz lähmte sie.

Wer war das?

Voller Panik ließ Yun Fuyi alles fallen und versuchte, zu entkommen, doch sie konnte sich kaum bewegen, als wäre sie in ein unsichtbares Netz eingesponnen. Sie wusste, dass sie mit ihren Fähigkeiten nicht zu den Besten Zehn gehörte, aber sie hätte nicht gedacht, so hilflos zu sein. In diesem Moment wurde ihr bewusst, wie falsch sie sich eingeschätzt hatte. Der Angreifer hatte sich noch nicht einmal gezeigt, und sie war bereits besiegt. Würde sie wirklich scheitern? Würde sie den ihr anvertrauten Gegenstand verlieren? Der Gedanke ließ Verzweiflung in ihrem Herzen aufwallen.

Währenddessen schlug der Mönch mit seinen Klauen erbarmungslos nach Shen Qiao. Shen Qiao hatte den Angriff auf Chen Gong durch das Überraschungsmoment verhindert, aber nun, da die Aufmerksamkeit des Mönchs auf ihm lag, war Shen Qiao hilflos. Ein Qi, mächtig genug, Flüsse und Ozeane zu bewegen, rauschte mit mörderischer Wut auf ihn zu. Auch wenn sie noch fünf oder sechs Fuß von ihm entfernt war, blieb Shen Qiao die Luft weg. Mit jedem Atemzug schmerzte seine Lunge. Er konnte nichts mehr sehen und auch den Boden unter seinen Füßen nicht mehr spüren. Sein ganzer Körper fühlte sich weich und schwach an, bis auf einen Punkt in seiner Brust. Der brannte wie Feuer – ein dumpfer Schmerz, der den Wunsch weckte, Blut zu husten und endlich Erlösung zu finden.

Der junge Mönch scherte sich nicht um Shen Qiao. Dieser Mann hatte sich in etwas weit über seiner Liga eingemischt. Er verdiente es zu sterben. Sicher, er sah gut aus, aber das war egal. Shen Qiao hatte sein Leben verspielt. Doch als ihre Fingerspitzen nur noch eine Haarlänge von seinem Hals entfernt waren, geschah etwas anderes. Und es war nicht Shen Qiao. Eine Hand schälte sich aus der Dunkelheit und ergriff ihr

Handgelenk. Die Bewegung war weder schnell noch besonders geschickt. Es war nur eine schmale, blasse Hand. Die Haut weich und unversehrt. Es war die Hand eines Mannes von hohem Stand, der in seinem Leben viele Annehmlichkeiten genossen hatte.

KAPITEL 11
YAN WUSHI

Der junge Mönch hatte keine Zeit, die Hand zu bewundern. Stattdessen überkam sie die Angst. Sie hatte keine Ahnung, woher die Hand gekommen war, und konnte sich nicht gegen den Griff um ihr Handgelenk wehren.

»Ahhh!«

Ein scharfer Schmerz breitete sich in ihrem Arm aus und entlockte ihr einen Schrei. Jeder Mann, der sie hörte, hätte gezögert, selbst wenn er sich normalerweise nicht von einem schönen Gesicht beeindrucken ließ. Unglücklicherweise trug sie noch das einfache Gesicht des Mönchs, deshalb hatte ihre Stimme noch weniger Macht. Und dieser Mann hatte ein Herz aus Stein – in dem Moment, in dem ihr Handgelenk brach, flog sie in die Luft. Er hatte sie weggeworfen. Ihr zarter Körper schmetterte direkt gegen eine Säule. Die Heftigkeit des Aufpralls ließ sie jämmerlich aufschreien, und sie wurde von Krämpfen geschüttelt, während sie Blut hustete. Ein Handgelenk war zertrümmert, die andere Hand durch den Dolch verletzt. Beide waren ein unbrauchbares Mosaik aus Fleisch, Knochen und Blut. Dennoch schien sie unbesorgt. Sie starrte den Mann, der sie verletzt hatte, unbeirrt an.

»Wer bist du?«, fragte sie mit blutverschmiertem Mund.

Der Mann in Blau sprach: »Kein Grund zu starren. Sang

Jingxing und Yuan Xiuxiu vereint könnten mich nicht besiegen, und du schon gar nicht, Bai Rong.«

Ihre Miene veränderte sich. »Darf ich wohl den Namen dieses edlen Meisters erfahren?«

Am Rande des Geschehens beantwortete jemand ihre Frage. »Was macht Ihr hier, Anführer Yan?«

Der Anführer der Huanyue-Schule Yan ... Yan Wushi?

Bai Rongs Augen wurden groß vor Überraschung. Als beste Schülerin der Hehuan-Schule hatte sie seinen Namen schon oft gehört. Auch wenn die drei dämonischen Schulen dieselben Wurzeln hatte, lagen sie doch seit Langem im Clinch. Yan Wushi war seit zehn Jahren von der Bildfläche verschwunden, und die Hehuan-Schule hatte diese Chance genutzt, um die am Boden liegende Huanyue-Schule zu treten. Aber nun, da er zurück im Jianghu war, konnte sie die Verletzungen, die er ihr zugefügt hatte ... nicht gerade ungerechtfertigt nennen.

Yan Wushi grinste überheblich. »Wenn sie selbst einen alten, kahlen Esel einladen, warum dann nicht mich?«

Als Yan Wushi sprach, trat ein Mönch mit einer Jadeglocke in der Hand hervor. Er sah nicht aus wie der »alte, kahle Esel«, als den Yan Wushi ihn beleidigt hatte. Sein Gesicht war geschmeidig wie der Jadestein selbst, und er war nicht viel älter als dreißig. Seine Mönchsrobe war schneeweiß und rein. Selbst ohne zu sprechen, verkörperte er einen Mönch von höchster Erleuchtung. Als er sich offenbarte, reagierte die jüngere Generation um Murong Xun und Tuoba Liangzhe kaum. Doch auf Murong Qins und Fun Fuyis Gesichtern zeigte sich eine Veränderung.

»Ich hätte nie gedacht, dass zwei solch ehrenvolle Personen in den Schatten herumschleichen, um in Qi die Zhuyang-Strategien zu stehlen. Der buddhistische Meister Xueting, der Staatslehrmeister von Zhou und der Schulleiter Yan, Großmeister seiner Generation. Ihr wollt die Situation für euren Vorteil ausnutzen? Wie dreist!«

»Ihr solltet Euch nicht so aufregen«, sagte der buddhistische Meister Xueting. »Seit dem Tod des Herzogs von Jin hat Seine Majestät in Zhou sowohl den Buddhismus als auch den Daoismus verboten. Ich bin schon lange kein Staatslehrmeister mehr. Ich kam heute Nacht nur der Bitte eines alten Freunds nach und hoffe, dass die Vizechefin Yun mir diesen Gegenstand aushändigen kann, damit ich ihn zu seinem eigentlichen Besitzer zurückbringen kann. So kann ich seinen lang gehegten Wunsch erfüllen.«

Bai Rong spuckte Blut aus und kicherte. »Ich hab noch nie so einen schamlosen Mönch gesehen! Es ist offensichtlich, dass du den Schatz für dich haben willst, aber du schiebst irgendeinen alten Freund vor. Jeder weiß, dass die Zhuyang-Strategien seit Tao Hongjings Tod keinen Besitzer mehr haben. Kam er etwa im Traum zu dir und hat dich beauftragt, die Schriftstücke einzusammeln und zu verbrennen?«[34]

Meister Xueting zeigte keine Regung und faltete die Hände. Es war, als habe er Bai Rongs Worte nicht gehört. In Gegenwart dieser zwei Männer wagten es Murong Qin und Bai Rong nicht, Yun Fuyi erneut anzugreifen, aber für Yun war das keine Erleichterung – stattdessen fühlte sie sich noch machtloser. Seit dem Tod von Qi Fengge gab es keinen Kampfkünstler, der die Besten Zehn übertreffen konnte. Meister Xueting und Yan Wushi gehörten beide zu diesen Zehn. Xuetings Kraft war unermesslich, aber wahrscheinlich gehörte er sogar zu den Besten Drei. Yan Wushi war nach zehn Jahren der Seklusion zurückgekehrt und hatte den neuesten Kampf-

34 Im Daoismus glaubt man, dass man einen Gegenstand verbrennen kann, um ihm den Verstorbenen im Jenseits zu geben.

kunstexperten der Göktürks, Kunye, besiegt. Und Kunye hatte den Anführer des Xuandu-Bergs besiegt. Auch gegen einen allein hätte Yun Fuyi keine Chance gehabt. Und nun waren sie beide hier!

Der Gildenanführer Dou Yanshan hatte sie mit dieser Mission beauftragt. Es hinterließ einen bitteren Beigeschmack, denn auch wenn sie ihr Bestes geben wollte, suchte diese Nacht ihresgleichen. Alle Anwesenden arbeiteten gegeneinander, doch sie hatten ein gemeinsames Ziel: die Zhuyang-Strategien, die sie mit sich trug. Die Zhuyang-Strategien von Tao Hongjing war in fünf Bände aufgeteilt – Bewusster Verstand, Verdorbene Anima, Verlorene Seele, Bewölkte Essenz und Getäuschter Gedanke. Die fünf Bände entsprachen den vitalen Punkten des menschlichen Körpers.[35] Die vollständige Sammlung war eine Fusion der drei philosophischen Schulen und ein einzigartiges Werk, eine Legende. Drei Bände hatte man bereits gefunden: einen im inneren Palast von Zhou, einen auf dem Xuandu-Berg und den letzten bei der Tiantai-Schule. Die anderen beiden Bände waren verschollen. Der Xuandu-Berg und die Tiantai-Schule sicherten sich durch die Schriftrollen ihren Platz als zwei der besten Kampfkunstschulen an der Spitze des Daoismus und Buddhismus. Nur durch diesen glücklichen Zufall war Qi Fengge der beste Kampfkünstler der Welt geworden. Doch sein Schüler Shen Qiao war eine Enttäuschung, er war vom Berg geworfen worden. Aber das lag daran, dass Shen Qiaos Lehren unausgereift waren und nichts mit den Zhuyang-Strategien zu tun hatten. Wenn jemand nur einen Band besaß, alles Wissen daraus verinner-

35 Eine detaillierte Erklärung der Zhuyang-Strategien findet sich im Anhang, im Glossareintrag »Daoistische Kultivierung, die Zhuyang-Strategien und die Macht der Fünf«.

lichte und sogar die subtilen Feinheiten verstand, dann könnte man so gut werden wie Qi Fengge – die Nummer eins aller Kampfkünstler.

Doch die drei bekannten Bände wurden von ihren Schulen verwahrt wie Schätze. Sie zu stehlen, wäre ein höchst gefährliches Unterfangen. Aber die beiden besitzlosen Bände würden in die Hand des Stärksten fallen. Deshalb hatte sich die Nachricht, dass Yun Fuyi einen solchen Band der Zhuyang-Strategien mit sich trug, wie ein Lauffeuer verbreitet. Die Liuhe-Gilde kannte die Wahrheit nicht; sie hatten wirklich geglaubt, zwei Kisten mit Wertgegenständen zu transportieren. Als sie hörten, dass Yun Fuyi einen Band der Zhuyang-Strategien mit sich trug, waren sie wie eingefroren.

Die unterschiedlichen Parteien in dieser bedrohlichen Pattsituation sahen sich still an. Niemand wagte es, den ersten Schritt zu gehen. Murong Qin wollte die Schriftrolle mit Gewalt an sich reißen, wusste aber, dass der Mönch Xueting und Yan Wushi sich einmischen würden. Yun Fuyi war im Zentrum dieses Wirbelsturms, ihr ganzer Körper gelähmt vor Angst. Aber sie konnte nichts ausrichten. Selbst wenn sie es unversehrt aus dieser Bredouille schaffte, würde die Wahrheit noch weitere Schwergewichte des Jianghu anlocken. Selbst die Bixia-Schule vom Tai-Berg oder die Linchuan-Akademie würden sich in Bewegung setzen. Würde die Liuhe-Gilde je Frieden finden, wenn das passierte? Sie entschloss sich, ihren eigentlichen Plan zu verwerfen, und entschied sich für die nächstbeste Option. Sie wählte die Person an diesem Ort aus, die ihr am vertrauenswürdigsten erschien.

»Was die Leute sagen, stimmt. Nur der Fähige kann sein Ziel erreichen. Die Liuhe-Gilde ist nicht stark genug, um diesen Schatz zu tragen. Es ist mehr Fluch als Segen. Ich bin bereit, die Zhuyang-Strategien im Austausch für Frieden herauszurücken. Ich frage Euch, wenn ich Euch die Zhuyang-Strategien aushändige, garantiert Ihr Sicherheit für meine Untergebenen und mich?«

Der buddhistische Großmeister Xuenting sang den Namen des Buddha und antwortete dann: »Du hältst an ihren Prinzipien fest. Ich werde mein Bestes geben, um deinen Wunsch zu erfüllen.«

Yun Fuyi dachte über das Für und Wider nach, wägte ab. Dann zog sie zähneknirschend eine kleine Bambusröhre aus ihrer Schärpe. Hu Yan und Hu Yu reckten die Hälse, um einen Blick darauf zu werfen. Selbst Bai Rong versteifte sich und richtete ihre Aufmerksamkeit auf den Gegenstand. Kaum zu glauben, dass diese gewöhnliche Bambusröhre, schmaler als das Handgelenk einer Frau, eine Schriftrolle der begehrten Zhuyang-Strategien enthielt. Da sie mit ihren verletzten Handgelenken nicht mehr kämpfen konnte, lehnte sich Bai Rong gegen die Säule und genoss die Show. Aber Murong Qin verwandelte sich in einen Schatten und griff nach der Röhre. Bevor er sich Yun Fuyi nähern konnte, erfasste ihn der Windstoß von Meister Xuetings Handkantenschlag, untermalt vom Klang der Jadeglöckchen. Der Klang konnte sich in das Herz eines Menschen bohren, und als Murong Qin das Klingeln hörte, war er ebenso betroffen wie Yun Fuyi zuvor. Seine Beine wogen auf einmal tausend Pfund oder mehr, seine Brust war eng, und ihm wurde übel. Er wusste, dass es der Einfluss des Jadeglöckchens war, deshalb blockierte er das Geräusch, so gut es ging, und lief weiter. Er griff nach der Röhre in Yun Fuyis Händen. Yan Wushi mischte sich ebenfalls ein, aber niemand konnte sagen, warum. Sein Körper bewegte sich kaum, er war nur ein flirrender Schatten, doch plötzlich war er hinter Murong Qin. Er streckte die Hand aus, aber nicht etwa, um Murong Qin zu stoppen, sondern Meister

Xueting. In nur einem kurzen Moment tauschten sie zahlreiche Schläge aus. Chen Gong sah wie hypnotisiert zu, auch wenn er nicht verstand, was passierte. Selbst die aufstrebenden Zwillinge Hu Yan und Hu Yu waren verwirrt. Chen Gongs Kopf brummte, aber er konnte die Augen nicht abwenden. Shen Qiao griff ihn plötzlich an den Schultern und flüsterte: »Steh auf, los!« Normalerweise antwortete Chen Gong mit drei Sätzen auf nur einen von Shen Qiao, aber dieses Mal gehorchte er ohne Widerworte. Er biss die Zähne zusammen, kämpfte sich hoch und wollte losrennen. Aber als er es auf seine Füße geschafft hatte, erfasste ihn ein Luftzug am Rücken und schoss ihn in die Luft. Er konnte nur schreien. Als Yan Wushi ihn aufs Dach warf, gaben seine Beine wieder nach, und er purzelte beinahe über den Rand. Er hatte den ganzen Abend so viel Unglück gehabt. Sein Herz schmerzte vor Verzweiflung. Dann blickte er auf und sah jemanden neben Yan Wushi stehen. Shen Qiao war mit ihm aufs Dach gezerrt worden. Shen Qiao hielt ein Bambusröhrchen, das Yan Wushi ihm in die Hand gedrückt hatte – und wusste nicht so recht, ob er es festhalten oder wegwerfen sollte. Verwundert und hilflos sagte er: »Wir sind nur unwichtige Besucher in diesem Tempel. Wir haben nichts mit dem Jianghu zu tun. Alle Schuldigen haben ihren Schuldner, würde es dem Schulleiter Yan etwas ausmachen, uns nicht wie Spielzeug zu behandeln?«

Yan Wushi grinste. »Du wirfst mir vor, dich wie Spielzeug zu behandeln? Ich gebe euch beiden einen großen Vorteil, etwas, das alle unter diesem Himmel begehren. Und jetzt ist es in deinen Händen. Bist du überhaupt nicht glücklich?«

Wer hätte erträumen können, dass Yan Wushi sich einmischen und den Bambusbehälter zwei unwichtigen Passanten geben würde. Sofort starrten alle Shen Qiao an, als könnten ihre Blicke ein Loch durch seine Brust brennen.

Meister Xueting runzelte die Stirn. »Warum bezieht Ihr Außenstehende mit ein?«

Yan Wushi spielte mit einem Jadeklunker an seiner Robe. »Wollt ihr nicht alle wissen, was darin steht? Es gibt keinen Grund zu kämpfen – es ist besser, wenn wir alle davon profitieren. Natürlich würde mir niemand glauben, wenn ich die Schriftrolle vorlese. Und wenn ihr sie vorlesen würdet, würde ich euch auch nicht glauben. Also gebe ich ihm die Rolle. Das ist besser. Wie viel er liest und wie viel ihr hört, hängt dann von eurem eigenen Glück ab.«

KAPITEL 12
DIE SCHRIFTROLLE

Alle hatten bereits von Yan Wushis seltsamer Natur und seinen irrationalen Vorgehensweisen gehört. Als Bai Rong seinen Vorschlag vernahm, war sie zufrieden. Sie war das einzige Mitglied der Hehuan-Schule, das heute Nacht hier war. Mit Kalibern wie dem buddhistischen Großmeister Xueting und Yan Wushi hatte sie ohnehin keine Hoffnung, die Schriftrolle in die Finger zu bekommen. Schon gar nicht mit ihren Verletzungen. Durch Yan Wushis Vorschlag würden sie und ihre Kampfkünste profitieren, und sie hätte etwas vorzubringen, wenn sie zur Schule zurückkehrte, auch wenn es nur ein paar Worte waren. Sie fixierte die Bambusröhre in Shen Qiaos Hand. Murong Qins Truppe hatte einen ähnlichen Gedanken, nur Meister Xueting äußerte seinen Einwand.

»Schulleiter Yan«, sagte er. »Dieser Mann ist ein Außenseiter im Jianghu. Viele begehren die Zhuyang-Strategien, aber kriegen sie nicht in die Finger. Wenn sich verbreitet, dass dieser Mann heute Nacht die Schriftrolle vorgelesen hat, wird er eine Zielscheibe für bösartiges Gesindel. Ihr hättet ihn nicht nur umgebracht, sondern wärt für seinen Tod verantwortlich!«

»Ist das nicht ein bisschen heuchlerisch von dir, du glatzköpfiger Esel?«, antwortete Yan Wushi gelangweilt. »Als Staatslehrmeister von Zhou hast du sicherlich den Band gelesen, der sich im Palast von Zhou befindet. Und du warst ein Schüler der Tiantai-Schule. Dein Meister Huiwen war noch am Leben, als du ihn betrogen hast. So sehr, wie er dich geschätzt hat, hat er dich sicherlich auch den zweiten Band lesen lassen. Zählen wir die Schrift von heute dazu, wirst du drei von fünf Bänden gelesen haben. Du spielst das Opfer, nachdem du mit einem Mord davongekommen bist.«

Seltsamerweise stimmte Murong Qin zu. »Großmeister, Ihr seid ein virtuoser und nobler Mann. Wenn Ihr nicht zuhören möchtet, dann geht doch einfach. Warum stellt Ihr Euch uns in den Weg? Warum schwingt Ihr so eine langatmige Rede? Seid Ihr enttäuscht, weil Ihr die Schrift nicht für Euch allein haben könnt?«

Großmeister Xueting seufzte, doch er schwieg. Yan Wushi drückte mit zwei Fingern einen Akupunkturpunkte in Shen Qiaos Rücken und befahl ihm zu lesen. Für die anderen sah es aus, als würde Yan Wushi ihn bedrohen. Nur Shen Qiao bemerkte, dass Yan Wushi irgendeine geheime Methode nutzte, die mit einem Mal einige seiner blockierten Meridiane löste. Ein Fluss warmen Qis durchströmte seinen Körper, und vor seinen Augen klärte sich die Szenerie. Endlich konnte er wieder so gut sehen wie alle anderen. Niemand sonst konnte ahnen, dass Yan Wushi sein Leben gerettet hatte, doch trotz ihrer Verbindung glaubte Shen Qiao nicht, dass Yan Wushi irgendetwas in ihm sah. Er hatte seine Vermutungen, was Yan Wushi wirklich bezweckte, und sein Herz erkaltete bei dem Gedanken. Resigniert hob Shen Qiao die Bambusröhre an, drehte langsam den Deckel auf und holte eine Schriftrolle aus Bambus hervor. Der Bambus war unglaublich dünn geschnitten – ausgerollt war er etwa einen Meter lang. Die Wörter darauf waren in winziger Schrift verfasst, aber Shen Qiao konnte sie mit seinem wiederhergestellten Augenlicht lesen, als der Mond darauf schien. Alle Blicke im Tempel waren auf ihn gerichtet. Wenn es Sonnenstrahlen wären, dachte Shen Qiao, dann wäre sein Körper zu Asche verbrannt. Er kniff die Augen zusammen, während er die Worte inspizierte und sie sorgfältig und langsam vorlas. »Der Pankreas versteckt den Gedanken; Houtian erzeugt die getäuschten Gedanken, während Xiantian Integrität erzeugt[36]…«

Für eine gewöhnliche Person ohne innere Energie klang seine Stimme nicht wirklich laut, aber die Zuhörerschaft war alles andere als gewöhnlich und verstand jedes seiner Worte deutlich.

Irgendwann war die Schrift zu Ende. Trotz Shen Qiaos langsamer Lesung war er innerhalb einer halben Stunde fertig. Sein Mund war trocken vom Sprechen, und er gab Yan Wushi die Rolle zurück. Der zog seine Hand zurück, und sofort verflüchtigte sich die Wärme in Shen Qiaos Körper. Die Dunkelheit überkam seine Sinne, und seine Augen brannten vor Schmerz, da er sie überbeansprucht hatte. Er musste seine Augen mit einer Hand bedecken und stützte sich mit der anderen auf den Bambusstock und keuchte.

Yan Wushi nahm das Schriftstück und ignorierte Shen Qiao. Er sprach kein Wort, aber er schüttelte seinen Ärmel, schnipste mit den Fingern, und die Schriftrolle zerbröselte zu einem feinen Staub, der vom Wind davongetragen wurde. Alle waren verblüfft.

Der junge hitzköpfige Murong Xun konnte nicht anders, als zu schreien: »Die Zhuyang-Strategien waren unglaublich wertvoll, und du hast sie zerstört!«

36 后天 Houtian und 先天 Xiantian sind zwei Kultivierungsstufen. Houtian bedeutet so viel wie hinterer/später Himmel oder erlangt. Xiantian so viel wie vorderer/früher Himmel oder angeboren. Mehr dazu steht im Glossar bei »Daoismus«.

»Nur etwas, das nicht mehr existiert, kann wertvoll genannt werden«, sagte Yan Wushi kühl. »Er hat sie bereits gelesen. An wie viel du dich erinnerst, ist deine Sache.«

Murong Xun starrte ihn schnaubend an. Yan Wushi klopfte den Staub von seiner Robe und sah sich sorglos um. Es gab nur sehr wenige Menschen in dieser Welt, die ihn aufhalten konnten. Großmeister Xueting regte sich nicht, also konnten die anderen nur zusehen, wie er in der Nacht verschwand. Bai Rong ignorierte ihre Verletzungen und stahl sich ebenfalls davon. Nicht um Yan Wushi zu folgen, sondern um einen Ort zu finden, wo sie in Ruhe alles niederschreiben konnte, an das sie sich erinnerte. Murong Xun und Tuoba Liangzhe sahen zu Murong Qin. Er dachte für einen Moment nach und entschied sich dann.

»Lasst uns gehen!«

Ohne einen weiteren Blick auf Yun Fuyi und ihre Leute drehten sich die drei um und verschwanden. Der buddhistische Großmeister Xueting seufzte laut. »Du hattest eine wirklich fürchterliche Nacht«, sagte er zu ihr. »Bitte richtet dem Gildenanführer Dou meine Grüße aus.«

Er gehörte zwar zu denen, die ihr in die Quere gekommen waren, aber nun, da die Schriftrolle zerstört war, war ihr nicht danach, mit ihm zu streiten. »Gebt acht auf Euch, Großmeister«, sagte sie kühl.

Als Meister Xueting gegangen war, befahl sie Hu Yan und Hu Yu damit, den Hallenvorstehern auf die Beine zu helfen. Dann wandte sie sich an Shen Qiao und Chen Gong: »Ihr wart unverschuldet ein Teil dieses Desasters heute Nacht, und die Schuld trifft allein die Liuhe-Gilde. Ich entschuldige mich vielmals bei euch. Ich weiß nicht, wohin ihr als Nächstes reisen wollt, aber wenn es auf unserer Route liegt, dann begleiten wir euch gern ein Stück.«

Noch am Morgen wäre Chen Gong bei diesem Angebot vor Freude in die Luft gesprungen, aber diese Nacht hatte ihn verändert. Sein Enthusiasmus hatte einen Dämpfer erfahren. Dennoch wollte er die Gelegenheit nicht verpassen, dem Jianghu beizutreten, und dachte über seine Antwort nach.

Shen Qiao ergriff die Chance zu sprechen. »Ich danke Euch für Eure Güte. Wir wollten nach Süden reisen, um Schutz bei unseren Verwandten zu suchen – wir hätten nie erwartet, in so etwas hineinzugeraten. Wir fürchten uns sehr und wollen einfach nur so schnell wie möglich die südliche Grenze erreichen. Wir gehören nicht zum Jianghu und möchten damit nichts zu tun haben. Bitte vergebt uns.«

Yun Fuyi dachte nach. »Erinnerst du dich an das, was du gerade vorgelesen hast?«

Shen Qiao schüttelte den Kopf. »Wir sind seit der Kindheit bettelarm. Mein Cousin kann weder lesen noch schreiben, und ich habe nur ein grobes Verständnis. Ich habe nie einen der Klassiker gelesen und sehe nur schlecht. Ich weiß nicht, was für mystische Techniken der Meister eingesetzt hat, aber als er seine Hand gegen meinen Rücken gedrückt hat, konnte ich die Worte auf dem Bambuspapier lesen. Als ich fertig war und er seine Hand weggenommen hat, konnte ich nicht mehr klar sehen, geschweige denn mich erinnern.«

Yun Fuyi fiel auf, dass mit seinen Augen wirklich etwas nicht stimmte – sie waren nicht fokussiert, der weiße Augapfel leicht blau verfärbt. Sie fühlte sich schlecht, dass sie überhaupt nachgefragt hatte.

»Also gut, wir müssen heute Nacht aufbrechen, deshalb verabschieden wir uns jetzt. Wenn ihr jemals Hilfe braucht, dann besucht die Liuhe-Gilde in der Stadt und nennt ihnen meinen Namen. Ich heiße Yun Fuyi.«

Shen Qiao dankte ihr, und Chen Gong tat es ihm nach.

Yun Fuyis Gruppe verweilte nicht lange, sie kümmerten sich auch nicht mehr um die mitgebrachten Kisten. Hu Yan und Hu Yu stützten die Hallenvorsteher, und sie machten sich in Richtung Stadt auf. Wenig später war der große Tempel leer und verlassen.

Chen Gong tätschelte Shen Qiaos Arm, als er ihnen nachsah. Er sprach leise, als hätte er Angst, immer noch belauscht zu werden.

»Warum hast du abgelehnt, als sie gefragt hat, ob sie uns begleiten sollen? Wäre das nicht sicherer?«

Shen Qiaos Augen schmerzten fürchterlich, doch er rang sich ein Lächeln ab. »Warum hast du mich dann nicht davon abgehalten und ihnen gesagt, dass du mitgehen möchtest?«

Chen Gong zögerte. »Du bist vertrauenswürdiger, als sie es sind.«

Shen Qiao seufzte. »Vizechefin Yun hat uns vermutlich nur eingeladen, da sie Angst hatte, sich nicht an alles zu erinnern. Sie hat gehofft, dass wir ihr helfen können, den Inhalt der Schriftrolle zu rekonstruieren. Die Welt da draußen wird sicherlich erfahren, was heute Nacht geschehen ist, und sie werden alles versuchen, um eine Abschrift in die Hände zu bekommen. Wenn wir mit ihnen gehen, bringen wir uns nur in große Gefahr.«

Chen Gong verstand langsam. »Ach so! Kein Wunder, dass diese Tussi auf einmal so nett war!«

Er fluchte. »Ihr Herz war die ganze Zeit voller böser Absichten. Wenn du mich nicht aufgehalten hättest, wäre ich wirklich mit ihnen gegangen!«

»Das ist nur meine Theorie«, sagte Shen Qiao. »Weil die Zhuyang-Strategien so wertvoll sind, fürchten sich alle davor, sie zu vergessen, und deshalb werden sie schnell einen Ort suchen, um alles aufzuschreiben. Was immer sie notieren, wird in Zukunft hochbegehrt sein – jeder wird danach suchen.«

Chen Gong ließ den Kopf hängen. »Du hast recht. Ich hielt die Liuhe-Gilde im Bezirk Funing für großartig und stark, deshalb wollte ich ihnen beitreten. Aber nach der heutigen Nacht lasse ich diesen Traum ruhen. Ich kenne mich nicht mit Kampfkünsten aus – selbst wenn ich beitrete, würde ich mein Leben lang nur niedere Arbeit machen!«

Die beiden kehrten ins Innere des Tempels zurück. Seit dem Vorfall war weniger als eine halbe Stunde vergangen, und langsam ließ der Schmerz in Shen Qiaos Augen nach. Aber sie waren wieder so erschöpft wie am Tag, als Shen Qiao aus seinem Koma erwacht war. Er dachte über die Technik nach, die Yan Wushi eingesetzt hatte. Sein Augenlicht würde vermutlich mehrere Monate oder sogar Jahre brauchen, um zurückzukehren, aber Yan Wushi hatte sie in einer Sekunde wiederhergestellt. Dieser kurze Ausflug ins Licht hatte seine Heilung jedoch wieder zurückgeworfen. Ein trockenes Lächeln breitete sich auf Shen Qiaos Gesicht aus. Er hatte nun aus erster Hand erfahren, wie herzlos dieser Mann war. Warum Yan Wushi ihn überhaupt gerettet hatte, lag sicherlich nicht an der Güte seines Herzens. Aber … war es wirklich nur ein Zufall, dass Yan Wushi heute Nacht im Tempel erschienen war?

Chen Gong zupfte an Shen Qiaos Ärmel. »Sag mal …« Seine Stimme zitterte leicht. »Der junge Mönch vorhin war nur eine Verkleidung. Aber der Abt und die eigentlichen Mönche … sind sie vielleicht … wurden sie ruhiggestellt?«

Shen Qiao antwortete nicht. Vielleicht war das Antwort genug, denn Chen Gong wurde blass. Er hatte sich einst furchtlos gegeben, aber nun wurde ihm bewusst, wie wichtig es war, stark zu sein. In einer Welt wie dieser wurde man ohne Macht schnell zur Beute. Man konnte jederzeit grundlos sterben.

Der alte Abt und die beiden Mönche waren tatsächlich tot. Ihre Leichen lagen im Zimmer des Abts, und der Mörder hatte sich nicht einmal die Mühe gemacht, ihre Körper zu bedecken. Als Chen Gong sie sah, wurden seine Knie weich. Er brachte es nicht über sich, ihre Leichen ordentlich zu bestatten. Stattdessen flüchtete er aus dem Zimmer und beruhigte sich erst, als er Shen Qiao sah. Auch wenn Shen Qiao wieder vollständig erblindet war, strahlte er etwas aus, das anderen Menschen Ruhe und Sicherheit schenkte.

»Hat die Frau, die sich als Mönch verkleidet hat, sie umgebracht? Warum musste sie sie töten? Sie war stark, bestimmt hätte sie sie einfach überwältigen können«, fragte Chen Gong mit bebender Lippe,

»Vielleicht ist das einfach ihre Vorgehensweise«, sagte Shen Qiao und schwieg dann für einen Moment. »Es gibt Leute, die brauchen keinen Grund für ihre Taten. Sie suhlen sich in ihrer Macht, die sie über das Leben anderer haben, und glauben, dass ihre Launen über allem stehen.«

Chen Gong starrte mit leerem Gesichtsausdruck auf den Boden. Das getrocknete Blut des Abts verfolgte ihn. Was er heute Nacht erlebt hatte, stellte alles auf den Kopf, was er in den letzten zehn Jahren seines Lebens geglaubt hatte. Er war so entsetzt, dass er eine Weile brauchte, um wieder zu Sinnen zu kommen.

Ich darf niemand werden, der andere Leute abschlachtet. Ich will stärker werden als die anderen.

Während Chen Gong dies dachte, erinnerte er sich an die großen Meister, die er in dieser Nacht gesehen hatte.

Der ruhige buddhistische Meister Xueting, der unberührt

von der mundanen Welt schien. Der protzige und sprunghafte Yan Wushi. Der Mann, der tat, was ihm beliebte, löste große Bewunderung in Chen Gong aus. Shen Qiao wusste nicht, was in dem Jungen vor sich ging, und nahm an, dass die Angst ihn gelähmt hatte. Er tätschelte Chen Gongs Schulter. »Treffen sind durch das Schicksal bestimmt«, sagte er sanft. »Der alte Abt hat uns hier übernachten lassen und uns Freundlichkeit gezeigt. Lass uns ihn morgen gemeinsam beerdigen.«

Chen Gong atmete aus. »In Ordnung.«

KAPITEL 13
EINE GEFÄHRLICHE BEGEGNUNG

Früh am nächsten Morgen beerdigten sie die Leichen der Mönche und des Abts und betraten dann die Stadt.

Chen Gong war nach den Geschehnissen der Nacht nervös und sensibel, wie ein Vogel, der sich vor einer Katze erschreckte. Als er ein Schild der Liuhe-Gilde an einer Kreuzung erspähte, wollte er die Stadt so schnell wie möglich verlassen. Er zog Shen Qiao in die entgegengesetzte Richtung. Shen Qiao wusste nicht, ob er über den Jungen lachen oder weinen sollte.

»Niemand wird uns bemerken«, sagte er. »Sie kennen nicht einmal unsere Namen. Sie interessieren sich für die anderen Leute, nicht für uns. Mach dir keine Sorgen.«

In diesem Moment hörten sie ein Lachen von einer Mauer über ihnen.

»Ich denke, die Vorsicht ist nicht ganz unbegründet. Auch wenn das Licht gestern so dunkel war, dass ich gar nicht bemerkt habe, wie gut aussehend dieser verehrte Herr ist. Ich bin fast an dir vorbeigegangen.«

Die Stimme war süß und zart, aber vor allem alarmierend vertraut. Chen Gong schauderte, als er sie erkannte. Als er den Kopf hob, sah er ein junges Mädchen auf der Mauer sitzen. Sie hatte dunkle Haare, die mit einem goldenen Band zu einem

Dutt frisiert waren. Ihre Kleidung war rot wie Blut, und sie lächelte auf sie herab. Ein liebliches, verführerisches Lächeln. Außer ihrer Stimme erinnerte nichts an den jungen Mönch von gestern. An jedem anderen Tag hätte Chen Gong sich gefreut, von so einem hübschen Mädchen angesprochen zu werden. Aber er erinnerte sich an die toten Mönche im Tempel und den Zustand ihrer Leichen. Ihm wurde ganz kalt, und er wagte es nicht, sie länger anzusehen.

Bai Rong grinste breit. »Warum so verängstigt? Freut ihr euch nicht, eine alte Freundin wiederzusehen? Ich bin extra hergekommen, um euch zu suchen!«

Da Shen Qiao sie nicht sehen konnte, faltete er die Hände als Begrüßung in Richtung ihrer Stimme. »Was für ein Anliegen habt Ihr, werte Dame?«

Bai Rong schmollte. »Dame? Wie unerfreulich formell. Mein Name ist Bai Rong. So nennt man auch Pfingstrosen, also kannst du mich gern kleine Rose nennen!«

Während sie sprach, hüpfte sie leichtfüßig von der Mauer und landete vor ihnen. Bai Rong schien sich mehr für Shen Qiao zu interessieren. Sie streckte eine Hand nach seinem Gesicht aus. Bevor ihre Fingerspitzen seine Haut berührten, schien Shen Qiao sie zu bemerken und machte zwei Schritte rückwärts.

Bai Rong kicherte. »Ihr beide wart gestern Nacht im Tempel«, sagte sie und kam direkt zum Punkt. »Einer von euch hat die Schriftrolle gelesen, der andere hat von Anfang bis zum Ende zugehört, also erinnert ihr euch sicherlich an einiges. Ich möchte alles niederschreiben, was in der Schriftrolle stand, aber ich erinnere mich nicht an alle Zeilen. Deshalb benötige ich eure Hilfe. Wenn wir fertig sind, biete ich euch eine Belohnung an, egal, ob ihr euch Reichtümer oder Frauen wünscht …«

Sie dehnte ihren letzten Satz bedeutsam aus und klimperte kokett mit den Wimpern. Es war genug, um das Herz eines Mannes ins Wanken zu bringen. Chen Gongs Ohren wurden ganz heiß, und er war kurz davor, zuzustimmen, als sich eine Hand auf seine Schulter legte. Er kam zu Sinnen und schüttelte den Kopf. »Ich kann weder lesen noch schreiben!«

»Ihr habt die falschen Leute gefunden«, sagte Shen Qiao. »Er kann nicht lesen, und ich bin blind. Ich habe die Schrift letzte Nacht nur rezitiert und nichts davon behalten. Sobald ich fertig war, habe ich vergessen, was ich gesagt hatte. Ich fürchte, wir können Euch nicht helfen.«

Bai Rong lächelte glücklich. »Natürlich könnt ihr euch nicht erinnern, wenn ihr so aufgeregt seid. Aber sobald ihr mit mir kommt und noch mal in Ruhe darüber nachdenkt, erinnert ihr euch sicher an einige Passagen. Könnt ihr so einer hübschen Frau wirklich eine Bitte abschlagen?«

Sie wartete nicht auf eine Antwort, sondern ergriff beide. Alarmglocken schrillten in Chen Gongs Kopf. Er wollte fliehen, aber als er ihre zarten weißen Hände sah, verließ alle Kraft seinen Körper. Er konnte nur zusehen, wie ihre Finger seine Schulter umschlossen, und seine Beine wurden weich. Er brach auf dem Boden zusammen.

»Shimei[37] sieht so glücklich aus. Bist du wieder dabei, jemanden zu töten?«

Ein junges Gesicht von unglaublicher Schönheit begleitete den Klang einer sehr alten Stimme. Der Mann, der sich von der Wand löste, lächelte Bai Rong zu. Ihr Gesichtsausdruck veränderte sich.

37 师妹, wörtlich »kleine Lehrschwester«; wird verwendet, um jüngere Frauen anzusprechen, die derselben Schule angehören oder demselben Meister oder derselben Meisterin folgen.

»Du siehst deinen Shixiong so selten«, sagte er. »Ist meine Shimei nicht glücklich, mich zu sehen?«

Zögerlich schob sie Shen Qiao und Chen Gong beiseite und konzentrierte ihre Energie auf den ungebetenen Gast.

»Was redest du denn? Ich hab nur einen Moment gebraucht, um mich von der Freude und Überraschung zu erholen, dich nach so langer Zeit wiederzusehen.«

Huo Xijing sah sie an, der Schatten eines Lächelns umspielte sein Gesicht. Er musterte Chen Gong und Shen Qiao, sein Blick verweilte auf Letzterem. »So ein hübscher junger Mann, den du da hast. Wenn du ihn ohnehin umbringen willst, warum gibst du mir nicht seine Haut? Dann kannst du ihn töten.«

Bai Rong stellte sich vor Shen Qiao. »Sehr witzig, Shixiong. Ich wollte sie nicht töten. Warum *bist* du denn hier? Du bist sicher nicht den ganzen Weg gekommen, nur um mich zu sehen.«

»Ich hab gehört, dass du letzte Nacht etwas Einmaliges erlebt hast. Ich dachte, wenn ich auf der Durchreise bin, kann ich ruhig mal vorbeischauen.«

»Worauf spielst du an, Shixiong? Ich verstehe dich nicht.«

Huo Xijing schnaubte leicht. »Letzte Nacht ist die Liuhe-Gilde in einem Tempel vor der Stadt aufgetaucht und hatte eine Schriftrolle der Zhuyang-Strategien dabei. Und du warst dabei. Man erzählt sich, dass Yan Wushi die Schriftrolle zerstört hat. Doch zuvor hat er jemanden vorlesen lassen. Du bist klug und gerissen, sicherlich hast du alles niedergeschrieben, um es unserem Shizun zu geben, oder?«

Bai Rong streckte die Zunge heraus wie ein kleines Mädchen.

»Da ich wie eine Tochter für ihn bin, geht so etwas *natürlich* an den Shizun. Du bist sicher nicht hier, um die Lorbeeren dafür zu ernten, oder? Das kann ich nicht zulassen!«

»Ich habe eine gute Idee: Wie wär's, wenn du es mir gibst, damit ich darauf aufpasse, und wir händigen es dem Shizun gemeinsam aus? So muss niemand Angst haben, es zu verlieren.«

Bai Rong lachte auf. »Hältst du mich für eine Närrin?«

Huo Xijing lachte ebenfalls. »Es macht mich sehr traurig, dass du mir misstraust.«

Die beiden Lehrgeschwister lachten, doch jedes ihrer Worte war ein verborgenes Messer, gerichtet auf die Schwachpunkte des anderen. Bai Rong wagte es nicht, sich zu entspannen. Auch als sie merkte, dass Shen Qiao mit Chen Gong flüchtete, konzentrierte sie sich ganz auf Huo Xijing, aus Angst auf seine List hereinzufallen. Huo Xijing hob eine Augenbraue. »Sie sind gegangen. Wirst du ihnen nicht folgen?«

Bai Rong lächelte immer noch breit. »Du bist mir wichtiger.«

Die Worte klangen nach tiefer Zuneigung, aber in ihren Herzen wussten sie beide, dass es gelogen war.

Chen Gong wusste nicht, wie Shen Qiao es geschafft hatte, ihn am Ärmel zu packen und loszurennen. Er konnte kaum sehen, und selbst mit seinem Bambusstock stolperte er mehrmals.

Doch auch Chen Gongs Körper fühlte sich schlapp an, und er schaffte es nur, den Weg zu weisen, während er mitgeschleift wurde. Nachdem sie eine gute halbe Stunde gerannt waren, sagte Chen Gong keuchend: »Halt, ich kann nicht mehr … Hör auf zu rennen.«

Shen Qiao verlangsamte seine Schritte, aber sein Gesicht war voller Sorge. Sie steuerten auf das nächstgelegene Gasthaus zu.

»Sollten wir die Stadt nicht verlassen? Direkt raus und wegrennen? So kann uns die Dämonenfrau nicht fangen!«, sagte Chen Gong hastig.

»Sie erwarten wahrscheinlich, dass wir fliehen. Deshalb sollten wir es nicht tun. Die Stadt ist voller Menschen, es ist schwieriger, uns hier zu finden. Wir bleiben diese Nacht im Gasthaus und suchen morgen nach einer Chance. Solange dieser Mann hier ist, wird sie andere Dinge zu tun haben.«

Im Gasthaus fragten sie nach einem Zimmer. Chen Gong bemerkte die Erschöpfung in Shen Qiaos Gesicht. Sein Körper war viel zu gebrechlich, und er musste oft schon nach wenigen Schritten innehalten, um Luft zu holen. Chen Gong hatte Mitleid und sagte: »Ich schlaf heute Nacht auf dem Boden, du nimmst das Bett.«

Normalerweise hätte Shen Qiao höflich abgelehnt, aber er war wirklich erschöpft. Seit Yan Wushi ihm in der Nacht im Tempel wahres Qi eingeflößt hatte, war sein Körper noch schwächer. Er hatte sich bisher zusammengerissen und einfach weitergemacht, aber nun, da sie zur Ruhe kamen, spürte er die Konsequenzen. Sein Körper stand am Rande eines Zusammenbruchs.

Chen Gong war verwirrt. »Sie sind Lehrgeschwister, Shixiong und Shimei, warum haben sie sich wie Feinde verhalten? Dieser Mann war auch komisch: Seine Stimme klang alt, aber sein Gesicht sah jung aus.«

Shen Qiao massierte sich die Schläfen. »Er hat eine Technik genutzt, die ›Gestohlener Himmel und gefälschte Sonne‹ heißt.«

»Was bedeutet das?«

Für Chen Gong klang der Name ziemlich beeindruckend.

»Es ist eine Technik, um das Gesicht zu verändern«, erklärte Shen Qiao. »Man häutet das Gesicht einer anderen Person und verbindet es mit dem eigenen. So kann man sich für immer jugendliche Schönheit erhalten. Die beiden sind definitiv schwierige Charaktere. Wenn sie nicht miteinander gestritten hätten, wären wir heute nicht davongekommen.«

»Warum existiert so eine schreckliche Technik?«, platzte Chen Gong heraus. Sein ganzer Körper kribbelte vor Angst. Shen Qiao konnte sich nicht länger aufrecht halten. Er legte sich in voller Kleidung auf die Seite und rollte sich zusammen. Sein bleiches Gesicht war verzerrt vor Schmerzen, und es sah aus, als würde er gleich sterben.

Zu Beginn ihrer gemeinsamen Reise hatte Chen Gong befürchtete, dass Shen Qiao jeden Moment zusammenbrechen könnte. Später hatte er begriffen, dass Shen Qiao jeden Tag so aussah, und sich daran gewöhnt.

»Hey, hast du nicht gesagt, du erinnerst dich an nichts?«, fragte Chen Gong. »Wie hast du gewusst, welche Technik der Mann angewandt hat?«

»Oh«, machte Shen Qiao. »Manchmal erinnere ich mich ein bisschen.«

Chen Gong verzog das Gesicht.

»Geh schlafen, wir müssen morgen früh aufstehen«, sagte Shen Qiao schnell. Es war offensichtlich, dass er nicht weiter darüber reden wollte. Er drehte sich um und wandte ihm den Rücken zu. Chen Gong blieb nichts anderes übrig, als sich ebenfalls hinzulegen.

In dieser Nacht hatte er einen Albtraum. Er träumte davon, dass sein Gesicht abgeschält und durch das eines faltigen alten Mannes ersetzt wurde. Als er sich im Spiegel betrachtete, konnte er sich selbst nicht erkennen. Der Schreck riss ihn aus dem Schlaf. Als er sich umsah, bemerkte er, dass die Sonne bereits aufgegangen war und das Bett neben ihm verlassen war.

Shen Qiao war verschwunden.

Alarmiert sprang Chen Gong auf, seine Gedanken überschlugen sich. Als er das Bettzeug berührte, war es bereits kalt. Sollte er nach draußen rennen, um Shen Qiao zu suchen? Doch in diesem Moment schob Shen Qiao die Tür auf und trat ein.

Chen Gong atmete erleichtert aus. »Wo warst du?«

Auch wenn er es nie zugeben würde, hatte Chen Gong sich während ihrer Reise doch an Shen Qiao gewöhnt. Außenstehende mochten Shen Qiaos Blindheit oder schlechten Gesundheitszustand als Beschwernis für Chen Gong sehen, der ihm immer wieder helfen musste. Aber eigentlich war es Chen Gong, der sich in vielen Dingen auf Shen Qiao verließ. Dank ihm hatte er sich viele Umwege erspart.

Shen Qiao schloss die Tür.

»Wir sollten ab heute getrennte Wege gehen«, sagte er sanft. Chen Gong wurde ganz kalt. »Warum?«

»Sobald Bai Rong und ihr Shixiong ihre Streitigkeiten beiseitegelegt haben, werden sie uns suchen. Auch wenn ich der Liuhe-Gilde abgeraten habe, mit uns zu reisen, werden sie es bald bereuen.« Er machte eine Pause und seufzte dann. »Außerdem ist da noch Murong Qin. Er ist ein Kampfkünstler am kaiserlichen Hofe. Es wäre ein Leichtes für ihn, Truppen auf die Suche nach uns zu entsenden. Auch wenn einer von uns blind ist und der andere nicht lesen kann, ist die Versuchung der Zhuyang-Strategien zu groß. Viele Menschen suchen ihr ganzes Leben lang danach und kehren mit leeren Händen zurück. Und wir beide kennen den Inhalt. Vergleich uns mit den anderen, die in dieser Nacht da sind. Wir sind wie die weichsten Pfirsiche: das schwächste und einfachste Ziel. Jeder Angehörige des Jianghu könnte unser Leben in Sekunden beenden.«

»Was machen wir dann?«, stammelte Chen Gong. »Wir wollten gar nicht zuhören. Wer würde sich so etwas Kompliziertes anhören wollen?«

»Ein gewöhnlicher Mann ist ohne Sinne, aber einen wertvollen Stein mit sich zu führen, macht ihn zum Sündigen. Letzte Nacht haben sie uns gemeinsam gesehen. Heute sollten wir uns zum Zwecke unserer eigenen Sicherheit trennen.«

Chen Gong war für einen Augenblick erschüttert. Doch dann erkannte er, wie hoffnungslos die Situation war und dass es nur diese Lösung gab. In einem Kampf würden sie beide durch einen einzigen Handkantenschlag zu Boden gehen. Er fühlte sich hilflos, und Verzweiflung wallte in ihm auf – Chen Gong hasste seine eigene Schwäche, aber es gab nichts, was er dagegen tun konnte.

»Also gut«, sagte er zögerlich und sah zu Shen Qiao. »Aber schaffst du es allein?«

Shen Qiao lächelte. »Warum nicht? Hast du nicht gesehen, wie gut ich mich im Bezirk Funing geschlagen habe?«

Nach einer Weile stimmte Chen Gong zu, aber seine Laune war am Boden. »Werden wir uns wiedersehen, wenn wir die Stadt verlassen haben?«

»Das obliegt dem Schicksal«, sagte Shen Qiao. »Willst du immer noch zur Liuhe-Gilde gehen?«

Chen Gong schüttelte den Kopf. Diesmal war er sich sicher.

»Die Vizechefin erkennt mich. Wenn ich zur Liuhe-Gilde gehe, laufe ich direkt in eine Falle. Alle wissen, dass ich Teile dieser doofen Schriftrolle gehört habe, und würden sicher versuchen, etwas aus mir herauszubekommen.«

»Wo willst du dann hin?«

Chen Gong war deprimiert. »Ich gehe einen Schritt nach dem anderen. Vielleicht lasse ich mich hier nieder, wenn mir das Geld ausgeht. Ich muss schließlich was essen.«

»Die Liuhe-Gilde ist eine riesige Organisation, die Hürden für ihren Eintritt sind hoch. Selbst wenn du es hineinschaffst, kann es sein, dass sie dich schlecht behandeln. Warum suchst du dir nicht eine kleinere, rechtschaffene Gilde? Mit deinem Grips findest du dort sicher schneller Erfolg.«

»Was auch immer. Ich will nicht mehr nach Süden. Ich will nach Norden, mir Yecheng anschauen. Die Stadt blüht auf, dort gibt es sicher viele Chancen.«

Chen Gongs Worten fehlte sein üblicher Enthusiasmus. Er hatte nicht viele Habseligkeiten – nur zwei alte Sätze Kleidung. Als er seinen Reisesack gepackt hatte, war er bereit zu gehen. Er sah noch einmal zurück zu Shen Qiao, der still auf dem Boden saß, der Bambusstock vor ihm. Auch wenn seinen Augen der Funke fehlte, war sein Gesicht in Chen Gongs Richtung gewandt, als würde er Lebewohl sagen. Chen Gong spürte einen Kloß in seinem Hals.

»Pass … pass auf dich auf.«

Shen Qiao nickte. »Du ebenso.«

Sie waren zwei Menschen, die sich zufällig begegnet waren wie zwei schwimmende Ahornblätter in einem Bach. Das Schicksal hatte sie auf eine gemeinsame Reise geschickt, und nun ließ es sie wieder getrennte Wege gehen. Es war keine ungewöhnliche Situation, aber der jugendliche Chen Gong hatte noch nicht gelernt, so etwas zu verarbeiten. Kurz nachdem Chen Gong gegangen war, packte Shen Qiao seine Kleidung und bereitete sich darauf vor, die Stadt zu verlassen. Er wählte das südliche Tor, um nicht auf Chen Gong zu stoßen. Als Duo waren sie eine größere Zielscheibe, aber Shen Qiao hatte noch andere Gründe.

Auf dem Weg aus der Stadt hinaus war Chen Gong in einem Zustand der ständigen Wachsamkeit. Erst als er bemerkte, dass ihm niemand folgte, kehrte ein wenig Ruhe ein. Die Provinz Huai lag nahe an Zhou, und viele Händler reisten auf der Strecke hin und her. Am Tag sammelten sich sogar Leute außerhalb der Stadttore, um mit ihrer Ware zu handeln. Durch die Gespräche und Marktschreier war es eine ziemlich lebhafte Umgebung. Chen Gong war so beschäftigt damit gewesen, den Kampfkünstlern des Jianghu aus dem Weg zu gehen, dass er sich gar nicht um seine Umgebung gekümmert hatte. Nun, da er auf einem belebten Markt unterwegs war, wallte in ihm wieder die jugendliche Aufregung und Begeisterung auf. Aber er wagte es nicht, zu viel umherzuwandern. Nach einem kurzen Rundgang kaufte er sich zwei gedämpfte Fladenbrote direkt aus dem Ofen und folgte der Hauptstraße nach Norden. Nach etwa hundert Schritten hörte er Pferdehufe und Geschrei. Chen Gong drehte sich um und sah mehrere Leute, die aus der Stadt flohen und in seine Richtung rannten. Ihnen hinterher jagte eine Truppe bewaffneter Männer auf Pferden. Chen Gong wusste nicht, was los war, und blieb wie angewurzelt stehen. Die Männer hatten die Bogen angelegt und zielten in seine Richtung. Das holte Chen Gong aus seiner Starre, und er begann zu rennen. In seinem Kopf herrschte Durcheinander, und er versuchte zu begreifen, wie so etwas plötzlich geschehen konnte. Gerade eben war noch alles friedlich gewesen! Aber er war nicht der Einzige. Die Marktleute von den Stadttoren stoben in alle Richtungen auseinander und schrien aus vollen Kehlen. Chen Gong wagte es nicht, zurückzusehen. Er sprintete nach vorne, als stünde sein Leben auf dem Spiel. Er hatte einfach kein Glück, dachte er. Egal, wohin er ging, es passierten schreckliche Dinge.

Nachdem er eine Weile gerannt war, sauste ein Pfeil sirrend

an seinem Ohr vorbei und bohrte sich in einen Baumstamm vor ihm. Er ging auf die Knie und fiel beinahe auf sein Gesicht. Hinter sich hörte er immer wieder Schreie, Leute, die zu Boden gingen, und immer wieder das Gelächter der Männer zu Pferd.

Er hörte sogar jemanden schwärmen.

»Der Prinzkommandant[38] ist wirklich ein begnadeter Schütze. Das meint man wohl mit dem Spruch ›ein Weidenblatt aus hundert Metern durchbohren‹. Und kein einziger Pfeil daneben!«

Das Gelächter stoppte, als eben jener Prinzkommandant seine Stimme erhob. »Der schnellste Flüchtende da vorne. Zielt nicht auf ihn, der gehört mir.«

Wer rannte schneller als Chen Gong? Niemand. Plötzlich verstand er, was hier geschah. Viele Würdenträger liebten es, auf die Jagd zu gehen, aber manche waren besonders pervers. Sie jagten keine Tiere, sondern Menschen. Manchmal ließen sie Gefangene oder Sklaven frei und befahlen ihnen, loszurennen. Dann beschossenen sie sie mit Pfeilen, und es war ihnen egal, ob jemand verletzt wurde oder starb. Eine Menschenjagd. Chen Gong hatte zum ersten Mal davon gehört, als er den Bezirk Funing verlassen hatte. Zu dem Zeitpunkt hatte er das für ein sonderbares Märchen gehalten und den Gedanken beiseitegeschoben. Aber nun, da er mittendrin in einer solchen Geschichte war, fand er es gar nicht mehr witzig. Sein Herz klopfte wie wild in seiner Brust, so sehr, dass er glaubte, es würde aus seiner Brust springen. Chen Gong stoppte, drehte sich um und warf sich auf den Boden.

38 郡王, ein nobler Titel, der sowohl Mitgliedern der königlichen Familie oder hohen Beamten verliehen werden kann. Sie befehligten militärische Einheiten, die bestimmten Regionen zugehörig waren.

»Bitte habt Gnade, Eure Exzellenz! Bitte habt Gnade! Ich bin keine Beute, kein Gefangener oder Sklave. Ich bin ein guter Bürger!«

»Na und? Wenn der Prinz dich töten will, dann kann er das!«

Der Mann am Kopf der Jagdtruppe lachte vollkommen ungerührt. Als er Chen Gong sehen konnte, machte er einen Laut der Überraschung. »Du. Heb den Kopf, sodass ich dich ansehen kann.«

Chen Gong stählte sich und sah auf, Angst und Verzweiflung im Gesicht.

Aber Mu Tipo war amüsiert von dem Anblick. »Deine Haut ist ein bisschen dunkel, aber dennoch geschmeidig. Deine Gliedmaßen sehen auch gut aus. Wenn ich dir dein Leben lasse, was gibst du mir dafür?«

»Ich unwürdiger Bürger bin bereit, dafür ein Arbeitstier für Eure Exzellenz zu sein oder verbannt zu werden …«

Mu Tipo kicherte. »Sehr schön! Jemand soll ihn ergreifen, mitnehmen und für mich säubern!«

Chen Gong hatte in jungen Jahren sein Zuhause verlassen und war alles andere als ahnungslos über das, was in der Welt geschah. Als er sah, wie die Menge sich um ihn versammelte, ihn mit sonderbaren Blicken musterte und die Worte des Mannes in Betracht zog, begriff er: Er wurde als männliche Konkubine ausgewählt!

Männliche Konkubinen waren in Qi nicht ungewöhnlich, vor allem in den höheren Gesellschaftsschichten. Qis Kaiser hatten sowohl Männer als auch Frauen als Partner, und da ihre Untergebenen diesem Beispiel nacheiferten, interessierten sich nun auch die unteren Adelsschichten für gleichgeschlechtliche Liebe. Chen Gong war sich nicht bewusst, dass er die Aufmerksamkeit des berühmtesten Beamten und

Favoriten des Kaisers auf sich gelenkt hatte und selbst in die Fänge geraten war, aber seine Seele drohte, seinen Körper vor Angst zu verlassen. Er wich zurück.

»Verschont mich, Eure Exzellenz! Es gibt nichts Reizendes an mir! Ich möchte nicht mit Euch mitgehen!«

Mu Tipos Blick wurde finster. Chen Gongs Herz donnerte laut in seiner Brust. Er hatte sich ein paar Tricks von Shen Qiao abgeschaut, doch er sah sich einer großen Truppe bewaffneter Soldaten auf Pferden gegenüber, die ihn aufmerksam beobachteten. Seine törichten Kampfkunststücke waren vollkommen nutzlos. Wahrscheinlich hätten ihn zehntausend Pfeile durchbohrt, bevor er auch nur einen Schritt gemacht hätte. Einst dachte Chen Gong, er sei furchtlos. In diesem Moment erschien ihm das kindisch und lächerlich. Er hatte keine Angst gehabt, da er sich nicht in Gefahr befunden hatte. Aber nun war er in Panik, denn als er sich diesen einflussreichen Schwergewichten gegenübersah, wusste er nicht viel, jedoch, dass man sie niemals provozieren sollte.

Ein Mann an der Seitenlinie lachte. »Prinzkommandant, ich habe noch nie jemand so taktlosen gesehen!«

Jemand anders stimmte zu. »Wahrlich! Dieser Junge ist nicht einmal besonders hübsch. Es ist ein großes Glück, dass der Prinzkommandant Gefallen an ihm findet, und er hat die Dreistigkeit, abzulehnen. Wir sollten ihn auf der Stelle erschießen!«

Mu Tipos Augen verengten sich, und er hob langsam den Bogen in seiner Hand.

»Eure Exzellenz, bitte erlaubt mir, mich zu erklären!«

Chen Gongs Kopf schwirrte, dann leerte er sich komplett. Ohne darüber nachzudenken, platzte es aus ihm heraus.

»Ich habe keinen Charme und verdiene die Gnade seiner Exzellenz nicht, aber ich kenne … ich kenne einen Mann!

Dieser Mann sieht viel besser aus als ich – nein, nein, er sieht sogar besser aus als all die Leute, die Eure Exzellenz hier versammelt hat, zusammen!«

Alle Männer hinter Mu Tipo waren wunderschön. Als sie Chen Gong hörten, brachen sie in Gelächter aus.

»Seht euch diesen Hinterwäldler an! Er denkt, er hat schönere Männer als uns gesehen!«

Mu Tipo sprach nicht. Er hatte bereits einen spitzen Pfeil in der Hand und schien bereit, ihn abzuschießen.

Chen Gong war schweißnass. Das war eine Situation auf Leben und Tod – er konnte sich kein Zögern leisten.

»Er ist hier in dieser Stadt!«, sagte er laut. »Wir haben uns erst vor Kurzem getrennt – wenn Eure Exzellenz mir nicht glaubt, bringe ich euch zu ihm. Er ist eine natürliche Schönheit, seine Augen funktionieren nicht. Er ist ein blinder Mann, deshalb fürchte ich … dass Eure Exzellenz ihn nicht ansprechend findet.«

Als Mu Tipo das hörte, regte sich ein wenig Interesse in ihm. »Wenn ich so darüber nachdenke, ich habe noch nie mit einem blinden Mann gespielt«, sagte er. »Ich schätze, wenn ich ihn ans Bett fessle, muss ich ihm die Augen nicht verbinden?«

Sein frivoler Ton löste finsteres Gekicher aus. Chen Gong erkannte, wie abscheulich diese Männer waren, aber die Worte waren ausgesprochen, und er hatte keine Zeit für Reue. Shen Qiao war stärker als er, vielleicht könnte er diese Leute besiegen. Oder er war bereits fort, wenn sie am Gasthaus ankamen. Seine Gedanken überschlugen sich, während sein Körper noch wie festgefroren am Boden verweilte. Ein Begleiter ritt auf ihn zu und reckte das Kinn hoch.

»Beeil dich und bring uns hin!«

Chen Gong knirschte mit den Zähnen. »Eure Exzellenz … in Wahrheit ist dieser Mann von schlechter Gesundheit, auch wenn er gut aussieht. Ich sorge mich, dass es Euch den Spaß ruiniert …«

»Ist das nicht sogar noch besser?«, fragte Mu Tipo fröhlich. »Ein kranker Mann kann auf seine ganz eigene Art attraktiv sein. Wenn er während unseres Spiels stirbt, kann ich es auf seinen Gesundheitszustand schieben. Aber wenn du uns nicht zu ihm bringen willst, kannst du sein Ersatz sein. Ich reiß dir alle Kleider vom Leib und lass meine Wolfshunde mit dir spielen … wie klingt das? Sie sind gerade paarungsbereit, und ich hatte schon Sorge, dass ich keine Partner für sie finde!«

Chen Gongs Augen weiteten sich. Er hätte nie erwartet, dass die Welt solch grausame und widerliche Leute beherbergte. Mu Tipos Drohungen ließen ihn am ganzen Körper zittern, und er hatte keine Kraft mehr, Widerstand zu leisten.

Gib mir nicht die Schuld, Shen Qiao, dachte er. *Ich hatte keine Wahl.*

Chen Gong führte die Truppen zurück in die Stadt. Als sie das Gasthaus erreichten, war erst ein halber Tag vergangen. Der Besitzer erinnerte sich noch an sie. Als er Chen Gong und seine Begleitung sah, wagte er es nicht, den Jungen zu ignorieren. Chen Gong sah zu Mu Tipo zurück, der beim Anblick der ärmlichen Gaststätte das Gesicht verzog und sich die Nase zuhielt. Er schickte einen seiner Bediensteten mit, um ein Auge auf Chen Gong zu haben.

»Ist der Mann, mit dem ich gereist bin, noch hier?«, fragte Chen Gong. »Seine Augen sind schlecht, und er hat einen Bambusstock.«

»Ja, er ist noch hier«, sagte der Besitzer eilig. »Er ist noch nicht aus seinem Zimmer herausgekommen.«

Chen Gongs Herz füllte sich mit Freude und direkt danach mit Schuld. Aber die Schuldgefühle dauerten nicht lange an, als der Bedienstete sie unterbrach.

»Warum trödeln wir hier herum? Bring uns hoch!«, schimpfte er.

Der Mann war gepudert und duftete stark nach Parfüm. Chen Gong wollte ihn nicht einmal ansehen, aber er konnte sich nicht widersetzen. Er hatte keine andere Wahl, als alle mit nach oben zu nehmen, obwohl er sich Zeit ließ. Ein Teil von ihm hoffte, dass Shen Qiao schon fort war, ein anderer wünschte sich, dass er noch dort war. Er klopfte an der Zimmertür. Nach erneutem Klopfen ertönte eine vertraute Stimme.

»Wer ist da?«

Chen Gong konnte nicht beschreiben, was er in diesem Moment fühlte. Er schluckte seine Spucke hinunter und antwortete: »Ich bin's.«

»Chen Gong? Warum bist du zurück? Komm schnell herein?«

Shen Qiao schien ein wenig überrascht, aber seine Stimme war ruhig wie immer.

Die Schuldgefühle stachen in Chen Gongs Brust.

»Warum gehst du nicht rein?«

Ungeduldig schubste Mu Tipos Bediensteter ihn. Chen Gong stolperte gegen die Tür in das Zimmer hinein. Shen Qiao saß am Fenster, das Gesicht dem Licht zugewandt, als genieße er die Szenerie. Aber Chen Gong wusste, dass er seit der Nacht im Tempel nichts mehr sehen konnte. Der Bedienstete schnaubte.

»Pah, das ist also die Schönheit? Er ist nicht …«

Seine Worte blieben ihm im Hals stecken, als Shen Qiao sich zu ihnen wandte. Mu Tipo war so ungeduldig geworden, dass er persönlich nach oben kam. Als er Shen Qiao sah, begannen seine Augen zu leuchten.

Mu Tipo hatte selbst einen ärmlichen Hintergrund, aber als seine Mutter an Einfluss gewann, freundete er sich mit dem Kaiser an, und durch diese Verbindung konnte er ein extravagantes Leben aufbauen. Er achtete sehr auf das Äußere – niemand in seinem Umfeld durfte Kleidung tragen, der es an Luxus und Stil mangelte. Shen Qiaos Kleidung war gewöhnlich, sein Haar zu einem simplen Knoten gebunden. Er hatte nicht einmal eine Jadehaarspange, nur eine himmelblaue Schleife. Und dennoch konnte Mu Tipo nicht die Augen von ihm lösen.

Die zerschlissene Kleidung schmälerte Shen Qiaos atemberaubende Schönheit kein bisschen. Als Shen Qiao sich mit emotionslosem Gesicht zu ihm drehte, wurde Mu Tipos Mund ganz trocken. Er konnte sich kaum zurückhalten, ihm an Ort und Stelle die Kleider vom Leib zu reißen und sich über ihn herzumachen.

»Chen Gong, wen hast du da mitgebracht?«

Als Mu Tipo diese sanfte Stimme vernahm, wuchs seine Aufregung nur. Er fragte sich, wie dieser Mann schmeckte, wie es war, wenn er das Gesicht verzog und schrie? Mu Tipo hatte schon beschlossen, diesen Mann zunächst in der Provinz Huai zu behalten, bis er sich sattgespielt hatte. Dann würde er ihn an Kaiser Gao Wei von Qi schicken. Gao Wei war wie er – er spielte gern mit ungewöhnlichen Dingen. Wenn Mu Tipo ihm diese blinde Schönheit schickte, wäre der Kaiser höchst zufrieden.

»Wie heißt du?«, wollte Mu Tipo wissen.

Shen Qiao runzelte die Stirn, antwortete jedoch nicht.

»Chen Gong?«, fragte er nur.

KAPITEL 14
VERRAT

Chen Gong wusste, dass Shen Qiao ihn nicht sehen konnte, dennoch sank er in sich zusammen.

Mu Tipo gluckste. »Chen Gong hat mir gesagt, dass hier eine Schönheit wäre, hundertmal schöner als alle meine Männer. Ich habe ihm nicht geglaubt. Ich dachte, dieser Bengel hat noch nichts von der Welt gesehen und nur Unsinn geredet. Aber ich kam mit, um es mit eigenen Augen zu sehen. Und jetzt, wo du vor mir stehst, weiß ich, dass er nicht übertrieben hat.«

Shen Qiao blieb still, sein Gesicht leer.

Mu Tipo dachte sich nichts dabei. »Ich bin der Prinzkommandant von Chengyang, Mu Tipo. Ich bin ein Vertrauter Seiner Majestät, des Kaisers. Wenn du mit mir kommst, wirst du fortan nur das beste Essen und die beste Kleidung erhalten und in Überfluss leben. Du musst nicht an so einem ärmlichen Ort leben.«

Erst jetzt seufzte Shen Qiao. »Chen Gong, hast du ihm gesagt, wo ich bin?«

Chen Gong fühlte sich schrecklich, aber er antwortete: »Ich hatte keine Wahl! Hätte ich ihn nicht hierhergebracht, wäre ich ein Sklave für Mu … für Prinzkommandant Mu geworden!«

Shen Qiao schüttelte den Kopf. »Dann hättest du den Prinzkommandanten fragen sollen, ob er dich gehen lässt.«

Mu Tipo lachte. »Das stimmt, auch wenn das Kind nicht mal mit einem Finger von dir mithalten kann. Aber er ist heil und gesund, mit einem schnellen Verstand. Sein Gesicht ist auch nicht schlecht; gut genug für einen Diener!«

Chen Gong war entsetzt. »Ihr sagtet, Ihr würdet mich freilassen!«

Mu Tipo ignorierte den Jungen. Mit einem Wink seiner Hand griff der Bedienstete ein und hielt Chen Gong fest. Unterdessen näherte sich Mu Tipo Shen Qiao. Vielleicht spürte Shen Qiao das, denn er stand auf und hielt sich am Rand des Tisches fest. Es sah aus, als würde er sich vor dem Prinzkommandanten verbeugen. Ein Lächeln breitete sich auf Mu Tipos Gesicht aus. Alles verlief nach Plan. Im Angesicht von Macht und Einfluss konnte niemand den Gefühlen von Angst oder Neid entkommen. Die Ängstlichen zitterten, während die Neider angezogen wurden wie Motten von einer Flamme. Auch wenn ein Mann zunächst zurückhaltend schien, würde er sich bald an die Reichtümer und den Wohlstand gewöhnen und sie lieben lernen. Selbst wenn er eines Tages gehen wollte, hatte er ohnehin keine Wahl.

»Wie lautet dein Name?«, fragte Mu Tipo.

»Ich heiße Shen Qiao.«

»Qiao wie in Da-Qiao und Xiao-Qiao[39]? Ein passender Name.«

»Qiao wie in Bergspitze.«

39 大桥小桥, bezieht sich auf die beiden Qiao-Schwestern (桥) der Jiangdong-Familie, die für ihre Schönheit berühmt waren. Die Da- und Xiao-Präfixe beziehen sich auf die ältere bzw. die jüngere Schwester.

Mu Tipo zog eine Augenbraue hoch und lächelte. »Wie in ›Er beschwichtigt hundert Götter, die Bergspitzen und Flüsse sind seine Zeugen‹[40]? Dieses Qiao wirkt ein bisschen hart, nicht wie der Name für eine Schönheit.«

Shen Qiao lächelte nicht zurück. »Ich finde, es ist ein guter Name.«

»Na gut, solange er dir gefällt. Hast du einen Volljährigkeitsnamen[41]? Oder soll ich dich Xiao-Qiao nennen? A-Qiao?«

Mu Tipo lächelte und sprach in einem sanften, liebevollen Ton. Shen Qiao bückte sich, um den Bambusstock aufzuheben. Als er das tat, ließ er einen Blick auf seinen schmalen, schneeweißen Nacken zu, genug, um unlautere Gedanken zu wecken. In Mu Tipos Herz entbrannte ein Feuer. Er konnte den Drang nicht unterdrücken, ihn zu berühren. Er wollte diesen Mann in seine Arme ziehen und Intimitäten austauschen.

Shen Qiaos Körpertemperatur war gering, und aufgrund seiner Krankheit hatte er an Gewicht verloren. Als Mu Tipo sein Handgelenk ergriff, konnte er die Knochen durch die Haut spüren. An einem anderen Tag hätte Mu Tipo Shen Qiao aufgrund seiner hohen Standards vielleicht abgewiesen, aber heute schlug sein Herz voll freudiger Ungeduld.

»A-Qiao …«, war alles, was er sagte. Und alles, was er herausbringen konnte. Denn er spürte einen Schmerz in der Brust. Er sah an sich hinab. Der Bambusstock hatte sich direkt in den Punkt über seinem Herzen gebohrt.

40 怀柔百神，及河峤岳, aus einem Lied (周颂· 时迈), das für den König Wu von Zhou geschrieben wurde, der den Naturgöttern Opfergaben darbrachte. Das qiao (峤) beschreibt eine steile Bergspitze.

41 表字, eine ostasiatische Tradition, bei der man mit dem Eintritt ins Erwachsenenalter einen neuen Namen erhält, mit dem einen Personen aus derselben Generation ansprechen. Den anderen Namen zu benutzen wäre unhöflich oder zu vertraut (mehr dazu im Anhang).

Mu Tipo reagierte schnell – nach dem Schmerz lehnte er seinen Oberkörper zurück und griff mit einer Hand nach dem Stock, während er mit der anderen nach Shen Qiao schlug. Er war kein nachsichtiger Mensch, und dass diese zerbrechliche, harmlos aussehende Schönheit die Dreistigkeit gehabt hatte, ihn zu attackieren, machte ihn rasend vor Wut. Sein Schlag war gnadenlos. Mu Tipo war ebenfalls ein Kampfkünstler. Auch wenn er nur zweit- oder drittklassig war, wenn er Shen Qiao mit der vollen Kraft eines Handkantenschlags erwischte, würde er ihn schwer verletzen, vielleicht sogar töten. Aber unerwarteterweise schlüpfte der Bambusstock aus Mu Tipos Hand. Auch seine schlagende Hand traf ins Leere. Der Mann, den er für eine kränkliche Schönheit hielt, war dem Angriff durch exzellente Fußarbeit ausgewichen und hatte sogar eine Gegenaktion gestartet. Der Bambusstock schlug gegen Mu Tipos Taille. Shen Qiao hatte keine innere Energie, also fügte er Mu Tipo keine schwere Verletzung zu, aber der Schlag traf ihn an einem Schwachpunkt unterhalb der Rippen. Mu Tipo war zu überrascht, um sich mit seinem Qi zu schützen, und der Schlag war schmerzhaft – so sehr, dass ihm Tränen in die Augen stiegen. Er schrie auf und sprang zur Seite. Erst jetzt wagte es einer von Mu Tipos Bediensteten, ihm zu Hilfe zu eilen, während die anderen Shen Qiao umzingelten. Mu Tipo hatte sich noch nie derartig gedemütigt gefühlt. Sein Gesicht wurde finster wie ein Gewittersturm. Er starrte Shen Qiao an, nackte Wut in den Augen. Ihm fielen sofort hundert Foltermethoden ein.

»Fangt ihn lebend!«

Mu Tipos Bediensteten mangelte es nicht an Stärke oder Talent. Aber sie fühlten sich in der Überzahl sicher und unterschätzten diesen blinden, zerbrechlichen Mann. Und jeder von ihnen wurde besiegt. Nur mit seinem Bambusstock hielt Shen Qiao alle in Schach. Außerdem schien Shen Qiao zu ahnen, dass Mu Tipos Gruppe groß war, und er verschwendete keine Zeit. Seine Angriffe wurden immer brutaler. Sein Gesicht, das sonst so zart war, war kalt und ernst wie ein zugefrorener See. Ein Mann umkreiste ihn und wollte von hinten angreifen. Er wurde vom Bambusstock getroffen und mehrere Meter zurückgeschleudert. Shen Qiao trat gnadenlos nach und schubste ihn aus dem Fenster. Zwei Stockwerke tiefer hörte man einen Schrei. Die Männergruppe bekam es mit der Angst zu tun, sie verharrte für einen Moment.

»Will es noch jemand versuchen?«

Shen Qiaos Gesicht war unlesbar, er schien sie zu beobachten. Mit einem leichten Tippen setzte er das Ende seines Bambusstocks fest auf den Boden, unverrückbar wie ein Berg. Obwohl sein Gesicht noch blass war, hatte sich eine unheimliche Kälte darübergelegt. Chen Gong war überrumpelt. Als er zugesehen hatte, wie Shen Qiao die Bettler damals im alten Tempel verscheucht hatte, hatte er geahnt, dass Shen Qiao vermutlich ein Kampfkünstler gewesen war. Aber nachdem er gesehen hatte, wie die Größen Yan Wushi und Xueting gekämpft hatten, hatte er Shen Qiao nicht mehr als besonders stark eingeschätzt. Bis dahin hatte Chen Gong gedacht, er habe langsam ein vollständiges Bild dieses geheimnisvollen Mannes. Aber nun schien es ihm, als wäre er immer noch vollkommen ahnungslos.

Mu Tipo war beschämt und außerdem wütend und frustriert von Shen Qiao. In einem Augenblick wollte er ihn töten, im nächsten war ihm das nicht genug, und er wollte ihn lebendig fangen, ihn acht- oder neunmal ficken und dann seinen Untergebenen als Spielzeug hinwerfen, bis er schließlich starb. Nur dann würde die Wut in seinem Herzen zur

Ruhe kommen. Er sah sich um und bemerkte die Zögerlichkeit seiner Leute.

»Ihr seid so viele und schafft es nicht, einen blinden Mann zu besiegen? Wenn ihr sonst nichts hinkriegt, dann erdrückt ihn mit eurem Gewicht!«, fluchte er.

Dennoch zögerten seine Männer. Vor allem, weil sie von dem Kampf verängstigt waren und Blessuren hatten. Niemand hätte erwartet, dass Shen Qiao mit einem Bambusstock so viel Schaden anrichten konnte.

Shen Qiaos Gesichtsausdruck war weiterhin emotionslos. Er stand an Ort und Stelle, sagte kein Wort und schien darauf zu warten, dass sie weitermachten oder verschwanden.

Mu Tipo verzog verächtlich das Gesicht. »Du hast keine innere Energie verwendet. Lange wirst du nicht mehr mit solchen cleveren Tricks kämpfen können. Meine Männer haben das Gasthaus umzingelt. Wenn du klug bist, gehst du auf die Knie und flehst um Gnade. Vielleicht gewähre ich dir einen Ausweg. Ansonsten …«

»Sonst was?«, fragte Shen Qiao.

Mu Tipo hatte ein wildes Funkeln in den Augen. »Sonst …«

Bevor er den Satz beenden konnte, sah er, wie Shen Qiao einen Handkantenschlag zur Seite machte. Sie alle waren schockiert – sie hatten gedacht, Shen Qiao habe keine innere Energie. Sein Schlag wirbelte die Luft auf und warf einen großen Schrank um. Erschrocken mussten sie ausweichen. Mu Tipo war direkt neben dem Schrank und konnte nur zur Seite springen. Shen Qiao nutzte diesen Vorteil aus und schlug Mu Tipo in den Rücken. Der setzte zu einem Gegenangriff an, lief damit aber direkt in Shen Qiaos Falle: Mit seinem wirbelnden Ärmel fesselte er Mu Tipos Handgelenke und zerrte ihn zum Fenster. Die andere Hand legte er um die Kehle des Prinzkommandanten.

Als seine Männer das sahen, wagten sie es nicht, sich zu bewegen. Mu Tipo war schockiert von der Kraft in diesem dürren, knochigen Handgelenk. Er wurde gewürgt, bis er nicht mehr atmen konnte, und die andere Hand hatte sein Tor des Lebens[42] umschlossen, deshalb wagte er es nicht, sein wahres Qi einzusetzen.

»Wenn du das tust … wirst du …«, keuchte er und hustete. »… deinen Tod besiegeln!«

Nachdem Mu Tipo so lange den Falken gespielt hatte, hätte er nie erwartet, die Augen von einem echten Raubtier ausgepickt zu bekommen. Er war noch immer wütend, aber zu verängstigt, um eine Bewegung zu machen. Aber wer hätte das auch erwarten können? Trotz seines Zustands ließ Shen Qiao sie alle aussehen wie Narren.

»Ob ich meinen Tod besiegle oder nicht, weiß ich nicht. Aber ich weiß, dass Ihr heute zuerst sterbt, wenn Ihr mich nicht in Ruhe lasst.«

Shen Qiaos Stimme war ruhig, kein Funken Wut lag darin. Zwischendurch wurde er von Husten unterbrochen. »Im Austausch für mein eigenes unwürdiges Leben nehme ich das Leben Eurer Exzellenz. Ein fantastischer Handel.«

Wie hatte er sich so verschätzen können? Mu Tipo hatte diesen Mann wirklich für schwach und harmlos gehalten. Ohne einen Ausweg blieb ihm nichts anderes übrig, als seinen Untergebenen den Rückzug zu befehlen.

»Geht raus und sagt ihnen, sie sollen sich zurückziehen!«

Shen Qiao seufzte. »Wenn der Prinzkommandant nur von Anfang an so kooperativ gewesen wäre. Geht, eskortiert mich aus der Stadt und ruft dann eine Kutsche für mich.«

42 命门, ein vitaler Akupunkturpunkt zwischen dem unteren Rücken und den Nieren. Die Quelle der Lebenskraft und des wahren Qi.

»Warum brauchst du eine Kutsche, wenn du blind bist?« Mu Tipo verzog das Gesicht. »Oder soll ich dir auch noch einen Kutscher schicken?«

Shen Qiao dachte darüber nach. »Ihr habt recht. Bitte begleitet mich für eine Weile. Ich bin sicher, der Kutscher wird es nicht wagen, mir nicht zu gehorchen, wenn Ihr dabei seid.«

Mu Tipo kochte vor Wut. Doch sie gingen zusammen nach draußen, und Mu Tipo musste in die Kutsche steigen. Mit dem Prinzkommandanten darin wagte der Kutscher nicht, Fragen zu stellen. Sie fuhren gen Westen, reisten für zwei Tage und Nächte, bis sie die Grenze der Nördlichen Zhou erreichten. Sobald er sicher war, dass Mu Tipos Entourage ihm nicht folgen würde, ließ er den Kutscher mit der Kutsche davonfahren. Dann betrat er ein Gasthaus im Bezirk Yanshou mit Mu Tipo als seiner Geisel. Er schlug ihn bewusstlos, kastrierte ihn, um zu verhindern, dass er in Zukunft anderen Schaden zufügte, und warf ihn dann in einen Raum im Gasthaus. Erst als all das erledigt war, verließ Shen Qiao allein das Gasthaus. Dann schritt er zügig zu den Stadttoren. Er war nur ein paar Schritte weit gekommen, bevor er haltmachen musste. Er suchte sich eine abgelegene Gasse fernab der Menschenmassen und lehnte sich gegen die Wand. Er war am Ende seiner Kräfte und konnte sich nicht mehr auf den Beinen halten, kippte vornüber und hustete eine Menge Blut. Neben ihm lachte jemand. Shen Qiao musste nichts sehen, um zu wissen, wer da neben ihm stand. Er wischte sich den Mund mit dem Ärmel ab und setzte sich, den Rücken an die Wand. Ein Mann in Blau war aufgetaucht. Sein Gesicht war attraktiv, und er strahlte Autorität aus. In seinen Augenwinkeln sammelten sich vereinzelte Falten, die seinen Charme jedoch nur verstärkten. Yan Wushi stand dort, die Arme hinter dem Rücken verschränkt. Bei

Shen Qiaos Anblick schnalzte er mit der Zunge. Er sah blass und verbraucht aus, wie eine Lampe, die kein Öl mehr hatte.

»Obwohl du dich für seine Sicherheit von Chen Gong getrennt hast, wurdest du am Ende betrogen. Dieser Bursche wollte nicht als Mu Tipos exklusives Spielzeug enden und hat dich verkauft. Na, wie ist es, den Helden zu spielen?«

Shen Qiao war speiübel. Er bedeckte seinen Mund und wünschte sich, erneut Blut spucken zu können. Vielleicht würde ihn das erleichtern.

»Du irrst dich. In der Nacht im Chuyun-Tempel habe ich die Schriftrolle gelesen. Ich kann lesen, Chen Gong nicht. Selbst wenn Chen Gong ein außergewöhnliches Gedächtnis und sich jedes Wort gemerkt hätte, hätte er am Ende doch nur die Worte, aber wüsste nicht um ihre Bedeutung. Wenn die Liuhe-Gilde es auf uns abgesehen hätte, würden sie mich als Ziel auswählen. Ich hab mich getrennt, damit er nicht in meine Probleme hineingezogen wird. Wenn ihm meinetwegen etwas zugestoßen wäre, hätte ich das nicht mit meinem Gewissen vereinbaren können.«

Nachdem er Yan Wushi geantwortet hatte, war seine Kraft aufgebraucht, und er musste eine Pause machen. Er atmete ein paarmal tief durch und fuhr dann fort.

»Ich kann nicht in die Zukunft sehen – ich hatte keine Ahnung, dass er Mu Tipo begegnen würde oder dass er die Männer, um sich selbst zu retten, zu mir bringen würde. Aber selbst wenn – ich hätte es nicht an ihm ausgelassen. Nicht ohne schlechtes Gewissen.«

KAPITEL 15
GEWÄSSER SIND TIEF

Yan Wushi war so wütend, dass er lachen musste. »Schulleiter Shen, dein Herz ist so groß wie der Ozean! Wie schade, dass nicht jeder auf dem Xuandu-Berg so empfindet. Sonst hätten sie doch nicht erlaubt, dass Kunye den Schüler des großen Qi Fengge von einer Klippe wirft, oder?«

Shen Qiao schüttelte stumm den Kopf. Seine Erinnerungen waren bruchstückhaft – er erinnerte sich an manches, aber nicht an alles. Und da der Kampf und sein Sturz noch im Nebel seiner Erinnerungen verborgen lagen, konnte er nichts dazu sagen. Aber Yan Wushi hob ohne Vorwarnung seine Hand und schlug nach ihm. Es war kein leichter Schlag, keinesfalls spielerisch, sondern ein echter Angriff mit einem Drittel seiner Kampfkraft. Wenn man die Kluft zwischen ihrer aktuellen Stärke verglich, wäre Shen Qiao schon bei einem Zehntel von Yan Wushis Kraft hilflos ausgeliefert gewesen. Ein Zuschauer hätte angenommen, dass Yan Wushi nach Shen Qiaos Leben trachtete. Shen Qiaos Atmung wurde abgehackt, ein Klumpen Blut sammelte sich in seinem Rachen, doch er zwang sich, ihn nicht auszuspucken.

Yan Wushis wahres Qi war wie er selbst: Es stürmte auf ihn zu wie ein wilder, unnachgiebiger Fluss, fast schon wie ein Ozean. Und inmitten dieses verzweifelten Moments, sein

Leben am seidenen Faden, kam Shen Qiaos Herz zur Ruhe, und ein Gefühl von Leichtigkeit überkam ihn. Vor Shen Qiaos Augen war es dunkel, aber jenseits dieser Dunkelheit explodierte ein Stern wie ein rauschender Bach.

Das Universum ist unbegreiflich; der Himmel und die Erde endlos. Aus niemals vergessener Zeit verläuft die Natur entlang der Ewigkeit, und mittendrin sind die menschlichen Wesen, so unfassbar klein. Wenn ich eins mit dem Himmel werden möchte, wenn ich zum Göttlichen aufsteigen möchte, wenn ich in den endlosen Strudel zurückkehren möchte, dann wäre ich alles: Flüsse und Berge, Sonne und Mond, Himmel und Wolken. Es gäbe keine Grenzen zwischen mir und allem, was in der Welt existiert.

Das fühlte Shen Qiao in diesem Augenblick. Er wusste nicht, ob es Bruchstücke aus seinen Erinnerungen waren oder ob sich die Zhuyang-Strategien beim Lesen in sein Herz eingebrannt hatten. Mit diesen vertrauten Worten, die an die Oberfläche seines Geistes geschwemmt wurden, zeigte sich seinem Herzen etwas wie Mondlicht durch die Zweige eines Baumes. Ein zartes Schimmern, das immer heller wurde – ätherisch und glasklar.

Das verloren geglaubte wahre Qi tropfte langsam durch seine Glieder und Knochen: zart, grenzenlos und nie endend. Yan Wushis Schlag war schwer wie ein Berg und schnell wie ein Sturm. Keine gewöhnliche Person hätte den Bewegungen mit den Augen folgen können, doch Shen Qiao sah klar. Hinter ihm war die Wand, es kam kein Entkommen. Also musste er dem Angriff direkt entgegenkommen. Mit seinem kränklichen Körper stand er drei Zehntel von Yan Wushis Kraft gegenüber.

Yan Wushi hatte mit Qi Fengge und Cui Youwang bis zum

Stillstand gekämpft, und sie waren die besten Kampfkünstler und Großmeister ihrer Generation. Er war Furcht einflößend. Selbst Murong Qin, der beste Kampfkünstler des Kaisers von Qi, wäre nicht gegen drei Zehntel von Yan Wushis Stärke gewappnet. Und doch, Shen Qiao widerstand. Er wurde nicht an der Wand zerdrückt wie ein Insekt, und er spuckte kein Blut.

Sein Gesicht war so blass, fast transparent, aber seine Füße bewegten sich keinen Millimeter. Die Ärmel seiner Robe wurden durch die Kraft des Qis aufgebläht, und die Schleife in seinem Haar löste sich. Die Qi-Stürme trafen aufeinander, einer stark, einer schwach, aber für einen Moment hielt der schwache stand.

Yan Wushi runzelte die Stirn ein wenig, aber er war nicht überrascht. Sein Gesichtsausdruck ließ vermuten, dass er nichts anderes erwartet hatte.

Die Kultivierungstechniken des Xuandu-Bergs fokussieren sich auf spirituelle Ruhe und ein Nichteingreifen, losgelöst von weltlichen Begebenheiten. Begegne Stärke mit Stärke und Sanftem mit Sanftheit. Sobald die Union vollständig perfektioniert ist, wird der Himmel so klar werden wie Wasser.

Die Worte blitzten kurz in Shen Qiaos Verstand auf, aber dann bemerkte er, dass seine Veränderung nichts mit dem Xuandu-Berg zu tun hatte … Sein wahres Qi vermischte sich leicht mit dem von Yan Wushi. Als die beiden Qi-Ströme aufeinandertrafen, beeinflussten sie einander gegenseitig. Es war klar, dass sie ein und dieselbe Quelle hatten. Aber letztendlich war der Unterschied zwischen ihnen zu groß. Yan Wushi musste sich nicht anstrengen – nur ein Tropfen mehr Druck, und Shen Qiao konnte nicht mehr standhalten. Er wurde gelb im Gesicht und spuckte Blut. Genau dann zog Yan Wushi seine Hand zurück.

»Also stimmt es«, sagte er interessiert. »Ich hab's mir gedacht, als ich deinen Puls gefühlt habe. Du hast anhand der Zhuyang-Strategien kultiviert, die im Xuandu-Berg sind. Qi Fengge hat sie dir vermacht, oder?«

Shen Qiao hörte nur ein Summen in den Ohren. Yan Wushis Stimme klang fern. Er rutschte an der Wand hinunter und krümmte sich auf dem Boden zusammen.

»Also hast du mich in der Nacht im Chuyun-Tempel absichtlich die Schriftrolle vorlesen lassen?«

»In der Tat«, sagte Yan Wushi. »Die Zhuyang-Strategien bestehen aus fünf Bänden. Der Band der Verlorenen Seele wird im Xuandu-Berg aufbewahrt, und als Qi Fengges Nachfolger hast du sicher damit trainiert. Sonst hättest du nicht so viel Glück gehabt und den Sturz vom Banbu-Gipfel überlebt. Dein Körper hat ein bisschen Vitalität aufbewahrt, nur deshalb erholen sich dein Augenlicht und deine Kampfkünste langsam. Ist das nicht außergewöhnlich? Dein Körper erinnert sich an das Training, auch wenn du im Moment keine Erinnerungen hast. Der Faden des wahren Qi bleibt ein Teil von dir und hilft dir langsam bei der Genesung. Ich habe dich den Band der Getäuschten Gedanken lesen lassen, damit es deine Erinnerungen stimuliert. Ich wollte sehen, ob du in der Lage bist, das Wissen aus dieser Schrift mit dem zu kombinieren, was du bisher gelernt hast.«

Shen Qiao hatte kaum noch Luft zum Atmen. »Meine Wenigkeit ist nur ein Invalider. Warum macht sich Schulleiter Yan so viel Mühe mit mir?«

Yan Wushi lächelte trocken. »Das Auftauchen des Bands der Getäuschten Gedanken hat viele Fraktionen hervorgelockt. Nur schade, dass ich das Original im Chuyun-Tempel zerstört habe, sodass nur die Beteiligten es hören konnten. Sie werden es niederschreiben und, um andere zu täuschen, einige Fallstricke einbauen oder Fälschungen veröffentlichen. Alle Fraktionen werden darum kämpfen. Es gibt viele Schulen, die in dieser Nacht nicht dabei waren – auch sie müssen handeln, oder? Sie werden alle Register ziehen, um eine vollständige Kopie der Schrift zu bekommen. Es wird offene und versteckte Konflikte geben. Ist das nicht schrecklich interessant?«

Shen Qiao schloss seine Augen. »Wie profitierst du davon?«

»Nun, da gibt es einige Vorteile«, erklärte Yan Wushi. »Aber sie haben nichts mit dir zu tun, also keine Sorge. Alles, was du wissen musst, ist, dass du durch diesen Vorfall auch einen Vorteil hast. Wer einen Blick auf die Zhuyang-Strategien erhaschen kann, ist unfassbar glücklich. Es gibt wenige, die sogar mehrere Bände lesen konnten, so wie du. Setz dein Training fort, und vielleicht erreichst du deine alte Stufe. Solltest du mir nicht ein wenig Dankbarkeit entgegenbringen?«

»Schulleiter Yan …«

Yan Wushi ergriff Shen Qiaos Kinn und zwang ihn, den Kopf zu heben. »Hast du mich zuvor nicht Shizun genannt? Warum so wankelmütig?«

»Ich will …«, murmelte Shen Qiao, seine Worte waren undeutlich. Yan Wushi beugte sich nach vorne, um besser zu hören. Ohne Vorwarnung spuckte Shen Qiao eine Ladung Blut aus, und Yan Wushi hatte keine Zeit auszuweichen. Die rote Flüssigkeit spritzte über seine Hand. Mordlust funkelte in Yan Wushis Augen.

»Ich hab gesagt, dass ich Blut husten will«, sagte Shen Qiao. »Das war keine Absicht …«

Er wollte den Satz noch beenden, doch er kippte bewusstlos zur Seite weg.

In seiner Trance fühlte es sich an, als würde er mitten in der Luft schweben. Sein Geist war irgendwo ganz anders, und er wusste nicht, wie viel Zeit vergangen war, als er wieder in seinem Körper zu sich kam. Als er die Augen öffnete, hörte er ein Seufzen neben sich.

»Oh, wie hart das Leben ist! Warum bist du noch am Leben? Ist es nicht furchtbar für dich, dass du es nie schaffst, zu sterben?«

Es war Yan Wushis Stimme. Shen Qiao antwortete nicht. Irgendwas stimmte einfach nicht mit diesem Mann. Yan Wushi tat, wie es ihm beliebte, und handelte einfach nur unberechenbar. Genau wie mit den Zhuyang-Strategien – ein unbezahlbares, geheimes Schriftstück, das er einfach so zerstört hatte. Er hatte nicht einmal für sich eine Kopie angefertigt. Menschen würden für einen Blick in die Schriftrolle töten, sie aber nie bekommen. Und dennoch hatte Yan Wushi ihn sie einfach so lesen lassen, als Chen Gong mit Mu Tipo zurückgekehrt war, und danach war Yan Wushi in der Nähe gewesen. Doch er hatte einfach nur zugesehen. Erst nachdem Shen Qiao sich selbst gerettet hatte, war er aufgetaucht und hatte Anstalten gemacht, ihn zu töten. Doch es war nur eine Stimulation für das wahre Qi in Shen Qiaos Körper.

Aber Shen Qiao war nicht selbstverliebt genug, um zu denken, dass Yan Wushi ihn schätzte oder ihn trainieren wollte. Er sagte sich, dass es nur in der unlogischen Persönlichkeit dieses Mannes lag und es keinen vernünftigen Grund dafür gab.

»Mu Tipos Diener haben ihn gesucht, und Chen Gong war bei ihnen. Er hat diesen Speichellecker Mu Tipo erst zu dir gebracht. Noch ist es nicht zu spät, ihn zu töten, weißt du.«

Shen Qiao schüttelte wortlos den Kopf und setzte sich dann im Bett auf. Er stellte fest, dass seine Brust sich tatsächlich leichter anfühlte, nachdem er all das Blut ausgehustet hatte –

der dumpfe Schmerz war fort. Durch eine glückliche Wendung schien er das ganze angestaute Blut abgehustet zu haben, was seiner Heilung dienlich war.

»Danke, Schulleiter Yan«, sagte er.

»Ich hab auch nicht erwartet, dass du aufgestautes Blut auskotzt«, erwiderte Yan Wushi ehrlich. »Ich wollte dich nur zwingen, das wahre Qi der Zhuyang-Strategien zu nutzen.«

Shen Qiao hörte die Bedeutung dieser Worte: Wenn du nicht überlebt hättest, wärst du umsonst gestorben.

»Was hast du als Nächstes vor?«

»Ich begleite dich zum Xuandu-Berg.«

Shen Qiao schwieg für einen Moment, sein Mundwinkel zuckte.

»Du hast eine Vielzahl von Verpflichtungen. Warum wertvolle Zeit für jemanden wie mich verschwenden?«

Yan Wushi strich über Shen Qiaos Gesicht. Liebe imitierend, als wäre Shen Qiao ein Kind. Er konnte ihn nicht aufhalten. Yan Wushi ergriff sein Kinn und musterte ihn wie ein Besitztum. »Deine Schule hat den Band der Verlorenen Seele der Zhuyang-Strategien versteckt. Der Xuandu-Berg ist riesig – selbst wenn mir dort niemand das Wasser reichen kann, wäre es mühsam, danach zu suchen. Wäre das an deiner Seite nicht so viel einfacher?«

»Du willst, dass ich mich an die Inhalte erinnere und sie niederschreibe?«

Yan Wushi lächelte verächtlich. »Nur die Mittelklasse liest den Text und schreibt ihn dann Wort für Wort auf. Ich habe bereits mit der Schrift des inneren Palasts von Zhou kultiviert und den Band der Getäuschten Gedanken gesehen. Mit zwei von fünf habe ich die Essenz der Zhuyang-Strategien bereits verstanden. Anstatt etwas zu lesen, das genauso gut eine Fälschung sein könnte, kann ich auch mit dir kämpfen. So kann ich die Mysterien der Schriftrolle des Xuandu-Bergs entschlüsseln.«

Yan Wushis Griff um Shen Qiaos Kinn war unerbittlich. Er fuhr fort: »Der wahre Xiantian-Zustand ist nicht die Form einer Person und schon gar nicht der Versuch, sie nachzumachen. Jeder Pfad wird durch ein menschliches Wesen geschaffen. Tao Hongjing hat die Stärken der drei philosophischen Schulen miteinander verbunden, deshalb kann ich Kampfkünste erlangen, die weit darüber hinausgehen.«

Er klang unglaublich arrogant, kaum auszuhalten, aber nach genauerer Betrachtung stimmte Shen Qiao ihm tatsächlich zu. Nur durch seine eigenen Prinzipien war Yan Wushi zum Anführer einer Schule aufgestiegen, und nur durch seine Stärke und Gewandtheit konnte er das Leben führen, das er wollte. All das machte ihn würdig, ein Großmeister zu werden, der am Gipfel der Welt stehen konnte. Es gab nur ein Problem: Es gab nichts Angenehmes daran, tagtäglich mit diesem Mann zu interagieren. Es war Folter.

Yan Wushi ließ ihn los. »Da du jetzt wach bist, brechen wir morgen auf.«

»Hab ich eine Wahl?«, fragte Shen Qiao hilflos.

»Du kannst dich entscheiden, selbst zu gehen – relativ unverletzt –, oder wir kämpfen noch eine Runde. Dann nehme ich dich mit, nachdem ich dich zu Brei geschlagen und dir beide Beine gebrochen habe.«

Shen Qiao hatte dazu nichts mehr zu sagen.

KAPITEL 16
REISE MIT YAN WUSHI

Natürlich war es mit Yan Wushi an seiner Seite nicht mehr nötig, auf den sicheren Hauptstraßen zu reisen. Um Zeit zu sparen, mussten sie Chang'an nicht durchqueren, sondern konnten direkt südlich zur Provinz Luo reisen, dann zur Provinz Yu und von dort aus zur Provinz Sui. Diese Route verkürzte ihre Reisezeit drastisch, doch ihr Weg führte sie durch weniger friedliche Gebiete, da sie nahe an der Grenze zwischen Qi und Zhou lagen. Nach der katastrophalen Dürre des Vorjahrs waren Flüchtlinge in die umliegenden Provinzen geströmt, wo es noch mehr zu essen gab. Auch jetzt noch sahen Shen Qiao und Yan Wushi viele heimatlose Gestalten auf ihrem Weg.

Nur wenige Menschen konnten Yan Wushi in seinen Kampfkünsten das Wasser reichen, aber als Reisebegleitung war er furchtbar. Shen Qiao erholte sich noch von seinen Verletzungen. Manchmal ging es seinen Augen gut, manchmal schlecht, und sie waren noch nicht wiederhergestellt. Es war wie zuvor: Manchmal sah er vage Umrisse von Licht und Schatten. Yan Wushi nahm darauf keinerlei Rücksicht. Yan Wushi benötigte keine Kutsche, also kaufte er auch keine. Stattdessen lief er geschwind voraus, Shen Qiao hinter ihm, als würde er rufen: »Halt mit, wenn du kannst. Und du strengst dich besser an.«

So reisten sie, einer vorne, einer hinten, mehrere Tage lang. Unweit von einer Stadt in der Provinz Xiang begegneten sie einer Gruppe von Flüchtlingen.

Diese wollten aus ihrer von Hungersnot gebeutelten Heimat in die besser situierte Provinz Xiang. Aber der Statthalter der Provinz weigerte sich, die Stadttore für sie zu öffnen, und befahl den Soldaten, Wache zu halten. Die Flüchtlinge hatten keine Kraft, anderswo ihr Glück zu versuchen, deshalb schlugen sie ihre Lager außerhalb der Stadt auf und warteten dort auf ihren Tod. Aus Sicht der kaiserlichen Verwaltung konnte man den Statthalter nicht dafür verurteilen. Die Nahrung in der Stadt war begrenzt. Wenn sie die Flüchtlinge hereinließen, wären sie für die Unterbringung verantwortlich, obwohl es die Bürger eines anderen Bezirks waren. Die Ressourcen wären strapaziert, und auch die Bewohner der Provinz Xiang würden vielleicht bald Hunger leiden. Der Kaiser von Qi, Gao Wei, war mit seinem eigenen Hedonismus beschäftigt und weigerte sich, staatliche Angelegenheiten zu regeln. Die Vorräte, die der Hof verteilte, wurden veruntreut, lange bevor sie die Provinzen erreichten. Außerdem würde der Statthalter der Provinz Xiang keinerlei Anerkennung vom Hof bekommen, wenn er die Flüchtlinge hereinließ.

Die Provinz Xiang lag in der Nähe des Xuandu-Bergs. Yan Wushi und Shen Qiao würden den Berg, der im Südwesten an der Grenze zur Provinz Mian stand, in wenigen Tagen erreichen. Je näher sie dem Xuandu-Berg kamen, desto besser wurde Yan Wushis Laune. So gut, dass er seine Schritte verlangsamte und darauf wartete, dass Shen Qiao ihn einholte. Er hatte sogar Freude daran, ihm etwas über die lokale Kultur zu erzählen. Wenn man es nicht besser wusste, hätte man sie für Freunde halten können, die miteinander reisten.

»In Kriegszeiten gehörte die Provinz Xiang zu Chu, deshalb

findet sich deren Einfluss überall. Das Land ist reich und bevölkerungsstark – schade, dass Gao Wei sich nicht darum kümmert. Die harte Arbeit vieler Generationen wird von ihm vergeudet.«

Yan Wushi hatte offensichtlich keinen Respekt für den Kaiser von Qi. Er nannte ihn direkt beim Namen.

Shen Qiao kniff die Augen zusammen und sah jede Menge Schemen, die sich außerhalb der Stadt versammelt hatten. Kinder und Frauen, Jung und Alt; sie machten die Mehrheit aus. Ihr einziges Glück war, dass das Wetter nicht allzu heiß war, sonst hätte womöglich auch noch eine Seuche in ihrem Zeltlager um sich gegriffen. Hilflos schüttelte er den Kopf und seufzte.

»Die normalen Menschen leben so ein schwieriges Leben!«

Unberührt davon antwortete Yan Wushi: »In Wahrheit spielen sich solche Szenarien auch in anderen Ländern ab. Seit dem Aufstieg der Fünf Barbaren und dem Ende der Westlichen Jin-Dynastie kämpfen allerlei Fraktionen um Autorität. Zahlreiche Leben sind dabei geopfert worden. Diese Hungersnöte gibt es jedes Jahr, vor allem in den Grenzregionen. Jedes Land versucht, seine Probleme auszulagern, sich selbst von der Verantwortung zu befreien, und sie schieben ihre Bedürftigen gern in andere Länder. Wenn es gute Jahre gibt, starten sie einen Krieg, um die angrenzenden Städte einzunehmen. Meutereien waren an der Tagesordnung, und Regierungen wechselten ständig. Niemand hat sich viele Gedanken über die Organisation des Staats gemacht, weil die Länder ständig in andere Hände fallen und ihre Namen ändern. Die Nördliche Qi ist nur ein besonders schlimmes Beispiel dafür.«

»Aber ich habe gehört, dass Schulleiter Yan eine andere Identität als hochrangiger Beamter hat und dass der Kaiser von Zhou sich auf dich verlässt. Ich nehme an, dass eurem Glauben nach die Nördliche Zhou die beste Chance hat, das Land zu vereinen?«

Yan Wushi zuckte mit den Schultern. »Erleuchtet oder nicht, Kaiser gleichen sich«, sagte er träge. »Der einzige Unterschied ist, dass manche ihre Begierden etwas drosseln können und andere nicht. Oder sie wollen es nicht. Yuwen Yong ist ein Raubtier und tötet schnell, aber er verbietet Buddhismus und Daoismus und mag auch den Konfuzianismus nicht. Da er keine der üblichen Parteien bevorzugt, hat er nicht so eine große Auswahl. Und wenn ich die drei dämonischen Schulen vereinen möchte, brauche ich seine Hilfe. Die Yuwen-Familie ist seit vielen Jahren in den Zentralen Ebenen – auch wenn ihre Vorfahren Xianbei sind, haben sie sich an die Han angepasst. Die Methoden und Systeme von Zhou sind dieselben wie bei den Han. Wenn also ein Yuwen zum Kaiser eines vereinten Landes wird, würde es vermutlich nicht viel schlechter laufen als in der Südlichen Chen.«

Nachdem sie viele Tage gereist waren und viele Dinge gehört hatten, hatte Shen Qiao ein grobes Verständnis der weltlichen Abläufe erlangt.

Der buddhistische Meister Xueting, der in der Nacht im Chuyun-Tempel auch anwesend gewesen war, war ein Unterstützer des alten Regenten der Nördlichen Zhou, Yuwen Hu. Nicht jedoch vom jetzigen Kaiser Yuwen Yong. Meister Xueting kam von der Tiantai-Schule und war Lehrbruder von Fayi, dem aktuellen Anführer der Tiantai-Schule. Aber die Schule selbst bevorzugte die Südliche Chen, deswegen hatte es einige interne Konflikte gegeben. Aber das wäre eine weitere lange Geschichte.

Yuwen Yong entwirrte den Staat von seinen Beziehungen zu den buddhistischen Schulen und wollte damit auch den

Einfluss seines Vorgängers Yuwen Hu auslöschen. Die Xueting-Familie hatte deshalb einen etwas unangenehmen Platz in der Nördlichen Zhou. Auch wenn sie ihren Status nicht vollkommen verloren hatten, würden sie nicht wieder zu Ruhm und Ehre kommen, solange Yuwen Yong an der Macht war. Yuwen Yong war der Ansicht, dass die drei philosophischen Schulen ihre eigenen Absichten verfolgten und jede Ideologie ihren Stempel bei der Regierung hinterließ. Als Kaiser mit einem großen Drang nach Unabhängigkeit und Autonomie missfiel ihm das. Im Gegensatz dazu verfolgte die Huanyue-Schule zwar ebenfalls ihre eigenen Ziele, doch sie verlangten nicht, dass Yuwen Yong ihre Art zu denken propagierte.

Yan Wushi und Shen Qiao näherten sich im Verlauf ihres Gesprächs den Toren der Stadt.

Gewöhnliche Bürger oder Händler reisten meistens in Gruppen, um nicht von den Flüchtlingen und Bettlern belästigt zu werden. Am besten war sogar ein Wachmann dabei, denn die hungrigen Menschen wandten sich in ihrer Verzweiflung der Gewalt zu. Wenn ihnen schwächere Leute in die Hände fielen, wären nicht nur Geldbörsen oder Gepäck in Gefahr, sondern auch ihre Körper. Im schlimmsten Fall endeten sie als Suppeneinlage. Yan Wushi und Shen Qiao erregten ebenfalls eine Menge Aufmerksamkeit. Einer hatte keinerlei Gepäck, der andere stützte sich auf einen Bambusstock und sah sterbenskrank aus. Man erkannte auf den ersten Blick, dass sie keine gewöhnlichen Reisenden waren. Von Zeit zu Zeit wurden sie von Bettlern angesprochen, aber ein Blick von Yan Wushi ließ sie zurückweichen.

Eine Gruppe bestand aus einem Ehepaar, das zwei oder drei Kinder hinter sich herzog. Sie waren so abgemagert, dass sie eher tot als lebendig aussahen. Ihre Gesichter wirkten beinahe hölzern. Das älteste Kind konnte kaum älter als sechs oder sieben Jahre alt sein, das jüngste maximal drei. Das letzte Kind stolperte hinterher und hielt sich am Rockzipfel der Mutter fest, da niemand mehr genug Kraft hatte, es zu tragen. Wenn es so weiterging, würde das Mädchen gegen das Kind einer anderen Familie getauscht werden, damit der Rest etwas zu essen hatte. Vielleicht aßen ihre Eltern und Geschwister sie auch selbst. In diesen Zeiten, in denen es ums nackte Überleben ging, blieben Moral oder Familienbande oft auf der Strecke. Als das Ehepaar Shen Qiao erblickte, fielen sie auf die Knie und bettelten ihn um Essen an. Shen Qiao überlegte einen Moment, angelte dann ein Stück Fladenbrot aus seinem Ärmel und reichte es dem jüngsten Kind. Das Paar war überglücklich und dankte ihm. Dann nahm der Ehemann das Brot von seinem Kind und biss ein großes Stück ab. Als er den Blick seiner Frau und Kinder auf sich spürte, brach er zögerlich ein Stück für seine Ehefrau ab. Die Frau aß es nicht selbst, sondern teilte es vorsichtig in kleine Stücke, um es unter den Kindern aufzuteilen. Das Fladenbrot war nicht besonders groß und nach wenigen Bissen vertilgt. Die umstehenden Flüchtlinge beäugten sie mit hungrigen Blicken, bevor sie Shen Qiao ins Visier nahmen.

Der Ehemann flehte Shen Qiao an: »Die Kinder sind seit Tagen hungrig. Bitte, Eure Exzellenz, gebt ihnen noch ein Stück Brot, damit sie es bis zur Stadt schaffen!«

Aber Shen Qiao schüttelte den Kopf. »Ich bin auch kein reicher Mann. Ich hatte nur zwei Fladenbrote dabei. Eines habe ich euch gegeben, und eines muss ich für mich selbst behalten.«

Als der Mann hörte, dass Shen Qiao noch Essen bei sich trug, veränderte sich sein Gesichtsausdruck. Als er Shen Qiaos trübe Augen und den stützenden Stock bemerkte, warf er sich auf Shen Qiao. Doch bevor er auch nur einen Ärmel seiner Robe zu fassen bekam, flog der Mann in die andere Richtung davon. Er landete hart und schrie auf. Shen Qiao sah immer noch genauso gebrechlich aus, es schien unmöglich, dass er gerade einen Mann durch die Luft geworfen hatte. Natürlich hatte Shen Qiao nicht erwartet, dass dieser Moment der Freundlichkeit so enden würde. Er sah zu der Frau und den Kindern, die sich voller Angst umklammert hielten. Die anderen gierigen Umstehenden wagten nach dieser Szene keinen Versuch mehr.

Der Ehemann krabbelte mühsam nach vorn, doch statt um Gnade zu flehen, verfluchte er Shen Qiao.

»Na los, töte mich! Verteilst Almosen, damit du in Dankbarkeit baden kannst. Wenn du jemandem helfen willst, warum rettest du sie nicht? Du hast noch ein Fladenbrot, warum gibst du es nicht her? Wenn du das nicht herausrücken willst, dann gib uns lieber gar nichts! Stattdessen gibst du uns ein winziges bisschen Erleichterung, aber nicht mehr, nichts von Substanz! Du kannst uns auch gleich umbringen!«

Shen Qiao seufzte und schüttelte den Kopf. Er sagte nichts, drehte sich um und ging. Yan Wushi hatte die ganze Zeit in der Nähe gestanden und zugesehen. Die Hände hinter dem Rücken verschränkt, hatte er nichts gesagt oder eingegriffen. Er schien einfach auf Shen Qiao zu warten, nur die Spur eines Lächelns im Gesicht. Nun wussten natürlich alle, dass sie Essen dabeihatten, aber niemand wagte es, sie zu behelligen. Yan Wushi wartete, bis Shen Qiao nahe genug war, bevor er sagte: »Hast du jemals die Redewendung gehört ›eine Schüssel voll Reis zeugt von Dankbarkeit, ein Wagen voll Reis zeugt von Groll‹?«

Shen Qiao seufzte. »Ich war zu voreilig. Es gibt so viele Leute hier, die leiden. Es ist unmöglich, sie alle zu retten.«

»Ein Vater, dem es egal war, ob seine Kinder leben oder sterben. Trotzdem bist du eingesprungen und hast seine Aufgabe für ihn übernommen. Schulleiter Shen, du hast wirklich ein großzügiges Herz voller Liebe.«

Yan Wushi zog ihn auf. »Eine Schande, dass die menschliche Gier keine Grenzen kennt und deine guten Absichten nicht erkennt. Wenn du dich nicht verteidigen könntest, wärst du heute vermutlich im Eintopf gelandet.«

Shen Qiao dachte über Yan Wushis Worte nach. »Wenn ich mich selbst nicht verteidigen könnte, hätte ich diese Route nicht gewählt. Ich hätte einen Umweg genommen, um solche Orte zu vermeiden. Es liegt in der menschlichen Natur, Vorteile zu suchen und Schaden zu vermeiden. Ich bin weder ein Heiliger noch eine Ausnahme. Aber wenn jemand direkt vor meinen Augen leidet, ertrage ich es einfach nicht, wegzusehen.«

Er hielt sich stur am Guten fest, doch Yan Wushi war überzeugt davon, dass die menschliche Natur böse war. Sie unterschieden sich in ihren Grundannahmen. Yan Wushi könnte Shen Qiao problemlos umbringen, aber selbst ihn zu würgen, würde ihn nicht dazu bewegen, seinen Standpunkt zu ändern. Nach dieser kleinen Unterbrechung war der winzige Funken Harmonie zwischen ihnen erloschen.

»Mein Herr!«

Die Stimme war schwach und direkt hinter ihnen. Shen Qiao drehte sich um und sah eine verschwommene Silhouette: klein und dünn, wahrscheinlich ein Kind. Das Kind rannte zu ihm und fiel auf die Knie, verbeugte sich dreimal mit großer Ernsthaftigkeit.

»Danke, mein Herr, dass Ihr uns Brot gegeben habt. Mein Vater war unhöflich zu Euch, aber ich … Alles, was ich kann, ist, mich vor Euch zu verbeugen und um Vergebung zu bitten. Bitte nehmt es ihm nicht übel!«

Natürlich war Shen Qiao nicht böse, wenn ein Kind involviert war. Er seufzte und half ihm dabei, aufzustehen.

»Ich hab's mir nicht zu Herzen genommen. Ich habe gehört, dass Buddhas Geburtstag bevorsteht – die Menschen der Provinz Xiang sind Buddhisten, deswegen werden die Tempel Stände aufbauen und Reisbrei verteilen. Sie werden einigen Flüchtlingen erlauben, die Stadt zu betreten. Vielleicht könnt ihr überleben.«

Die Augen des Kindes begannen zu leuchten, und es bedankte sich abermals.

»Danke, dass Ihr mir das gesagt habt, mein Herr. Wie heißt Ihr? Wenn ich die Chance habe, möchte ich unsere Schulden begleichen und Euch eine Gedenktafel[43] widmen!«

Shen Qiao tätschelte den Kopf des Kindes.

»Nicht nötig«, sagte er. »Kümmere dich nur gut um deine Mutter und deine jüngeren Geschwister.«

Das Kind nickte eifrig, dann flüsterte es: »Keine Sorge! Ich hab mein Teil des Fladenbrots nicht gegessen, ich hab's heimlich meiner Schwester gegeben!«

Als Shen Qiao das hörte, seufzte er. Sein Herz schmerzte, weil dieses Kind so früh erwachsen sein musste. Er zog das Fladenbrot aus dem Ärmel und gab es dem Jungen.

»Nimm das mit und iss es. Lass es deinen Vater nicht wissen!«

Das Kind, das so ausgehungert war, dass seine Knochen hervorstanden, fand irgendwo die Stärke, das Fladenbrot abzulehnen. Am Ende musste Shen Qiao den Jungen zwingen, es zu nehmen. Erst dann akzeptierte er es. Erneut verbeugte sich der Junge mehrmals

43 长生牌位, eine Gedenktafel, die einer Person gewidmet ist und ihr Glück und ein langes Leben wünscht.

»Bitte, mein Herr, verratet mir Euren Namen«, beharrte er.

»Mein Name ist Shen Qiao.«

»Shen Qiao …«, murmelte das Kind mehrmals. Vielleicht hatte es die Bedeutung des Qiao missverstanden, aber Shen Qiao sagte nichts weiter.

Das Kind ging los, sah sich aber bei jedem Schritt noch mal zu Shen Qiao um.

»Es ist spät«, sagte Yan Wushi. »Wir sollten uns beeilen und die Stadt betreten.«

Shen Qiao war aufgefallen, dass er diesmal gar keine spöttische Bemerkung gemacht hatte, und wunderte sich.

»Du willst gar nichts dazu sagen?«

»Manche Menschen mögen es einfach, dumme Dinge zu tun«, sagte Yan Wushi kühl. »Selbst wenn du sie rügst, hören sie einfach nicht. Warum sollte jemand Ehrwürdiges wie ich seinen Atem dafür verschwenden?«

Shen Qiao rieb sich die Nase und lächelte schweigend. Es gab viel Schlechtes in der Welt, aber er wollte nicht zulassen, dass es seinen Glauben an Güte und Freundlichkeit zerstörte. Er fand, dass das Fladenbrot ein würdiger Tausch für dieses Stück Wohlwollen gewesen war.

KAPITEL 17
WIEDERSEHEN ALTER FREUNDE

Am Fuße des Xuandu-Bergs lag die Xuandu-Stadt, die jahrelang ein friedliches Fleckchen Erde gewesen war. Es bedeutete den Einwohnern kaum etwas, neben einer der bekanntesten Daoisten-Schulen zu wohnen. Wenn einer der Daoisten-Priester den Berg verließ, behandelten ihn die Städter meistens jedoch mit ein wenig mehr Respekt. Die Bewohner des Xuandu-Bergs bezahlten auf dem Markt stets den vollen Kaufpreis, wie es sich für eine ehrwürdige daoistische Schule gehörte. Sie handelten fair und nutzten ihren Einfluss nie, um andere Menschen herumzuschubsen. Deshalb waren die Einwohner von Xuandu-Stadt stets zufrieden mit ihren benachbarten Priestern aus dem Violetten Palast des Xuandu-Bergs gewesen. Aber das war auch alles. Eine daoistische Schule war nun einmal eine daoistische Schule – sobald man den Xuandu-Berg bestieg, löste man sich von der weltlichen Gesellschaft. Ihre Leben waren ganz anders als die der gewöhnlichen Bevölkerung, die morgens aufstand und abends zu Bett ging.

Aber als Shen Qiao und Yan Wushi in Xuandu-Stadt ankamen, war es voller als sonst: Leute kamen und gingen, und unter ihnen waren viele Kampfkünstler, einige davon in daoistischer Kleidung.

»In zehn Tagen wird der Violette Palast eine Jade-Terassen-Diskussion abhalten«, erklärte Yan Wushi. »Sie werden den Pfad wählen, den die Gläubigkeit gehen sollte, und sie haben Weise und Gelehrte von überall eingeladen. Es sollen Leute aller großen Schulen dabei sein – selbst Botschafter der Linchuan-Akademie und der Tiantai-Schule.«

»Was bedeutet es denn, den Pfad zu wählen, den die Gläubigkeit gehen sollte?«, fragte Shen Qiao.

Die beiden saßen in einem Teehaus und sahen aus dem Fenster. Yan Wushi nippte an seinem Tee. »In deiner Abwesenheit muss sich jemand um den Xuandu-Berg kümmern. Solange die Identität dieser Person nicht bekannt gegeben wird, weiß niemand, wer es ist. Er wird schon einen Grund finden, auf die Bühne der Welt zu treten. Als du Anführer warst, hast du dich so rar gemacht, dass niemand dich erkannt hat. Aber das bedeutet nicht, dass dein Nachfolger auch so sein wird, oder?«

Shen Qiao hatte sich inzwischen an Yan Wushis Art zu reden und den stetigen Hauch von Sarkasmus darin gewöhnt. Gemessen an Yan Wushis Status und Einfluss gab es wenige Menschen, die sein Interesse wert waren. Auf dem Xuandu-Berg gab es niemanden, seit Qi Fengge verstorben war. Yan Wushi war ein kampflustiger Typ, aber der Mann, mit dem er hier saß, war gutmütig, sein Gemüt so ausgeglichen, dass es schwierig war, Streit anzufangen. Ihre Beziehung war etwas anderes als Feindschaft, aber es war auch keine Freundschaft. Auf ihrer gemeinsamen Reise hatten sie einen schmalen Zwischengrat erreicht, auf dem sie nun balancierten.

»Was passiert da unten?«, fragte Shen Qiao. Unten auf der Straße erregte etwas seine Aufmerksamkeit. Er kniff die Augen zusammen, konnte es aber nicht erkennen. Seine Augen waren immer noch nicht vollständig geheilt. Im Tageslicht, wenn die Sonne schien, konnte er sie nicht zu lang öffnen, ohne dass ihm die Tränen kamen.

»Sie geben Reisbrei und Medizin an die Armen.«

Natürlich konnte Yan Wushi nicht in die Zukunft sehen, aber wenn er etwas wissen wollte, bekam er seine Informationen rechtzeitig. Er nahm einen kandierten Lotus mit seinen Stäbchen und steckte ihn in den Mund.

»Seit Yu Ai als Vertreter eingesprungen ist, sendet er an jedem ersten und fünfzehnten Tag des Monats Schüler nach Xuandu-Stadt«, erzählte er. »Sie errichten einen Altar und predigen die daoistische Doktrin. Ich habe gehört, dass die Regengebete des Violetten Palasts sehr effektiv sind. In letzter Zeit sendet der Statthalter der Provinz Mian Gesuche an den Xuandu-Berg, wenn es längere Zeit nicht geregnet hat. Sie schicken Praktizierende zum Beten, und der Xuandu-Berg gewinnt mehr und mehr Anhänger. Allein in Xuandu-Stadt verehren inzwischen acht oder neun von zehn Menschen den Violetten Palast.«

Yan Wushi sah aus, als würde er ein lustiges Theaterstück besuchen, aber Shen Qiaos Stirnrunzeln wurde intensiver.

»Du hast dich an alles erinnert«, sagte Yan Wushi.

Es war keine Frage, sondern eine Feststellung. Auch wenn sein Körper immer noch kränkelte, sah Shen Qiao von Tag zu Tag weniger verwundert aus. Seit er das stagnierende Blut in seiner Brust ausgespuckt hatte, ging es bergauf. Seine Erinnerungen waren nur eine Frage der Zeit gewesen. Es war Yan Wushi aufgefallen, aber er hatte Shen Qiao keinen Druck gemacht. So wie er jetzt aussah, erinnerte er sich an jedes Detail. Shen Qiao seufzte und widersprach nicht.

»Viele Generationen lang haben sich die Anführer des Xuandu-Bergs nicht in weltliche Angelegenheiten eingemischt. Egal, welche Dynastie an der Macht war, es blieb stabil.

Tao Hongjing war der beste Kampfkünstler der Welt, ein wahres Genie. Und doch fiel die Shangqing-Schule auf dem Mao-Berg nach seinem Tod auseinander, weil er sich in die Politik eingemischt hatte. Was denkt sich Yu Ai dabei?«

Yan Wushi zog eine Augenbraue hoch. »Hat Qi Fengge dir das beigebracht? Den Kopf einzuziehen wie eine Schildkröte? Wenn er ganz allein gewesen wäre, dann wäre es in Ordnung, sich voll auf seine moralische Reinheit zu konzentrieren, aber er war der Anführer einer Schule. Und trotzdem wollte er nicht mit der Zeit gehen. Er hat den ganzen Tag darüber nachgedacht, wie er seine Schule vor der Welt versteckt und sich ja nicht einmischt. Wenn es so weitergeht, könnte der Xuandu-Berg wirklich seinen Rang als beste daoistische Schule halten? Mir scheint, dein Vertreter wäre klarer im Kopf als du.«

Der Xuandu-Berg hatte seinen guten Ruf seit mehreren Generationen, und alle Anführer hatten die daoistischen Prinzipien von spiritueller Ruhe und Nichteinmischung gepredigt. Sie taten alles, um die Welt, so gut es ging, zu meiden, und weigerten sich, sich in staatliche Affären einzumischen. Qi Fengge, der ungekrönte König der Kampfkünste, war keine Ausnahme gewesen. Als Shen Qiao seinen Posten als Anführer übernommen hatte, hatte er diese Einstellung auf die Spitze getrieben. Die Welt erfuhr nur, dass sein Vorname Shen war, nichts weiter. Deshalb hatte niemand Shen Qiao an Yan Wushis Seite erkannt. Yan Wushi war von Natur aus prahlerisch und egoistisch, ein wahrer Hedonist. Er hatte nur Verachtung für die Wege des Xuandu-Bergs übrig. Shen Qiao ärgerte sich nicht über seine Worte.

»Heute Nacht würde ich gern den Berg besteigen und persönlich mit Yu Ai sprechen«, sagte er. »Möchtest du mitkommen oder hier am Fuße des Bergs warten?«

»Warum wartest du nicht bis zur Jade-Terrassen-Diskussion, um dich zu offenbaren und Yu Ai vor allen ins Kreuzverhör zu nehmen? Warum holst du dir nicht deine rechtmäßige Position als Anführer zurück?«

»Wenn ich das tun würde, würde das Ansehen des Xuandu-Bergs großen Schaden nehmen«, antwortete Shen Qiao kopfschüttelnd. »Ich glaube, dass sich mehr dahinter verbirgt. Um dem auf den Grund zu gehen, muss ich Yu Ai vorher sprechen.«

Yan Wushi war es egal. »Na dann, geh und frag.«

Der Ruf der Schule führte dazu, dass nur wenige es wagten, direkt zu ihnen zu gehen. Aber Yan Wushi sagte es, als würde er noch eine Schüssel Reis bestellen – flapsig, weil er es sehr wohl konnte. Sein Gesichtsausdruck war unbekümmert, und er fuhr den Rand des Tellers nach. Das Gericht, bestehend aus kreuz und quer liegenden gebratenen grünen Bohnen stapelte sich augenblicklich in drei Schichten. Jede Schicht hatte dieselbe Anzahl grüner Bohnen. Das war eine Technik, bei der das wahre Qi genutzt wurde, um Objekte in einem Raum zu bewegen, und Yan Wushi hatte sie auf unheimliche Art perfektioniert. Die Wiederankunft des Dämonenkönigs hatte nach dem Duell mit Kunye seine Runden gemacht. Und nur weil Kunye vorher Shen Qiao besiegt hatte, betitelten die Gerüchte Yan Wushi quasi als Gott. Tatsächlich gab es nur sehr wenige Leute, die seine Kampfkünste aus nächster Nähe gesehen hatten. Wenn jemand sah, wie er seine Kampfkünste – mit denen er problemlos den Kopf eines Mannes abtrennen konnte – dazu einsetzte, um grüne Bohnen zu ordnen, was würde man wohl denken?

»Du hast weniger als ein Drittel deiner ursprünglichen Stärke. Schaffst du es allein bis ganz nach oben?«, fragte Yan Wushi.

»Es gibt einen Pfad entlang der Klippe auf der anderen Bergseite«, sagte Shen Qiao. »Das Terrain ist steil, und es gibt keine Wachen. Es gibt ein Energiefeld, das als Barriere dient. Außenseitern, die das Muster nicht verstehen und hineinlaufen, wird schwindelig, weshalb sie umkehren müssen. Sie könnten sogar von der Klippe stürzen. Kampfkünste schützen einen nicht davor, egal, wie mächtig sie sind.«

Zunächst war Yan Wushi gleichgültig gewesen, er hatte nur aus Langeweile nach dem Aufstieg gefragt. Aber als er das hörte, war sein Interesse geweckt.

»Dann muss ich wohl mitgehen und mir das mal anschauen.«

Die Nacht brach herein. Die lebendige Stadt legte sich langsam zur Ruhe und schlummerte unter einem Firmament voller Sterne. Shen Qiao nahm eine Route auf den Berg, die sich jeder Logik entzog. Manchmal ignorierte er Steine, die einen guten Aufstieg ermöglichten, und lief zur nächsten Senke. Aber es gab ein Ziel: Der steinerne Pfad und das Laub waren in einer unsichtbaren Formation angeordnet – in neun von zehn Fällen würden Unwissende in die Falle tappen. Selbst wenn sie nicht darin hängen blieben, würden sie die Schüler des Xuandu-Bergs alarmieren.

Yan Wushi hatte kein Interesse an Shen Qiaos und Yu Ais Gespräch oder an den internen Fehden des Xuandu-Bergs. Er beobachtete die Formationen, die den Pfad verdeckten, aufmerksam. Es bereitete ihm Vergnügen, weit hinter Shen Qiao zu laufen und genau zu überlegen, wo er hintrat. Da Shen Qiao etwa ein Drittel seiner Kräfte regeneriert hatte, waren sie flott unterwegs. Nachdem sie etwa eine Stunde lang gewandert waren, erreichten sie den Gipfel.

Der Gipfel des Xuandu-Bergs lag weit oben, deshalb war es kälter als im Tal. Ein paar daoistische Hallen und Klöster erhoben sich stufenförmig aus dem weißen Nebel. Es war kalt und einsam, doch es verkörperte den daoistischen Sinn von Transzendenz – der Losgelöstheit von allem Weltlichen. Shen Qiao war hier aufgewachsen und hatte sich an den Anblick gewöhnt. Doch der Anblick bereitete ihm diesmal weder ein Gefühl von Nostalgie noch von Zuneigung. Stattdessen fühlte er eine Schwere in der Brust, die er nur zu gern durch einen tiefen Seufzer losgeworden wäre. Aber er hatte keine Zeit zu seufzen. Geschützt durch die Wälder nahm er eine Abkürzung und rannte auf ein zweistöckiges Gebäude zu. Bevor er es erreichte, kniff er die Augen zusammen und schien etwas überrascht. Das hier war der Yuxu-Pavillon, seit Generationen die Residenz der Anführer der Schule. Es war einst Shen Qiaos Zuhause gewesen. Die aktuellen Bemühungen der Schule schienen ein deutliches Bild von Yu Ais Ambitionen zu zeichnen, deshalb war sich Shen Qiao sicher gewesen, dass er in den Yuxu-Pavillon gezogen war. Aber nun sah er, dass die Türen und Fenster geschlossen waren und keine einzige Kerze brannte. Der Pavillon schien unbewohnt. Wollte Yu Ai doch bis nach der Jade-Terrassen-Diskussion warten? Wollte er den Titel offiziell erhalten, bevor er einzog? Shen Qiao dachte darüber nach. Wenn hier niemand war, würde er in Yu Ais alten Quartieren suchen. Gerade als er diesen Entschluss gefasst hatte, sah er eine Gestalt in einem Umhang, die eine Kerze trug und auf den Yuxu-Pavillon zusteuerte. Die Silhouette war vertraut, aber Shen Qiao konnte sich noch nicht vollständig auf seine Augen verlassen. Erst nachdem er eine Weile angestrengt gestarrt hatte, schloss er, dass es sich um seinen Shidi, Yu Ai, handelte. Auch wenn es eine kalte, klare Nacht war, war niemand sonst unterwegs. Die umliegenden Gebäude dienten dazu, das asketische Training[44] des Schulleiters zu unterstützen, deshalb ging niemand ohne Anweisung dorthin. Es gab sogar eine magische Barriere, die gewöhnliche Schüler draußen hielt. Deshalb konnte Shen Qiao sich frei bewegen. Nach kurzer Überlegung beschloss er, die Initiative zu ergreifen.

Nur im Schein der Kerze betrat Yu Ai den Yuxu-Pavillon. Durch ein Fenster sah Shen Qiao zu, wie ein Zimmer im zweiten Stock bald in einen sanften Schimmer gehüllt wurde. Es war sein ehemaliges Zimmer. Aber Shen Qiao überschätzte seine eigenen und unterschätzte indes Yu Ais Fähigkeiten. Er näherte sich noch ein Stück, als eine Stimme ertönte: »Welcher Freund kommt ohne Einladung hierher?«

Die Stimme überbrückte die Distanz des Pavillons und schien in Shen Qiaos Ohren zu explodieren. Ein dumpfer Schmerz breitete sich in seiner Brust aus. Shen Qiao musste drei Schritte zurücktreten. Er wusste, dass Yu Ai seine Stimme mit innerer Energie verstärkt hatte.

»Ich bin es, Yu-shidi«, sagte er, nachdem er sich gefasst hatte. Er wusste, dass Yu Ai ihn hören konnte.

Ein Geräusch kam aus dem Pavillon, und im nächsten Moment stand jemand vor ihm.

»Zhangjiao-shixiong[45]?«

Überraschung lag in seiner Stimme, aber auch etwas, das Shen Qiao nicht erwartet hatte: Freude. Scheinbar hatte Yu Ai seine Rückkehr nicht erwartet, aber sehr darauf gehofft.

44 清修, außergewöhnliche Selbstdisziplin von Körper und Geist sind extrem wichtig für Daoisten. Mehr dazu steht im Glossar.

45 掌教师兄, Yu Ai spricht Shen Qiao mit dem offiziellen Titel »Schulleiter« an, aber hängt aus Respekt das Suffix -shixiong an.

KAPITEL 18
EIN ZERWÜRFNIS UNTER BRÜDERN

Obwohl Xuandu-Berg die Nummer eins der daoistischen Schulen der Welt war, hatte er keine der internen Fehden, die man als Außenstehender vermuten würde. Shen Qiao war von Kindesbeinen an in einer friedlichen, stabilen Umgebung aufgewachsen. Sein Meister war liebevoll, gleichzeitig Lehrer und Vater. Shen Qiaos Lehrgeschwister hegten ebenfalls liebevolle Gefühle für ihn. An den meisten Tagen spielten sie gemeinsam in ihrer Freizeit, und selbst Qi Fengge war seinen Schülern gegenüber nicht so erhaben, wie man es erwarten würde. Weil alle Menschen um ihn herum Shen Qiao freundlich behandelt hatten, war Shen Qiao ein freundlicher Mensch. Er war der Schule zu einem unpassenden Zeitpunkt beigetreten, deshalb war er nicht Qi Fengges erster und nicht ein geliebter letzter Schüler. Von den fünf Schülern, die Qi Fengge akzeptiert hatte, stand Shen Qiao an zweiter Stelle. Vielleicht wäre das eine unangenehme Position gewesen, doch wegen seines Charakters, seines Talents, seiner Geduld und Empathie bei allen Problemen wurde er zu Qi Fengges liebstem Schüler. Und so vermachte er Shen Qiao den Titel des Leiters der Schule. Yu Ai stand an dritter Stelle und war sogar zwei Jahre älter, aber da er der Schule später beigetreten war, sprach er Shen Qiao mit Shixiong an. Als Kind hatte er damit seine Schwierigkeiten gehabt. Er hatte Shen Qiao oft geärgert und versucht, ihn dazu zu bringen, *ihn* Shixiong zu nennen – jedoch ohne Erfolg. Die beiden waren in einem ähnlichen Alter und hatten viel miteinander gespielt, deshalb standen sie sich nahe. Wenn man ihn fragte, würde Shen Qiao seinem Shizun Qi Fengge und seinen Lehrgeschwistern mehr als allen anderen in der Welt vertrauen. Bevor er den Berg bestiegen hatte, hatte sich Shen Qiao das Wiedersehen vorgestellt. Er dachte, Yu Ai wäre schockiert, einen tot geglaubten Mann lebendig zu sehen – dass er vielleicht Schuld oder Furcht empfand. Oder dass sein Gesicht Ekel zeigen würde. Vielleicht wollte Yu Ai ihn gar nicht sehen. Aber freudige Überraschung hatte Shen Qiao nicht erwartet. Obwohl er das Gesicht seines Shidi nicht sehen konnte, hörte er keine Lüge in seiner Stimme. Es gab viele Dinge, die er sagen wollte, und sie lagen ihm auf der Zunge, doch er wusste nicht, wo er anfangen sollte. Yu Ai hatte auch nichts weiter gesagt, nachdem er ihn angesprochen hatte. Vielleicht nahm er sich Zeit, ihn zu mustern. Shen Qiao versuchte es mit einem simpleren Gesprächseinstieg.

»Läuft in der Schule alles gut?«

Es gab keine Antwort.

Shen Qiao legte den Kopf schief und fragte: »San-shidi[46]?«

»Was ist mit deinen Augen?«

Yu Ais Stimme war sehr nah. Sein Instinkt riet Shen Qiao, zurückzuweichen, doch eine Hand packte ihn am Unterarm.

»Was ist mit deinen Augen?«, fragte Yu Ai erneut.

Shen Qiao kratzte mit seiner Antwort nur an der Oberfläche.

46 三师弟, wörtlich übersetzt »dritter jüngerer Lehrbruder«.

»Ich bin nach meinem Duell mit Kunye von der Klippe gestürzt. Als ich aufgewacht bin, waren sie so.«

Die Hand um seinen Arm ließ nicht los. »Beweg dich nicht, ich überprüfe deinen Puls.«

Shen Qiao wollte ihm sagen, dass das nicht nötig war, aber er konnte sich nicht lösen, also ließ er seinen Shidi gewähren. Yu Ai fühlte konzentriert Shen Qiaos Puls.

»Du hast kaum innere Energie«, sagte er nach einem Augenblick. »Was genau ist passiert?«

»Hast du das nicht erwartet, als du mich vergiftet hast?«, fragte Shen Qiao ruhig.

Yu Ai wurde ganz steif, und Shen Qiao riss sich los.

Dank seiner Kampfkunst konnte Yu Ai selbst in dunkelster Nacht gut sehen, egal, wie klein die Kerzenflamme war. Er musterte Shen Qiao genau. Das Gesicht seines Shixiong war gespenstisch weiß, und er hatte abgenommen. Es war eindeutig, dass es ihm abseits der Schule nicht gut ergangen war. In einer Hand hielt er einen Bambusstock, und seine Hand war so knochig, dass Yu Ai schauderte.

»Nun, da du zurück bist, verlass uns nicht erneut«, sagte Yu Ai mit einem Seufzen. »Lass mich dir das in Ruhe erklären, ja?«

Shen Qiao schüttelte den Kopf. »Xuandu-Berg wählt bald einen neuen Anführer. Es wird komplizierter für dich, wenn ich hier bin – eine lästige Erinnerung an die Vergangenheit, die das Ansehen des Xuandu-Bergs beschädigt hat?«

»Wer sagt, dass Xuandu-Berg einen neuen Anführer wählt?«, fragte Yu Ai verwirrt.

»Die Jade-Terrassen-Diskussion findet in zehn Tagen statt. Ist sie nicht gleichzeitig eine Zeremonie, um den neuen Schulleiter vorzustellen?«

Yu Ai wollte den Kopf schütteln, doch dann begriff er, dass Shen Qiao das nicht sehen konnte.

»Seit du von der Klippe gestürzt und verschwunden bist, habe ich im Geheimen Leute ausgesandt, dich zu suchen«, sagte er. »Sie haben überall gesucht, konnten dich aber nicht finden. Um als lebend zu gelten, muss es einen Menschen geben; um als tot zu gelten, muss es eine Leiche geben. Solange du also noch am Leben bist, wird der Xuandu-Berg seinen Anführer niemals wechseln. Ich kümmere mich in deinem Namen um alle Angelegenheiten, aber nur als Vertretung. Ich hege nicht den Wunsch, die Grenzen meiner Autorität zu überschreiten und dich zu ersetzen.«

Früher hätte Shen Qiao Yu Ais Worten geglaubt, aber die Zeiten hatten sich geändert. Er konnte es einfach nicht mehr und schwieg für einen Moment.

»Am Tag meines Duells mit Kunye habe ich bemerkt, dass die Hälfte meiner inneren Energie fehlte und mein wahres Qi blockiert war, der Fluss unterbrochen. Ich habe die Zähne zusammengebissen und weitergemacht, aber es war umsonst. Ich habe darüber gebrütet, wann und wo ich vergiftet wurde, aber ich konnte mir keinen Reim daraus machen. Niemals hätte ich erwartet, dass du derjenige warst.«

Yu Ai ließ den Kopf hängen und sagte nichts, doch in seinen Ärmeln zitterte seine Hand kaum merklich. Shen Qiao hatte allen auf dem Xuandu-Berg vertraut. Nicht weil Shen Qiao naiv, leichtgläubig oder ignorant war, sondern weil er an sie geglaubt hatte. Er hatte geglaubt, dass es immer Gutes in der Welt geben würde, glaubte an die Menschen, mit denen er aufgewachsen war, und glaubte, dass seine Lehrgeschwister und er unzertrennlich waren und ihn niemals betrügen würden. Deshalb war er nicht auf der Hut gewesen und auf Yu Ais Plan hereingefallen.

»Ich war ohnmächtig, als ich von der Klippe gestürzt bin. Als ich aufgewacht bin, hatte ich meine Erinnerungen verloren, und die Tage zogen sich wie Brei, ich war desorientiert und verwirrt«, fuhr Shen Qiao fort. »Erst kürzlich konnte ich mich wieder an vieles erinnern. In der Nacht vor dem Duell mit Kunye wolltest du das Bett mit mir teilen. Wir haben über alle möglichen Dinge gesprochen. Du hast mir sogar gesagt, dass du Xiao-shimei[47] anhimmelst, aber sie leider kalt und abweisend gegenüber jeglichen Avancen ist. Du warst darüber besorgt und hast mir gesagt, dass ich der Einzige bin, mit dem du darüber reden kannst. Du hast gehofft, dass ich sie nach meinem Duell mit Kunye für dich anspreche.«

Yu Ai antwortete nicht.

»Als Kunye die Herausforderung per Brief geschickt hat, wollte ich zunächst nicht akzeptieren. Aber dann hast du das Duell von Shizun und Kunyes Meister Hulugu erwähnt. Du sagtest, wenn ich nicht zustimme, wird es das Ansehen von Shizun und dem Xuandu-Berg beschmutzen. Dann hast du vor mir stets Andeutungen deiner Liebe gegenüber Xiao-shimei gemacht. Aber seltsamerweise hast du Xiao-shimei selbst nie Anzeichen deiner Wünsche und Begehren gezeigt, weder in Taten noch Worten. Ich hab mir nichts dabei gedacht. Ich habe dich sogar getröstet und Situationen geschaffen, in denen ihr beide allein wart. Aber wenn ich zurückdenke, war nichts davon real, oder?«

Yu Ai seufzte endlich. »Nein. Ich habe nie etwas für Xiao-shimei empfunden. Ich habe das nur gesagt, um dich zu verwirren und damit du dich auf andere Dinge konzentrierst. Und damit ich eine Gelegenheit haben würde, vor dem

47 小师妹, wörtlich »jüngste Lehrschwester«. Xiao- als Präfix zeigt an, dass sie die neueste bzw. letzte Schülerin von Qi Fengge ist.

Kampf allein mit dir zu sprechen. Du hast Shizuns Titel geerbt und warst der beste Kampfkünstler unter uns Geschwistern. Normales Gift würde dir nichts ausmachen, also musste ich ein seltenes und mystisches Gift verwenden: Glückliches Wiedersehen[48]. Es wirkt nicht sofort tödlich, und wenn man es richtig dosiert, erkennt man es nicht. Mit der Zeit nehmen die Knochen das Gift auf, und es sieht aus, als wäre das Opfer eines natürlichen Todes gestorben.«

Yu Ai wurde lauter. »Aber ich wollte dich nie umbringen, deshalb habe ich nur eine winzige Prise gegeben. Ich wollte nur, dass du den Kampf gegen Kunye verlierst. Ich dachte, dass du auch einen so großen Sturz dank deiner Kampfkünste überleben würdest. Ich habe gehofft, dass deine Verletzungen dich nur ein paar Monate außer Gefecht setzen. Aber es ging schief. Nach deinem Sturz habe ich sofort Leute ausgesandt, aber wir konnten dich einfach nicht finden.«

Shen Qiaos Miene wurde noch finsterer. »Glückliches Wiedersehen ist unglaublich selten. Man sagt, dass es ein Gift ist, das zu Zeiten von Zhang Qian seinen Weg in die zentralen Länder fand. Dann ging es verloren, selbst im Kaiserpalast soll nichts davon übrig sein, und schon gar nicht auf dem Xuandu-Berg. Wo hast du es her?«

Er wartete nicht auf Yu Ais Antwort, und in seinem Gesicht zeichnete sich Erkenntnis ab. »Kunye? Hast du es von Kunye?«

»Ja«, sagte Yu Ai zögerlich.

»Du hast mit den Göktürks zusammengearbeitet, damit ich nicht mehr Anführer der Schule bin?«

48 相见欢, wahrscheinlich eine Referenz auf ein Gedicht des letzten Kaisers der Südlichen Tang-Dynastie, Li Yu. Es beklagte die »Bitterkeit des Abschieds« in seinem Herzen, als er zusah, wie sein Reich fiel.

Endlich kündigte sich Ärger in Shen Qiaos Gesicht an. »Shizun mag mir diese Aufgabe vermacht haben, aber weißt du, ich hab es nie gewollt. All diese Jahre habe ich mich so oft auf dich verlassen. Wenn du nur ein Wort gesagt hättest, hätte ich dir diese Position mit Freude überlassen. Ich verstehe es nicht – warum musstest du so weit gehen und dich mit den Göktürks verbünden?«

Shen Qiaos Herz klopfte wild, seine Stimme war ungewöhnlich laut und hart. Er konnte ein Husten nicht länger unterdrücken.

Yu Ai wollte Shen Qiaos Rücken streicheln und ihm beim Atmen helfen, aber als er die Hand ausstreckte, zögerte er. Dann zog er sie zurück und sagte: »Weil Xuandu-Berg nicht so weitermachen kann. Sich verstecken und die Welt da draußen ignorieren – wir sind vielleicht noch die weltbeste daoistische Schule, aber früher oder später werden wir diesen Titel verlieren! Sieh dich um: Das Chunyang-Kloster vom Qingcheng-Berg wird immer berühmter, und ihr Anführer Yi Pichen gehört zu den Besten Zehn. Er hat einen noch größeren Ruf als du, Zhangjiao-shixiong. Aber seit Shizun gestorben ist, klammern wir uns hier im Violetten Palast immer noch an seinen Einfluss.« Seine Augen funkelten, während er sprach. »Einst warst du so stark wie Yi Pichen. Wenn du willens gewesen wärst, dich mit der Gesellschaft zu beschäftigen, wärst du vielleicht sogar der beste Kampfkünstler geworden. Aber du hast dich für die Einsamkeit entschieden. Du bleibst lieber im Dunkeln, versteckt in den Bergen. Wenn wir so weitermachen, werden wir bald ersetzt!«

Yu Ais Ton wurde immer aufgeregter und zorniger.

»Die Welt versinkt im Chaos. Die Daoisten errichten verschiedene Konfessionen, während die Buddhisten und Konfuzianisten allerlei Tricks anwenden, nur um ein bisschen

Mitspracherecht bei der Regierung zu haben. Selbst die dämonischen Schulen mischen sich ein! Nur Xuandu-Berg bleibt isoliert und abgegrenzt, verschließt Augen und Ohren. Wir haben das beste Schwert und schwingen es nicht. Wenn irgendein buddhistischer oder konfuzianistischer Kaiser das Reich eines Tages vereint, wo ist dann noch Platz für uns?«

Yu Ai atmete tief aus und sprach langsamer weiter.

»Shixiong, ich wollte nie deine Position. Ich weiß, dass sich Leute aus verschiedenen Stämmen nicht verstehen werden. Mit den Göktürks zu arbeiten war nur Teil meines Vorgehens. Die einzige Wahl, die ich hatte, um diesen törichten Plan zu schmieden, sodass du verschwinden würdest. Nun, da du wieder da bist, geh nicht. Bleib und erhol dich ordentlich, in Ordnung?«

»Und was wirst du in zehn Tagen tun?«, fragte Shen Qiao.

Yu Ai zuckte zusammen. »Was?«

»Ich bin zurück auf dem Xuandu-Berg. Wie wirst du das unseren Lehrgeschwistern und Schülern erklären? Und in zehn Tagen bei der Jade-Terrassen-Diskussion, wie wirst du es der Öffentlichkeit erklären?«

Yu Ai konnte nicht antworten.

»Woran genau arbeitest du mit den Göktürks?«, fragte Shen Qiao weiter.

»Entschuldige«, sagte Yu Ai. »Das kann ich dir noch nicht sagen.«

»Und was, wenn ich dagegen bin?«

Yu Ai sagte nichts.

»Wenn ich dagegen bin, wirst du mich festnehmen, und dann werde ich nur noch namentlich ein Anführer sein, weggesperrt vom Tageslicht. So kann ich an jenem Tag kein Hindernis für dich sein, richtig?«

Nur Stille.

Shen Qiao seufzte. »Du warst ein kränkliches Kind, und obwohl du zwei Jahre älter warst als ich, war es schwer, zuzusehen. Als du krank warst, hast du dich verwöhnen lassen, aber als du älter geworden bist, hattest du Angst, dass die jüngeren Schüler auf dich herabsehen. Also hast du Tag für Tag ein ernstes Gesicht aufgelegt. Selbst jetzt erinnere ich mich noch deutlich daran, wie du mich gedrängt hast, dich Shixiong zu nennen!«

Yu Ais Gesicht wurde etwas weicher, als er sich daran erinnerte. »Ja, stimmt. Ich war ein launisches Kind. Ich war unnahbar und sarkastisch. Selbst Xiao-shimei hat mich gemieden. Von all unseren Lehrgeschwistern warst du der gutmütigste. Du hast meine Launen immer ertragen.«

»Egal, wie gutmütig ich bin, auch ich habe meine Grenzen, die niemand überschreiten darf«, sagte Shen Qiao. »Du wolltest Anführer werden, deshalb hast du dafür gesorgt, dass ich gegen Kunye verliere. Dafür finde ich keine Worte. Ich bin schuld, dich falsch eingeschätzt zu haben. Aber die Göktürks sind ehrgeizig und begehren schon lange die Reiche in den Zentralen Ebenen. Xuandu-Berg stand nie einem Reich bei, das versuchte, das Land zu vereinen, aber wir würden niemals gemeinsame Sache mit den Göktürks machen!«

Yu Ai zwang sich ein bitteres Lächeln ab. »Ich wusste, du würdest so etwas sagen. Warum hätte ich mich sonst so abgemüht?«

»Vielleicht lagen die Schulleiter falsch, die unsere Prinzipien des Rückzugs festgelegt haben. Aber sie lagen richtig darin, nicht mit den Göktürks zusammenzuarbeiten. Kehr um. Es ist nicht zu spät.«

»Ich habe mich schon entschieden, und ich werde nicht umkehren. Ich bin auch hier aufgewachsen! Natürlich will ich sehen, wie dieser Ort besser wird! Mir ist das ebenso wichtig wie dir, also, warum tust du so scheinheilig? Denkst du, dass du die einzige Person auf der Welt bist, die recht hat? Dass alle anderen sich irren?«, sagte Yu Ai wütend. »Warum gehst du nicht und fragst die anderen Schüler? Sie sagen es vielleicht nicht, aber tief drinnen sind sie vielleicht auch unzufrieden mit dem Xuandu-Berg, der seit Jahrzehnten ruht? Nach der Jade-Terrassen-Diskussion kann ich öffentlich bekannt geben, dass der Berg sich öffnet und Schüler akzeptiert – Xuandu-Bergs Ansehen und Status wird florieren. Ich werde der Tiantai-Schule und der Linchuan-Akademie niemals erlauben, alles für sich zu behalten!«

Shen Qiao schwieg für eine lange Zeit. Yu Ai keuchte, er hatte alles herausgelassen. Die kühle Nachtbrise zog durch die Gassen, und niemand hatte mehr etwas zu sagen.

Yu Ai spürte einen Schmerz im Herzen. Egal, was passiert war, sie konnten niemals zurück zu dem, was war. Der brüderlichen Beziehung, die sie einst hatten.

»Du hast deine Entscheidung getroffen«, sagte Shen Qiao schließlich. »Es gibt nichts mehr zu sagen.«

»Wo gehst du hin?«, fragte Yu Ai.

»Als Kunye mich besiegt hat, habe ich dem Xuandu-Berg Schande gebracht«, sagte Shen Qiao kühl. »Auch wenn die anderen es nicht sagen, ich habe nicht mehr das Gesicht[49], um Leiter der Schule zu sein. Ich habe keine Beweise für das Gift. Selbst wenn ich vor der Öffentlichkeit aussage, werden sie mir nicht glauben. Sie werden denken, ich bin unzufrieden und denke mir Geschichten aus. Du hast alles berechnet, warum kümmert es dich, wohin ich gehe? Wohin ich auch gehe,

49 脸, das Gesicht einer Person ist eine Metapher für ihre Würde und ihr Ansehen, mehr dazu im Glossar.

ich werde mich nicht in dein grandioses Unterfangen einmischen.«

»Du bist schwer verletzt«, sagte Yu Ai sanft. »Du musst bleiben und dich ausruhen.«

Shen Qiao schüttelte den Kopf und wandte sich zum Gehen. Aber hinter ihm war wieder Yu Ais Stimme, diesmal kalt wie eine Winternacht: »Ich werde dich nicht gehen lassen.«

KAPITEL 19

SHEN QIAOS ENTSCHEIDUNG

Und wenn ich darauf bestehe, zu gehen?«, fragte Shen Qiao.

Statt einer Antwort erwiderte Yu Ai: »Du bist hier aufgewachsen, und deine Lehrgeschwister leben hier. Bringst du es wirklich übers Herz Xuandu-Berg zurückzulassen? Einfach zu gehen?«

Yu Ai versuchte, Shen Qiao sowohl mit Logik als auch Zuneigung zu überzeugen.

»Wenn du mit den Göktürks kooperierst, bleibe ich nicht«, sagte Shen Qiao.

Als Yu Ai sah, dass Shen Qiao nicht nachgab, wurde seine Stimme noch kälter. »Was macht es für einen Unterschied, ob du zustimmst oder nicht? Vier der sieben Ältesten des Xuandu-Bergs unterstützen meinen Plan. Die anderen drei kultivieren in Seklusion und befassen sich nicht mit weltlichen Dingen. Was unsere Lehrgeschwister angeht: Da-Shixiong[50] ist zu gutmütig, um Partei zu ergreifen, es ist nutzlos, mit ihm zu reden.

50 大师兄, wörtlich »größter älterer Lehrbruder«. Da- als Präfix bezieht sich hier auf den allerersten Schüler von Qi Fengge.

Si-shidi[51] und Xiao-shimei werden sich freuen, dich zu sehen, aber das heißt nicht, dass sie mir nicht zustimmen. Es ist unerlässlich, den Xuandu-Berg zu reformieren. Ich werde nicht zusehen, wie unsere Schule Verluste erleidet – und das werden die anderen auch nicht. Nicht, solange ich lebe. Wie denkst du, hätte ich sonst so schnell als Vertreter einspringen und alles regeln können? Hätte ich das alles ohne ihre Unterstützung geschafft? Du, Shizun und die alten Meister: Eure Ideen funktionieren nicht mehr. Wie kann sich der Xuandu-Berg auf moralische Reinheit konzentrieren, wenn so viele Unruhen in der Welt herrschen?«

Die Nacht war still – selbst die Vögel schienen aus dem Himmel verschwunden zu sein. Der Wind hatte sich gelegt, es war kein Rauschen mehr in den Blättern. Als wäre die Welt selbst zum Stillstand gekommen. Auch der Mond hatte sich hinter den Wolken versteckt und hüllte Himmel und Erde in Dunkelheit. Die Kerze in Yu Ais Hand flackerte, die Flamme wurde kleiner und kleiner und erlosch.

Seit Shen Qiao erblindet war, hatten Tag und Nacht keinen Unterschied für ihn gemacht. Er war auch ein Mensch – spürte Schmerz, wenn er verletzt wurde, und grübelte, wenn ihn etwas beschäftigte. Aber er hatte geglaubt, dass es immer Hoffnung gab und er jedem Hindernis optimistisch entgegensehen konnte. Auch wenn viele Zweifel schwer auf ihm gelastet hatten, als er seine Erinnerungen wiedererlangt hatte, hatte er sich doch nicht entmutigen lassen. Er wollte immer noch zum Xuandu-Berg gehen und von Angesicht zu Angesicht reden. Aber in diesem Augenblick, als die Wahrheit glasklar vor ihm lag, war sein ganzer Körper schwer und erschöpft. Als ob Hände nach ihm griffen und versuchten, ihn ins eiskalte Meer

51 四师弟, wörtlich »vierter kleiner Lehrbruder«.

hinabzuziehen. Unfreiwillig umklammerte er den Bambusstock in seiner Hand fester. Als Yu Ai Shen Qiaos Gesichtsausdruck sah, schmerzte es ihn etwas. Aber es gab ein paar Dinge, die er klar aussprechen musste.

»Shixiong, niemand möchte sich in der Einsamkeit suhlen. Xuandu-Berg ist eindeutig die weltbeste daoistische Schule und hat die Kraft, einen geeigneten Regenten zu unterstützen, der dem Daoismus helfen wird, einflussreicher zu werden. Warum müssen wir uns wie Einsiedler in den Bergen verstecken. Alle hier stimmen dem zu, außer dir. Du bist derjenige, der zu naiv ist!«

Shen Qiao holte tief Luft. »Kunye gehört zu den Göktürks. Ebnest du den Göktürks nicht einen Pfad in die Zentralen Ebenen, wenn du mit ihnen zusammenarbeitest?«

»Natürlich nicht«, sagte Yu Ai. »Ich habe doch gesagt, dass die Zusammenarbeit mit Kunye nur ein Bruchteil meines Plans ist. Egal, wie verzweifelt ich mir Erfolg für den Xuandu-Berg wünsche, ich würde mich nie auf die Seite der Göktürks stellen. Sie sind wild und brutal und keineswegs geeignete Regenten.«

Tiefe Falten zeigten sich in Shen Qiaos Stirn. Er hatte eine vage Ahnung, dass Yu Ai den Xuandu-Berg in eine große Sache verwickelt hatte, war aber so durcheinander, dass er nicht klar denken konnte.

»Nun, da du wieder da bist, wird alles wieder so wie früher«, sagte Yu Ai. »Keine Distanz zwischen uns, vereint wie Brüder. Deine Augen sind noch trüb, und du hast innere Verletzungen. Allein den Berg hochzusteigen war sicherlich anstrengend für dich. Wie weit schaffst du es in diesem Zustand? Der Xuandu-Berg ist dein Zuhause.«

Shen Qiao schüttelte langsam den Kopf. »Du gehst deinen hellen, glorreichen Weg, und ich gehe meinen einsamen

Holzweg. Ich möchte kein Strohmann-Schulleiter sein. Ab jetzt …«

Er wollte etwas Kaltherziges darüber sagen, seine Robe zu zerreißen und ihre Bindung zu kappen, aber Kindheitserinnerungen tauchten vor seinem geistigen Auge auf – wie sie gemeinsam groß geworden waren. Ihre Freundschaft war lebhaft in seinem Geist. Ein paar grausame Worte würden nicht ausreichen, um ihre Bande wirklich zu durchtrennen. Shen Qiao seufzte, und am Ende schwieg er. Er presste die Lippen aufeinander und wandte sich nach links.

Shen Qiao war der talentierteste Schüler unter den Lehrgeschwistern, doch mit dem besten Kampfkünstler der Welt waren all ihre Fähigkeiten bemerkenswert. Qi Fengge akzeptierte nur Schülerinnen und Schüler, die von Natur aus begabt waren. Wäre Shen Qiao im Vollbesitz seiner Kräfte, hätte Yu Ai ihn nicht aufhalten können. Aber so brauchte Yu Ai nicht zu zögern. Er schoss vor Shen Qiao und blockierte ihm den Weg.

»Geh nicht, Shixiong«, sagte er ernst und wollte Shen Qiao bewusstlos schlagen.

Aber damit hatte Shen Qiao gerechnet. Er machte einen Schritt zurück und hob seinen Bambusstock, um den Schlag abzuwehren. Yu Ai nahm seine Verteidigung nicht ernst und griff nach dem Stock. Er war sich sicher, dass er ihn zwischen den Fingern hatte, doch dann war er weg. Der Bambusstock rutschte ihm weg, jedoch auf ihn zu und hieb nach seinem Handgelenk. Yu Ai verzog das Gesicht, schüttelte die Finger und griff mit der anderen Hand nach Shen Qiaos Schulter. Sein Ärmel flatterte in der Luft, und er bewegte sich hinter Shen Qiao, um ihm auch diesen Weg zu versperren. Yu Ai erwischte Shen Qiaos Schulter und drückte fest zu. Shen Qiao spürte den Schmerz, der durch seinen Körper fuhr, doch er ignorierte ihn und schlug mit dem Bambusstock nach Yu Ais Hüfte. Dort hatte sich Yu Ai als Kind eine Verletzung zugezogen, als er von einem Baum gefallen war. Die Brüche waren zwar verheilt, aber die Erinnerung an den Schmerz hatte eine Spur in Yu Ais Geist hinterlassen. Er wich dem Schlag automatisch aus. Shen Qiao war Yu Ai nicht gewachsen, aber sie kannten sich seit ihrer Kindheit, hatten gemeinsam trainiert und ihre Bewegungen studiert. Trotz seiner Verletzungen, trotz seiner Blindheit kannte er die Tricks, die Yu Ai gegen ihn einsetzte. Shen Qiao war sich sicher, dass Yu Ai ihn nicht töten wollte, deswegen griff er ohne Bedenken an. Doch auch Yu Ai kannte Shen Qiao. Sie tauschten Schläge aus, und keiner schien lange die Oberhand zu behalten. Yu Ai wurde wütend und wollte den Kampf beenden. Er zielte mit einem Handkantenschlag auf Shen Qiaos Schulter und benutzte sein wahres Qi. Seine Kraft wirbelte Wind auf, Shen Qiao riss seinen Stock zur Verteidigung hoch. Das wahre Qi traf ihn direkt, mit einem Knacken brach der Bambusstock entzwei. Shen Qiao taumelte zurück, stolperte und fiel zu Boden.

»A-Qiao, hör auf damit und komm mit mir nach Hause. Wenn Xiao-shimei und die anderen hören, dass du wieder da bist, werden sie überglücklich sein!«

Yu Ai trat nach vorne und wollte ihm aufhelfen. Shen Qiao sagte nichts. Yu Ai griff nach seinem Handgelenk, doch dann sah er etwas auf sich zuschießen – eine Hälfte des Bambusstocks. Shen Qiao hatte seine Kraft für diesen Moment aufgespart, wenn Yu Ai seine Deckung vernachlässigen würde. Yu Ai unterschätzte den blinden, verletzten Shen Qiao und war nicht auf diesen Gegenangriff vorbereitet. Er wusste nicht, wie viel Kraft Shen Qiao noch hatte, deshalb wagte er es nicht, einen direkten Schlag zu kassieren. Der Bambusstock sauste mit der Kraft eines eiskalten Bachs auf ihn zu, spitz genug, um sich ihm bis ins Mark zu bohren. Yu Ai wich zur Seite aus. Shen Qiao ließ keinen weiteren Angriff folgen, er drehte sich um und rannte den Pfad hinab. Shen Qiao erinnerte sich auch nach all den Jahren an den Verlauf der Wege und die Abstände der Stufen. Kombiniert mit der Leichtfüßigkeit seines Qinggongs stürmte er weiter, Yu Ai war ihm dicht auf den Fersen. Ohne zurückzusehen, warf Shen Qiao die andere Hälfte des Bambusstocks in Yu Ais Richtung. Yu Ai war wild entschlossen, Shen Qiao nicht vom Xuandu-Berg entkommen zu lassen. Er hatte sich lang genug zurückgehalten. Mit einem Wirbeln und flatternden Ärmel schickte er den Bambusstock zurück zu Shen Qiao. Der Stock sauste pfeifend nach vorn und streifte seine Schulter. Es durchschnitt seine Kleidung, Blut schoss aus der Wunde. Shen Qiao schluckte den Schmerz hinunter. Er lief weiter, auch wenn er strauchelte. Innerhalb weniger Sekunden hatte Yu Ai zu ihm aufgeschlossen und setzte zu einem weiteren Schlag an. Shen Qiao konnte nicht mehr ausweichen. Die Wucht traf ihn im Rücken, Blut schoss aus seinem Mund, und er stürzte. Sein Gesicht knallte auf den Boden, er rang nach Luft.

»Hör auf wegzurennen!«, schrie Yu Ai wutentbrannt und griff nach Shen Qiaos Beinen. »Seit wann bist du so stur? Ich will dir nicht wehtun, also, warum hörst du nicht?«

»Nur ein Narr würde nicht wegrennen, wenn er sonst gefangen genommen wird!«

Ein hämisches, kaltes Lachen ertönte aus der Dunkelheit. Alarmiert blieb Yu Ai stehen und sah sich um, doch er konnte niemanden erkennen.

»Was für ein mieser Schurke versteckt sich hier? Komm raus!«

»Ich hab gedacht, dass Qi Fengges Schüler zumindest halbwegs was draufhaben, schließlich war er der himmlische Stolz seiner Generation. Aber wer hätte so etwas erwartet? Der schwer verletzte Shen Qiao ist eine Sache, aber dass Yu Ai, der Stellvertreter, so ein mittelmäßiger Kampfkünstler ist? Wenn Qi Fengge im Jenseits davon hört, wird er keine Ruhe finden!«

Im nächsten Moment zeigte sich Yan Wushi, Abscheu und Hohn im Gesicht. Yu Ai hatte keinen blassen Schimmer, wo er sich versteckt gehalten hatte. Er schauderte, bewahrte aber ein ernstes Gesicht.

»Darf ich wohl Euren Namen erfahren?«, fragte er. »Was für wichtige Gründe bringen Euch mitten in der Nacht auf den Xuandu-Berg? Wenn Ihr ein alter Freund meines Meisters seid, muss ich Euch unbedingt auf eine Tasse Tee in der Haupthalle einladen.«

»Ohne Qi Fengge ist der Xuandu-Berg langweilig. Ich hab keine Lust, deinen Tee zu trinken, und du bist es nicht würdig, mit mir Tee zu trinken.«

Yu Ai wollte den Xuandu-Berg mit der Außenwelt verknüpfen, deswegen hatte er viel recherchiert. Er kramte in seinem Gedächtnis. Anhand seines arroganten und anmaßenden Verhaltens und der unheimlichen Kampfkünste kam ihm nur ein Name in den Sinn. »Yan Wushi? Du bist der Dämonenkönig, Yan Wushi?«

Yan Wushi verzog das Gesicht. »Ich kann diesen Titel nicht leiden.«

Yu Ais Gesicht war ernst, er überging diese Bemerkung.

»Darf ich fragen, was für ein Anliegen Ihr habt? Ich kümmere mich gerade um interne Angelegenheiten und kann Euch nicht die angemessene Gastfreundschaft entgegenbringen. Kehrt doch gern bei Tagesanbruch wieder.«

»Ich komme, wann immer ich will. Wer bist du, mich herumzukommandieren?«

Yu Ai war von Yan Wushis Ankunft überrascht worden, doch nun, da er länger darüber nachdachte, wunderte er sich, wie der Dämonenkönig hier unbemerkt eingedrungen war. Selbst ein Großmeister konnte den Berg nicht einfach so betreten, als wäre es ein unbewachtes Stück Land. Die einzige Möglichkeit war der enge Pfad auf der Rückseite des Bergs. Er fuhr zu Shen Qiao herum.

Shen Qiao stützte sich an einem Baum ab und atmete schwer, das Gesicht dem Boden zugewandt. Yu Ai konnte seinen Gesichtsausdruck nicht sehen. Doch er sah aus, als würde ein kleiner Windhauch reichen, um ihn umzuwerfen. Der Nachtwind frischte auf und riss an ihren Roben, doch Shen Qiao blieb stehen. Als ob hundert Schicksalsschläge nicht reichen würden, um ihn zu brechen. Doch Shen Qiao schien von Yan Wushis Auftauchen nicht überrascht zu sein. Die Erkenntnis schockierte ihn und befeuerte seine Wut.

»A-Qiao, wie konntest du dich mit Leuten aus einer dämonischen Schule einlassen?«

Shen Qiao atmete aus, es roch nach Blut. Er wischte sich den Mund ab und krächzte: »Du kooperierst mit den Göktürks. Warum sollte ich mich nicht mit Leuten aus dämonischen Schulen abgeben?«

KAPITEL 20
DER GENUSS DES KAMPFS

Shen Qiaos Worte verschlugen Yu Ai die Sprache. Und Yan Wushi konnte nicht anders, als Öl ins Feuer zu gießen.

»Qi Fengge hat Hulugu entkommen lassen, und Hulugu nimmt sich einen Schüler, der Qi Fengges Schüler von einer Klippe wirft. Währenddessen akzeptiert Qi Fengge einen Schüler, aber dieser Schüler ist so ambitioniert, dass er sich mit den Göktürks gegen seinen eigenen Shixiong verschwört, um selbst Anführer zu werden. Qi Fengge würde aus seinem Grab springen, wenn ihm das zu Ohren käme, oder? Er wäre außer sich.«

Die Provokation verstärkte Yu Ais Wut. Er konnte sie kaum zurückhalten, als er antwortete: »Es ist sehr unhöflich von Euch, mitten in der Nacht uneingeladen hierherzukommen. Ich habe Familienangelegenheiten, um die ich mich kümmern muss. Ihr findet den Weg hinaus sicher allein!«

»Was für ein schlechter Witz«, sagte Yan Wushi. »Ich komme und gehe, wie es mir beliebt. Es gibt niemanden in dieser Welt, der mich aufhalten könnte. Wenn Qi Fengge es versuchen würde, würde ich ihm etwas von seiner Würde übrig lassen, aber dir? Wer denkst du, kleiner Wicht, wer du bist?«

Niemand hatte je im Leben so mit Yu Ai gesprochen. Er war schon immer ein hitzköpfiger Junge gewesen und nur durch

Shen Qiaos Einfluss über die Jahre etwas umgänglicher geworden. Doch dieses alte Temperament flammte auf wie ein Lagerfeuer. Seine Finger zuckten. Sollte er andere zu Hilfe rufen? Doch dann entschied er sich dagegen. Shen Qiao war auf Xuandu-Berg beliebt, sein Ruf makellos. Die anderen mochten Yu Ais Idee, den Berg zu reformieren, vielleicht zustimmen, aber das bedeutete nicht, dass sie sich ihn auch als Anführer wünschten. Außerdem könnte Shen Qiaos aktueller Zustand sie weich werden lassen. Wenn sie ihre Meinung änderten, würde das ein noch größeres Chaos geben. Deshalb schüttelte er seinen Ärmel und zog ein Langschwert.

Es war eines der drei Schwerter, die Qi Fengge seinen Schülern vermacht hatte. Shanhe-Tongbei für Shen Qiao. Seine jüngste Schülerin Gu Hengbo erhielt das Tianwei Sheichun[52]. Und das dritte Schwert Junzi Buqi[53] hielt Yu Ai in seinen Händen.

Ein Schwung des Schwerts schoss regenbogenfarbene Schleifen gleißenden Lichts in die Dunkelheit, beeindruckend und doch unheimlich. Nur jemand, der die *Azurwellen*-Schwerttechniken des Xuandu-Bergs gemeistert hatte, konnte so einen Effekt erzeugen. Die Strahlen schwollen an und wurden zu einem wilden Sturm – kraftvoll genug, um Himmel und Erde zu verschlingen. Im Auge dieses Sturms würde sich der Gegner fühlen, als würde er in reißenden Fluten untergehen, während sich Regentropfen wie Pfeile in den Boden um ihn bohrten. Ein eiskalter Wind durchschnitt die Luft

52 天为谁春, Schwert Tianwei Sheichun, bezieht sich auf ein Gedicht von Nalan Xingde aus der Qing-Dynastie über ein Liebespaar. Eine mögliche Übersetzung wäre: »Für wen kommt der Frühling?«

53 君子不器, Schwert Junzi Buqi. aus einer Kollektion von Konfuzius. Eine mögliche Übersetzung wäre: »Ein wahrer Gentleman (junzi) ist kein Werkzeug.« Werkzeuge können nicht selbst denken und führen nur Befehle aus, deshalb sollte ein Junzi flexibel und offen sein.

wie unzählige Klingen mit der Kraft, Knochen zu durchtrennen und Innereien zu pulverisieren. Irgendwann war Yan Wushi in die Luft aufgestiegen. Zunächst sah es aus, als wäre er von den heftigen Winden erfasst worden. Er hatte eine Hand hinter seinem Rücken, die andere Hand war ausgestreckt, die Handfläche zeigte nach außen. Mit einem einfachen Schwung seines Handgelenks fegte er die erste Salve der Schwerthiebe hinfort, dann streckte er einen Finger aus. Derselbe Finger, den er am Banbu-Gipfel gegen Yu Shengyan erhoben hatte. Mit dem Unterschied, dass er nur die Hälfte seiner Kraft gegen seinen Schüler eingesetzt hatte. Nun nutzte er etwa achtzig Prozent. Der Schwertsturm, der den Himmel leer gefegt hatte, fiel in sich zusammen. Die Spitze von Yu Ais Schwert leuchtete auf, und er zielte auf Yan Wushis Finger. Zwei wirbelnde Qi-Ströme prallten aufeinander und explodierten. Im Inneren flatterten ihre Roben wild umher. Die Schockwelle erfasste Shen Qiao, der diesem Angriff nicht mehr ausweichen konnte. Als ihn die Energie erreichte, verlor er fast das Gleichgewicht.

Yu Ais Schwertspitze war mit wahrem Qi angereichert und flog nach oben. Wie eine massive Flutwelle, die an einem Felsen brach, riss er es herunter, um Yan Wushis Kopf zu treffen. Die *Azurwellen*-Schwerttechnik wurde ihrem Namen gerecht. Qi Fengge hatte sie entwickelt, als er das Meer im Osten beobachtet hatte. Über die Jahre hatte er sie poliert und ergänzt, und bald fand sie ihren Weg in den Grundlehrplan des Xuandu-Bergs. Obwohl es eine grundlegende Technik war, zeigten sich die Unterschiede zwischen einem Novizen und einem Meister dieser Kunst deutlich. Yu Ai hatte eine Stufe erreicht, in der er die ursprüngliche Variante durch seine eigene Erfahrung mit dem Schwert ergänzt und übertroffen hatte. Er führte das Schwert, als wäre es sein eigener Arm. Doch Yan Wushi

vereitelte einen seiner stärksten Angriffe mit einem einzigen Finger.

Bei genauem Hinsehen war erkennbar, dass Yan Wushis Finger nicht einfach unbewegt gegen das Schwert drückte. Tatsächlich bewegte er sich schnell, zu schnell für gewöhnliche Augen, sodass es aussah, als würde er sich nicht bewegen. Sein Finger schoss präzise an die Schwachpunkte der Barriere aus wahrem Qi um Yu Ais Schwert. In diesem Augenblick erinnerte sich Yu Ai an etwas, das sein Meister Qi Fengge ihm vor vielen Jahren erzählt hatte. Damals dachte jeder, dass sein größter Rivale Hulugu von den Göktürks war. Aber Qi Fengge hatte gesagt, dass Yan Wushi Hulugu in einigen Jahren übertreffen würde. Vielleicht sogar ihn selbst. Er hatte erkannt, dass Yan Wushis Kampfkünste über die Grenzen der üblichen Lehren hinausgewachsen waren. Yan Wushi schien die Begrenzungen zu erweitern, wie es ihm beliebte. Für die meisten Praktizierenden waren die Zhuyang-Strategien der Schlüssel, um ihre Kampfkünste weiterzuentwickeln. Doch für Yan Wushi waren sie nur ein Referenzpunkt. Anstatt die Zhuyang-Strategien zu verinnerlichen und sein eigenes Qi von Grund auf neu zu formen, nutzte er das Wissen daraus, um die Schwachstellen in seinen Kampfkünsten zu flicken. Eine seiner Techniken war die berüchtigte *Frühlingsbäche*-Fingertechnik. Nach ihrem Kampf nutzte Qi Fengge ein Gedicht, um sie zu beschreiben: »Die Frühlingsbäche plätschern, umschließen mein Spiegelbild; meine flüchtigen Wünsche zerfallen, nur Asche bleibt zurück.«

Als Yu Ai diese Sätze gehört hatte, hatte er sie nicht verstanden. Ging es um eine Frau, die ihre schwindenden Gefühle lamentierte? Aber nun endlich verstand er die Bedeutung. Mit dem Finger seines Gegners schwappte auch sein wahres Qi über wie eine Flutwelle – es blockierte nicht nur den Angriff, es beschädigte auch die Barriere, die Yu Ai gewissenhaft um sein Schwert geformt hatte. Dieses Gefühl, der ungeheure Druck, war genau so, wie Qi Fengge es beschrieben hatte: »Flüchtige Wünsche« zerfielen, und nur Asche blieb übrig. Yu Ai musste alle Kraft in sein Schwert legen. Aber nur eine Sekunde später ging sein Angriff in die Luft wie die Explosion eines Vulkans, heißer Dampf überall. Von allen Seiten peitschte der Wind, und große Felsen brachen entzwei.

Ein schmerzhaftes Piepen füllte Shen Qiaos Ohren. Für einen Moment konnte er nichts anderes mehr hören. In so einer ruhigen Nacht weckte der Klang der Explosion die Menschen auf dem Xuandu-Berg. In der Ferne wurden Laternen angezündet, und die Leute zogen sich hastig an, um nach dem Ursprung des Krachs zu suchen. Die Sache war aus dem Ruder gelaufen. Yu Ai hatte gehofft, den Kampf schnell und leise zu beenden, aber er hatte nicht mit Yan Wushi gerechnet. Er hatte die Kontrolle verloren. Beide beendeten ihren Angriff. Yu Ai wich drei Schritte zurück, Yan Wushi nur zwei. Aber Yu Ai hatte in diesem Kampf alles gegeben, während Yan Wushi sich kaum bemüht hatte. Sie beide wussten, wer der Gewinner war. Dennoch blieb Yan Wushi ruhig. Seinem Gesichtsausdruck nach war er höchst amüsiert. Yu Ai knirschte mit den Zähnen. Ein Teil von ihm freute sich auf die anderen, auf ihre gemeinsame Stärke, mit der sie diesem Verrückten Yan Wushi vielleicht Einhalt gebieten konnten. Aber ein anderer Teil von ihm wollte nicht, dass irgendjemand Shen Qiao entdeckte. Er grübelte immer noch, als der Erste eintraf: Qi Fengges erster Schüler, Tan Yuanchun.

Er war Shen Qiaos und Yu Ais Shixiong. Seine Fähigkeiten waren durchschnittlich, und er hatte ein sanftes Gemüt – ein

Friedensstifter, der auch in einem Konflikt niemandem etwas zuleide tun konnte. Seine Persönlichkeit und Fähigkeiten reichten nicht für die Position eines Anführers, aber seine nachgiebige und großzügige Natur sorgte bei allen Schülern für Respekt, auch bei Shen Qiao. Nachdem Shen Qiao zum Leiter der Schule geworden war, ernannte man Tan Yuanchun zu einem Ältesten, und er unterrichtete Tag für Tag die nächste Generation.

»Yu-shidi?«, fragte Tan Yuanchun überrascht. »Das Geräusch eben … warst du das? Und wer ist das?«

»Der Anführer der Huanyue-Schule Yan«, antwortete Yu Ai.

Tan Yuanchan atmete scharf ein. Warum war der Dämonenkönig hier? Yan Wushi war gut gelaunt, er nahm sich sogar die Zeit, Tan Yuanchun zu begrüßen.

»Du bist Qi Fengges erster Schüler? Ich habe vor vielen Jahren gegen deinen Meister gekämpft und gegen ihn verloren, aber seine Schüler scheinen alle komplett unfähig zu sein? Möchtest du auch einen Versuch wagen?«

Tan Yuanchun war sprachlos.

»Eure Kampfkünste mögen ihresgleichen suchen, aber wir sind genug, um einen Mann hier festzuhalten. Findet Ihr die Szenerie des Xuandu-Bergs so spektakulär, dass Ihr Euch nicht von dem Anblick lösen könnt?«, fragte Yu Ai kalt.

Yan Wushi grinste überheblich. »Ohne Qi Fengge ist der Xuandu-Berg in meinen Augen vollkommen wertlos.«

Er sah zu Shen Qiao und spottete: »Willst du immer noch nicht gehen? Wartest du darauf, dass dein Shidi dich einsperrt, damit ihr über eure Freundschaft plaudern könnt?«

Erst jetzt bemerkte Tan Yuanchun die andere Gestalt, die in der Nähe an einem Baum lehnte. Er war halb von den Schatten verborgen, die Atmung so flach, dass er neben Yan Wushi und Yu Ai kaum aufgefallen war. Doch ein genauer Blick reichte, und Tan Yuanchun rief erschrocken aus: »Zhangjiao-shidi?«

Shen Qiao nickte ihm zu. »Geht es dir gut?«

Tan Yuanchun war überrascht und erleichtert. Er machte ein paar Schritte vorwärts. »Bist du in Ordnung? Wann bist zu zurückgekommen, wie …?«

Yu Ai hielt ihn auf. »Da-shixiong!«

Tan Yuanchun stoppte und erinnerte sich an Yan Wushis Worte. Dann drehte er sich zu Yu Ai. »Was genau geht hier vor sich?«

Es war Shen Qiao, der zuerst antwortete. »Da-shixiong, stimmt es, dass ihr Yu-shidi zum neuen Schulleiter ernennen wollt?«

Tan Yuanchun sah gequält aus. Er blickte zu Yu Ai, dann zurück zu Shen Qiao. Er war nicht gut darin, diplomatische Antworten zu geben, deswegen entschied er sich für die Wahrheit. »Als du weg warst, haben wir uns auf Yu-shidi verlassen, wenn es um die interne Organisation ging. Schließlich hat er dir immer assistiert, deswegen versteht er die Vorgänge von Xuandu-Berg am besten. Nachdem du abgestürzt bist, haben die Ältesten entschieden, dass er dich vertritt, bis … Es ist gut, dass du zurück bist. Erhol dich, den Rest können wir später besprechen. Wir haben jede Menge Zeit!«

Shen Qiao verstand sehr wohl, dass er niemals wieder zum Schulleiter werden würde, wenn er heute Nacht hierbleiben würde. Nicht mit seiner Niederlage gegen Kunye und seinen schweren Verletzungen. Selbst wenn die anderen nichts dagegen hatten, würde er nicht das Gesicht haben, um den Titel wieder anzunehmen. Xuandus Violetter Palast würde in Yu Ais Händen bleiben, und auch wenn Shen Qiao hierblieb, würde er ihn nicht daran hindern können, mit den Göktürks zusammenzuarbeiten. Eigentlich wäre er hier dann nur der Gnade der anderen ausgeliefert. Diese Erkenntnis ließ ihn schwer seufzen. Jegliches Zögern war verschwunden.

»Ich bitte Schulleiter Yan, mich mit dir zu nehmen.«

»A-Qiao!«

»Shidi!«

Beide riefen gleichzeitig – Yu Ai voller Wut und Tan Yuanchun voller Angst. Er verstand nicht, wie um Himmels willen Shen Qiao an die dämonische Schule geraten war. Yan Wushi zog eine Augenbraue hoch. Er schien jedoch nicht überrascht von Shen Qiaos Entscheidung. Es sah aus, als fände er die ganze Angelegenheit äußerst unterhaltsam.

»Es ist noch nicht zu spät, umzukehren«, sagte er.

In der Ferne tauchten mehr und mehr Lichter auf, die sich ihnen näherten – Schüler des Xuandu-Bergs, die näher kamen. Die Augen eines blinden Mannes waren sensibel: Shen Qiao konnte sie nicht sehen, aber hören.

Er schüttelte den Kopf. »Nein.«

Als Yu Ai sah, dass Shen Qiao mit Yan Wushi ging, war er entsetzt und wütend. Er hob sein Schwert und wollte sich ihnen in den Weg stellen. »Wartet!«

Yan Wushi wehrte weder ab, noch wich er aus. Stattdessen packte er Shen Qiao und schubste ihn in den Angriff hinein.

Tan Yuanchun schrie. »San-shidi, stopp!«

Yu Ai zog hastig sein Schwert zurück und wich zurück. Yan Wushi brüllte vor Lachen. Im nächsten Augenblick waren er und Shen Qiao spurlos verschwunden. Nur sein finsteres Lachen hallte nach.

Yu Ai platzte der Kragen. »Dieser schamlose Irre!«

KAPITEL 21
AUSEINANDERSETZUNG AUF LEBEN ODER TOD

Natürlich besaßen fast alle Meister der Kampfkunst ein paar besondere Charakterzüge. Manche konnten ihren Stolz oder das Prestige ihrer Position nicht ablegen. Die meisten Leute mit hohem Status würden um ihrer eigenen Würde willen keine anderen Menschen als Schutzschild nutzen. Nur jemand wie Yan Wushi, der auch eine Schriftrolle der Zhuyang-Strategien, ohne mit der Wimper zu zucken, zerstören konnte, würde so etwas Schamloses tun. Kein Wunder, dass Yu Ai im Viereck sprang, selbst Shen Qiao war sprachlos.

Yan Wushi trug ihn den ganzen Weg den Berg hinab und durch die Stadt hindurch, bis sie an der Zwischenstation im Randbezirk ankamen, durch die sie die Stadt betreten hatten. Ein paar einzelne Bäume standen hier, sonst war die Wiese offen. Yan Wushi ließ Shen Qiao herunter. Shen Qiao faltete die Hände.

»Vielen Dank.«

Er hatte sich im Kampf gegen Yu Ai Verletzungen zugezogen, sein ganzer Körper war voller blockiertem Qi und stagnierendem Blut. Erst jetzt spürte er langsam, wie die Wärme langsam in seine Gliedmaßen zurückkehrte. Yan Wushi lächelte ihn überheblich an. »Also, was war denn jetzt der Sinn dieses kleinen Ausflugs zum Xuandu-Berg? Es hat nur bestätigt, was ich vorhergesagt habe: Wenn jemand die Chance hat, etwas zu erlangen, ist sein Herz wertlos. Deine Lehrgeschwister – Menschen, mit denen du aufgewachsen bist – haben nicht gezögert, dich zu betrügen, als es ihnen dienlich war. Sie haben dich von einer Klippe stürzen lassen, um sich selbst den Titel des Schulleiters zu sichern. Qi Fengge hat immer angegeben, dass seine Schule rechtschaffen, ehrlich und gerecht sei, aber seine Schüler verhalten sich, als hätten sie eine dämonische Schule besucht! Unglaublich!«

Natürlich war Yan Wushi bewusst, dass Xuandu-Berg nach Shen Qiao gesucht und ihn nur nicht gefunden hatte, weil er ihn mitgenommen hatte. Aber er hatte keinen Grund, ihr Fürsprecher zu sein – er war glücklich zu sehen, wie niedergeschlagen Shen Qiao war. Wie er von einem weichherzigen, geknechteten Schulleiter zu einem Mann geworden war, der die Welt verachtete. Aber Shen Qiao antwortete ihm nicht; er ließ sich auf einem Felsen in der Nähe nieder.

Yu Ai neigte zu Sturheit und war pragmatisch. Bei allem, was er tat, strebte er nach Perfektion, und das seit seiner Kindheit. Wäre er nicht auf dem Xuandu-Berg groß geworden, wäre aus ihm womöglich ein zweiter Yan Wushi geworden. Aber all diese Jahre hatte er sein Herz und seine Seele für Xuandu-Berg gegeben, ohne jede Spur von Selbstgerechtigkeit. Die Lehrgeschwister liebten sich innig, und ihre Zuneigung erwärmte selbst die kältesten Herzen. Außerdem war Yu Ai kein Yan Wushi. Vor seinem Betrug hätte Shen Qiao nie so über ihn gedacht. Selbst wenn man Qi Fengge wiederbelebte und fragte, würde er vermutlich dasselbe sagen. Yu Ai hatte Shen Qiaos Niederlage gegen Kunye inszeniert, ihn vor den Augen aller Anwesenden gegen einen Göktürk verlieren lassen. Mit Shen Qiaos zerstörtem Ansehen war er aus dem

Schatten auf das Podest des Schulleiters getreten. Da niemand ihn für unqualifiziert hielt, hatte er ein leichtes Spiel. Denn selbst wenn Shen Qiao am Leben war, reichte sein Gesicht nicht mehr aus, um als Schulleiter weiterzumachen. Das klang alles logisch. Aber zusammen mit Yu Ais ehrlicher Aufregung, als er von seinen Schwierigkeiten gesprochen hatte, und seiner Bemühung, Xuandu-Berg an die Spitze zu heben, stimmte etwas nicht. Wenn Yu Ai die Wahrheit gesagt und noch andere Gründe gehabt hatte, dann ging es nicht nur darum, mit Kunye zusammenzuarbeiten, um Shen Qiao von der Klippe zu werfen. Er arbeitete mit den Göktürks an einer noch größeren Sache. Shen Qiao zog die Brauen zusammen, sein Kopf schmerzte, als würde jemand ihn mit Nadeln stechen. Egal, welchen Gedankengang er verfolgte, er verstand es nicht. Seitdem die Jin-Dynastie nach Süden gewandert war, seit dem Aufstieg der Fünf Barbaren, hatte es jede Menge Regimewechsel gegeben. Obwohl Zhou und Qi im Norden den größten Einfluss hatten, folgten sie dennoch den Prinzipien der Han. Wenn sie die Welt vereinten, würden die Leute es akzeptieren, wenngleich auch mit ein paar Schwierigkeiten. Aber wenn es Leute wie die Göktürks waren, die noch wie einfache Nomaden lebten, ihr Vieh in den Graslanden weiden ließen und immer wieder die Zentralen Ebenen angriffen – niemand würde sie als erleuchtete Regenten akzeptieren. Das Bild der Göktürks als launische, rückständige und verbrecherische Barbaren war tief verankert in den Herzen der Menschen aus den Zentralen Ebenen. Yu Ai würde niemals so eine Assoziation mit der Xuandu-Schule zulassen, wenn es nicht astronomisch große Vorteile hätte. Also, was plante Yu Ai, und was konnten ihm die Göktürks bieten? Was hatte der Xuandu-Berg davon?

Shen Qiao wollte nicht mit Yan Wushi darüber reden. Auch wenn sie sich inzwischen näherstanden, waren sie keine

Freunde. Außerdem war Yan Wushi unberechenbar; es war töricht, ernsthaft Rat bei ihm zu suchen, wenn sie nur eine solch lose Beziehung verband. Shen Qiao blieb nichts anderes übrig, als sich selbst den Kopf darüber zu zerbrechen. Doch es fühlte sich an, als läge ein dünnes Papier zwischen ihm und der Lösung – er konnte nicht alle Details erkennen, um zur Lösung zu gelangen.

»Genug ausgeruht?«, fragte Yan Wushi plötzlich.

Shen Qiao sah verblüfft auf.

»Wenn du genug geruht hast, lass uns kämpfen.«

Shen Qiao brauchte einen Moment, um das zu verdauen. Er zwang sich zu einem schiefen Lächeln. »Schulleiter Yan, wie könnte ich dir das Wasser reichen? Hast du das nicht bereits bewiesen?«

»Warum sonst sollte ich dich mitnehmen?«, fragte Yan Wushi verdutzt. »Was bedeutet es mir, ob du lebst oder stirbst? Wenn es mir nur um die Schriftrolle der Zhuyang-Strategien ginge, hätte ich einfach selbst zum Xuandu-Berg gehen können. Warum dich als unnötigen Ballast mitnehmen? Du trägst zwei Bände der Zhuyang-Strategien in dir. Es ist nur eine Frage der Zeit, bis du deine Kampfkünste wiedererlangst. So viel Glück haben nur wenige. Ich wollte Tao Hongjings Kampfkünste schon lange studieren, indem ich sie mit jemandem messe, der die Zhuyang-Strategien kennt. Gegen mich selbst kann ich nicht kämpfen, und den kahlen Esel Xueting bekomme ich auch nicht dazu. Macht dich das nicht zum besten Kandidaten dafür?«

Shen Qiaos Mundwinkel zuckten. Er wusste nicht, was er darauf erwidern sollte.

»Ich habe nur drei Zehntel meiner Stärke zurück und wurde im Kampf gegen Yu Ai verletzt«, antwortete er nach einer Weile. »Ich fürchte, meine Fähigkeiten reichen nicht aus.«

»Deshalb war ich so gnädig und hab dich hier eine Weile ausruhen lassen.«

»Ich fange an zu denken, dass auf dem Xuandu-Berg weggesperrt zu sein, doch nicht so schlecht ist«, sagte Shen Qiao hilflos.

»Du hast deine Erinnerungen zurück«, sagte Yan Wushi. »Das heißt, du erinnerst dich an den Band der Zhuyang-Strategien, den du bereits gelesen hast, und kannst diese Kräfte nutzen. Und den anderen Band am Chuyun-Tempel zu lesen hat gereicht, seine Inhalte zu begreifen und deine Fähigkeiten auf die nächste Stufe zu heben.«

Shen Qiao dachte darüber nach und nickte dann voller Überzeugung. »Das stimmt in der Tat.«

Yan Wushi hatte ihn für seine eigenen Zwecke genutzt, und seine Absichten waren finsterer Natur, dennoch verspürte Shen Qiao, dass er sich dankbarer zeigen sollte.

»Ich habe mich seit der Zeit im Anwesen nicht anständig bei dir bedankt«, sagte er. »Wenn du nicht gewesen wärst, wäre ich eine verlorene Seele am Grund des Banbu-Gipfels.«

»Du solltest dem wahren Qi der Zhuyang-Strategien danken, das in deinem Körper fließt«, sagte Yan Wushi. »Gäbe es das nicht, hätte ich dich nicht gerettet.«

Es war eine ziemlich trostlose Unterhaltung, aber Shen Qiao antwortete guten Mutes: »Na gut, ich werde etwas Weihrauch für Shizun verbrennen, um ihm zu danken, dass er mir die Zhuyang-Strategien vermacht hat.«

»Bei Yu Ai habe ich während des Kampfs kein wahres Qi der Zhuyang-Strategien gespürt, also denke ich, dass Qi Fengge es nur dir vermacht hat.«

Shen Qiao nickte. »Das stimmt. Ich war an dem Tag allein, als Shizun mir den Band Verlorene Seele gezeigt hat und ich ihn rezitieren und einstudieren sollte. Er hat mir verboten, mir

Notizen zu machen. Man erzählt sich, dass die Schriftrolle im Xuandu-Berg versteckt ist, aber ich weiß nicht, ob sie sich noch dort befindet.«

Yan Wushi fand das sehr interessant. »Hat Qi Fengge sich nicht gewünscht, dass das Erbe des Xuandu-Bergs von Generation zu Generation weitergetragen wird? Wollte er nicht, dass jeder seiner Schüler hervorsticht? Warum hat er nur dir die Verlorene Seele gezeigt?«

»Ich habe Shizun auch dazu gefragt«, antwortete Shen Qiao langsam. »Shizun und der Großmeister Tao waren alte Freunde. Ich habe gehört, dass Großmeister Tao von großer Reue erfüllt war, als er die Zhuyang-Strategien verfasst hat. Er dachte, dass die Schrift zu großen Konflikten und dem Verlust vieler Leben führen würde. Vielleicht hat Shizun das ähnlich gesehen. Er wollte, dass die Arbeit seines alten Freundes weiterlebt, aber er wollte nicht, dass sie sich ausbreitet und Krieg und Tod in die Welt bringt. Deshalb hat er diese widersprüchliche Entscheidung getroffen.«

Yan Wushi schnaubte. »Was für eine törichte Weichherzigkeit! Qi Fengge war immer so. Er hat Hulugu nicht den Gnadenstoß verpasst und seinen Schülern so ein Desaster hinterlassen! In seinen Kampfkünsten war er unübertroffen, aber mit dem unentschlossenen Herzen eines Kindes. Warum überhaupt Schüler unterrichten, wenn er so dachte? Wäre es nicht besser gewesen, aus dem Xuandu-Berg ein einfaches Kloster zu machen? Wenn du dir eine Welt ohne Krieg wünschst, fang bei dir selbst an.«

Seine Worte waren hart und verurteilend, aber nicht unbegründet. Shen Qiao und sein Meister ähnelten sich in ihrem gütigen Herzen, ihrer Rücksichtnahme und Sanftheit gegenüber anderen. Aber sie unterschieden sich auch. Shen Qiao wandelte in der Außenwelt, sah die Armut und das Leid der Bevölkerung, die Kräfte der Welt, und wie sie alle in dieses Spiel verwickelt waren. Das veränderte seine ursprüngliche Einstellung Stück für Stück. Er erkannte, dass Xuandu-Berg auch im Staub der sterblichen Welt stand und sie sich nicht einfach friedlich von den weltlichen Belangen zurückziehen konnten. Es war wirklich nur eine Frage der Zeit, bis sie sich auch mit dem Spiel befassen mussten. Zu schade, dass er nicht die Zeit gehabt hatte, Reformen auf dem Xuandu-Berg zu etablieren. Yu Ai war eingesprungen und darauf versessen, den Xuandu-Berg in eine unbekannte Richtung zu steuern. Shen Qiao senkte den Kopf, tief in Gedanken versunken. Doch ganz nah bei ihm und ohne Vorwarnung richtete Yan Wushi einen Finger auf ihn. Er hörte ein leises, seltsames Geräusch und stieß sich geschwind vom Felsen ab, um aus dem Weg zu springen. Das Qinggong des Xuandu-Bergs suchte seinesgleichen. Er wich mit einer Reihe gezielter Schritte aus, die man »Ein Regenbogen erstreckt sich über den Himmel« nannte. Seine Bewegung war wie ein Lotus auf dem Wasser, der im Wind sanft hin und her schwenkte, oder eine Weide, die ihre Äste tanzen ließ. Man konnte einen Schatten seiner wahren Kraft erahnen. Aber Shen Qiao war nicht ganz erholt, und Yan Wushi war viel schneller. Der Felsen, auf dem er gesessen hatte, explodierte nur einen Halbschritt entfernt, und die Trümmer schossen in Shen Qiaos Richtung. Zum Glück beschwor Shen Qiao sein wahres Qi rechtzeitig, sodass er dem Regen aus Bruchstücken einigermaßen ausweichen konnte. Sein Gesicht blieb unverletzt, doch die scharfen Steine zerrissen seinen Ärmel und schlitzten seinen Arm auf. Rotes Blut tropfte von seinem bleichen Handgelenk.

»Die Frühlingsbäche plätschern, umschließen mein Spiegelbild; meine flüchtigen Wünsche zerfallen, nur Asche bleibt zurück«, rezitierte Shen Qiao. »Die Technik wird ihrem Ruf gerecht.«

Er ignorierte seine Verletzung und konzentrierte sich ganz auf die Geräusche der Bewegungen seines Gegners. Yan Wushi war nicht für seine Gnade bekannt, wenn er einmal einen Angriff gestartet hatte. Nach all der Zeit, die sie gemeinsam verbracht hatten, war sich Shen Qiao in diesem Punkt sicher. Er musste kämpfen, bis sein Gegner zufrieden war, oder er würde sterben. Umsonst sterben.

KAPITEL 22
FINGERTECHNIK FRÜHLINGSBÄCHE

Die Fingertechnik *Frühlingsbäche* war eine der Techniken, die Yan Wushi berühmt gemacht hatten. Er hatte damit unzählige Meister der Kampfkunst besiegt, und Qi Fengge hatte darüber einige Zeilen geschrieben – ein eindeutiges Zeichen für eine herausragende Technik. Und Yan Wushi hatte sie im Laufe der Zeit weiter verbessert. Nicht viele Menschen wussten, dass diese Fingertechnik von einer Schwerttechnik inspiriert worden war.

Yan Wushi war einst ein Schwertmeister gewesen und hatte stets ein Schwert bei sich getragen. Aber als er sein Schwert verloren und keinen würdigen Ersatz gefunden hatte, entschied er sich, als Ersatz seinen Finger zu verwenden. Ein glücklicher Fehler hatte diese Fingertechnik mit ihrem sanft wirkenden Namen geboren. Nur diejenigen, die ihr gegenüberstanden, wussten, dass an den Frühlingsbächen nichts Sanftes war. Jemand mit guten Augen konnte sehen, dass Yan Wushis Bewegungen langsam, elegant und sanft waren, als würde er seinem Gegner nur ein Blatt von der Schulter streichen wollen. Aber sein Finger wurde von den Bildern überlagert, wo er gewesen war, und es war unmöglich zu sagen, welche Hand davon real war. Shen Qiao war blind, ohne die visuellen Ablenkungen konzentrierte er sich auf seine anderen Sinne. Er spürte den Druck eines gigantischen Bergs von überall einwirken, der drohte, ihn zu pulverisieren. Um ihn herum war überwältigendes wahres Qi. Der Druck war nicht gleichförmig, er folgte den Bewegungen von Yan Wushis Finger. Manchmal spürte Shen Qiao ihn an der Schulter, manchmal schlug er im Nacken zu. Flüchtig, ohne Muster und unmöglich zu verteidigen. Shen Qiaos ganzer Körper war eingehüllt in den Druck, den Yan Wushi erzeugte. Als wäre er von festen Wänden umgeben. Das wahre Qi stieß gegen seine Verteidigung. Es gab kein Entkommen. In dem Moment, in dem seine innere Energie aufgebraucht war, in dem Yan Wushis Finger ihn sanft, wie ein Frühlingsbach, berühren würde, wäre er tot. Shen Qiao war im Augenblick eher ein zweitklassiger Meister im Jianghu. Ein gewöhnlicher Kampfkünstler konnte nur davon träumen, einen solchen Angriff von Yan Wushi zu überleben. Aber Shen Qiao hatte einen Vorteil: die erlesenen Kampfkünste des Xuandu-Bergs und das Wissen aus zwei Bänden der Zhuyang-Strategien. Auch wenn er nicht die Zeit gehabt hatte, alles davon in sein bestehendes Können zu integrieren, hatten ihm seine Erinnerungen das Wissen über die Selbstverteidigung zurückgebracht. Mit erhobenem Ärmel nutzte auch er seine Hand als Ersatz für ein Schwert und formte mit den Fingern ein Siegel. Es war die einleitende Geste der *Azurwellen*-Schwerttechnik: »Die kühle Brise weht sanft«.

Die *Azurwellen*-Schwerttechnik war dieselbe, die Yu Ai gegen Yan Wushi eingesetzt hatte. Obwohl Xuandu-Berg weltberühmt war, hatten sie keine große Bandbreite an Kampfkünsten – nur zwei Schwerttechniken. Denn Qi Fengge glaubte, dass Kampfkünste vorrangig waren und es wie bei vielen Prinzipien nicht um die Masse, sondern um die

Qualität ging. Das Komplizierte auf etwas Einfaches herunterzubrechen. Wahre Genialität war bescheiden. Anstatt mehr und mehr Bewegungen und Angriffe anzusammeln, war es besser, weniger Techniken zu trainieren, bis man die komplette Kontrolle darüber hatte.

»Die kühle Brise weht sanft« startete – wie der Name vermuten ließ – mit einer sanften Geste, als würde man sich einem erfrischenden Windhauch zuwenden. Ohne Schwert nutzte Shen Qiao seine Finger. Bei der Bewegung überflutete ihn ein vertrautes Gefühl. Wahres Qi stieg aus seiner Mitte auf, floss am Akupunkturpunkt an seiner Hüfte entlang, seine Wirbelsäule hinauf, sammelte sich in seinem Nacken, bevor es dann durch die Arme zu seinen Händen floss. Das wahre Qi seines Gegners schloss sich wie ein Sarg um ihn, und als es ihn zu zerquetschen drohte, ließ Shen Qiao sein Qi in seine Fingerspitzen fließen. Ein gleißender Hieb wie von einem Schwert leuchtete auf. Schwert-Qi.

Als sein Schwert aus Qi nach vorne sauste, wechselte Shen Qiao die Taktik und setzte »Drei Teile in musikalischer Harmonie« der *Azurwellen*-Schwerttechnik ein. Er sandte mehrere aufeinanderfolgende Streiche mit seinem Finger aus, und jeder landete präzise auf den Knoten von Yan Wushis Netz aus wahrem Qi. Mit einem Dröhnen begann das Netz zu rauchen, Dampf stieg auf, und Funken sprangen in die Luft.

Ein Publikum hätte ein beeindruckendes, gleißendes Licht zwischen ihnen aufblitzen sehen können. Shen Qiao durchbrach nur mit seinem Qi den Angriff seines Gegners. Für die Kämpfenden schien eine Menge Zeit zwischen Yan Wushis Angriff und Shen Qiaos Gegenangriff vergangen zu sein, aber tatsächlich geschah es in wenigen Sekunden. Yan Wushi war überrascht und riss die Augen auf, doch dann machte sich ein Ausdruck von ehrlicher Faszination auf seinem Gesicht breit. Er wechselte vom Finger zur Handfläche, sein Körper schwebte wie eine Wolke – oder ein Gespenst. Yan Wushi schlug aus drei verschiedenen Richtungen nach Shen Qiao. Drei Schläge, die heranbrausten wie ein Küstenwind, der sich kreischend durch zerfurchte Schluchten schob. Im Vergleich dazu schien Yan Wushis erster Angriff wie ein laues Lüftchen. Seine elegante Maske war gefallen und enthüllte das wilde Biest darunter. Drei Schläge, drei Richtungen. Shen Qiao war nur eine Person mit zwei Händen. Er konnte nicht drei Seiten auf einmal verteidigen und zog sich zurück. Da er Yan Wushis ersten Angriff zerstreut hatte, gab es kein Netz aus Qi mehr, das seinen Weg blockierte. Aber er kam nur wenige Schritte weit, bevor Yan Wushis Schläge knapp an seinem Gesicht vorbeirauschten. Egal, wie stark Yan Wushi war, er war nur ein Mensch – auch er hatte keine drei Hände, um anzugreifen. Sie kamen zwar mit unglaublicher Geschwindigkeit, aber nacheinander, so schnell, dass niemand sie erfassen konnte. Doch Shen Qiao konnte es dank seiner geschärften Sinne.

Er hatte seit seiner Verletzung unglaubliche Herausforderungen gemeistert, die ihm nun einen guten Dienst erwiesen und sich mit seinem Wissen und seinen Erinnerungen vermengten. Shen Qiao hatte sich verloren gefühlt, verletzt durch den Betrug. Aber in diesem Moment fand sein Herz Frieden. Auch als Schulleiter des Xuandu-Bergs hatte er in Frieden gelebt, doch es war der Frieden eines Mannes, der ohne Rückschläge gelebt hatte. Nach einem Sturm auf hoher See erhebt sich der Mond hell über den Wolken und hüllt das Meer und den Himmel in ein sanftes Licht.

Keine Wellen, kein Seegang, keine Freude, keine Trauer.

Im späten Frühling wachsen dichte Büsche, der frühe Herbst sieht die vielschichtigen Wolken vorbeiziehen; an der

Quelle scheint eine einsame Lampe, auf dem bunt schimmernden Eis bricht sich das Mondlicht.

Shen Qiao durchschaute die Abfolge der drei Schläge, und seine Hände streckten sich wie die Blüten einer Lotusblume, öffneten und schlossen sich, als er einen Schlag nach dem anderen konterte. »Steigende Wellen der blauen Berge«, »Die Sonne und der Mond wohnen im Inneren« und »Verheißungsvolle Wolken nähern sich von Osten her«, alles *Azurwellen*-Schwerttechniken. Kein Xuandu-Schüler hätte sie als Schwerttechniken erkannt, denn Shen Qiao hatte sie mit seinen Händen komplett abgewandelt. Aber wenn Qi Fengge noch am Leben wäre, hätte er deutlich sehen können, dass Shen Qiaos Bewegungen nicht mehr durch die Manöver selbst begrenzt waren – dass sie den Pfad des Schwert-Qis verlassen und den Rang der Schwertabsicht erreicht hatten.

Es gab vier Ränge des Schwerts: Schwert-Qi, Schwertabsicht, Schwertherz und Schwertgeist.

Wenn jemand in der Lage war, das Schwert im Qi zu beeinflussen, erreichten sie den Rang des Schwert-Qis. Alle Xiantian-Meister konnten das; ebenso wie Shen Qiao, bevor er verletzt wurde.

Er war außergewöhnlich talentiert – er war mit Schwertübungen aufgewachsen, und mit zwanzig Jahren hatte er die physischen Techniken der Schwerter perfektioniert und den Rang des Schwert-Qis erlangt. Später, als Qi Fengge ihm die Zhuyang-Strategien vermacht hatte, fand er darin eine Methode, um wahres Qi zu komprimieren und mit dem Schwert-Qi zu vereinen, was seine Schwertkunst weiter verbessert hatte. Wenn es nicht zu dem verheerenden Duell mit Kunye gekommen wäre, hätte er den Rang der Schwertabsicht womöglich schon früher erreicht. Und ohne den

Funken wahren Qis der Zhuyang-Strategien hätte er den Sturz nicht überlebt, die harte Arbeit der Kultivierung seiner Kräfte verloren.

Shen Qiao fiel nicht, selbst als Yan Wushi mehr und mehr Druck ausübte. Stattdessen nutzte er die Schwertabsicht.

Yan Wushi, stets aufmerksam, bemerkte die Veränderung und war überrascht. Aber nicht nur das, er freute sich auch. Er hatte Shen Qiao nur wegen des wahren Qi der Zhuyang-Strategien zum Kampf herausgefordert. Yan Wushi hatte gehofft, dass gegen ihn zu kämpfen seine Inspiration anregen würde, damit er die Essenz der Zhuyang-Strategien verstand und seine selbst gemachten Kampfkünste vollenden konnte. Je stärker sein Gegner war, desto glücklicher wurde er.

In diesem Moment war Shen Qiaos Herz ruhig und friedlich. Sein Verstand hatte auch eine neue Ebene erreicht. Klar, grenzenlos und tiefgründig. Es war eine weite Welt, in der der Ozean Tausende Flüsse umarmte, in der Klippen sich Tausende Meter gen Himmel streckten. Gleichzeitig war es eine enge Welt, mit nur wenigen Millimetern Bewegungsspielraum. Aber dort, wo die Schwertabsicht lag, lagen auch die Prinzipien des Dao. Eins zeugt zwei, zwei zeugt drei, und drei zeugt alle Dinge[54]. Es gab keinen Boden unter seinen Füßen, doch aus seinen Schritten entstand Boden. Es gab kein Licht, aber sein Herz selbst leuchtete. In diesem Zustand musste Shen Qiao nichts sehen – er spürte die Richtung, aus der die Schläge seines Gegners kamen. Er wartete ruhig ab. Yan Wushi zielte mit einem Finger zwischen seine Augenbrauen. Shen Qiao zog sich nicht zurück, er hob eine Hand, um ihm zu

54 一生二，二生三，三生万物, aus einer daoistischen Schrift, die beschreibt, dass Dao der Ursprung aller Dinge ist. Der komplette Vers hat noch eine weitere Zeile am Anfang: »das Dao zeugt eins«.

begegnen. Er hob seine rechte Hand, und die Handfläche wehrte den einen Finger perfekt ab.

Als sie sich berührten, zerbarsten die Steine in ihrer Nähe und schossen wie Sternschnuppen in die Nacht.

Shen Qiao spürte nur das Dröhnen in seinen Ohren, dann schoss ihm Blut aus Nase und Mund. Gegen seinen Willen flog sein Körper rückwärts und prallte hart gegen einen Baum, bevor er auf den Boden rutschte.

Yan Wushi machte ein verächtliches Geräusch, aber in seinem Gesicht zeigte sich, dass er tief beeindruckt war. Er hatte mindestens die Hälfte seiner Stärke benutzt. Shen Qiaos verletztes Fundament blieb, auch wenn er den Rang der Schwertabsicht erreicht hatte. Es war beeindruckend, dass er Yan Wushis Schlag blockieren konnte und nicht auf der Stelle gestorben war. Das allein zeigte, dass Shen Qiaos Potenzial und Geschick wirklich außergewöhnlich waren. Obwohl er immer noch unter dem Betrug seiner Lehrgeschwister litt, hatte er die Schwertabsicht erlangt. Kein Wunder, dass Qi Fengge ihn als Nachfolger erwählt hatte.

Es hätte ihm unmöglich sein sollen, einen direkten Schlag von Yan Wushi auszuhalten, aber er hatte es trotzdem getan. Außerdem hatte er noch die Verletzungen aus dem Kampf mit Yu Ai. Sein Körper war überanstrengt, alle Energie wich aus ihm, und er verlor das Bewusstsein.

Yan Wushi beugte sich hinunter und griff Shen Qiaos Kinn. Sein Gesicht war kalt wie Jade, furchtbar weiß und dumpf. Selbst seine Lippen waren blutleer. Als ob er jeden Moment aufhören würde, zu atmen. Aber seit seinem Sturz sah er an neun von zehn Tagen so aus. Der einzige Unterschied war, dass er nun etwas ernster aussah. Aber inmitten seiner Blässe, mit geschlossenen Augen und Wimpern, die sich wie Federn auffächerten, blieb eine Spur von zerbrechlicher, asketischer

Schönheit. Nun, da er bewusstlos war, schien er noch sanfter und schöner.

Es war dieser unterwürfige Anblick, der Mu Tipo im Gasthaus bezirzt hatte, als er diese hartnäckige Pfingstrose für eine zarte Lilie gehalten hatte. Aber diese Blume war sanftmütig, gutherzig und voller Mitgefühl. Deshalb zog sie den Ärger an. Zog allen Ärger auf sich, aber verstand und akzeptierte die Konsequenzen dieser Zartheit. Wenn andere dachten, dass Freundlichkeit eine Schwäche war, dann waren sie wahrlich töricht.

»Sieh nur, wie erschöpfend und tragisch dein Leben ist«, sagte Yan Wushi. »Dein Meister ist tot, deine Position als Schulleiter wurde dir geraubt. All deine Lehrgeschwister, mit denen du aufgewachsen bist, haben dich betrogen oder missbilligen deine Methoden. Deine Familie und Freunde haben dich zurückgelassen, du wurdest schwer verletzt und gezwungen, Xuandu-Berg zu verlassen. Nun hast du nichts mehr.«

Yan Wushi flüsterte in Shen Qiaos Ohr, neckte ihn in seinem sanftesten Ton. »Aber es gibt keinen Grund, so ein tragisches Leben zu führen. Wenn du meiner noblen Disziplin beitrittst und die Fenglin-Schriften kultivierst, überlasse ich dir meinen Band der Zhuyang-Strategien. Wenn die Zeit kommt, wirst du nicht nur deine Kampfkünste wiedererlangen. Es wird nur eine Frage der Zeit sein, bevor du weiter aufsteigst. Es wird schneller gehen als die drei oder fünf Jahre, die du bräuchtest, um dich allein zu erholen. Danach wäre es ganz einfach, deine Position als Schulleiter zurückzuholen oder Yu Ai aus Rache zu töten. Was denkst du?«

Es war der Moment, in dem Shen Qiaos Willen am schwächsten war. Er war gelähmt und hatte keine Kraft, um sich zu wehren. Er war empfänglich für das Gift in seinem Verstand. Yan Wushi hatte seine Worte mit »dämonischer

Überzeugung« verstärkt und flüsterte sie wieder und wieder in Shen Qiaos Ohr. Sie krochen direkt auf sein Herz zu und schlugen gnadenlos auf seinen daoistischen Kern[55]. Shen Qiao verzog vor Schmerz das Gesicht, sein Körper kämpfte dagegen an, aber Yan Wushi ließ nicht los. Er wiederholte die Worte erneut.

»Yu Ai hat sich mit Kunye verbündet. Wegen dieser beiden bist du von der Klippe gestürzt und hast deine Kampfkünste verloren. Hasst du sie nicht? Ohne deine Kraft, ohne deinen Status haben dahergelaufene Witzfiguren wie Chen Gong und Mu Tipo dich durch den Dreck gezogen. Gibt es in deinem Herzen nicht eine winzige Spur von Hass? Willst du sie nicht töten? Ich kann dir auch damit helfen.«

Aus der Entfernung sahen sie aus wie ein Paar, dass sich eng umschlungen süße Nichtigkeiten zuflüsterte. Aber sie waren meilenweit davon entfernt. Die Kraft, die Yan Wushis Finger ausübten, wurde immer stärker, und sie gruben sich in Shen Qiaos Haut, bis sie rote Spuren hinterließen. Am nächsten Tag wären sie sicherlich noch sichtbar, doch das war nicht der Grund für Shen Qiaos Leiden. Es waren die dämonischen Worte, die seine Ohren füllten. Er konnte ihnen nicht entkommen, konnte sie nicht meiden. Er presste die Zähne fest aufeinander, und obwohl er das Bewusstsein verloren hatte, war da eine Spur seines Unterbewussten, die ihm die Kehle zuschnürte und ihn daran hinderte, Ja zu sagen.

»Warum stimmst du nicht zu?«, neckte ihn Yan Wushi. »Es ist nur ein winziges Wörtchen. Sag es, und ich werde alles für dich tun.«

55 道心, wörtlich »daoistisches Herz«, bezieht sich auf die innere Quelle von Shen Qiaos Kultivierung und seiner Kampfkünste.

Ich will nicht so jemand werden. Selbst wenn es getan werden muss, sollte ich derjenige sein, der es tut.

»Wer willst du nicht werden? Was ist falsch an Auge um Auge? Wenn du jemanden töten möchtest, töte diesen Menschen. Außerdem haben sie dich zuerst betrogen – du schuldest ihnen nichts.«

Shen Qiao schüttelte den Kopf. Ein frisches Rinnsal Blut rann ihm aus dem Mundwinkel, er verzerrte das Gesicht vor ansteigendem Schmerz. Eine gewöhnliche Person hätte dieser Tortur schon nachgegeben, aber Shen Qiao weigerte sich.

Manche Leute erkannten das Böse in der Welt nicht und verteilten ihre Freundlichkeit wahllos. Am Ende waren sie und die anderen erschöpft. Aber es gab Menschen, die das Böse erkannten und dadurch die Einsicht erhielten, sich nicht zu ändern – weshalb sie weiterhin freundlich und gutherzig waren. Aber es lag in der menschlichen Natur, böse zu sein. Konnte jemand wirklich Hunderten oder Tausenden Versuchungen und Herausforderungen begegnen und sich trotzdem nicht ändern? Yan Wushi kicherte in sich hinein, er wischte das Blut von Shen Qiaos Mund. Dann legte er Shen Qiaos Arm um seine Schulter, hob ihn hoch und machte sich auf den Weg in die Stadt.

KAPITEL 23
SANFTHEIT

Shen Qiao hatte das Gefühl, dass er für eine lange Zeit im Halbschlaf gewesen war. Nicht ganz bewusstlos, denn er hörte, wenn jemand laut in sein Ohr sprach oder die Räder des Wagens unter ihm über die Steine ratterten. Obwohl er besinnungslos war, hörte sein wahres Qi nicht auf, weiterzufließen. Die Vorteile des Trainings mit den Zhuyang-Strategien zeigte sich deutlich. Es war ihm nicht bewusst, doch sein Körper heilte sich Stück für Stück selbst. Es geschah langsam, aber als Shen Qiao wieder zu Bewusstsein kam, waren der stechende Schmerz und die Übelkeit verschwunden. Nachdem er so lange geschlafen hatte, wachte er wie in Trance auf. Er hielt sich den Kopf und sah sich verwirrt um. Er war in einer Kutsche oder einem Wagen. Das Gefährt hatte gestoppt, aber er wusste nicht, warum. Shen Qiao erinnerte sich an den Kampf mit Yan Wushi. Doch wo brachte man ihn nun hin? Bevor er lange darüber nachdenken konnte, öffnete sich der Vorhang des Wagens mit einem Rascheln. Shen Qiao sah auf.

»Bist du wach?«

Die Stimme jagte Shen Qiao einen kalten Schauer über den Rücken. Er konnte nicht behaupten, eine tiefe Verbindung zu Yan Wushi zu haben, aber inzwischen verstand er das Temperament und die Herangehensweise dieses Mannes etwas besser. Im Augenblick jedoch schienen nur die Stimme und das Gesicht zu Yan Wushi zu passen, als wäre er von einem Geist besessen. Wann hatte der Dämonenkönig – dessen Name allein Menschen abschreckte, der unfreundlich und launisch war, jedes Wort triefend vor Sarkasmus – gelernt, so sanft zu sprechen? Shen Qiao zögerte.

»Schulleiter Yan … ist etwas passiert?«, fragte er langsam.

»Deine Verletzungen waren ernst«, sagte Yan Wushi. »Du warst mehrere Tage lang bewusstlos. Zum Glück hat das wahre Qi deine wichtigsten Meridiane beschützt. Noch ein paar Tage Ruhe, und es sollte dir besser gehen. Wir sind gerade in der Provinz Ying angekommen. Ich hab ein Gasthaus gefunden, in dem wir bleiben können. Komm.«

Er beugte sich vor und hob Shen Qiao hoch wie eine Prinzessin. Shen Qiao war komplett sprachlos. Er wollte sich umdrehen und wegrennen, aber sein ganzer Körper fühlte sich noch schlapp und kraftlos an, also ließ er es geschehen.

Yan Wushi trug ein sanftes Lächeln auf den Lippen. Shen Qiao hingegen sah aus, als hätte er einen Geist gesehen, aber Yan Wushi ignorierte es und trug ihn ins Gasthaus, den ganzen Weg von der Kutsche bis zum Gasthaus, durch die Eingangshalle über den Hof. Alle konnten sie sehen. Selbst der Pförtner des Gasthauses sah sich mehrmals nach ihnen um, als er sie zu ihrem Zimmer begleitete. Nur Yan Wushi schien vollkommen unbeeindruckt.

»Das hier ist nicht nur der schönste Garten in unserem Gasthaus, sondern in der ganzen Stadt. Ich bitte die beiden Herren, sehen Sie sich den Bonsai an, den Bach; derselbe Luxus wie im Vorgarten einer wohlhabenden Familie. Wenn Sie die Frühlingslandschaft genießen möchten, müssen Sie die Stadt nicht verlassen.«

Der Pförtner erzählte ihnen eloquent von seinem Gasthaus,

aber Shen Qiao konnte die Gestaltung nicht sehen oder seine Beschreibungen genießen. Der Einstellung des Mannes nach hatte es jedoch eine Menge Geld gekostet, diesen Garten zu mieten. Yan Wushi schien großes Interesse zu haben. Er ließ den Pförtner seinen Monolog halten, ohne ihn anzuschnauzen, sondern gab sogar noch Kommentare ab, die die überschwänglichen Erzählungen befeuerten. Während dieser ganzen Zeit trug Yan Wushi Shen Qiao, einen erwachsenen Mann, in seinen Armen. Shen Qiao wollte dringend seinen schmerzenden Körper ausruhen. Obwohl er so lange geschlafen hatte und noch nicht lange wach war, verspürte er eine bleierne Müdigkeit. Fast wäre er in Yan Wushis Armen eingeschlafen. Nach einer Weile kam der Pförtner zum Ende und verschwand. Yan Wushi legte Shen Qiao im Schlafquartier auf einer Bambusliege neben dem Fenster ab. Die Liege war mit einer dicken, weichen Decke überzogen. Shen Qiao spürte das erleichterte Seufzen seiner Knochen angesichts dieses Komforts. Aber Yan Wushi ließ ihn nicht in Ruhe, er setzte sich neben ihm auf die Liege.

»Hast du einen Garten mit nur einem Schlafzimmer gebucht?«, fragte Shen Qiao.

Yan Wushi zuckte nicht einmal mit der Wimper. »Natürlich nicht. Aber ich habe den Garten gebucht, damit ich sitzen kann, wo immer ich will. Du warst so lange bewusstlos, und ich habe mich die ganze Reise lang um dich gekümmert. Anstatt mir zu danken, verhältst du dich so abweisend. Hat man dir auf dem Xuandu-Berg keine Manieren beigebracht?«

Ich verhalte mich abweisend, weil du dich abnormal verhältst, dachte Shen Qiao.

Plötzlich griff Yan Wushi nach ihm und richtete seinen zerknitterten Kragen. Shen Qiao zuckte zusammen, aber nicht vor Überraschung, sondern aus Angst. Shen Qiao war sich nicht sicher, ob er nicht doch noch träumte. Yan Wushi hatte seine komplette Persönlichkeit ausgewechselt, aber Shen Qiao wusste nicht, warum.

»Bitte hör auf, mich zu verspotten.«

»Warum sagst du, dass ich dich verspotte?«, fragte Yan Wushi. »Weißt du, wie viele Schüler der Huanyue-Schule sich wünschen, dass ich so nett zu ihnen bin? Es ist selten, dass ich so nett zu jemandem bin. Die meisten Menschen würden so eine Behandlung nicht einmal von mir bekommen, wenn sie auf Knien betteln würden.«

Shen Qiaos Mundwinkel zuckten.

»Habe ich dich während meiner Bewusstlosigkeit irgendwie beleidigt, ohne es zu merken? In dem Fall werde ich mein Bestes geben, um es wiedergutzumachen. Bitte sei gnädig und nimm es einem blinden Mann nicht übel.«

Yan Wushi brach in Gelächter aus. »Shen Qiao, o Shen Qiao. Viele sagen, dass du ehrlich bist, aber ich denke, das stimmt nicht. Was für ein ehrlicher Mann nutzt seine Blindheit als Schild, damit andere den Mund halten?«

Shen Qiao presste die Lippen aufeinander. Er schauderte, als Yan Wushi drei Finger auf seinen Puls presste.

»Du kannst immer noch nichts sehen?«

Shen Qiao nickte. »Vielleicht, weil ich mein wahres Qi erschöpft habe, bevor ich zusammengebrochen bin. Der Bereich um meine Augen fühlt sich heiß an, also wird es wohl noch dauern.«

»Keine Eile«, sagte Yan Wushi. »Es ist noch ein langer Weg bis in die Nördliche Zhou, und wir reisen mit der Kutsche. Du hast genug Zeit, dich zu erholen.«

Shen Qiao runzelte die Stirn. »In die Nördliche Zhou?«

»Was, willst du nicht mit?«

Es war eine rhetorische Frage.

Ihre Schulen, ihre Lebenswege, ihre Persönlichkeiten, ihr Benehmen – die beiden waren grundverschieden. Yan Wushis Stolz war so grenzenlos, dass er niemals begreifen würde, wie Shen Qiao trotz all dieser Strapazen so ruhig bleiben konnte. Außerdem hatte er Shen Qiao wie auf einer Parade durch die Straßen getragen. Irgendjemand erkannte ihn vielleicht, und das würde eine Menge Gerede nach sich ziehen. Es würde immer jemanden geben, der Shen Qiao wieder und wieder daran erinnerte, was er am liebsten vergessen würde. Der einst mächtige und angesehene Leiter des Xuandu-Bergs, seiner Kampfkünste und Position beraubt und von seinem Shidi betrogen. Alles, was er beschützt hatte, schien wertlos, und alle hielten seine Entscheidungen für falsch. Alles, was er seit seiner Kindheit geglaubt hatte, war auf den Kopf gestellt. Und er konnte immer noch nichts sehen. In einer unbekannten Umgebung wären ein paar unerwartete Hindernisse genug, um ihn zu Fall zu bringen. Er hatte Schwierigkeiten damit, selbstständig aufzustehen, sich zu waschen und anzukleiden. Diese Kleinigkeiten konnten noch eine viel größere Schwere mit sich bringen als ein Kampf, in dem man sich nur auf sein Gehör verlassen konnte. Yan Wushi verstand Shen Qiaos Mentalität nicht und wollte es auch nicht ausprobieren. Doch er interessierte sich für Shen Qiao.

Selbst jemand aus dem Jianghu konnte einen derartigen Absturz nicht überstehen, ohne ein bisschen panisch, ängstlich oder deprimiert zu sein. Falls sie nicht sogar in Panik verfielen. Shen Qiao hatte alles verloren. Von einem mächtigen Mann zu einem Fußabtreter für andere. Wie also schaffte es dieser Mann, der so zart und weich aussah, stets die Fassung zu bewahren?

Shen Qiao nickte. »Ich fürchte, ich halte dich wieder zurück. Es tut mir leid.«

Yan Wushi dachte, Shen Qiao hätte einfach abgelehnt, nach Zhou zu gehen. Die Demut in seiner Antwort überraschte ihn.

»Du könntest zurück zum Xuandu-Berg gehen«, sagte Yan Wushi halbherzig. »Dich in Xuandu-Stadt niederlassen, versuchen, dich mit deinen Lehrgeschwistern oder den Ältesten zu treffen. Vielleicht denken sie anders als Yu Ai und unterstützen deine Rückkehr als Schulleiter.«

Auch wenn Shen Qiao verstand, dass Yan Wushi diese Worte gewählt hatte, um ihm eine Reaktion zu entlocken, schüttelte er den Kopf.

»Meine Kampfkünste sind noch nicht gut genug«, sagte er. »Und selbst wenn ich zurückkehren würde, hätte ich nicht genug Gesicht, um wieder die Leitung zu übernehmen. Außerdem hat Yu Ai als mein Stellvertreter bereits die Kontrolle über alles, was die Schule sagt und tut. Vielleicht werde ich sogar gezwungen, mich ihnen anzuschließen. Ich bleibe am besten weit weg. Vielleicht kann ich so wieder klarer sehen.«

Als er darüber nachdachte, zeigte sich ein Lächeln auf seinem Gesicht. »Hast du nicht mal gesagt, dass ich ignorant gegenüber den alltäglichen Dingen und den Absichten der Menschen bin und deshalb in so einem Schlamassel gelandet bin? Du hast eine wichtige Position in der Nördlichen Zhou. Wenn ich dir dahin folge, kann ich vieles lernen, das mich lehrt, keine weiteren Fehler zu machen und meine Vergangenheit erneut zu durchleben. Deshalb ist diese Reise ein Glücksfall für mich.«

»Also bist du nicht besorgt, dass Yu Ai mit den Göktürks zusammenarbeitet?«, fragte Yan Wushi und hob eine Augenbraue.

Shen Qiao schüttelte den Kopf. »Irgendwas stimmt da nicht.

Du hast es bestimmt auch gemerkt. Nachdem sich Hulugu zurückgezogen hat, gab es zwanzig Jahre lang keinerlei Nachrichten von ihm. Kunye ist auf Befehl seines Meisters ins Jianghu zurückgekehrt, und ich bin sicher, dass es ihm nicht nur um das Duell geht. Hinter seiner Zusammenarbeit mit Yu Ai steckt noch mehr. Ich hab gehört, dass du auch mit Kunye gekämpft hast. Fandest du, dass er sich sehr unbesonnen verhalten hat?«

»Er ist nicht untalentiert – mit genug Zeit könnte er Hulugu das Wasser reichen. Er könnte mich selbst mit all seiner Kraft nicht besiegen, aber er hat sich eindeutig zurückgehalten. Ich wusste nicht, warum, also hab ich mehrmals mit ihm gespielt, und es war jedes Mal dasselbe. Irgendwann hat es ihm gereicht, und er ist zurück ins Khaganat gerannt.«

Das implizierte, dass Kunye sich nicht für mehrere Kämpfe zurückgehalten hätte, wenn er unbesonnen gewesen wäre. Shen Qiao runzelte die Stirn. Vieles schien sich langsam zusammenzufügen. Eine vage Ahnung kündigte sich an, zeigte sich aber noch nicht. Es war wie ein verworrenes Wollknäuel mit zahlreichen losen Fäden. Er konnte weder Anfang noch Ende finden.

Shen Qiao seufzte. »Du scheinst recht zu haben. Ich weiß nur wenig über das, was in der Welt geschieht. Ich war in einem Brunnen und habe den Himmel angestarrt, zurückgezogen und unbewegt. Ich bin auch dafür verantwortlich, was Yu Ai getan hat und noch tun wird.«

Yan Wushi grinste. »Wo kommt all diese Sentimentalität her? Ein starker Mann kann zehn begabte Männer zerquetschen. Wenn du stark genug bist, kannst du sie einfach abschlachten. Die Leute haben dich betrogen, also sollten sie sich warm anziehen. Außer du planst, ihnen zu vergeben, sobald du ihre Motive verstehst?«

Shen Qiao wusste nicht, was er mit dieser »Töte sie doch einfach«-Einstellung anfangen sollte.

»Laut dir haben meine Lehrgeschwister und die Ältesten im Violetten Palast stillschweigend zugestimmt, dass Yu Ai die Kontrolle übernimmt. Selbst mein liebenswürdiger Dashixiong muss also glauben, dass Yu Ai ein besserer Anführer ist, als ich es war. Heißt das, dass ich auch sie alle töten muss? Diese Menschen sind die Grundfesten des Xuandu-Bergs. Wenn sie fort sind, was bleibt dann von der Schule übrig?«

»Selbst wenn deine Kampfkünste zurückkehren und du deine Position als Anführer zurückholst, wird es zwischen dir und deinen Lehrgeschwistern nie wieder so sein wie früher«, sagte Yan Wushi voller Hass. »Die Erinnerung an ihren Betrug wird sich in deinem Kopf festsetzen wie eine Fischgräte in deinem Hals. Und werden sie je glauben können, dass du ihnen vergeben hast?« Während er sprach, beugte er sich näher zu Shen Qiao, sodass sein heißer Atem ihn berührte. Shen Qiao war das etwas unangenehm, und er drehte den Kopf zur Seite.

»Alle Menschen tragen finstere Gedanken in ihren Herzen. Der Unterschied liegt darin, ob sie danach handeln oder nicht. Warum sie für ihre Menschlichkeit tadeln?«

Aber Yan Wushi antwortete: »Oh? Du hast auch finstere Gedanken in deinem Herzen, oder? Was für dunkle Gedanken hegst du, sag schon.«

Shen Qiao versuchte, sich zurückzuziehen, doch ein Arm legte sich um seine Hüfte und zwang ihn, den Rücken zu beugen. Ohne zu wissen, wie ihm geschah, war er in eine Ecke gedrängt worden. Seine Schultern berührten die Wand hinter ihm. Dort musste ein Bild hängen, denn der Rahmen grub sich schmerzhaft in seine Haut.

»A-Qiao, was sind deine bösen Gedanken? Lass sie mich hören!«

Zu hören, wie Yan Wushi ihn »A-Qiao« nannte, löste eine Gänsehaut aus, die sich über seinen ganzen Körper ausbreitete. Aber bevor er seine Überraschung äußern konnte, war Shen Qiao wie verzaubert von dieser tiefen Stimme. Er öffnete den Mund, um zu antworten.

»Ich …«

Tock, tock, tock.

Draußen klopfte es. Shen Qiao fuhr hoch und kam zu Sinnen.

»Du hast eine Bezirzungstechnik eingesetzt?«

»Das nennt sich ›dämonische Überzeugung‹. Die Huanyue-Schule ist einer der drei Äste der Riyue-Schule – was auch immer die Hehuan-Schule kann, kann ich schon lange. Die Technik dieses kleinen Mädchens Bai Rong ist noch weit davon entfernt. Wenn du es noch ein paarmal hörst, wirst du in Zukunft nicht so einfach auf ihre Tricks hereinfallen.«

Obwohl sein Plan aufgedeckt wurde, schien sich Yan Wushi kein bisschen zu schämen. Er klang so arrogant, dass Shen Qiao das Gefühl hatte, er müsse sich dankbar zeigen, dass der große Yan Wushi so eine Technik bei ihm eingesetzt hatte. Shen Qiao war ein höflicher Mann; er konnte nicht gegen Yan Wushis Spitzfindigkeit ankommen. Er war irritiert und fand es doch komisch.

»Also sagst du, dass ich dir danken sollte?«

»M-hm«, sagte Yan Wushi. »Du solltest mir danken.«

KAPITEL 24
NÄHE UND ABLEHNUNG

Der Pförtner betrat das Zimmer und brachte Essen und Suppe auf einem Tablett.

»Mein Herr, wir haben die Medizin anhand Ihrer Anleitung zubereitet. Außerdem hat die Küche einen Lotussamensirup und ein paar Desserts vorbereitet, damit unsere beiden verehrten Gäste ihren Hunger stillen können. Sobald Essenszeit ist, bringen wir Euch einen Hauptgang.«

Eigentlich war es die Aufgabe einer Apotheke, Medikamente zuzubereiten, aber das Gasthaus nahm für Yan Wushis Geldregen gern einige Umstände in Kauf und diente ihm gewissenhaft. Sie alle bemühten sich, ihm zu schmeicheln. Yan Wushi nahm die Schüssel mit Medizin und wandte sich zu Shen Qiao. »Du musst dich ausruhen, und das hier wird dir dabei helfen. Hier, ich füttere dich.«

Shen Qiao und der Pförtner waren beide sprachlos. Ein Mann, dessen Gesicht vor Arroganz nur so triefte, war in der Lage, solch sanfte Worte auszusprechen. Das passte einfach nicht zusammen.

Der Pförtner hatte nichts von ihrer Auseinandersetzung mitbekommen. Als er Yan Wushis Ton honigsüße Worte vernahm, erstarrte er. Der eine Mann sah zart und etwas kränklich aus, aber er war ein Mann. Könnten die beiden … Kurzärmel[56] sein? Der Pförtner erschauderte.

Shen Qiao fürchtete sich nun wirklich vor Yan Wushi. Er hatte keine Ahnung, was dieser Mann vorhatte. Kurz zuvor hatte Yan Wushi versucht, seine dunklen Gedanken mit einer dämonischen Technik hervorzulocken, und im nächsten Moment, vor einem Zuschauer, wandelte sich sein Gebaren komplett. Yan Wushi ignorierte beide und starrte Shen Qiao an. Sein Ton wurde sogar noch weicher.

»Hab keine Angst, ich hab die Medizin schon abgekühlt, indem ich gepustet habe. Sie ist nicht mehr heiß.«

Mühsam brachte Shen Qiao ein paar Worte hervor. »Schulleiter Ya-«

Ein Löffel wurde in seinen Mund gesteckt, und die Bitterkeit der Medizin explodierte auf seiner Zunge. Er konnte den Mund nicht öffnen und musste die Brühe runterschlucken. Yan Wushi fütterte ihm weitere Löffel Medizin, bis die halbe Schüssel leer war. Die ganze Zeit über hatte Yan Wushi ihm aufmerksam zugesehen und gelächelt. Als würde er etwas voller Liebe ansehen. Shen Qiao konnte Yan Wushis Ausdruck nicht sehen, der Pförtner hingegen schon. Er spürte, wie sich seine Nackenhaare aufstellten. Auf keinen Fall wollte er weiter in diese Sache verwickelt werden. Er stellte das Essen eilig ab und lächelte entschuldigend.

»Bitte genießen Sie das Essen, werte Herren. Ich entschuldige mich jetzt. Wenn Sie irgendetwas benötigen, läuten Sie einfach die Glocke.«

56 断袖, eine Umschreibung für Homosexualität. Der Begriff stammt von einer Geschichte über den Kaiser Ai von Han und seinen Geliebten Dong Xian. Der Kaiser wacht aus einem Nickerchen auf, und Dong Xian schläft noch, sein Kopf ruht auf dem Ärmel des Kaisers. Um seinen Liebsten nicht aufzuwecken, schneidet der Kaiser seinen Ärmel ab, bevor er aufsteht.

Yan Wushi machte ein zustimmendes Geräusch, doch er wandte sich nicht um. Der Pförtner seufzte erleichtert, wischte sich den Schweiß von der Stirn und schlüpfte geschwind aus dem Zimmer.

In dem Moment, in dem er gegangen war, drückte Yan Wushi die Schüssel in Shen Qiaos Hände. »Trink selbst.«

Shen Qiao war erneut sprachlos. Dem Geruch nach war die Medizin voller Kräuter, die das Qi und den Blutfluss anregten. Aber Yan Wushis Verhalten war einfach zu bizarr. Er musste einfach nachfragen. »War an diesem Pförtner irgendetwas verdächtig?«

»Nein.«

»Warum …«

Yan Wushi lachte. »Was? Hast du Gefallen daran gefunden, gefüttert zu werden? Soll ich dir auch noch den Rest der Medizin einflößen?«

Shen Qiao antwortete nicht. Yan Wushi umfasste sein Kinn.

»Wo ich dich so anschaue, hast du gar kein schlechtes Gesicht. Alle Schüler der dämonischen Schulen üben ihre Bezirzungstechniken, um ihr gutes Aussehen zu verstärken. Wenn du nicht ständig so kränklich wärst, würdest du besser aussehen als alle von ihnen.«

Es war eine Sache, wenn Yan Wushi so mit ihm spielte, wenn er verletzt und kaum bei Sinnen war; aber im Moment war Shen Qiao bei vollem Bewusstsein. Er zog sein Gesicht zurück und schlug Yan Wushis Hand fort. Yan Wushi ließ ohne Gegenwehr los.

»Hast du jemals von der Lippentasse gehört?«, fragte er stattdessen ernst.

»Was ist das?«, fragte Shen Qiao, nichts Böses ahnend.

Yan Wushi lächelte. »Wenn die Leute in den Freudenhäusern ihre Kunden Mund zu Mund füttern, nennt man das

Lippentasse. Wenn du möchtest, kann ich dir deine Medizin auch so geben.«

Shen Qiao war ein aufrichtiger Mann. Er verhielt sich stets anständig, und sein Herz war rein und frei von Begierden. Er hatte niemals etwas Derartiges gehört, das fast schon an Obszönität grenzte. Er presste die Lippen sofort noch fester aufeinander und weigerte sich, etwas zu sagen, aber er konnte die leichte Röte nicht aufhalten, die sich über sein bleiches Gesicht legte. Es lag nicht an Schüchternheit, er war frustriert. Yan Wushi brach in Gelächter aus, als er Shen Qiaos Gesicht sah. Seine Neckereien zahlten sich aus, er schien Shen Qiao unheimlich amüsant zu finden. Ein wenig Wut schlich sich zu Shen Qiaos Röte. Yan Wushi hatte sich eine seltsame Neigung angewöhnt. Als wäre er süchtig danach, mit Shen Qiao zu spielen. In der Öffentlichkeit machte er eine richtige Show daraus, damit er Shen Qiaos Reaktion beobachten konnte. Shen Qiao war gutherzig und besaß einen starken Willen. Nach den ersten Malen gelang es ihm, trotz schamloser Worte und bissiger Kommentare, ein ruhiges Gesicht zu bewahren. Aber Yan Wushi schien dadurch nicht gelangweilt zu sein, stattdessen verdoppelte er seine Anstrengungen.

Glücklicherweise hatte er Shen Qiaos Freiheiten trotz der gemeinsamen Reise nicht eingeschränkt. Natürlich war es für Shen Qiao dennoch unpraktisch, allein in der Stadt herumzulaufen, deshalb blieb er oft in seinem Zimmer. Meist saß er am Fenster, hörte dem Rauschen des Windes und dem Geraschel der Blätter zu, um niemandem Umstände zu bereiten. Aber es gab ein paar Ausnahmen. Das Gasthaus war riesig, Reisende kamen und gingen. Es war eines der größten in Ying-Stadt und deshalb ein wunderbarer Ort, um Informationen und

Neuigkeiten zu sammeln. Yan Wushi hatte es nicht nur wegen des schönen Gartens ausgewählt. Zu dieser Zeit waren Gasthäuser in öffentliche Räume und Privatzimmer unterteilt. Die Privatzimmer waren nochmals unterteilt in kleine Zimmer, in denen man sich treffen konnte, um Privatangelegenheiten zu besprechen, und größere Räume für Kunden des Gasthauses. Die großen Räume waren je nach Beschäftigung der Person kategorisiert: Gelehrte, Bauern, Handwerker, Händler[57] und dergleichen.

Als Händler konnte man nach einem Privatzimmer in der Nähe anderer Händler fragen. So konnte man beim gemeinsamen Speisen neue Kontakte knüpfen und das eigene Netzwerk ausbauen. Dasselbe galt für Gelehrte und Kampfkünstler und die Händler, die sich als Gelehrte ausgaben. Aber ihre Versuche, bei den Gesprächen der echten Gelehrten mitzuhalten, sorgten meist nur für Gelächter. Normalerweise würden sich Leute nicht ohne einen Hintergedanken so blamieren.

Yan Wushi hätte als Kampfkünstler zählen sollen, aber er benutzte eine andere Identität in der Provinz Ying, die in der Nördlichen Zhou lag. Wenn er seinen offiziellen Titel als Junior-Unterweiser des Kronprinzen hier verbreitet hätte, würden die Leute vermutlich anstehen, um ihm die Füße zu küssen. Aber er hatte weder diese noch seine Identität als Schulleiter genutzt und stattdessen einen Raum für Händler ausgewählt und Shen Qiao hierhergebracht. Shen Qiao hatte sich schon daran gewöhnt, im Dunkeln gelassen zu werden. Yan Wushi ging voraus, und Shen Qiao folgte ihm langsam mit seinem Bambusstock. Er brauchte keine weitere

57 士农工商, die vier Beschäftigungen galten im alten China auch als eine Art Klasseneinteilung. Im Glossar steht dazu noch mehr.

Unterstützung, aber Yan Wushi bestand darauf, sein Handgelenk zu halten, was die Situation seltsam intim machte. Shen Qiao konnte seine Hand nicht befreien, deswegen blieb ihm nichts anderes übrig, als Yan Wushi seinen Willen zu lassen. Seit sie die Stadt erreicht hatten, behandelte Yan Wushi Shen Qiao mit unglaublicher Zärtlichkeit, solange andere Leute anwesend waren. Niemand wusste Details über ihre Verbindung. Wenn sie die beiden und vor allem Yan Wushis Blick auf Shen Qiao sahen, dachten sie einfach, dass Shen Qiao eine Art Spielknabe war. Selten aber sah man einen blinden Mann in solch einer Rolle, und als die beiden den Speisesaal betraten, waren alle sehr neugierig. Alle Augen richteten sich auf Shen Qiao.

Die beiden setzten sich. Yan Wushi stoppte den Kellner und deckte persönlich den Platz vor Shen Qiao mit einer Schüssel und Essstäbchen. Dann nahm er Shen Qiaos Hand und zeigte ihm genau, wo sich welche Speise befand und woraus sie zubereitet war. Wenn jemand von der Huanyue-Schule zusehen würde, hätte ihn niemand als Yan Wushi erkannt. Vor einigen Tagen hätte Shen Qiao dieses Verhalten noch großes Unbehagen bereitet, aber mit der Zeit ging seine Gänsehaut zurück. Er nahm die Essstäbchen entgegen, ohne eine Miene zu verziehen, verbeugte sich zum Dank und begann dann, zu essen. Als die Menge bemerkte, dass die beiden sie überhaupt nicht beachteten, verloren sie schnell das Interesse. Man dachte sich vielleicht die eine oder andere gemeine Bemerkung, doch dann kehrten alle zu ihren eigentlichen Gesprächsthemen zurück. Alle Händler in diesem Raum waren weit und viel gereist. Sie kannten sich nicht, doch alle waren hier, um neue Kontakte zu knüpfen. Und natürlich waren Händler von Natur aus einfallsreich, bald war die Atmosphäre wieder lebendig.

»Ich habe gehört, dass der Kaiser von Zhou südwärts Richtung Chen marschieren will. Ist das wahr? Wenn es hier jemanden gibt, der Bescheid weiß, seid so gut und weiht mich ein«, sagte jemand. »Ich bin die letzten Jahre viel zwischen Nord und Süd hin und her gereist, ich sollte mich also zeitig vorbereiten, damit ich nicht meine Waren oder mein Leben verliere. Die Ware wäre halb so wild, aber mein Leben ist mir lieb!«

Ein paar hörten das und schlossen sich zustimmend an.

Jemand fragte ihn: »Xu-erlang[58], woher hast du diese Information?«

»Von einem Verwandten«, antwortete Xu-erlang. »Er arbeitet im Anwesen unseres verehrten Regenten und sollte es also wissen.«

Jemand anderes sagte: »Ich habe dasselbe gehört, deshalb denke ich, dass es mit neunzigprozentiger Wahrscheinlichkeit stimmt. Denkt daran: Seit Seine Majestät den Thron von Zhou bestiegen hat, zeigt er sich sehr ehrgeizig und widmet der Regierung seine ganze Zeit. Der Süden ist wohlhabend und bevölkerungsreich, und Chens Ländereien sind riesig. Wenn der Kaiser von Zhou die Reiche vereinen will, muss er zuerst Chen einnehmen!«

»Dem widerspreche ich!«, erwiderte sofort ein anderer. »Vor zwei Jahren bei den nördlichen Expeditionen von Taijian[59] hat sich Chen mit Zhou gegen Qi zusammengeschlossen. Das ist noch nicht so lange her. Denkst du etwa, Zhou wird diese Allianz mit Füßen treten und Chen angreifen? Das ist

58 二郎, bedeutet wörtlich »zweiter Sohn«, wird hier aber als Suffix genutzt.

59 太建北伐, im Jahr 573 n. Chr. wollte die Südliche Chen die Ländereien nördlich des Yangtse-Flusses einnehmen. *Thousand Autumns* spielt etwa 575 n. Chr.

furchtbar ungerecht – die ganze Welt wird sie dafür verabscheuen!«

»Ha, was für eine Farce! Was ist daran ungerecht? Wir sind alle Geschäftsleute und müssen alle unsere Finanzen beisammenhalten. Wie viel ist Gerechtigkeit wert? Kann man sie essen?«

Alle sprachen durcheinander, und es würde zu einem Streit kommen, wenn es so weiterging. Xu-erlang versuchte eilig, die Wogen zu glätten.

»Beruhigt euch, Leute, beruhigt euch! Als Geschäftsleute sollten wir berücksichtigen, dass Freundlichkeit der Schlüssel zum Erfolg ist. Sollen sich die Hochkaräter der Welt mit Militär und Staaten befassen – was hat das mit uns zu tun? Uns interessiert nur, wann und wo es Schlachten geben wird!«

Seine Unterbrechung hatte die gewünschte Wirkung, und die meisten setzten sich wieder, um mit ihrem Essen fortzufahren. Ein leger gekleideter Mann, dem Aussehen nach aus dem Süden, brach die Stille: »Meiner Meinung nach sind all eure Spekulationen unvollständig. Wenn der Kaiser von Zhou Truppen entsenden möchte, dann wird die Chen-Dynastie nicht das erste Ziel sein. Wenn ihr geschäftsmäßig zwischen diesen beiden Ländern unterwegs seid, sollte es fürs Erste sicher sein.«

»Wie willst du das wissen?«, fragte ein anderer.

»Menschen suchen sich immer die weichste Kakifrucht – sie greifen die schwächsten an. Qi ist viel weicher als Chen. Und wenn es nicht Qi wird, dann die Göktürks. Zhou wird also ziemlich sicher nicht sofort Truppen nach Chen schicken.«

Shen Qiao legte seine Essstäbchen nieder. Er hatte sich aufgesetzt und lauschte konzentriert. Als Schulleiter galt er als weise, aber zurückgezogen und allein auf dem Xuandu-Berg lebend, hatte er sich nie mit Politik befasst. Sein Wissen war eingeschränkt – viel geringer als das der reisenden Handelsleute. Das war ihm schmerzlich bewusst geworden. Deshalb lenkte er seine ganze Aufmerksamkeit auf die Gespräche der Geschäftsleute, die hier lebhaft weltliche Angelegenheiten diskutierten.

KAPITEL 25
EINE EINLADUNG

Die Göktürks?«, fragte jemand neugierig. »Warum würde Zhou die Göktürks angreifen? Warum die wohlhabenden Zentralen Ebenen zugunsten dieser gottverlassenen Ländereien der Nomaden ignorieren?«

»Die Zentralen Ebenen sind ständig militärisch aktiv, und die Göktürks expandieren auch in den Norden – sie haben sogar das Persische Reich besiegt. Die Reiche der Zentralen Ebenen haben viele Ressourcen und gut ausgebildete Leute. Wie könnten die Göktürks sich solch eine Beute entgehen lassen? Unter Taspar Khagan sind die Göktürks stärker denn je. Ihre Arroganz und Stärke treiben sie zu immer neuen Zielen. Wenn sie die Zentralen Ebenen angreifen, wird es zuerst Qi und Zhou treffen«, erklärte der Mann. »Verglichen mit der Nördlichen Zhou schwindet Qis Macht. Sie sind ein perfektes Ziel und die Göktürks ein Dorn in ihrem Auge. Wenn der Kaiser von Zhou weise ist, wird er sich diese beiden Chancen nicht entgehen lassen. Im Vergleich dazu müsste sich die Chen-Dynastie hintanstellen. Außerdem wird das große Chen eine harte Nuss. Selbst wenn Yuwen Yong seine Truppen in den Süden schickt, wird das nicht so einfach werden. Ihr macht euch zu viele Sorgen.«

»Er hat recht«, flüsterten sich einige zu.

»Der werte Herr hat ›große Chen‹ gesagt – seid Ihr von dort?«, wollte jemand wissen.

»Das bin ich«, sagte der Mann.

»Ihr klingt nicht wie ein typischer Händler, mehr wie ein Gelehrter. Das hier ist ein Treffen einfacher Handelsleute, ich fürchte, wir sind Ihrer Anwesenheit nicht würdig«, sagte jemand.

Der Mann hüstelte. »Ich bin weder Gelehrter noch Händler. Ich bin nur hier für gute Gespräche.«

Er sprach flüssig und mit Selbstvertrauen, sein Rücken so gerade wie ein Baum. Alle Handelsleute hatten Erfahrung, sie ahnten, dass er aus einer einflussreichen Familie stammen musste. Aber da er nicht mehr dazu sagen wollte, bohrten sie nicht weiter nach und plauderten stattdessen über die Bräuche und Gepflogenheiten von Zhou.

Shen Qiao hatten seine Worte jedoch bewegt, und er war in Gedanken versunken. Als er wieder zu sich kam, merkte er, dass er unbewusst den Mund geöffnet hatte, damit Yan Wushi ihn mit vegetarischer Gans füttern konnte.

»Schmeckt es, A-Qiao?«, fragte Yan Wushi liebevoll. Shen Qiao gelang es nicht, eine Antwort zu formulieren. Es wäre unansehnlich, das Essen wieder auszuspucken, also kaute er gewissenhaft und verzog das Gesicht nur wenig. Wenn Shen Qiao Yan Wushi inzwischen nicht besser kennen würde, hätte er gedacht, dass der Dämonenkönig ihn wirklich umgarnen wollte. Aber in Wahrheit ging es Yan Wushi nur darum, Shen Qiao aus Spaß aufzuziehen. Yan Wushi war kein guter Mensch. Er rettete andere nur für die Genugtuung, sie gerettet zu haben. Manche dachten vielleicht, dass es genauso sein sollte und sie sich nichts schuldeten. Aber Shen Qiao war freundlich und ehrenhaft. Er hatte das Gefühl, dass Yan Wushi ihm einen Gefallen erwiesen hatte, egal, was seine Ziele gewesen waren.

Shen Qiao wäre ansonsten gestorben. Solange Yan Wushi also nichts außergewöhnlich Schreckliches tat, würde Shen Qiao ihn gewähren lassen. Und genau dieser Charakterzug von Shen Qiao verstärkte Yan Wushis Drang, mit ihm zu spielen. Jedes Mal, wenn er sah, wie Shen Qiao sich aufregte, verbesserte sich seine Laune.

Nachdem er bereits einmal hereingelegt worden war, hielt Shen Qiao den Mund geschlossen, als Yan Wushi sich wieder mit einem Löffel Suppe zu ihm beugte. Niemand sonst hier kannte die Hintergründe – alle sahen nur einen Mann, der einen anderen füttern wollte, und einen Mann, der sich weigerte, gefüttert zu werden. Sie sahen das als Bestätigung für eine Beziehung. Homosexualität war seit der Wei- und Han-Dynastie recht üblich, deshalb war es nichts Neues. Handelsleute kamen viel herum, und eigentlich war es nichts Ungewöhnliches für sie, doch wie schamlos die beiden es in der Öffentlichkeit auslebten, war ungewohnt.

Shen Qiao hatte im Verlauf seiner Krankheit viel Gewicht verloren. Wenn er nicht gerade wütend oder hoch konzentriert war, sah er aus wie eine zerbrechliche Schönheit. Yan Wushi hingegen sah nicht wie jemand aus, mit dem man sich anlegen sollte, aber gegenüber Shen Qiao war er fast schon arglos in seinen Neckereien. Es sah nicht aus, als wäre er speziell Shen Qiao zugeneigt. Das regte einen Mann dazu an, zu ihnen zu gehen und ein Gespräch anzufangen.

»Guten Abend, der Herr. Wie darf ich Euch nennen? Ich bin Zhou Fang und stamme aus einer Händlerfamilie in Longxi. Erweist Ihr mir die Freude, Eure Bekanntschaft zu machen?«

Yan Wushi blieb sitzen und fragte gelangweilt: »Was gibt's?«

In Longxi kannte man Zhou Fang als wohlhabenden Mann. Er war ein bisschen pikiert, als Yan Wushi ihm weder seinen Namen noch seine Aufmerksamkeit schenkte.

»Ist das Ihr Favorit?«, fragte er. »Ich wäre bereit, ihn für zwanzig Gold zu kaufen, wenn Ihr ihn hergeben möchtet.«

Yan Wushi lachte auf und wandte sich zu Shen Qiao.

»Schau, A-Qiao, du brauchst dich nicht ins Jianghu einmischen, dein Gesicht reicht aus, um Geld zu verdienen! Nachdem ich dich verkaufe, suche ich nach einer Gelegenheit, dich zurückzustehlen, dann fliehen wir und suchen einen anderen Käufer. Nach einem Monat könnten wir uns ein luxuriöses Anwesen mit wunderschönen Bediensteten in Chang'an suchen!«

Shen Qiao hatte sich bereits an Yan Wushis Unsinn gewöhnt und machte sich nichts daraus. Stattdessen wandte er sich an Zhou Fang.

»Zhou-langjun, Ihr irrt Euch. Ich bin keine Eskorte.«

In dem Moment, in dem er den Mund öffnete, veränderte sich die Atmosphäre um ihn herum, und seine Präsenz zeigte sich. Allein sein Tonfall verriet Zhou Fang, dass er einen Fehler gemacht hatte. Unter keinen Umständen wäre so jemand eine Eskorte.

»Das war unhöflich von mir. Bitte nehmt es Euch nicht zu Herzen«, antwortete Zhou Fang peinlich berührt. »Darf ich Euren Namen erfahren und die Freude Eurer Bekanntschaft machen?«

»Ich heiße Shen Qiao.«

»Qiao wie in ›Hohe Bäume erheben sich gen Süden‹[60]?«

»Qiao wie in ›Er beschwichtigt hundert Götter, die Bergspitzen und Flüsse sind seine Zeugen‹.«

Zhou Fang nickte und schenkte ihm dann ein scheues Lächeln. »Das ist eher ungewöhnlich. Wir könnten unsere

60 南有乔木, Zhou Fang zitiert »Hanguang«, ein Gedicht aus dem Shijing. Das qiao (乔) darin bezieht sich auf einen hohen Baum.

heutige Begegnung als Anlass für ›eine Freundschaft geschmiedet im Feuer eines Konflikts‹ nehmen. Ich bitte Euch, mir meine Unhöflichkeit nicht übel zu nehmen. Ich werde ein anderes Mal wiederkommen und Euch eine formelle Entschuldigung überbringen.«

Shen Qiao lächelte. »Ihr seid zu höflich. Das ist aber nicht nötig. Ich bin fast blind, deshalb wäre ich kein guter Gastgeber. Wenn wir uns in Zukunft noch einmal treffen, lade ich Euch auf ein Glas Wein ein.«

Zhou Fang konnte darauf nichts erwidern. Er faltete die Hände, sprach ein paar höfliche Abschiedsworte und ging fort. Yan Wushi beobachtete das Ganze amüsiert. Erst als Zhou Fang weg war, beugte er sich lächelnd zu Shen Qiao.

»A-Qiao, das war aber gar nicht süß von dir. Wir waren den zwanzig Goldstücken so nah, und jetzt sind sie einfach davongeflattert.«

Yan Wushi sagte solche Sachen mehrmals täglich, weshalb Shen Qiao sie einfach ignorierte. Er wollte aufstehen und in sein Zimmer zurückkehren, doch Yan Wushi hielt ihn auf.

»Es ist Frühling, die Blumen am Stadtrand blühen. Lass uns ein wenig spazieren gehen.«

Yan Wushi machte normalerweise keine Vorschläge, sondern stellte Shen Qiao vor vollendete Tatsachen. Shen Qiao unterlag ihm im Kampf, aber das hieß nicht, dass er gar keine Freiheiten genoss. Er schüttelte den Kopf und sagte zu Yan Wushi: »Nein, du solltest allein gehen. Ich gehe in mein Zimmer.«

Aber Yan Wushi packte ihn am Handgelenk. »Du bist den ganzen Tag in deinem Zimmer und tust nichts. Ich bin so gütig und gönne dir eine kleine Pause davon.«

Shen Qiao antwortete nicht. Er blieb den ganzen Tag in seinem Zimmer, aber er tat nicht *nichts*. Er meditierte und kultivierte und dachte über die Zhuyang-Strategien nach. So wie sein Körper erholten sich auch seine Kampfkünste. Das Problem war, dass die Zhuyang-Strategien zu tiefgründig waren. Shen Qiao würde nicht von sich behaupten, den Band, den er von Qi Fengge erhalten hatte, vollständig verstanden zu haben. Und nun hatte er noch den Band der Getäuschten Gedanken, um darüber zu sinnieren. Shen Qiao dachte Tag und Nacht darüber nach. Er war zu dem Schluss gekommen, dass Tao Hongjin ein wahres Genie gewesen war. Die Schriften waren abstrakt und geheimnisvoll; man verstand sie nicht durch einmaliges oder zweimaliges Lesen. Da Shen Qiaos Augen ihm ohnehin nichts nützten, brachte es ihm auch nichts, herumzulaufen.

Aber wenn Yan Wushi etwas machen wollte, gab es keinen Raum für Widersprüche. Ein Kampf hätte sich nicht gelohnt, also ließ Shen Qiao sich von ihm mitschleifen. Sie waren erst ein paar Schritte gegangen, als jemand sie ansprach.

»Bitte wartet einen Moment, Schulleiter Yan.«

Sie hielten an und drehten sich um. Shen Qiao kniff die Augen zusammen und versuchte, den Sprecher zu erkennen. Wenn er einen guten Tag hatte, konnte er Silhouetten erkennen, an einem schlechten nur Dunkelheit. In letzter Zeit hatte er sich gut erholen können, und im Tageslicht erkannte er anhand der Kleidung den Mann, der im Speisesaal so selbstbewusst gesprochen hatte. Er hatte Yan Wushi sofort erkannt, deshalb kam er wohl vorbereitet. Vielleicht war er nur deswegen erst in den Speisesaal gekommen.

Der Mann in der gelben Robe näherte sich und hielt fünf oder sechs Schritte Abstand, bevor er sich verbeugte und die Hände faltete.

»Xie Xiang von der Linchuan-Akademie grüßt Schulleiter Yan.«

Er wurde von einem etwas älteren Mann begleitet. »Zhan Ziqian von der Linchuan-Akademie. Ich hoffe, Euch geht es gut.«

Yan Wushi sagte nichts. Er sah zu Zhan Ziqian und dann zurück zu Xie Xiang. »Du bist als Ruyan Kehuis Lieblingsschüler?«

»Ich kann Euer Lob nicht annehmen«, sagte Xie Xiang. »Aber Meister Ruyan ist in der Tat mein Lehrer.«

»Warum denkst du, ich lobe dich?«, fragte Yan Wushi. »Ich hab noch etwas zu sagen: Du bist mittelmäßig.«

Xia Xiangs Mundwinkel zuckte. Shen Qiao und Zhan Ziqian sahen peinlich berührt zu.

Shen Qiao hatte sich inzwischen an Yan Wushis Sticheleien gewöhnt, und es brauchte mehr, um ihn zu erzürnen. Dennoch fühlte er mit dem jungen Mann vor ihm. Er hatte von Xie Xiang gehört. Er stammte aus einer Militärfamilie aus Chen und war der bekannteste Schüler seines Jahrgangs an der Linchuan-Akademie. Schon in jungen Jahren war er in die höchsten Ränge der Meister der neuen Generation aufgestiegen. Er wurde von Ruyan Kehui persönlich unterrichtet. Man munkelte sogar, dass Xie Xiang seinen Meister in der konfuzianischen Kultivierung bald übertreffen würde. Die Linchuan-Akademie veranstaltete oft Debatten und lud konfuzianische Schüler aus der ganzen Welt ein. Xie Xiang hatte stets den ersten Platz gemacht. Aufgrund des Einflusses seines Meisters brachte man ihm Respekt entgegen, aber da er selbst auch außergewöhnlich talentiert war, hatte man ihn noch nie so unhöflich behandelt. Wenn Ruyan Kehui ihn schätzte, war er vermutlich weder streitlustig noch impulsiv. Nur für einen Moment zeigte sich Unbehagen in seinem Gesicht.

»Der Direktor der Akademie hat mir aufgetragen, Euch

eine Einladung auszusprechen. Er möchte sich am 5. Mai mit Euch in Chang'an im Huiyang-Gebäude treffen.«

»Wenn Ruyan Kehui mich sehen will, soll er selbst kommen«, sagte Yan Wushi verächtlich. »Was für ein Mist ist das hier?«

Er wandte sich zum Gehen, doch Xie Xiang blieb hartnäckig. »Darf ich die Ehre haben, Yan Wushi um einen Rat in Kampfkunst zu bitten?«

Yan Wushi zeigte ein schmales Lächeln. Plötzlich deutete er auf Shen Qiao: »Würdest du mir glauben, wenn ich dir sage, dass du nicht mal ihn besiegen kannst?«

Shen Qiaos Aussehen war zu trügerisch. Verbunden mit dem vertrauten Verhalten im Speisesaal hatte auch Xie Xiang ihre Beziehung missverstanden. Er sah Shen Qiao nicht einmal an und runzelte die Stirn.

»Ihr seid ein Großmeister Eurer Generation. Warum erniedrigt ihr Euch, mich mit einer Eskorte zu beleidigen?«

Shen Qiao war sprachlos. Warum wurde er in so etwas mit reingezogen, wenn er einfach nur stillschweigend danebenstand?

KAPITEL 26

LAUERNDE TIGER UND VERSTECKTE DRACHEN

Trotz aller Umstände hätte Shen Qiao Xie Xiang gern getroffen, wenn Yan Wushi ihn nicht in so eine Situation hineingezogen hätte. Allein seine Analyse der politischen Lage im Speisesaal zeugte von seinem Können.

»Vor Kurzem hat mich Euer Kommentar tief beeindruckt. Darf ich Euch wohl um mehr Einblicke bitten?«

Niemand hasste Lob. Selbst wenn Xie Xiang auf Shen Qiao herabsah, konnte er nach solch lieben Worten nicht unhöflich sein. Aber er wollte mit Yan Wushi trainieren. Stattdessen gegen den unbekannten Shen Qiao zu kämpfen – egal, ob Sieg oder Niederlage –, wäre eine Beleidigung seiner Würde.

Also sagte er: »Danke für Euer Lob. Ich habe noch andere Befehle von meinem Meister, deshalb darf ich keine Zeit verschwenden.«

Yan Wushis Stimme war eiskalt: »Wolltest du nicht mit mir kämpfen? Wenn du ihn besiegst, kämpfe ich gegen dich.«

Die Linchuan-Akademie war eine konfuzianische Schule, und Ruyan Kehui war auf dem dritten Platz. Als sein Schüler sollte Xie Xiang also kein schlechter Kämpfer sein. Nun, da Shen

Qiao kein einsames Dasein mehr auf dem Xuandu-Berg fristete, begegnete er allerlei Menschen. Er konnte seine einstigen Kräfte nicht innerhalb eines Tages regenerieren, aber auch grübelnd in seinem Zimmer zu sitzen, würde den Prozess nicht beschleunigen. Obwohl er wusste, dass es Yan Wushi vor allem um Ärger ging, versuchte er es erneut. »Ich bin unbegabt, ich würde gern von Xie-langjun lernen.«

Xie Xiang kannte Shen Qiao nicht, wusste nichts über seinen Titel oder Status. Seine Selbstbeherrschung hielt Yan Wushis Provokation nicht stand. Erzürnt lachte er auf. »Na gut, ich werde dir eine Lektion erteilen.«

Er sprang auf Shen Qiao. Es war keine lässige Bewegung – seine Finger waren gekrümmt und der Angriff so schnell wie ein Blitz. Bei genauerer Betrachtung war es ein beeindruckender Angriff: wie tausende aufblühende Pflaumenblüten, lebhaft und kräftig. Die Kampfkünste der Linchuan-Akademie waren einfach und schmucklos. Sie folgten dem Prinzip, dass wahre Genialität bescheiden war. Es war die einzige Kampfkunst, die sich auf Bewegungsabfolgen und Geschwindigkeit verließ und damit ihre Gegner verwirrte. Es war Xia Xiangs bekannteste Technik: »Gold zerstören und Jade zerbrechen«. Er war sich sicher, dass sein Schlag treffen würde, und wollte nicht zu viel Kraft nutzen. Nur ein Armbruch, damit Shen Qiao nicht mehr so eingebildet war. Aber kurz bevor seine Finger Shen Qiaos Robe streiften, griff er nach Luft. Überrascht drehte er sich auf seinem Fuß und schlug erneut. Wieder ins Nichts! Seine Bewegungen waren unglaublich präzise. Selbst wenn Shen Qiao dem ersten Angriff aus purem Glück ausgewichen war, den zweiten hätte er nicht vermeiden können. Xie Xiang war kein Narr, er begriff schnell, dass Shen Qiao nicht so krank und schwach war, wie er vermutet hatte. Er würde nicht durch einen Schlag klein beigeben. Er machte ernst und zog sogar seine Waffe. Es war ein Tie Chi[61] aus Jade – Jade von extrem seltener Qualität. Es war heller als roter Jade, von so kraftvoller Farbe, dass es aussah, als würde gleich Blut daran herabtropfen. Wenn er sein wahres Qi in das Tie Chi leitete und jemanden damit schlug, konnte er damit Knochen brechen. Aber Xie Xiang war in einer Sackgasse – er konnte Shen Qiao nicht mit seinem roten Tie Chi treffen. Jedes Mal, wenn es kurz davor war, ihn zu berühren, wurde es durch eine unsichtbare Wucht von wahrem Qi weggedrückt. Xie Xiang konzentrierte sich auf die Verteidigung. Das Tie Chi begann dumpf zu leuchten. Wilde Stürme folgten dem Licht und stürzten auf Shen Qiao herab. Silberne Bogen trennten den Himmel, und eiserne Hiebe zerfurchten den Boden. Die Winde, die vom Tie Chi aufgewirbelt wurden, wickelten sich um Shen Qiao. Doch auch sie konnten ihn nicht berühren und blieben stets eine Handbreite entfernt. Xie Xiang war schockiert. Er dachte, er hätte nach seinen ersten beiden Angriffen ein Bild von Shen Qiao. Doch dass die Realität seine Erwartungen so übertrumpfte …

Shen Qiao nutzte sein Gehör. Xia Xiang sprang anmutig vor und nutzte seine Waffe, um wahres Qi um Shen Qiao abzufeuern. Er sprang in die Luft und nutzte den Schwung, um nach unten zu schlagen. Shen Qiao hob seinen Bambusstock gerade rechtzeitig, um die Waffe abzuwehren. Als Jade auf den Bambus traf, hielt der Stock stand. Sie tauschten zahlreichen Schläge aus.

Zhan Ziqian hatte den Kampf zunächst nicht ernst genommen, doch nun begann er, sich um seinen Shidi zu sorgen.

61 鐵尺, wörtlich »Lineal«. Es ähnelt einem Schwert, ist aber ein Schläger. Die flache, rechteckige Form lässt es wie ein Lineal aussehen. Für gewöhnlich wird jedoch eine Hälfte mit Stoff oder Seil umwickelt, damit es einen guten Griff hat.

Er hielt den Atem an, als er den Kampf beobachtete, und fürchtete, Xia abzulenken. Er wagte es nicht mal, zu blinzeln. Yan Wushi hingegen war tiefenentspannt und hatte die Arme hinter dem Rücken verschränkt. Er sah zufrieden aus und genoss den Kampf. Auch wenn die Linchuan-Akademie stolz auf ihre beherrschte und anmutige Art zu kämpfen war, wurden Xie Xiangs Schläge mit der Zeit immer wilder. Auch wenn er im Jianghu das eine oder andere Mal verloren hatte, waren es stets Niederlagen gegen ältere Meister oder Großmeister gewesen, die zu den Besten Zehn gehörten. Das waren ehrenhafte Misserfolge. Aber der Mann vor ihm war ein Niemand, ein blinder Niemand! Xie Xiang konnte kein Unentschieden akzeptieren, und schon gar kein Scheitern. Beide waren vorsichtig. Sie bekämpften sich auf einer belebten Straße und beschränkten ihre Angriffe auf einen kleinen Radius. Xie Xiang war ein bisschen arrogant, aber er war nicht rücksichtslos genug, um Unbeteiligte zu gefährden.

Nach etwa einhundert Schlägen spürte Shen Qiao, wie sein wahres Qi schwächer wurde. Er würde nicht viel länger durchhalten. Je länger der Kampf dauerte, desto größer wäre sein Nachteil. Er stampfte mit seinem Bambusstock auf den Boden und nutzte ihn, um in die Luft zu springen. Seine Ärmel entrollten sich, als wäre er ein Unsterblicher, der vom Himmel herabstieg, und zielte mit seiner Hand auf seinen Gegner. Xie Xiang folgte ihm, schlug mit der Handkante nach oben und schwang sein Tien Chi. Ihre Handflächen berührten sich mitten in der Luft; ihre Körper wurden von der Energie ihres Zusammenstoßes zurückgeworfen. Dann zügelten sie gleichzeitig ihr wahres Qi und sanken zu Boden. Zhan Ziqian sah Xie Xiangs bleiches, blutleeres Gesicht und eilte an seine Seite. »Shidi, bist du in Ordnung?«

Xie Xiang hielt seine Brust, verzog das Gesicht und schüttelte langsam den Kopf. Als er wieder zu Shen Qiao sah, betrachtete er ihn in einem ganz anderen Licht. »Es ist meine Schuld, dass ich ihn unterschätzt habe.«

»Xie-langjun ist zu bescheiden«, antwortete Shen Qiao. »Ich bin auch verletzt.«

»Die Welt verbirgt jede Menge lauernde Tiger und versteckte Drachen. Hinter jeder Ecke verbirgt sich ein Meister«, sagte Xie Xiang schlapp. »Ich war zu voreingenommen und hätte nicht so arrogant sein dürfen.«

Er warf Yan Wushi einen Blick zu. »Schulleiter Yan hatte recht. Wenn ich nicht mal einen Eurer Leute besiegen kann, wie sollte ich qualifiziert genug für einen Kampf gegen Euch sein?«

Er legte die Hände in Ehrerbietung aneinander, drehte sich um und ging, ohne einen zweiten Blick auf Shen Qiao zu werfen.

Zhan Ziqian wollte ihn aufhalten, aber Xie Xiang drehte sich nicht um, also lief er los, um ihn einzuholen. Nach einigen Schritten schien er sich an etwas zu erinnern. Er faltete die Hände höflich in Shen Qiaos Richtung und lächelte entschuldigend. Dann jagte er seinem Shidi nach.

Shen Qiaos Gesicht sah auch nicht gut aus. Xie Xiang war Ruyan Kehuis Lieblingsschüler und die zukünftige Spitze der Linchuan-Akademie. Noch war er nicht gut genug für die Besten Zehn, aber er war nah dran. Shen Qiao war nicht im Vollbesitz seiner Kräfte, sein Körper noch nicht erholt – ein Unentschieden hatte ihm viel abverlangt. Während Xie Xiangs wahres Qi nur ein bisschen gestört worden war, hustete Shen Qiao Blut aus. Neben ihm seufzte Yan Wushi.

»Scheint so, als würden wir heute keine Blumen sehen!«

Er griff Shen Qiao an der Hüfte, hob ihn hoch und lief zurück zum Gasthaus. Shen Qiao strampelte dagegen und verzog das Gesicht. »Yan, ich kann selbst laufen …«

»Zappel noch mehr, und ich füttere dich Mund zu Mund, wenn wir zurück sind.«

Shen Qiao stellte jeglichen Widerstand ein. Manchmal dachte er, dass Yan Wushi sich eher zum Ganoven als zum Schulleiter eignete.

Shen Qiao hatte sich daran gewöhnt, verletzt zu sein. Als sie zurückkamen, schlief er direkt ein. Draußen war es stockdunkel, als er die Augen wieder aufschlug. Die Kerzen flackerten, und von draußen konnte man ganz leicht warmen Pflaumenduft riechen. Yan Wushi war nirgends zu sehen. Shen Qiao tastete herum, zog seine Schuhe an und stand auf. Er ging zum Außenzimmer, um die Glocke zu läuten. Seine Bewegungsabläufe waren dabei so geschmeidig, dass man ihm seine Blindheit nicht ansah. Bald klopfte es an der Tür.

Der Pförtner trat ein und lächelte aufmerksam. »Wie kann ich Ihnen helfen?«

»Wie spät ist es?«, fragte Shen Qiao.

»Es ist ungefähr halb sieben am Abend.«

»Gibt es in der Küche noch etwas zu essen?«

»Aber sicher doch. Was kann ich Euch bringen? Der Ofen ist noch an, wir können alles zubereiten, was Ihr Euch wünscht!«

»Dann bringt mir bitte eine Schüssel weißen Reisbrei und ein paar Beilagen.«

Der Pförtner bestätigte und war kurz davor zu gehen, als Shen Qiao ihn stoppte.

»Wenn es nicht zu aufwendig ist, bringen Sie mir bitte auch eine Schüssel Katzenohren und einen Teller mariniertes Rindfleisch.«

»Sie sind zu höflich. Was auch immer Sie als Gast brauchen,

wir als Gasthaus kümmern uns darum. Ich werde es zubereiten lassen und Ihnen bringe; bitte haben Sie einen Moment Geduld!«

Shen Qiao nickte. »Danke für Ihre Mühen.«

Alle Speisen waren simpel zuzubereiten. Das marinierte Rindfleisch war eine kalte Speise und auf Vorrat da; es musste nur noch zugeschnitten werden. Teig wurde in die Form von Katzenohren geknetet und in einem Topf gekocht. Der Reisbrei und die Beilagen waren Standardspeisen. Nach einer halben Stunde war alles fertig und wurde zu Shen Qiaos Zimmer geliefert.

Er nahm den Reisbrei und nippte langsam daran. Er hatte nur ein wenig davon gegessen, als die Tür sich öffnete. Den Neuankömmling erkannte er anhand seiner Schritte. Die Nacht war eiskalt, und Yan Wushi brachte einen Schwung kalte Luft mit ins Zimmer. Er setzte sich zu Shen Qiao an den Tisch.

»Die ganze Reise über hast du stets einfaches Essen gegessen: Reisbrei und ein paar Beilagen waren genug. Kann es sein, dass du die Katzenohren und das Rindfleisch für mich bestellt hast?«

Shen Qiao lächelte nur. Er hatte erwartet, dass Yan Wushi bald zurückkehren würde, und deshalb mehr Essen bestellt.

Yan Wushi stupste ihn. »Wir haben uns nur zufällig getroffen, wie Freunde und Feinde, und trotzdem bist du so aufmerksam, auf die kleinsten Details zu achten. Trotzdem warst du wahrscheinlich noch liebevoller zu deinem Yu-shidi, oder?«

Shen Qiao setzte die Schüssel ab und zwang sich zu einem Lächeln. »Du bringst da ein sensibles Thema auf. Du bist wirklich geschickt darin, die frischen Wunden anderer Leute zu finden.«

»Ich dachte, du bist eine Wand aus Eisen oder Bronze, ignorant und undurchdringlich, unbeeindruckt, egal, wie schlimm der Betrug ist.«

Shen Qiao wusste, dass Yan Wushi mit einem Vortrag über die Verdorbenheit der menschlichen Natur beginnen wollte, also schwieg er. Aber Yan Wushi fand es lustig, dass Shen Qiao sich um ein Abendessen für ihn gekümmert hatte. Er wechselte das Thema und grinste breit.

»A-Qiao ist so zärtlich und aufmerksam! Wenn du jemals deine wahre Liebe triffst, bin ich sicher, wirst du diese Person noch mehr umsorgen. Jemand, der glücklich genug ist, von dir geliebt zu werden, hat wahrscheinlich jahrelang Fortuna kultiviert!«

Immer wenn er »A-Qiao« sagte, fuhr ein Blitz durch Shen Qiao. Er musste einfach etwas sagen.

»Bitte mach keine Witze. In dem Moment, in dem ich ein Daoist geworden bin, habe ich mich entschlossen, für den Rest meines Lebens unverheiratet zu bleiben.«

Yan Wushi kicherte und streichelte ihm über das Haar,

»Habt ihr in euren daoistischen Schulen nicht das Konzept daoistischer Partner[62]? Wenn du so einen Partner findest, musst du dich nicht mit weltlichen Ritualen herumschlagen. Außerdem kannst du ohnehin nicht zurück zum Xuandu-Berg! Also, warum nicht der Huanyue-Schule beitreten? Wenn du nicht mein Schüler werden willst, gebe ich dir einen anderen Titel!«

Shen Qiaos Haare stellten sich auf, während er zuhörte, und er kniff das Gesicht zusammen. Da Yan Wushi stets impulsiv handelte, sich nicht um konventionelle Etikette scherte und

62 道侶, Daoisten können in ihrer Schule Trainingspartner finden. Oft sind diese Partner auch Liebende.

Probleme oft auf ungewöhnliche Weise bewältigte, konnte Shen Qiao beim besten Willen nicht sagen, ob er es ernst meinte. Er hob eine Augenbraue und sagte: »Obwohl du so großzügig bist …«

In dem Moment, als er das Wort »großzügig« ausgesprochen hatte, lachte Yan Wushi spöttisch auf, und Shen Qiao schloss sofort den Mund. Yan Wushi konnte sich nicht mehr zurückhalten. Er musste so sehr lachen, dass er sich den Bauch hielt und gegen den Tisch stieß, während er sich über Shen Qiao lustig machte.

»Mit vollem Bauch zu lachen ist wie ein Nachtisch! Mit A-Qiao als Gewürz ist das zu viel für mich!«

Natürlich hatte Shen Qiao begriffen, dass er mal wieder veräppelt wurde. Er presste die Lippen aufeinander und schloss die Augen. Egal, was Yan Wushi sagte, er würde kein weiteres Wort mehr sagen.

KAPITEL 27
VERÄNDERTES GESICHT

Die Reise von der Provinz Ying nach Chang'an dauerte ungefähr so lang, wie die Hälfte von Zhou zu durchqueren. Aber mit Yan Wushis Qinggong war es innerhalb von zwei Tagen möglich. Als Yan Wushis erster Schüler Bian Yanmei den Brief erhielt, ließ er die Residenz in der Hauptstadt sofort vorbereiten. Yan Wushi hatte keine wirkliche Position bei Hofe, aber er war ein Vertrauter des Kaisers von Zhou, deshalb hatte er den Titel Junior-Unterweiser des Kronprinzen erhalten. Angeblich diente er in dieser Position dem Kronprinzen, aber Yuwen Yun hatte seine eigenen Berater und Lehrer aus dem Östlichen Palast. Er musste Yan Wushi nicht behelligen. Um Yan Wushi zu zeigen, wie sehr er ihn schätzte, hatte der Kaiser von Zhou ihm eine Residenz zur Verfügung gestellt. Die Huanyue-Schule hatte genug Geld, deshalb hatte Yan Wushi ein eigenes Anwesen in Chang'an, sodass er sich selten im Haus des Junior-Unterweisers aufhielt. Auch wenn es voll mit Möbeln und Bediensteten ausgestattet war, verkam es ein wenig ohne einen Meister. Als Yan Wushi sich ankündigte, beeilte Bian Yanmei sich damit, den Ort wieder herzurichten. Nach mehreren Tagen gab es immer noch kein Zeichen seines Shizun. Bian Yanmei wunderte sich darüber, aber er machte sich keine Sorgen um jemanden wie Yan Wushi –

vielleicht war er unterwegs aufgehalten worden. Es war nur so, dass der Kaiser Bian Yanmei wieder und wieder in den Palast rufen ließ, um sich nach Yan Wushi zu erkundigen, und hoffte, ihn bald zu sehen. Bian Yanmei stationierte mehrere Männer an den Wegstationen, sodass er es mitbekam, sobald Yan Wushi die Stadt betrat. Doch erst am 3. März – dem Tag des Mädchenfests, als all die Frauen die Stadt verließen, um Spaß in den Randbezirken zu haben – erhielt er Neuigkeiten. Der Bote kam von einer Wegstation in der Luo-Provinz und berichtete, dass Yan Wushi innerhalb der nächsten zwei Tage eintreffen würde. Da es sich um seinen Shizun handelte, schaufelte sich Bian Yanmei die nächsten Tage frei und wartete vor der Stadt, um seinen Meister persönlich zu begrüßen. Aufgrund des Fests waren die Randbezirke besonders überfüllt. Nicht nur die Töchter bürgerlicher Familien unternahmen Ausflüge, auch die Töchter der Reichen und Adligen fuhren in ihren Kutschen aus. Ihnen nach folgten zahlreiche Bedienstete, und die Händler reisten hin und her. Es war fast so voll wie beim Laternenfest. Sprudelnde Flüsse aus Menschen stießen Schulter an Schulter. Unter diesen Umständen waren Bian Yanmeis Kampfkünste nutzlos – außer, er wollte sein Ziel erreichen, indem er Leuten auf den Kopf trat. Aber das würde wiederum Ärger nach sich ziehen und ihn auch nicht schneller ans Ziel bringen. Also gab er seine Kutsche auf und lief einfach. Sein persönlicher Diener, Ji Ying, war seit mehreren Jahren an seiner Seite. Ji Ying kümmerte sich um alle möglichen Angelegenheiten des täglichen Lebens. Er war loyal und gehorsam und ebenfalls geübt in Kampfkünsten. Er bestand darauf, Bian Yanmei zu begleiten, und nach einigen Überlegungen hatte Bian Yanmei zugestimmt. Sie vermieden die größten Menschenansammlungen, indem sie die Seitengassen nutzten, und mussten doch oft aufgrund im Weg stehender Kutschen anhalten. Drei Kilometer außerhalb der Stadt lag ein Teegeschäft. Da es nur simpel eingerichtet war, lockte es nicht allzu viele Besucher an. Aber vom Fenster aus hatte man einen guten Blick darauf, wer die Stadt betrat, also betrat Bian Yanmei das Geschäft, bestellte zwei Tassen Tee und setzte sich mit Ji Ying.

Ji Ying sah besorgt aus. »Mein Herr, was, wenn wir zu spät sind? Was, wenn Meister Yan schon in der Stadt ist?«

»Unwahrscheinlich«, sagte Bian Yanmei. »Wir sind früh dran. Es ist in Ordnung, wenn wir hier noch ein bisschen warten.«

Als er sah, dass Ji Ying zwar seine Tasse hielt, aber nicht trank, konnte Bian Yanmei nicht anders, als zu lachen. »Das ist nicht das erste Mal, dass du Shizun triffst. Warum bist du so nervös? Er wird dich schon nicht auffressen.«

Ji Ying war untröstlich. »Meister Yan hat mich das letzte Mal für meine Achtlosigkeit bestraft. Ich hoffe, dass das nicht wieder passieren wird.«

»Entspann dich«, sagte Bian Yanmei. »Wenn Shizun herausfindet, dass du kein Mitglied der Huanyue-Schule bist, wirst du nur umgebracht, nicht bestraft.«

Ji Ying zuckte zusammen. »Mein Herr, ich verstehe nicht, was ihr sagt …«

Bian Yanmei lächelte schmal. »Du hast Ji Yings Verhaltensweisen und Art zu sprechen gut einstudiert – du hast mich fast reingelegt. Aber unglücklicherweise hast du etwas übersehen.«

Da seine Täuschung aufgeflogen war, verschwand »Ji Yings« Unterwürfigkeit. »Dann erleuchtet mich bitte.«

»Ji Ying respektiert und fürchtet Shizun, aber die Furcht überwiegt. Er hätte niemals die Initiative ergriffen und mich begleitet. Du hast alles perfekt kopiert, aber das Detail hast du falsch eingeschätzt.«

Der falsche Ji Ying kicherte düster. »Wie erwartet von Yan

Wushis erstem Schüler. Aber ich hatte nie vor, mich zu verstecken!«

Bian Yanmeis Lächeln verschwand. »Wer bist du? Wo ist Ji Ying?«

»Mit all deiner Intelligenz hast du noch nicht herausgefunden, wer ich bin?«, sagte er fröhlich. »Und wenn du es kannst, warum fragst du mich dann, wo dein Diener ist? Wir sind doch alle alte Feinde. Erkennst du mich wirklich nicht?«

Bian Yanmei erstarrte, er sah alarmiert aus. »Hehuan-Schule? Dann bist du Huo Xijing?«

Huo Xijings Gesichtsveränderungstechnik war berüchtigt. Wenn er jemandes Gesicht häutete, überlebte das Opfer meist nicht. Ji Ying konnte ein paar Kampftechniken, aber Huo Xijing war er nicht gewachsen. Als Shen Qiao und Chen Gong ihm begegnet waren, konnten sie nur entkommen, da er mit Bai Rong beschäftigt gewesen war. Niemand kannte Huo Xijings wahres Alter. Er konnte irgendwo zwischen dreißig und sechzig Jahre alt sein. Nach einer Weile wechselte er stets das Gesicht, vor allem junge und schöne Menschen waren Ziel seiner Technik. Er hatte zahlreiche Opfer, vielleicht sogar Hunderte. Egal, ob eine Schule orthodox oder dämonisch war, Huo Xijings Name erfüllte alle mit Abscheu.

Die Hehuan-Schule war bekannt für ihre Verführungstechniken und parasitäre Kultivierung[63], deshalb hatte sie keinen guten Ruf. Aber Menschen wie Huo Xijing verliehen dem Begriff »Dämonische Schule« eine ganz neue, erschütternde Bedeutung, deshalb hatte er einen ganz besonders schrecklichen Ruf. Huo Xijing lachte auf. »Warum schaust du mich

63 采补, wörtlich »ernten und ergänzen«. Man saugt die Lebensenergie und Qi eines anderen, um die eigene Kraft zu stärken, wird oft mit sexueller Kultivierung verbunden.

so an, Bian-laodi[64]? Ich meine, wir sind quasi Schüler derselben Schule. Wir haben uns so lange nicht gesehen; ich möchte mich mit dir austauschen! Ich bin nicht hier, um zu kämpfen.«

Bian Yanmei antwortete kalt: »Ji Ying hat mir viele Jahre lang gedient, und du hast sein Gesicht ohne Skrupel gehäutet. Wenn ich ihn nicht räche, dann bringe ich Schande über meine Familie!«

Bevor Bian Yanmei angreifen konnte, machte Huo Xijing mehrere Schritte zurück. »Versteh mich nicht falsch, Bian-laodi. Am Tag, an dem ich Gefallen an Ji Yings Gesicht gefunden habe, wusste ich nicht, dass er zu dir gehört. Ich hatte sein Gesicht schon zur Hälfte abgezogen, als er mir das erzählt hatte. Weißt du, wenn ich da aufgehört hätte, hätte er sowieso sein Gesicht verloren und wäre gestorben. Also hab ich's mir trotzdem genommen. Ich meine, solange sein Gesicht in dieser Welt existiert, kannst du dich von Zeit zu Zeit an ihn erinnern. Ich bin heute auf Befehl meines Meisters hier, um deinen Meister zu grüßen. Er will wichtige Dinge besprechen.«

Er maß Ji Yings Leben keinen Wert bei und war sich sicher, dass der Name seines Meisters Sang Jingxing Bian Yanmei zumindest stocken ließ. Aber der andere Mann sagte nichts und griff einfach an. Bian Yanmei schlug mit der Hand nach Hou Xijing, seine Finger wie messerscharfe Klauen. Als hätte sich sein wahres Qi verfestigt, schlitzte er mit einem starken, eiskalten Wind. Huo Xijing konnte gerade so ausweichen. Erst nachdem er einige Dutzend Schritte gemacht hatte, fand er die Chance, um einen Gegenangriff zu starten. Aber Bian

64 老弟, Anrede für jüngere Männer der gleichen Disziplin, ähnlich wie »Shidi«, nur weniger höflich.

Yanmei war ihm dicht auf den Fersen und nutzte einen starken Angriff nach dem anderen. Innerhalb kürzester Zeit war das kleine Teegeschäft ein Schlachtfeld. Stühle und Tische wurden zertrümmert, und die Gäste flohen in Panik.

Bian Yanmei nutzte dieselbe Technik wie Yan Wushi, doch seine Frühlingsbäche waren nicht so überwältigend arrogant, sondern brutal und rau. Er hatte die Schwerttechniken der Huanyue-Schule mit der Fingertechnik kombiniert – ohne Schwert war er sogar stärker. Sein Geist wallte auf wie Herbstwasser, aber mit dem Momentum eines Schlags, der einen Berg zerteilen und Straßen in Blut tränken konnte. Er riss alles um sie herum ab, kein Fleck unberührt.

Huo Xijings Meister Sang Jingxing gehörte zu den Besten Zehn. Er verehrte seinen Meister schamlos und hatte ihm sogar einige schöne Frauen dargeboten. Da er mehr oder weniger Sang Jingxings Lieblingsschüler war, konnte er sich einiges leisten. Ohne diese Patronage hätten seine Taten schon lange dazu geführt, dass seine Gegner Huo Xijing in Stücke gerissen hätten. Mit der Zeit war der deshalb arrogant geworden. Er nahm Bian Yanmei nicht ernst. Er nahm an, dass der erste Schüler von Yan Wushi vor allem staubtrockene Angelegenheiten zwischen der Huanyue-Schule und dem Kaiserhof von Zhou regelte. Wenn er jeden Tag nur sein Hirn statt seiner Muskeln nutzte, wie großartig könnten seine Kampfkünste da wohl sein?

Aber seinen Gegner zu unterschätzen, brachte Huo Xijing eine Menge Ärger ein. Auch wenn Bian Yanmei nicht sofort die Kontrolle über den Kampf hatte, konnte Huo Xijing nicht die Oberhand gewinnen. Bian Yanmei war entschlossen, seinen Gegner zu töten. Da beide aus dämonischen Schulen stammten, zeigten sie keine Gnade. Aber Huo Xijings Kampfkunst offenbarte ein Hindernis: Sie tauschten Hunderte Schläge aus, beide Seiten konnten nicht wirklich etwas ausrichten. Bian Yanmei hatte einen kleinen Vorteil, aber das war alles. Huo Xijing wurde des Kämpfens müde und fragte sich, ob er weitermachen oder fliehen sollte. Doch wenn er eine Schwachstelle bei Bian Yanmei nutzen konnte, wäre er ein gutes Druckmittel gegen Yan Wushi; oder er könnte ihn seinem Meister anbieten. Das würde ihm auch ein paar Lorbeeren verschaffen. Aber Bian Yanmei war nicht naiv genug. Er würde auch in einem langen Kampf keine Schwachstellen offenbaren, und selbst nach einer Weile fand Huo Xijing keinen geeigneten Angriffspunkt.

In diesem Moment ertönte eine unbeeindruckte Stimme neben ihnen.

»Du kannst nicht mal Müll wie ihn rausbringen? Wie kannst du dich selbst meinen, Yan Wushis, Schüler nennen?«

Aus der Stimme schien ein lautes Dröhnen direkt in Huo Xijings Ohr zu explodieren. Sein Gesicht wurde bleich, seine Brust bebte, und er spuckte beinahe Blut. Wie vom Blitz getroffen ließ er alles stehen und liegen und versuchte zu fliehen. Das verschaffte Bian Yanmei eine Chance. Seine Hand schlug genau dorthin, wo Huo Xijing seine Deckung vernachlässigte. Er jaulte auf und flog in die Luft. In mehreren Metern Höhe drehte sich Huo Xijing jedoch und versuchte, den Schwung zu nutzen, um zu entkommen. Aber bei dem Versuch wurde sein Körper aufgehalten – seine Bewegung wurde gestoppt, und er schlug heftig am Boden auf. Er hielt sich die Brust, während er nach Luft rang, und sah mit großen Augen zu dem gut aussehenden Mann in Blau, der neben einem Baum aufgetaucht war. Neben ihm stand ein kränklicher Mann, der sich auf einen Stock stützte. Ohne Zweifel war der in Blau gekleidete Mann Yan Wushi. Huo Xijing war auf unnatürliche Weise von schönen Gesichtern besessen. Als er den Mann neben Yan Wushi sah, erkannte er sein Gesicht. Wäre Bai Rong nicht im Weg gewesen, hätte er dieses schöne Antlitz bereits sein Eigen nennen können. Aber in diesem Moment, mit seinem Leben am seidenen Faden, musste er sich auf andere Dinge konzentrieren.

»Ich grüße Euch, Schulleiter Yan. Ich bin Huo Xijing. Mein Shizun Sang Jingxing hat mir aufgetragen, Euch, einem geschätzten Ältesten, seine Grüße auszurichten.«

Huo Xijing bereitete sich in dieser brenzligen Situation auf das Schlimmste vor und zwang sich zu einem Lächeln. All die bösen Geister der Menschen, deren Gesichter er geraubt hatte, hätten wohl nie erwartet, den brutalen, arroganten Huo Xijing so katzbuckeln zu sehen. Doch wie man so schön sagte, gab es stets ein noch größeres Übel. Huo Xijing wollte sich zu einer Kugel zusammenrollen und im Boden versinken.

»Ältester? Bin ich so alt?«, fragte Yan Wushi. Auf seinem Gesicht zeigte sich ein Lächeln, das keines war. Huo Xijing war verzweifelt auf der Suche nach einem Kompliment, mit dem er Yan Wushi besänftigen konnte. Doch Yan Wushis frostiger Blick schien seine Zunge zu fesseln und verhinderte, dass er ein weiteres Wort sagen konnte.

Bian Yanmei dämpfte seine Begeisterung und verbeugte sich respektvoll. »Ich grüße Shizun. Ich hoffe, Ihr seid dieser Tage wohlauf?«

Yan Wushi warf ihm einen Blick zu. »Du hast zu viel Zeit damit verbracht, dich mit Beamten herumzuschlagen, und dabei das Training deiner Kampfkunst vernachlässigt. Kannst du diesen Abschaum wirklich nicht besiegen?«

Bian Yanmei schämte sich. »Ihr habt vollkommen recht, Shizun!«

Huo Xijings Gesicht wechselte zwischen Grün und Weiß. Noch nie hatte es jemand gewagt, ihn als Abschaum zu bezeichnen, aber trotz des aufwallenden Hasses wagte er es nicht, zu sprechen. Mit Yan Wushis Auftauchen war alle Hoffnung auf einen Sieg über Bian Yanmei verschwunden. Seine beste Chance war, wegzurennen. Ob er das schaffte, stand allerdings auf einem anderen Blatt. Während sich Schüler und Meister unterhielten, sah sich Huo Xijing nach dem besten Fluchtweg um. Er hatte den Diener von Yan Wushis Schüler umgebracht. Selbst wenn der Meister nicht eingriff, würde er seinen Schüler nicht daran hindern, Rache zu nehmen. Die dämonischen Schulen schenkten sich nichts in puncto Grausamkeit. Huo Xijing wusste, dass Bian Yanmei nicht plötzlich weich werden und ihn entkommen lassen würde. Sein Blick fiel auf Shen Qiao, der etwas hinter Yan Wushi stand. Eine Idee formte sich in seinem Kopf, und er setzte sie direkt um. Mit voller Kraft warf er sich in Richtung Shen Qiao. Doch schnell begriff er, dass das eine fatale Entscheidung gewesen war. Es geschah innerhalb eines Wimpernschlags, bevor irgendjemand reagieren konnte. Bian Yanmei wusste nicht, was für eine Beziehung sein Meister und Shen Qiao hatten. Als er Huo Xijings Angriff sah, zuckte er, doch da sich sein Meister nicht bewegte, wartete er ab. Huo Xijing nutzte seine höchste Geschwindigkeit, sein Körper verschwamm in der blitzschnellen Bewegung, als er sich auf Shen Qiao warf. Doch bevor er Shen Qiaos Handgelenk umfassen konnte, rutschte der zur Seite, geschmeidig wie ein Fisch im Wasser. Huo Xijings Herz machte einen Sprung, und er verstand, dass die Dinge nicht gut für ihn standen. Als sein Angriff ins Leere ging, zog er sich sofort zurück. Er warf keinen Blick zurück auf Yan Wushi, aus Angst, allein der Anblick würde ihn verlangsamen. Aber erneut ging seine Rechnung nicht auf. Es war nicht Yan Wushi, sondern der Mann, der ihm eben entglitten war, der nun angriff.

Der Bambusstock war grün und glatt. Da das Ende oft über

den Boden schabte, war es schon etwas abgenutzt. Gelehrte kauften sich vor ihren Wanderungen durch die Berge oft solche Gehstöcke von Bauern, um sich gegen die Erschöpfung zu wappnen. Genau so einen Stock besaß Shen Qiao. Als er mit dem Stock zuschlug, schien es ein gewöhnlicher Angriff zu sein. Aber Huo Xijing sah alarmiert aus, als er die kalte Luft spürte, die wie von einer Klinge mit dem Stock auf ihn zuraste. Es näherte sich rasend wie die Wolken vor einem Sturm. Erst jetzt begriff Huo Xijing, dass der Mann, den er für eine zarte Pflaumenblüte gehalten hatte, in Wahrheit ein Dornenstrauch war! Doch es war zu spät für Reue. Wenn es nur Shen Qiao wäre, hätte Huo Xijing nichts zu befürchten gehabt, aber Yan Wushi stand nur wenige Meter entfernt. Er konnte sich auf keinen Kampf einlassen und wich aus, zog sich mehrere Meter zurück. Aber Shen Qiao jagte ihm nach, seine Schritte so leicht, als würde er fliegen. Er blieb Huo Xijing dicht auf den Fersen. Bian Yanmei sah beeindruckt zu. Die Huanyue-Schule legte großen Wert auf eine anmutige und schnelle Fußarbeit. Shen Qiaos Bewegungen hatte Ähnlichkeiten mit denen der Huanyue-Schule, aber es gab einige feine Unterschiede. Es schien, als wären darin auch die acht Trigramme von Xiantian[65] und Ziwei Doshu[66] enthalten. Auf den ersten Blick konnte man den Schritten einfach folgen, aber bei genauerer Betrachtung schienen sie chaotisch zu sein, als müsste sie man ein Leben lang studieren, um das Muster darin zu erkennen. Der Mann schien Probleme mit den Augen zu haben. Normaler-

65 先天八卦, wörtlich »acht Symbole«. Es repräsentiert die grundlegenden Prinzipien der Realität im Daoismus, und es gibt sowohl eine Xiantian- als auch eine Houtian-Regelung.

66 紫微斗数, ein Wahrsagesystem, manchmal übersetzt als »Lila-Stern-Astrologie«. Anhand der Position der Sterne bei der Geburt werden Vorhersagen über das Schicksal getroffen.

weise war das ein auffälliges Merkmal, aber Bian Yanmeis Erinnerung spuckte ihm keinen Namen aus. Er sah zu seinem Shizun hinüber, der komplett unbeeindruckt aussah. Bian Yanmei schluckte seine Frage hinunter und sah dem Duell zu. Shen Qiao trachtete in der Tat nach Huo Xijings Leben. Denn dieser Mann hatte eine endlose Liste an Verbrechen begangen. Sobald er jemanden hübsch fand, versuchte er das Gesicht der Person abzuziehen und es für sich selbst zu nutzen. Manchmal wechselte er zwei- oder dreimal im Monat das Gesicht. Und niemand überlebte. Huo Xijing scherte sich auch nicht darum, ob die Leute dem Jianghu angehörten – wer ihm gefiel, war verloren. Die Familien hassten Huo Xijing, aber durch sein Talent und den Schutz der Hehuan-Schule konnten sie ihn nicht zur Rechenschaft ziehen. Diejenigen, die versuchten, Rache zu nehmen, wurden oft von ihm getötet.

Im Buddhismus gab es eine Redensart »verteile Bodhisattvas Mitgefühl mit eiserner Faust«, und auch im Daoismus galt »eliminiere das Böse, um das Gute zu verbreiten«. Shen Qiao war von Natur aus sanft und nicht schnell verärgert. Aber wenn er wirklich aufgebracht war, zog er die Dinge bis zum Ende durch. In diesem Moment hatte er beschlossen, die Welt von Huo Xijings Grausamkeit zu erlösen, und schlug gnadenlos zu. Seine Bewegungen waren schnell und kraftvoll, er wollte das Böse an der Wurzel ausrotten. Vor Shen Qiaos Verletzungen hätte Huo Xijing keine Chance gehabt, aber nun verfügte er nur über die Hälfte seiner Kraft und schlechtes Augenlicht. Obwohl die Zhuyang-Strategien einige Verunreinigungen beseitigen konnten, hatte das seltene Gift in seinem Körper großen Schaden angerichtet. Ein bisschen verblieb immer noch in seinem Körper. Sie waren gefangen in einem Kampf, in dem keiner den anderen übertrumpfen konnte. Huo Xijing wollte überhaupt nicht weitermachen. Yan Wushi hatte sich nicht bewegt, aber er stand wie ein wildes Biest am Rande des Rings und sah seiner Beute zu. Niemand konnte sagen, wann er seine Meinung ändern und selbst attackieren würde. Huo Xijing wollte weg, doch Shen Qiao ließ ihn nicht. Je panischer Huo Xijing wurde, desto mehr wollte er Shen Qiao erwürgen. Aber er konnte es nicht. Er steckte fest, wie in einem Sumpf, und sank tiefer und tiefer. Je panischer ein Mensch wurde, desto unachtsamer wurde er. Shen Qiao konzentrierte sich vollkommen auf seinen Gegner. Er nutzte seinen Stock als Schwert und nutzte die Schwachstelle seines Gegners. Aus der Finte wurde ein Angriff, die auf den Punkt direkt über Huo Xijings Herzen zielte. Der Stock bewegte sich sanft wie die Berührung eines Liebenden, aber Huo Xijing wusste, dass der Stock seine Brust durchbohren würde, wenn er sich treffen ließ. Er knirschte mit den Zähnen, stoppte seine Bewegung und warf sich nach hinten, um auszuweichen. Im selben Moment sandte er einen Handschlag mit wahrem Qi aus. Er rauschte mit Sturmwinden, und Huo Xijing war sich sicher, dass Shen Qiao sich zurückziehen wurde. Aber Shen Qiao ließ sich weder treffen noch wich er aus. Er ignorierte den Schlag und sprang direkt auf Huo Xijing zu. Als die Hand ihn berührte, ging sie direkt durch ihn hindurch.

»Körper zu Schatten, Hindurchgehen und Ersetzen«? Huo Xijin wurde bleich. War das nicht Qi Fengges weltberühmte Spezialtechnik? Bevor er reagieren konnte, spürte er einen durchdringenden Schmerz im Rücken. Der Schmerz war so schlimm, als würde man ihm das Herz bei lebendigem Leib aus der Brust reißen. Huo Xijing konnte nur noch schreien. Doch Shen Qiao hatte ihn nicht mit dem Stock durchbohrt. Es schien, als hätte sich eine unsichtbare Hand darum gelegt, die den Bambusstock in der Luft hielt. Shen Qiaos Gesichtsausdruck veränderte sich.

KAPITEL 28
DIE ANFÜHRERIN DER HEHUAN-SCHULE

Ein Duft stieg ihm in die Nase, und Shen Qiao runzelte die Stirn. Er reagierte schnell und ließ den Stock los. Durch die Technik »Körper zu Schatten, Hindurchgehen und Ersetzen« landete er weit weg von seiner ursprünglichen Position. Auch wenn die Technik diesen imposanten Namen trug, war es nur eine extrem komplexe Variante der Qinggong-Technik. Nur wenige Sekunden nachdem Shen Qiao den Stock losgelassen hatte, explodierte der in Tausende Splitter, die direkt auf ihn zusausten! Hätte er nur eine Sekunde später losgelassen, wäre er ebenso zerborsten. Sein Stock war zerstört, aber Shen Qiao zögerte nicht. Er kehrte zu dem Baum zurück, wo er zuerst gestanden hatte, und hob die Ärmel. Die Bambussplitter stoppten und fielen nach und nach zu Boden.

»Bin ich so schlecht über die Welt informiert? Wann hat so ein Meister das Jianghu betreten?«

Eine in Weiß gekleidete Frau tauchte neben Huo Xijing auf; mit ihr der Klang von Lachen und ein duftender Wind. Sie war unglaublich schön. Ihre weiße Robe und die Schärpe flatterten im Wind. Sie sah aus wie eine Göttin, die aus einem Gemälde einer lang vergangenen Dynastie entstiegen war. Nur ihre Augen waren nicht leblos, sondern betörend und

einladend. Selbst ihre Stimme war sanft und hing in der Luft, trug eine Süße, die einem bis in die Knochen ging. Alle Zuhörenden fühlten, wie ihre Herzen leichter wurden.

Aber als Bian Yanmei diese Frau sah, war er gar nicht bezaubert. Sein Gesicht verfinsterte sich. Huo Xijing lag am Boden und hustete Blut. Er hatte gedacht, sein Tod wäre besiegelt, doch als er die Frau sah, war er begeistert.

»Schulleiterin! Rette mich, sie wollen mich töten!«

Er war kurz davor, sich vor ihre Füße zu werfen und an ihrem Bein festzuhalten wie ein Ertrinkender. Doch sein letztes bisschen Verstand hinderte ihn daran, und er kniete nieder. Sie würdigte ihn keines Blickes – sah von Shen Qiao über Bian Yanmei, bevor sie bei Yan Wushi hängen blieb. Sie lächelte warm, während sie sagte: »Ich habe Yan-lang[67] schon zehn Jahre nicht mehr gesehen. Wie schnell die Zeit vergeht! Und doch ist Yan-lang immer noch so gut aussehend und elegant wie früher. Ich bin ganz verzaubert von dir!«

Yan Wushi antwortete nicht, aber Bian Yanmei tat es.

»Huo Xijing hat meinen Diener umgebracht. Euer Ton lässt es klingen, als würdet Ihr das einfach überspielen?«

Yuan Xiuxius Augen glitzerten, und sie lächelte sanft. »Auch wenn Huo Xijing meiner Hehuan-Schule angehört, handelt er auf Sang Jingxings Befehle, und die haben nichts mit mir zu tun. Ich bin hier, da ich wichtige Angelegenheiten mit Schulleiter Yan besprechen möchte. Wenn Yan-lang zustimmt, dann überlasse ich euch Huo Xijing. Wie klingt das?«

Huo Xijings Gesicht verzerrte sich vor Angst.

»Eure Worte sind herzlos«, spottete Bian Yanmei. »Wie sagt man so schön ›Eine gemeinsame Nacht zeugt einhundert hin-

67 郎, ein intimes Suffix, das normalerweise zur Anrede des Ehemanns oder eines männlichen Liebhabers verwendet wird.

gebungsvolle Tage‹. Sang Jingxing und Ihr steht Euch nah, deshalb schätzt Ihr seinen Schüler. Wenn herauskommt, dass Ihr Euch nicht um sein Wohlbefinden schert, werden Eure Schüler bitter enttäuscht sein.«

Yuan Xiuxiu zuckte nicht mal. »Natürlich würde ich ihn nicht ausliefern, wenn irgendjemand anders sein Leben nehmen würde. Aber wenn Yan-lang ihn will, muss ich ihm den Gefallen erweisen.«

Sie sah Yan Wushi an, und in ihren Augen spiegelten sich Sanftheit und Zuneigung. »Es ist zehn Jahre her, und Yan-lang sagt kein Wort zu mir?«

Bei jeder anderen Frau hätte Bian Yanmei gedacht, dass da etwas zwischen ihr und seinem Meister passiert sein musste. Aber die Hehuan-Schule entsprang derselben Quelle wie die Huanyue-Schule. Bian Yanmei wusste sehr wohl, dass sie ihre Verführungstechnik in jedes Wort und jeden Blick webte. Jedoch war es eine Sache, das zu wissen, und eine gänzlich andere, es zu erleben. Bian Yanmeis eigenes Herz schlug schneller mit jedem Wort und jedem ihrer Wimpernschläge. Er musste sich zwingen, die Augen abzuwenden.

»Es gibt nur eine Sache, die ich dir schon lange sagen wollte«, sagte Yan Wushi.

Yuan Xiuxius Augen hellten sich auf. »Bitte sprecht, Yan-lang.«

»Wenn du dich wie eine Göttin anziehst, solltest du dich dabei nicht wie eine Hure gebären«, sagte Yan Wushi. »Anderen Männern gefällt das vielleicht, aber mich ekelt es an. Das nächste Mal solltest du dein Gesicht verhüllen, damit du mir nicht den Appetit verdirbst.«

Bian Yanmei und Shen Qiao drehten die Köpfe zu Yan Wushi. Yuan Xiuxiu war bestürzt. Bian Yanmei versuchte krampfhaft, ein Lachen zu unterdrücken. Wütend funkelte

Yuan Xiuxiu Yan Wushi an, als könne sie ihn mit ihrem bloßen Blick vernichten. Doch nach einem kurzen Moment kehrte das Lächeln auf ihr Gesicht zurück.

»Yan-lang hat recht. Ich ziehe mich um, sobald ich zurückkehre. Was auch immer du magst, ziehe ich an. Was auch immer dich glücklich macht.«

Yan Wushi zog eine Augenbraue hoch. »Zehn Jahre, und du hast dich kein bisschen verändert. Derselbe Honigmund und dasselbe giftige Herz.«

Yuan Xiuxiu tat so, als hätte sie das nicht gehört.

»Können wir uns an einen privaten Ort zurückziehen, damit ich in Ruhe mit dir sprechen kann, Yan-lang?«

»Du weißt, dass meine Geduld ihre Grenzen hat.«

»Yan-lang hat wirklich ein Herz aus Eisen«, klagte Yuan Xiuxiu. »Ich frage mich, was für eine Frau es braucht, um dein Herz zu erweichen. Ich habe damals alles versucht, um dich zu verführen, aber du wolltest nicht mal eine Nacht mit mir verbringen. Ich hab schon befürchtet, ich habe mein Talent bei Männern verloren!« Sie seufzte schwer. »Zhou will Qi angreifen. Ich denke, Yan-lang weiß das bereits?«

»Na und?«

»Als die Riyue-Schule auf dem Hoch ihres Einflusses war, gab es so etwas wie die Linchuan-Akademie nicht. Und doch regiert heute der Affe, weil der Tiger fort ist. Alles, weil die Riyue-Schule sich aufgeteilt hat und andere die Chance genutzt haben. Wenn die Huanyue-Schule und die Hehuan-Schule zusammenarbeiten, können wir den glatzköpfigen Esel Xueting und den alten Paragrafenreiter Ruyan Kehui besiegen, nicht wahr?«

Yan Wushi antwortete nicht. Yuan Xiuxiu war sich sicher, dass niemand ihrer Verführungstechnik widerstehen konnte. Aber Yan Wushi war ein mächtiger Kampfkünstler. Egal, wie brillant ihre Technik war, gegen ihn war sie nutzlos. Trotz des Hasses in ihrem Herzen blieb ihr Gesichtsausdruck weich und zugeneigt.

»Wenn Yan-lang den Kaiser von Zhou davon überzeugt, Qi nicht anzugreifen, tue ich alles für dich.«

»Dann schwöre mir die Treue«, sagte Yan Wushi.

»Was?«, machte Yuan Xiuxiu.

»Ich dachte, du tust alles?«, setzte er nach. »Wirf den Namen Hehuan-Schule weg und lasst euch von der Huanyue-Schule absorbieren. Wenn ihr das macht, kann ich dem Kaiser raten, Qi nicht anzugreifen.«

Yuan Xiuxius Lächeln wurde ein wenig schmaler. »Warum muss Yan-lang so aggressiv werden. Die Linchuan-Akademie hofft seit Langem, dass Zhou und Qi sich bekriegen. Die Südliche Chen wird alle Vorteile ernten und nichts dafür bezahlen. Wenn du den Kaiser von Zhou überzeugst, werde ich den Kaiser von Qi überzeugen, Zhou die Ländereien nördlich der Provinzen Heng und Shuo zu überlassen. Wenn du das tust und sein Gebiet vergrößerst, wird der Kaiser von Zhou diesen Gefallen nicht vergessen. Wie klingt das?«

»Nördlich der Provinzen Heng und Shuo liegt die Große Mauer. Wenn ich mich richtig erinnere, grenzen diese Ländereien an das Territorium der Göktürks an.«

Yuan Xiuxiu lächelte weiter und sagte: »So ein großes Stück Land zu erhalten, ohne auch nur einen Finger zu heben, wie könnte der Kaiser von Zhou ablehnen?«

»Es ist nur eine Frage der Zeit, bevor Qi wie eine Fliege im Spinnennetz landet. Warum würde der Kaiser eine Kleinigkeit akzeptieren, wenn er alles haben kann? Warum Nichtigkeiten begehren?«

Yan Wushi war entspannt und konterte jede ihrer Aussagen. Yuan Xiuxiu verstand, dass er kein Interesse hatte, mit der

Hehuan-Schule zusammenzuarbeiten. Er spielte mit ihr. Ihr Lächeln verschwand komplett. »Yan-lang, ich hätte nie erwartet, dass du so egoistisch und arrogant bist. Vor zehn Jahren hat Cui Youwang dich verletzt. Denkst du, da er jetzt tot ist, bist du die Nummer eins in der Welt?«

»Ich weiß nicht, ob ich die Nummer eins bin, aber sicherlich bin ich stärker als du. Manchmal finde ich es auch etwas seltsam. Sang Jingxing ist so ehrgeizig, warum hat er dich noch nicht ersetzt? Ist er wirklich zufrieden als dein Liebhaber?«

Yuan Xiuxiu kicherte. »Das findest du seltsam? Warum probierst du es nicht selbst? Oder vielleicht bist du einer dieser Männer, die nichts haben als ihr gutes Aussehen – komplett nutzlos im Bett, wie ein Speer geschmiedet aus Zinn.«

Es war offensichtlich, dass Yan Wushi sie erzürnt hatte. Ihre Ärmel flatterten und bauschten sich auf, dann schossen dünne, transparente Nadeln auf Yan Wushi und Shen Qiao zu. Sie flogen schneller als eine Sturmbö, fast zu schnell für das bloße Auge. Yuan Xiuxiu wusste, dass die Nadeln allein Yan Wushi nicht verletzen würden. Sie stieg in die Luft auf wie ein Gespenst, und zwei schwarze Langschwerter erschienen in ihrer Hand. Schwerthiebe blitzten auf und schlossen Yan Wushi von links und rechts ein. Auch wenn die Hehuan-Schule sich auf Verführungstechniken und parasitäre Kultivierung spezialisierte, sollte man die Schulleiterin Yuan Xiuxiu nicht auf die leichte Schulter nehmen. Weil sie eine Frau war und selten vor Außenstehenden kämpfte, hatte man sie auf Rang Neun der besten zehn Kampfkünstler herabgestuft. Aber in ihrem Duell mit Yan Wushi zeigte sie, dass sie besser war als ihr Rang. Sie tauschte zahlreiche Schläge mit Yan Wushi aus und konnte mit ihm mithalten. Das zeigte, wie sehr man ihre Stärke unterschätzte. Es war ein Duell zwischen zwei Großmeistern, intensiv und spektakulär. Bian Yanmei wusste, dass es keine Chance für ihn gab, mitzuhalten, aber er wollte den Kampf unbedingt sehen. Er sah wie hypnotisiert zu und vergaß die Welt um sich herum. Huo Xijing erkannte diese seltene Gelegenheit, ignorierte seine Verletzungen und wollte fliehen. Aber er hatte mit seinem Qinggong nur wenige Schritte geschafft, als ein Wind um ihn herumpfiff. Er versuchte, sich wegzudrehen, und spürte eine Gänsehaut am Rücken. Gedankenlos sah er nach unten. Ein blutverschmierter Ast hatte ihn aufgespießt und sich direkt durch sein Herz gebohrt. Stücke blutigen Fleisches klebten noch an der Spitze des Asts – Teile seines Herzens! Huo Xijing starrte mit weit aufgerissenen Augen hin. Er trug das Gesicht von Bian Yanmeis Diener, und es sah schrecklich verzerrt aus, als sein Körper erstarrte. Huo Xijing schien nicht glauben zu können, dass er so sterben würde. Er wollte sich umdrehen und sich das Gesicht seines Gegners einprägen, aber als er sich bewegte, spritzte Blut aus seinem Mund. Sein Körper brach zusammen und blieb reglos auf dem Boden liegen. Huo Xijing, der unzählige abscheuliche Verbrechen begangen hatte, den man für einen wahren Teufel hielt, starb an ebendiesem Platz. Er konnte es nicht akzeptieren, selbst im Tod waren seine Augen weit aufgerissen. Obwohl Shen Qiao einen Mann getötet hatte, zeigte sich kein bisschen Genugtuung in seinem Gesicht. Er lehnte sich gegen einen Baumstamm und setzte sich. Er kehrte nicht zurück, um den Kampf zwischen Yan Wushi und Yuan Xiuxiu zu beobachten, sondern schloss die Augen, um sich auszuruhen. Und so, wie er da saß, schlief Shen Qiao einfach ein.

Außenstehende, die nicht die ganze Geschichte kannten, dachten, dass Yuan Xiuxiu nur dank ihrer Schönheit, parasitärer Praktiken und Beziehung mit Sang Jingxing Leiterin der Hehuan-Schule geworden war. Sang Jingxing, der einst Cui Youwangs Schüler gewesen war, hatte sich mit der Position eines Ältesten, also ihrem Untergebenen, zufriedengegeben. Aber jeder, der gegen Yuan Xiuxiu kämpfte, wusste, wie falsch diese Vorurteile waren. Nie und nimmer hätte sich diese Frau auf einen Mann verlassen, um die Anführerin einer Schule zu werden, in der innere Konflikte und Betrug an der Tagesordnung waren und nur die Stärksten überlebten. Aber Yuan Xiuxiu pflegte ihre sanfte, schwache Außenwirkung, deshalb korrigierte sie diese Gerüchte nie. Sie nutzte sie, um ihre Feinde zu täuschen. Man erzählte sich, dass sie nur dank der Affäre mit Sang Jingxing an Macht gekommen war und sich auf seiner Kraft ausruhte, aber Yan Wushi wusste, dass die inneren Angelegenheiten der Hehuan-Schule viel komplizierter waren. Yuan Xiuxiu und Sang Jingxing verstanden sich nur in der Öffentlichkeit. Als Sang Jingxing Huo Xijing geschickt hatte, um Bian Yanmei zu finden, schien er Yuan Xiuxiu nicht informiert zu haben. Und als Huo Xijing sie um Hilfe gebeten hatte, war sie unterkühlt gewesen.

Vor zehn Jahren hatte Yan Wushi schon einmal gegen sie gekämpft. Damals hatte er knapp die Oberhand gewonnen, und nun war er um einiges stärker, doch das galt auch für sie. Auch die Mitglieder der Hehuan-Schule nutzten die Fenglin-Schriften. Yuan Xiuxiu hatte noch nicht Yan Wushis Stufe erreicht, aber sie war geschickt. Als die Riyue-Schule zerbrochen war, hatten sie sich durch ihre schnelle Reaktion ein Buch namens Hehuan-Schriften gesichert. Darin waren viele Techniken beschrieben, unter anderem zur parasitären und zur Paarkultivierung – sie gaben der Schule ihren Namen.

Doch nur wenige Menschen wussten auch, dass die Hehuan-Schriften nicht nur sexuelle Techniken, sondern auch innere Kultivierungsmethoden und Schwerttechniken enthielten. Yuan Xiuxiu trug zwei Schwerter bei sich, und ihr Kampfstil basierte auf Schwerttechniken der Paarkultivierung[68]. Normalerweise brauchte es einen Mann und eine Frau, die gemeinsam die Bewegungen ausführten, um Feinde abzuwehren, aber Yuan Xiuxiu nutzte eine andere Herangehensweise und hatte beide Techniken selbst gelernt. So einer Frau kam man nicht einfach bei. Doch da Yuan Xiuxiu es mit Yan Wushi zu tun hatte, handelte sie vorsichtig. Sie beschwor die volle Kraft der zehnten Stufe gegen ihn. Ihre Schwerter verwandelten sich in schwarze Zwillingslichter, die die Welt um sie herum zu verschlucken schienen. In der Mitte dieser Schläge braute sich ein Sturm zusammen wie ein Drache, der aus dem Wasser stieg. Er rollte auf Yan Wushi zu, die Stärke zerfraß alles auf ihrem Weg, bis selbst der Himmel bedeckt war. Yan Wushi war komplett von den Winden umgeben. Bian Yanmei konnte die beiden Kämpfenden kaum sehen. Erst jetzt merkte er, wie arrogant es gewesen war, sich selbst für einen erstklassigen Meister zu halten. Es gab noch einen riesigen Gipfel zu erklimmen, der jenseits der erstklassigen Meister wartete: die Stufe der Großmeister. Wenn er nicht hart arbeitete, würde er sie vielleicht nie erreichen.

Schwarzer Schnee füllte den Himmel, und es schien, als wäre eine Armee aus Dämonen ostwärts unterwegs, die durchdringende Kakofonie Hunderter Soldaten dröhnte in seinen Ohren. Das wahre Qi hätte Bian Yanmei fast von den

68 双修, wird manchmal als duale Kultivierung übersetzt. Durch sexuelle Handlungen zwischen zwei Menschen wird die innere Kultivierung vorangetrieben; wird manchmal auch als Euphemismus für Sex verwendet.

Beinen geworfen. Er war gezwungen, sein Qi wie ein Schild vor sich zu formen und zurückzuweichen. Er war einst unter denjenigen gewesen, die Yuan Xiuxius Errungenschaften ihrer Schönheit und den Männern unter ihrer Fuchtel zugeschrieben hatte, aber er wurde eines Besseren belehrt. Nur wenige Menschen in der Welt konnten sich gegen Yan Wushi behaupten. Aber jeder Mensch hatte seine eigenen Schlachten zu schlagen. Im Auge des Sturms lief der Kampf nicht so einfach für Yuan Xiuxiu, wie Bian Yanmei es sich vorstellte. Sie nutzte all ihr wahres Qi. Ihr Schwert zerschmolz zu einem Schatten und schlüpfte aus ihren Händen, rauschte herum und verfestigte sich nach ihrem Willen. Aber irgendeine unsichtbare Schwerkraft herrschte rund um Yan Wushi, und egal, von wo sie angriff, sie konnte seine Verteidigung nicht durchbrechen. Tatsächlich schienen ihre Schwerter fast schon von ihm angezogen zu werden. Als Yan Wushi mit einem federleichten Handstoß nach ihr schlug, rief Yuan Xiuxiu ihre Schwerter zurück. Aber irgendwie umging Yan Wushi die undurchdringliche Wand aus Schwertern, die sie um sich beschworen hatte. Yan Wushi tauchte direkt vor ihr auf. Yuan Xiuxiu verzog das Gesicht – sie hatte keine andere Wahl, als seinem Schlag mit ihrer eigenen zarten Hand zu begegnen. Als sich ihre Handinnenflächen trafen, verschwand der Sturm aus Schwertern mit einem lauten Donner. Yuan Xiuxiu zog sich schnell zurück, flog rückwärts wie ein Drache und tanzte in der Luft wie Seegras in der Flut, bevor sie fest auf dem Boden landete. Sie lächelte hinreißend, als wäre nichts passiert.

»Diese zehn Jahre in Seklusion sind dir gut bekommen, Yan-lang! Ich wäre in diesem Kampf fast gestorben! Mein kleines Herz schlägt immer noch ganz wild.«

Yan Wushi stand, wo ihr Kampf begonnen hatte. Er wollte weder weiter angreifen noch sie verfolgen. Natürlich wäre er in der Lage gewesen, Yuan Xiuxiu zu töten, aber es wäre ein Kampf auf Leben und Tod, aus dem er selbst nicht unverletzt hervorgegangen wäre. Letzten Endes profitierte die Huanyue-Schule nicht von Yuan Xiuxius Tod, nur die anderen machthungrigen Menschen in der Hehuan-Schule. Yuan Xiuxiu schien das ebenfalls zu begreifen, denn sie floh nicht sofort. Ihr Blick glitt über Huo Xijings Leiche, und erst dann änderte ihr Gesichtsausdruck sich leicht. »Du solltest den Besitzer fragen, bevor du seinen Hund schlägst. Huo Xijing hatte eine hohe Position in unserer Schule, und Yan-langs Leute haben ihn einfach so getötet?«

Obwohl Bian Yanmei Huo Xijing nicht persönlich getötet hatte, musste er keinen Respekt zeigen, da sein Meister anwesend war.

»Huo Xijing hat meinen Diener getötet«, sagte er. »Hat er es nicht verdient, zu sterben? Die Hehuan-Schule hat in den letzten Jahren so viele Schüler der Huanyue-Schule getötet oder verletzt. Möchte Schulleiterin Yuan all diese offenen Rechnungen auf einmal bezahlen?«

Aber Yuan Xiuxiu lachte nur auf. »Scheint so, als hättest du ihn nicht getötet.«

Ihre Launen änderten sich blitzartig, und wenn sie in Aktion trat, brauchte sie nur Sekunden. Während sie lächelnd geplaudert hatte, warf sie sich, bevor ihr Satz ausgesprochen war, auf Shen Qiao und griff nach seinem Hals.

Shen Qiao war einfach zu erschöpft. So sehr, dass er nicht anders konnte, als unter dem Baum einzuschlafen, nachdem er Huo Xijing getötet hatte. Aber als Kampfkünstler hatte er auch im Schlaf noch seine Intuition. Als Yuan Xiuxiu nach ihm schlug, bemerkte er es. Ein normaler Mensch hätte die Augen geöffnet, um die Situation zu begreifen, aber nicht Shen Qiao. Er griff den Baumstamm und sprang dahinter, um ihn als Schild zu benutzen. Fünf klauenartige Scharten zeigten sich auf dem Stamm. Yuan Xiuxiu hatte nicht mit ihrer bloßen Hand, sondern mit ihrem wahren Qi angegriffen. Wenn Shen Qiao nur ein bisschen zu langsam gewesen wäre, hätte sie seine Kehle herausgerissen. Auch wenn Shen Qiao dem ersten Schlag ausgewichen war, dem zweiten konnte er nicht entkommen. Bevor er einatmen konnte, schlug wieder eine Hand nach ihm. Da sein Bambusstock zerstört war, besaß er keine Waffe. Es gab auch keine Zeit zu fliehen, sein Gegner war direkt vor ihm. Gegen jemanden wie Yuan Xiuxiu konnte er in seiner jetzigen Verfassung nichts ausrichten. Shen Qiao ließ sich mit dem Schlag zurückfallen und schaffte nur fünf Schritte, bevor sein Rücken gegen einen anderen Baum prallte. Er sah so blass aus, fast blau im Gesicht, und schluckte salzigsüßes Blut hinunter. Aber selbst das übertraf Yuan Xiuxius Erwartungen. Egal, wie verhasst Huo Xijing war, er war ein Schüler der Hehuan-Schule. Und als Schulleiterin musste sie hinter ihm stehen. Sie dachte, dass zwei Schläge ausreichten, um Shen Qiao zu beseitigen, und dachte nicht, dass er einen direkten Schlag überleben wurde. Als der dritte Schlag auf Shen Qiao zuschoss, konnte er nirgendwohin. Er konnte nur die Augen schließen und auf den Tod warten. Yan Wushi hätte Yuan Xiuxiu bereits früher aufhalten können, doch er sah nur zu. Shen Qiao erwartete nicht, dass es diesmal anders sein würde.

KAPITEL 29
ANGENEHME HÄNDE

Yuan Xiuxiu wollte mit ihrem ersten Schlag nur eine Theorie testen. Wenn Yan Wushi sie aufgehalten hätte, hätte sie innegehalten. Aber da Yan Wushi sich nicht bewegte, schloss Yuan Xiuxiu, dass ihm dieser Mann nichts bedeutete. Kichernd setzte sie zu ihrem dritten Angriff an, diesmal, ohne sich zurückzuhalten. Sie wollte Shen Qiaos Leben im Austausch für Huo Xijings. Nur diesmal war etwas anders. Ihre Hand hatte Shen Qiao noch nicht einmal berührt, als sie das Gesicht verzerrte. Sie wand sich in der Luft und verdrehte den Körper in einem fast unmöglichen Winkel, um dem Finger hinter sich auszuweichen. Sie zögerte keine Sekunde. Ihr Körper war leicht und zart wie der Zweig eines Weidenbaums. Sie landete auf einem nahe gelegenen Ast, ihre weiße Robe wirbelte auf, und sie verschwand vor den Augen der anderen. Nur ihr Lachen und ihre Abschiedsworte hallten noch nach: »Yan-lang ist so grausam! Ich werde mich fürs Erste zurückziehen – lass uns ein anderes Mal über unsere Freundschaft plaudern!«

Nicht nur Shen Qiao hatte nicht erwartet, dass Yan Wushi ihn beschützen würde – auch Bian Yanmei war überrascht. Er wagte es nicht, nachzufragen, aber er kam vor seinem Meister zum Stehen.

»Willkommen zurück in Chang'an, Shizun. Ich entschuldige mich, dass meine Inkompetenz die heutigen Ereignisse verschuldet hat. Ich erwarte Eure Strafe!«

Yan Wushi antwortete nicht, sondern half Shen Qiao auf die Beine. »Bist du in Ordnung?«

Shen Qiao schüttelte den Kopf. Er war zu schwach, um etwas zu sagen. Yan Wushi hob ihn einfach hoch. Shen Qiaos Bewusstsein schwand bereits, und seine Glieder waren ganz schlapp.

»Lass uns zuerst zurück in die Stadt«, sagte Yan Wushi zu Bian Yanmei.

Bian Yanmei war vollkommen fassungslos, während er Yan Wushi zusah. Als Shen Qiao an Yan Wushis Seite aufgetaucht war, hatte Bian Yanmei sich nicht allzu viel dabei gedacht. Er war zu sehr im Kampf zwischen den beiden Großmeistern versunken gewesen, um zu bemerken, dass Shen Qiao Huo Xijing getötet hatte. Und als Yuan Xiuxiu Shen Qiao angegriffen hatte, hatte Yan Wushi sich nicht bewegt, und Bian Yanmei hatte es ihm gleichgetan. Aber so etwas hatte er nicht erwartet. Er war verwirrt. Auf dem Weg zurück in die Stadt ergriff der die Chance und fragte: »Shizun, wie soll ich diesen Mann ansprechen?«

»Er heißt Shen Qiao«, sagte Yan Wushi.

Bian Yanmei legte den Kopf schief; irgendwie kam ihm der Namen bekannt vor.

»Er ist der Schulleiter des Xuandu-Bergs«, fügte Yan Wushi hinzu.

Was?

Bian Yanmei wurde noch weiter aus der Bahn geworfen. Er musterte Shen Qiao von oben bis unten, die Augen fielen ihm fast aus dem Kopf.

Wer war Shen Qiao? Der Schulleiter des Xuandu-Bergs.

Was für ein Ort war Xuandu-Berg? Die beste daoistische Schule der Welt.

Auch wenn sie etwas von ihrer Größe eingebüßt hatten, nachdem sie den Berg abgeriegelt hatten, war es immer noch die Schule, die Qi Fengge gegründet hatte. Xuandu-Bergs Name löste immer noch große Bewunderung aus. Aber sie waren eine daoistische Schule … wie in aller Welt war ihr Anführer in den Armen seines Shizun gelandet? Bian Yanmei hatte von Shen Qiaos Sturz nach dem Kampf mit Kunye gehört, aber sich zu der Zeit voll auf den Hof von Zhou konzentriert. Er war nicht mit seinem Shidi Yu Shengyan zum Banbu-Gipfel gereist, um zu trainieren, und sie hatten seither nicht miteinander gesprochen, deshalb kannte er keine Details.

Bian Yanmei hüstelte höflich. »Ich habe gehört, dass Shen Qiao Qi Fengges Mantel geerbt hat und zu den Besten Zehn der Welt gehört. Wie kommt es, dass er keine Schläge von Yuan Xiuxiu aushalten konnte?«

»Er hat nur noch die Hälfte seiner Kampfkünste. Außerdem hab ich ihn in letzter Zeit oft vom Schlafen abgehalten. Natürlich ist er da tagsüber ziemlich müde.«

Yan Wushi wischte das Thema beiseite, aber Bian Yanmeis Gedanken rasten. Was bedeutete »vom Schlafen abhalten«? Natürlich missverstand er die Situation bei dieser Wortwahl.

Eigentlich hatte sich Folgendes zugetragen: Yan Wushi hatte Shen Qiao in letzter Zeit gezwungen, spätnachts mit ihm zu trainieren, um Shen Qiaos Potenzial hervorzulocken. Und Yan Wushi machte es ihm nie leicht. Shen Qiao musste all seine Kraft aufwenden und landete wieder und wieder auf Todes Schwelle. Tagsüber zwang Yan Wushi ihn dann, komplexe Themen zu diskutieren, wie dämonische oder daoistische Kernglaubenssätze. Nach und nach konnte sein Körper nicht mehr mithalten, deshalb war Shen Qiao direkt eingeschlafen.

Vielleicht hatte Yan Wushi nicht vor, seinen Schüler einzuweihen, oder er hatte sich bewusst so vage ausgedrückt. Doch was auch immer es war, Bian Yanmei sah Shen Qiao jetzt mit anderen Augen.

❖

Als Shen Qiao aufwachte, befand er sich in der Residenz des Junior-Unterweisers. Yan Wushi war nicht da, sondern besuchte den Kaiser von Zhou. Aber Bian Yanmei interessierte sich für Shen Qiao und lungerte noch ein bisschen länger herum. Als die Bediensteten ihm berichteten, dass Shen Qiao wach war, ging er zu ihm. So stellte Bian Yanmei fest, dass der schlafende und der wache Shen Qiao zwei verschiedene Personen waren. Bewusstlos sah Shen Qiao zart und harmlos aus, wie ein Schwächling. Jeder, der ihn in Yan Wushis Armen gesehen hatte, würde ihre Beziehung missverstehen. Bian Yanmei hatte ebenso gedacht.

Nach dem Vorfall hatte er seine eigenen Nachforschungen angestellt. Er hatte kombiniert, dass Shen Qiao im Duell schwer verwundet worden war. Da er nicht mehr genug Gesicht hatte, um zum Xuandu-Berg zurückzukehren, hatte er sich, nachdem er Shizun getroffen hatte, dagegen gewehrt, bevor er schließlich Shizuns Liebhaber geworden war. So hatte er Yan Wushis Schutz erlangt. Da so etwas sehr unehrenhaft war, hielt er seine Identität gegenüber Außenstehenden geheim, und die Kunde verbreitete sich nicht.

Aber als Bian Yanmei sah, wie Shen Qiao wach und ordentlich angezogen am Tisch saß, war er sich seiner Theorie nicht mehr so sicher. Denn obwohl Shen Qiaos Haut blass, seine Augen stumpf und das Gesicht wunderschön waren, sah er nicht wie jemand aus, der sich auf die Rettung anderer verließ.

»Schulleiter Shen ist weit gereist, um unser Gast zu sein, aber ich fürchte, mein Meister wird in den nächsten Tagen sehr beschäftigt sein. Du kannst hier im Anwesen bleiben. Wenn du etwas brauchst, sag es einfach der Dienerschaft.«

»Danke, Bian-xiansheng. Ich habe dir viel Ärger bereitet.«

Bian Yanmei lachte auf. »Shizun hat dich mitgebracht. Das Anwesen gehört ihm, also gehört das auch zu meinen Aufgaben. Von welchem Ärger sprichst du?«

Er war ein bisschen enttäuscht, dass Qi Fengges Schüler und einer der Besten Zehn nur noch ein Liebhaber war. Es war mitleiderregend. Wenn er in dem Kampf gestorben wäre, wären all seine Sorgen vorüber, und er würde ein glorreiches und tragisches Erbe hinterlassen. Aber nun fristete er so ein trostloses Dasein – wie schrecklich!

Shen Qiao schüttelte den Kopf. »Ich habe Huo Xijing getötet, da ihm das Böse aus jeder Pore tropfte und seine Taten unverzeihlich sind. Der einzige Weg, diesen Mörder aufzuhalten, war, selbst zum Mörder zu werden. Aber er war ein Mitglied der Hehuan-Schule. Ich hoffe, das verkompliziert eure Beziehungen nicht.«

Bian Yanmei hatte nicht gewusst, auf was sich Shen Qiao bezog, doch nun stockte er.

»Die Hehuan-Schule hat seit Langem Streit mit unserer Schule. Und Huo Xijing hat meinen Diener getötet. Wenn überhaupt, muss ich mich bei dir bedanken, dass du ihn umgebracht hast.«

»Wenn jemand einen Menschen umbringen will, würde ich normalerweise versuchen, ihn vom Gegenteil zu überzeugen«, sagte Shen Qiao mit einem sarkastischen Lächeln. »Wie heuchlerisch von mir. Aber als ich Huo Xijing begegnet bin, konnte ich mich nicht zurückhalten. Es scheint, als wäre all die Kultivierung für meinen Geist und mein Temperament nur Lügen.«

Shen Qiao sah erschöpft aus. Selbst sein Spott sich selbst gegenüber klang mild und kraftlos. Trotz seiner Natur verspürte Bian Yanmei ein wenig Mitleid, deshalb wollte er Shen Qiao trösten.

»Also, bei den Konfuzianern gibt es so eine Redensart: ›Wenn du das Böse mit Güte bezahlst, womit bezahlst du die Güte?‹ Huo Xijing war ein Monster – auch wenn wir von derselben noblen Disziplin abstammen, habe ich keinen Funken Mitleid mit ihm. Unzählige Menschen würden dir wahrscheinlich für seinen Tod danken!«

Die beiden unterhielten sich noch eine Weile, bis Bian Yanmei merkte, wie müde Shen Qiao aussah. Erst dann stand er auf und verließ das Anwesen. Als er durch die Tür nach draußen ging und kühler Wind ihn begrüßte, kam er zu sich und erinnerte sich daran, dass er auf Shen Qiao herabgesehen hatte. Nach ihrem Gespräch hatten sich seine Vorbehalte nicht nur aufgelöst, er fand Shen Qiao sogar ziemlich liebenswert. Bian Yanmei konnte nicht anders, als ihn zu mögen. Shen Qiao hatte seine Gedanken wahrscheinlich gespürt und deshalb Huo Xijings Tod erwähnt. Einmal, um Bian Yanmei an den Gefallen zu erinnern, den er ihm getan hatte, und zweitens, um Bian Yanmei zu verdeutlichen, dass er niemandes Besitz war, obwohl er bei Yan Wushi blieb. Als Bian Yanmei das erkannte, verschwand der letzte winzige Tropfen Abscheu komplett.

Als Yan Wushi zurückkehrte, spielte Shen Qiao in seinem Zimmer Weiqi. Er spielte gegen sich selbst, die weißen Spielsteine in einer, die schwarzen in der anderen Hand. Seine Augen waren geschlossen, und er fuhr mit den Fingerspitzen über das Spielbrett und prägte es sich ein. Er ließ sich Zeit mit seinen Zügen und dachte lange darüber nach. Aber jedes Mal, wenn er einen Spielstein setzte, dann präzise auf dem Gitter und ohne die kleinste Verschiebung. Shen Qiaos Kampfkünste erholten sich, aber sein Augenlicht war nach wie vor unberechenbar. Er hatte sich daran gewöhnt, musste sich aber immer auf das Schlimmste gefasst machen, deshalb trainierte er sein Gehör und die anderen Sinne, um die Welt wahrzunehmen. Yan Wushi stand am Eingang. Er beobachtete ihn eine lange Zeit, bevor er ins Zimmer trat. Shen Qiao bemerkte es zuerst nicht, da er seine ganze Energie auf die Partie Weiqi konzentrierte. Erst als Yan Wushi einige Dinge auf dem Tisch ablegte, öffnete Shen Qiao ganz leicht die Augen. Er überprüfte die verschwommene Silhouette, die in sein Blickfeld trat.

»Yan?«

Als er sich sicher war, lächelte Shen Qiao unaufgefordert.

»Ich hab gehört, als du heute draußen warst, hast du Prinzessin Qingdu getroffen«, sagte Yan Wushi. »Du hast sogar eine Einladung von ihr erhalten?«

Shen Qiao lachte auf. »Ich bin ihr begegnet, aber ich würde nicht so weit gehen zu sagen, dass ich eine Einladung bekommen habe. Die Prinzessin ist der Stolz des Himmels und ich nur ein gewöhnlicher Bürger. Du machst Witze.«

Yan Wushi hatte Shen Qiaos Freiheit nicht eingeschränkt, seit sie Chang'an erreicht hatten, deshalb konnte Shen Qiao die Stadt erkunden, wenn es ihm beliebte. Doch das war alles. Die Stadtwachen hatten Bian Yanmeis Anweisungen erhalten, Shen Qiao aufzuhalten, wenn er die Stadt verlassen wollte, und sofort Bericht zu erstatten. Yan Wushi kicherte.

»Du liegst vermutlich falsch. Ich hab gehört, dass du in Yecheng Han Fengs Tochter getroffen hast, als du Yu Shengyan begleitet hast. Hast du nicht auch von ihr eine Einladung erhalten? Schade, dass Prinzessin Qingdu zur ernsthaften Sorte gehört. Wenn sie wüsste, dass du in meinem Anwesen wohnst, würde sie sicherlich denken, dass du unanständig bist, und du würdest eine wundervolle Hochzeitsgelegenheit verpassen. Wenn du eine Prinzessin heiratest, könntest du problemlos zurück zum Xuandu-Berg, oder? Du hättest den kaiserlichen Hof im Rücken.«

»Langweilst du dich etwa?«, fragte Shen Qiao hilflos. »Ich hab nur ein paar Worte mit Prinzessin Qingdu gewechselt. Wie kannst du das so verdrehen?«

Yan Wushi streichelte Shen Qiaos Gesicht, er klang albern. »Hältst du Prinzessin Qingdu für die Tochter irgendeiner Familie? Denkst du, sie würde einfach irgendwelche Menschen ansprechen? Du hast vielleicht deine Kampfkunst und deinen Status verloren, aber du hast immer noch dein Gesicht. Dein Gesicht reicht, um zahlreiche Verehrer anzulocken. War Mu Tipo nicht einer davon? Ich denke, du solltest dir ein Beispiel an den adligen Damen nehmen und bei deinem nächsten Ausflug dein Gesicht hinter einem Schleier verhüllen. Dann gerätst du nicht in romantische Schwierigkeiten. Wie sollte ich die Scham sonst aushalten, wenn es sich herumspricht und die Leute erzählen, dass sich mein Liebhaber quer durch die Stadt schäkert?«

Nach Shen Qiaos Verständnis von Yan Wushi bedeutete dieses enthusiastische Necken Folgendes: Entweder hatte er *sehr gute* oder *sehr schlechte* Laune. Er wusste nur nicht, welche es heute war.

Aber im nächsten Moment sagte Yan Wushi: »Ich hab gute und schlechte Nachrichten. Welche willst du zuerst hören?«

»Sind es gute Nachrichten für mich?«, hakte Shen Qiao nach. »Oder gute Nachrichten für dich?«

»Natürlich für dich«, antwortete Yan Wushi. »Wie kannst du

mir nur solch bösartige Dinge unterstellen? Ich bin untröstlich.«

Während er sprach, beugte er sich näher, seine Stimme war tief und betörend. Egal, wie oft sich solche Situationen wiederholten, Shen Qiao konnte sich einfach nicht daran gewöhnen. Er drehte den Kopf ein Stück, um dem warmen Atem zu entgehen, der sein Gesicht berührte. Sein Kopf war vielleicht in Sicherheit, nicht aber sein Ohr. Die Ohrmuschel verfärbte sich leicht rosa wie ein rotes Mal auf weißem Jade. Jeder hätte das Verlangen, es zu berühren. Und Yan Wushi tat genau das. Shen Qiao konnte sich nirgends verstecken – er hob eine Hand, um ihn abzublocken. Einer saß über den anderen gebeugt, und sie tauschten zahlreiche Schläge aus. Es war nicht überraschend, dass es damit endete, dass Yan Wushi Shen Qiao in seine Arme zog.

Er schnalzte mit der Zunge. »Du bist zu dürr. Dich zu umarmen, fühlt sich überhaupt nicht gut an.« Er ließ Shen Qiao los und schubste ihn weg.

Shen Qiao machte sich nicht die Mühe, zu antworten.

»Aber deine Hände fühlen sich angenehm an«, sagte Yan Wushi. Shen Qiaos Finger waren lang und schlank. Durch seine Erkrankung waren sie blass und kalt und fassten sich an wie glatt polierter Jade. Yan Wushi spielte mit Shen Qiaos Hand und wärmte sie so auf. Jetzt fühlte es sich wie warmer Jade an. Yan Wushi tat, was ihm beliebte, und kümmerte sich nicht um die Gefühle anderer. Es ging ihm nur darum, wie er sich fühlte. Egal, ob es Shen Qiao gefiel oder nicht. Tatsächlich fand Yan Wushi es amüsant, dass Shen Qiao es gar nicht genoss. Er wollte die Dinge noch weiter vorantreiben.

Er sah auf, um Shen Qiaos Gesicht zu sehen, und lachte.

»A-Qiao, regst du dich schon wieder auf? Ich wollte dir vom Xuandu-Berg erzählen. Willst du es nicht hören?«

Als Yan Wushi nicht aufpasste, entriss Shen Qiao ihm seine Hand und zog seine Ärmel darüber, damit kein bisschen Haut entblößt war. Yan Wushi betrachtete den Ärmel traurig, bevor er erzählte: »Es ist schade, dass du den Xuandu-Berg direkt verlassen hast, anstatt die Jade-Terrassen-Diskussion abzuwarten. Ich hab gehört, dass Li Qingyu, der Schüler von Yi Pichen vom Chunyang Jloster, das erste Mal den Berg verließ und direkt Xuetings Schüler Liansheng besiegte. Außerdem hat er He Siyong von der Linchuan-Akademie besiegt und gegen zwei Älteste des Xuandu-Bergs gewonnen. Am Ende musste sogar dein Yu-Shidi eingreifen. Er hat Li Qingyu besiegen können, aber nur gerade so. Der Name Li Qingyu aus dem Chunyang-Kloster vom Qingcheng-Berg hat das Publikum, nein, die Welt an diesem Tag erschüttert.«

Shen Qiao war überrascht. »Li Qingyu? Ich hab gehört, dass er Yi Pichens letzter und liebster Schüler ist, sich aber kaum in der Öffentlichkeit zeigt.«

»Das stimmt«, sagte Yan Wushi. »Und die Jade-Terrassen-Diskussion war der erste Schauplatz, um ihm Ruhm zu verschaffen. Liansheng und He Siyong sind beide Jianghu-Meister der jüngeren Generation. Sie sind nicht vergleichbar mit den Besten Zehn, aber trotzdem können ihnen nur wenige das Wasser reichen. Li Qingyu hat am Ende gegen Yu Ai verloren, aber wenn man Yu Ais Status und Alter bedenkt, war es eine Ehre und keine Scham, so knapp zu verlieren.«

Yan Wushi streckte sich.

Man musste bedenken, dass Yu Ai Qi Fengges Schüler und Qi Fengge der beste Kampfkünstler der Welt gewesen war. Wenn Li Qingyu nur so knapp verloren hatte, hieß das nicht, dass sie auf der gleichen Stufe waren und Li Qingyu Yu Ai bald übertreffen würde? Er war sehr jung und hatte das erste Mal den Berg seiner Schule verlassen, um sich dem Rest der Welt zu zeigen. Und dann schaffte er direkt so etwas Beeindruckendes. Mit genug Zeit konnte er vielleicht der beste Kampfkünstler der Welt werden?

Der Xuandu-Berg hingegen hatte gelitten. Zuerst hatte Shen Qiao gegen Kunye verloren. Natürlich unter unfairen Umständen, aber das wussten Außenstehende nicht. Man dachte, er sei des Titels seines Meisters nicht würdig gewesen. Dann lud Yu Ai zur Jade-Terrassen-Diskussion ein, um die Rückkehr des Xuandu-Bergs in die Öffentlichkeit zu verkünden und den angeschlagenen Ruf zu stärken. Und in diesem Moment tauchte Li Qingyu auf und zementierte den Abstieg der Schule. Xuandu-Berg war deshalb noch keine zweit- oder drittklassige Schule, aber es schien eine Welle Pech auf Yu Ai und die anderen herabzuregnen. Wenn Außenstehende über den Xuandu-Berg sprachen, dann mit etwas mehr Vorsicht und weniger Bewunderung. Es gab schließlich nur einen Qi Fengge. Und ohne ihn konnte der Xuandu-Berg nicht an den Ruhm alter Tage anknüpfen. Es war kein Wunder, dass er den Berg vor der Öffentlichkeit versteckt hatte. Er musste gewusst haben, dass die nächste Generation enttäuschend sein würde. Das war das, was alle denken würden. Shen Qiao war aufmerksam. Yan Wushi hatte wenig gesagt, aber zwischen den Zeilen stand noch viel mehr.

KAPITEL 30
EINLADUNG ZUM BANKETT

Ich habe gehört, dass Yi Pichen ihn in späten Lebensjahren als Schüler akzeptiert hat – ein talentiertes Genie mit unglaublichen Anlagen, der mit fünfzehn Jahren schon alle Bücher im Chunyang-Kloster auswendig gelernt hat«, sagte Shen Qiao. »Aber damals hat Yi Pichen ihn nicht der Öffentlichkeit gezeigt, sondern ihn allein in die Kunlun-Berge im Westen geschickt. Rückblickend war das sehr vorausschauend von Yi Pichen. Er hat zehn Jahre lang ein Schwert geschärft. Sobald er es zog, leuchtete die Klinge hell auf.«

»Du hast es immer geliebt, der Gute zu sein«, sagte Yan Wushi neugierig. »Aber nach diesem Vorfall wird der Titel der weltbesten Daoisten-Schule wohl in andere Hände fallen. Dein Shidi hat einen großen Verlust eingesteckt, und deine Schule wurde bloßgestellt. Aber statt wütend oder traurig darüber zu sein, lobst du Li Qingyu?«

»Yu Ai ist arrogant und zu extrem«, sagte Shen Qiao. »Es ist gut, dass er eine Lektion gelernt hat. Wie kann irgendetwas für immer die Nummer eins bleiben? Das Leben hat seine Höhen und Tiefen; Schulen bilden da keine Ausnahmen.«

Yan Wushi lachte. »Wahrlich ein Optimist.«

»Sagtest du nicht, du hast gute und schlechte Neuigkeiten? Was sind die guten?«

»Die habe ich dir gerade erzählt«, sagte Yan Wushi. »Li Qingyu hat dem Xuandu-Berg das Rampenlicht gestohlen, und dein Shidi wurde bloßgestellt. Sind das etwa keine guten Nachrichten für dich?«

Shen Qiao war langsam am Ende seiner Geduld. »Was sind dann die schlechten Nachrichten?«

»Die schlechte Neuigkeit ist, dass offenbar passiert, wovor du dich gefürchtet hast. Yu Ai teilt sich wahrscheinlich das Bett mit den Göktürks.«

Shen Qiao runzelte die Stirn. »Wie das?«

Yan Wushi machte absichtlich eine lange Pause, bis Shen Qiao sich von selbst vorlehnte und ihn ernst ansah. Erst dann antwortete Yan Wushi langsam: »Direkt nach der Jade-Terrassen-Diskussion kam eine Botschaft von Ishbara Khagan den Xuandu-Berg heraufgestiegen und verlangte nach einem Prediger für das östliche Göktürk-Khaganat.«

Shen Qiaos Stirnfalten wurden tiefer.

»Du weißt, wer Ishbara Khagan ist?«

Shen Qiao nickte. Er hatte seine ganze Freizeit über nicht nur Däumchen gedreht. Neben dem Üben der Zhuyang-Strategien hatte er sich auch über das aktuelle Weltgeschehen informiert. Das Göktürk-Khaganat war in den letzten Jahren immer mächtiger geworden. Die Nördliche Qi und Zhou mussten im Kontakt Höflichkeit und Anerkennung vortäuschen, aber das politische und soziale System der Göktürks war ganz anders als das der Han. Auch wenn Taspar Khagan der oberste Anführer des Khaganats war, hatte er seinen Neffen und seinen jüngeren Bruder jeweils mit der Regierung des Östlichen und Westlichen Khaganats beauftragt. Und dieser Ishbara Khagan war ebendieser Neffe und auch unter dem

Namen Shetu bekannt. Den Gerüchten zufolge war er ein Mann mit eher geringen Ambitionen, ganz anders als sein Onkel, der nach Großem strebte. Xuandu-Berg war Tausende Kilometer vom Khaganat entfernt. Natürlich löste ein Kontakt direkt nach der Öffnung der Schule viele Spekulationen aus. Shen Qiao dachte daran, dass Yu Ai mit Kunye konspiriert hatte, um ihn von der Klippe zu werfen. Aber wie konnte Xuandu-Berg noch von einer engen Allianz mit den Göktürks profitieren? Shen Qiao sagte: »Das ist, wie einen Tiger nach seinem Fell zu fragen.«

Yan Wushi kicherte. »Nicht unbedingt. Die Göktürks sind so mächtig, dass alle, die keinen Krieg wollen, gezwungen sind, sich mit ihnen zusammenzutun. Hat der Kaiser von Zhou nicht deshalb eine Kaiserin der Göktürks geheiratet?«

Shen Qiao schüttelte den Kopf. »Der Kaiser von Zhou hat seine Kraft von Yuwen Hu zurückgeholt und seitdem viele Jahre regiert. Er hat allerlei schwierige Situationen gesehen. Ich habe gehört, dass er sich absichtlich von Lady Ashina distanziert hat, um dem Einfluss der Göktürks zu entgehen; er ist ein weiser Mann. Yu Ai ist clever, aber der Xuandu-Berg war zu lange isoliert. Und er ist zu selbstbewusst, wenn er denkt, dass er mit den Göktürks zusammenarbeiten kann. Ich fürchte, dass er am Ende sehr darunter leiden wird.«

Yan Wushi hob einen Brief auf, den er zuvor auf den Tisch gelegt hatte, und gab ihn Shen Qiao.

»Was den Xuandu-Berg angeht, bist du ein ausgestoßener Schüler. Warum deine Energie dafür verschwenden? Hier ist eine Einladung zu einer Geburtstagsfeier. Ich hab keine Zeit, hinzugehen, aber du hast bestimmt Interesse.«

Das Kerzenlicht flackerte, und Shen Qiao öffnete die Augen nicht. Stattdessen fuhr er mit den Fingern mehrmals über das Papier, er spürte die leichte Erhebung durch die Tinte und las die Worte »Su Wei«.

Er legte irritiert den Kopf schief. »Ich kenne diese Person nicht.«

»Su Wei, auch bekannt als Su Wuwei«, sagte Yan Wushi. »Er ist der Herzog der Provinz Meiyang und mit Yuwen Hus Tochter verheiratet. Das hätte ihn politisch gesehen in ein Haibecken werfen sollen, aber er ist talentiert. Und der Kaiser von Zhou weiß Talent zu schätzen und wollte ihn befördern. Su Wuwei behauptete jedoch, krank zu sein, und trat zurück. Jetzt studiert er zu Hause. Übermorgen ist der fünfzigste Geburtstag seiner Mutter, und selbst der Kaiser schickt Geschenke, um ihr zu gratulieren.«

»Aber«, fuhr Yan Wushi fort. »Su Suwei hat einen jüngeren Bruder namens Su Qiao. Er ist Kampfkünstler. Kannst du erraten, wessen Meister er ist?«

Als er sah, wie aufmerksam Shen Qiao zuhörte, griff er erneut nach seinen schutzlosen Händen, um damit zu spielen. Aber Shen Qiao war darauf vorbereitet und verschränkte die Arme hinter dem Rücken. Nach einer Weile schien ihm aufzufallen, dass diese Reaktion ein bisschen kindisch war, und er versteckte sie wieder in seinen Ärmeln. Yan Wushi schnalzte mit der Zunge. »Ich füttere dich, schenke dir Obdach und bring dir all diese Nachrichten, aber du bist so geizig! Lässt mich nicht mal deine Hände berühren!«

Shen Qiao war unbeeindruckt. »Es gibt zahlreiche Schönheiten in diesem Anwesen, die von selbst zu dir kommen würden, sobald du es wünschst, Yan.«

»A-Qiao, du bist so langweilig!«

Dennoch redete Yan Wushi weiter: »Su Qiao ist aus dem Chunyang-Kloster, und er ist der Shixiong des Mannes, der um Haaresbreite gegen Yu Ai verloren hat: Li Qingyu.«

Shen Qiao dachte kurz darüber nach. »Li Qingyu ist bekannt, und ich habe schon vorher von ihm gehört, aber ich glaube nicht, dass mir der Name Su Qiao schon begegnet ist.«

»Er kommt aus einer Aristokratenfamilie«, sagte Yan Wushi. »Und über ihm kommt Su Wie, der sich wie ein Vater und Bruder zugleich verhält. Es ergibt Sinn, dass seine Heldentaten nicht so zahlreich sind wie Li Qingyus. Aber da sie Lehrgeschwister sind, kann es sein, dass Li Qingyu auch zum Festessen kommt. Möchtest du nicht diesen aufgehenden Stern kennenlernen, der fast deinen Shidi besiegt hat?«

Shen Qiao fuhr mit den Fingern über die Einladung und nickte dann. »Ich verstehe. Danke, Yan.«

Yan Wushi lächelte. »Ich habe keine Beziehung zur Su-Familie, aber wegen meiner Position mussten sie mich einladen. Auch wenn sie wohl nicht erwarten, dass ich komme. Aber wenn du mit der Einladung teilnimmst, nimm ein Geschenk für mich mit. Das sollten genug Höflichkeiten sein.«

Es schien seltsam, dass jemand wie Yan Wushi sich um Höflichkeiten sorgte, aber Shen Qiao dachte nicht allzu lange darüber nach.

»Also gut.«

Su Wei war Teil der Su-Familie in der Hauptstadt, einem großen und bekannten Clan. Sein Vater Su Chuo war ein wichtiger Beamter im Westlichen Wie, und seine Frau war die Tochter von Yuwen Hu. Das machte Dame Yuwen zur Nichte des amtierenden Kaisers von Zhou. Auch wenn er Yuwen Hu getötet hatte, hatte er seine Familie am Leben gelassen. Er kümmerte sich gut um seine Nichte. In dieser Zeit war es üblich, dass die wichtigsten Familien in die Königsfamilie einheirateten, um ihre Bande zu stärken. Die Su-Familie war keine Ausnahme. Zum Geburtstag der Su-Matriarchin strömten zahlreiche Gäste zu den Feierlichkeiten. Ihre Tore waren verstopft mit Pferden und Kutschen. Die Su-Familie stellte jemanden ab, um den Verkehr zu lenken. Shen Qiao reiste auch in der Kutsche an. Su Wei, der im Inneren immer noch Gäste empfing, war alarmiert, als die Kutsche des Junior-Unterweisers auftauchte. Yan Wushi hatte keine offizielle Position bei Hofe, aber der Kaiser vertraute der Huanyue-Schule. Nur durch deren Unterstützung war es ihm gelungen, Yuwen Hu zu töten und sich die Krone zurückzuholen. Su Wei war der Archetyp eines Beamten – er interessierte sich nicht für Politik, wollte sich aber auch keine Feinde machen. Er hatte Yan Wushi nur aus Höflichkeit eine Einladung geschickt und nicht erwartet, dass jemand aufkreuzen würde. Er beeilte sich, diesen Gast persönlich zu empfangen. Als der Mann aus der Kutsche stieg, stockte Su Wei für einen Moment. Trotz des spärlichen Kontakts zum Dämonenkönig war er sich ziemlich sicher, dass der Mann vor ihm definitiv nicht Yan Wushi war.

»Darf ich fragen, wer Ihr seid?«

»Ich heiße Shen Qiao. Schulleiter Yan wurde von Seiner Majestät in den Palast gerufen und kann deshalb heute Abend nicht kommen, deswegen bin ich hier, um stellvertretend seine Glückwünsche auszurichten. Ich bitte um Entschuldigung.«

Seine Erklärung und die offizielle Kutsche beruhigten Su Wie. Er lächelte. »Ich verstehe, bitte treten Sie ein, Shen-xiansheng.«

Auch wenn er den Mann willkommen hieß, war er immer noch ein wenig verwirrt. Yan Wushi war aus dem Jianghu. Su Wei wusste und hatte von seinem Bruder Su Qiao gehört, dass die Huanyue-Schule eine dämonische Schule war. Aber der Mann vor ihm sah weder aus wie ein Kampfkünstler noch wie ein Angestellter des Hofes. Er sah kränklich aus, aber seine Haltung war außergewöhnlich. Könnte er ein Gelehrtenfreund von Yan Wushi sein? Aber Su Wei war nicht als Einziger verwirrt. Viele Gäste hatten gesehen, wie der Gastgeber persönlich hinausgegangen war, um den neuen Gast in Empfang zu nehmen. Deshalb wurden sie beim Anblick dieses blinden Mannes neugierig. Yan Wushis Name hatte einen großen Einfluss in der Nördlichen Zhou, aber die wenigsten Leute hatten ihn bisher persönlich getroffen. Viele vermuteten deshalb, dass Shen Qiao der Schulleiter der Huanyue-Schule war. Als sie sahen, wie Prinzessin Qingdu, die für ihre Zurückhaltung bekannt war, auf ihn zuging, um ihn zu begrüßen, wurden sie noch neugieriger. Wegen Su Qiao stammten nicht alle Minister aus mächtigen Familien – unter den Gästen gab es auch einige Kampfkünstler des Jianghu. Der Anführer des Chunyang-Klosters Yi Pichen war nicht persönlich gekommen, doch er hatte seinen Schüler Li Qingyu geschickt. Nach den Ereignissen der letzten Tage hatten alle von ihm gehört. Das Chunyang-Kloster hatte das Potenzial, den Xuandu-Berg vom Thron zu stoßen, und jeder wollte davon erfahren. Deshalb war Li Qingyu umzingelt von Schaulustigen.

Als Lehrgeschwister verstanden sich Su Qiao und Li Qingyu gut miteinander. Su Qiao stellte Li Qingyu dem inneren Zirkel der Su-Familie vor, die zahlreiche Verbindungen hatte. Als Li Qingyu Höflichkeiten mit anderen Kampfkünstlern austauschte, zog er Su Qiao beiseite und half seinem Shixiong damit. Shen Qiao lehnte die Einladung der Prinzessin, neben ihr zu sitzen, höflich ab und setzte sich auf den vorgesehenen Platz. Da der Sitz für Yan Wushi reserviert gewesen war, hatte er einen guten Platz. Der Gast hinter ihm bemerkte Shen Qiaos eingeschränkte Sicht und wies die Diener an, ihm seinen Portionen von rechts anzureichen, damit er sie besser mit den Essstäbchen erreichen konnte.

»Ich danke Ihnen, werter Herr. Ich heiße Shen Qiao, wie lautet Euer Name?«

Der andere Mann lachte. »Nicht der Rede wert. Du musst nicht so höflich sein, Shen-langjun. Ich gehöre zur Puliuru-Familie, mein Vorname ist Jian. Freut mich, dich kennenzulernen.«

Auch wenn Puliuru Jian neben Shen Qiao saß, fragte er nicht nach dessen Hintergrund oder Identität und auch nicht nach Shen Qiaos Augen. Er sprach nur Gutes über den Gastgeber, Su Wei, der talentiert und bekannt war, ein Meister der Lyrik und wohlbelesen im Recht. All seine Worte zeugten von Respekt und Bewunderung. Als sie Lyrik und Philosophie besprachen, kamen die drei philosophischen Schulen unweigerlich zur Sprache. In der Nördlichen Zhou war der Buddhismus weit verbreitet – Yuwen Yu hatte Xueting als Staatsunterweiser eingesetzt. Seit Yuwen Yong auf dem Thron saß, versuchte er die Einflüsse von Yuwen Hu auszuradieren, dennoch waren viele dem Buddhismus weiterhin zugeneigt. Puliuru Jian war Buddhist, interessierte sich jedoch auch für den Daoismus und war offen gegenüber seinen Idealen. Es zeigte sich deutlich, dass er nicht erwartet hatte, dass Shen Qiao so viel über den Daoismus wusste. Schon nach kurzer Zeit hatten sie eine gute Verbindung zueinander aufgebaut. Prinzessin Qingdu schickte erneut jemanden, um Shen Qiao einzuladen, neben ihr zu sitzen.

Puliuru Jian neckte ihn. »Es gibt nicht viele Menschen, denen die Ehre zuteilwird, von Prinzessin Qingdu eingeladen zu werden. Wenn das die Runde macht, werden viele Leute neidisch auf dich sein.«

»Ich habe mich vor Puliuru-xiong blamiert«, sagte Shen Qiao.

»Ich hab gehört, dass Su Weis Bruder Su Qiao aus dem Chunyang-Kloster stammt und heute Abend viele Gäste aus dem Jianghu zu Gast sind. Der Ruf des Klosters hat sie angezogen.«

»Kennst du diese Leute?«

»Ich habe früher den unbesorgten Lebensstil der Menschen des Jianghu beneidet. Ich habe sogar ein paar Jahre lang versucht, es ihnen gleichzutun und bin mit dem Pferd durchs Land gereist. Ein paar Gesichter erkenne ich wieder.«

»Wärst du dann so nett, mich ihnen vorzustellen?«

»Natürlich«, sagte Puliuru Jian fröhlich.

Dann zeigte er Shen Qiao verschiedene Leute. »Du erkennst Su Qiao; neben ihm steht Li Qingyu. Man nennt sie als Duo auch die Jadezwillinge von Qingcheng. Li Qingyu ist aber noch ein bisschen berühmter. Du hast bestimmt von seinen großartigen Siegen auf dem Xuandu-Berg gehört. Derjenige, der mit ihm redet, ist Zhangsun Cheng, der von der Zhongnan-Schule kommt. Die Schule ist nicht bekannt, aber Zhangsun Cheng ist aus einer wohlhabenden Familie. Seine Schießkünste sind außergewöhnlich – es gibt wenige, die ihm mit Pfeil und Bogen das Wasser reichen können. Und daneben in Gelb steht Dou Yanshan.«

Shen Qiao machte ein überraschtes Geräusch. »Der Anführer der Liuhe-Gilde?«

»In der Tat.«

In der Nacht im Chuyun-Tempel hatten viele Fraktionen um den Band der Getäuschten Gedanken der Zhuyang-Strategien gekämpft. Letzten Endes hatte Yan Wushi die wertvolle Schriftrolle, die die Liuhe-Gilde so eisern beschützt hatte, einfach zerstört. Dou Yanshan musste ihn zutiefst hassen. Aber als er Shen Qiao anstelle von Yan Wushi erblickt hatte, hatte er ihn nur kurz gemustert. Es schien nicht, als wollte er ein Gespräch anfangen.

Puliuru Jian fuhr fort: »Der buddhistische Meister Xueting wurde damals von Yuwen Hu zum Staatsunterweiser ernannt. Deshalb verbindet ihn und die Su-Familie noch ein enges Band. Auch er wäre normalerweise gekommen, aber offenbar ist er nicht hier. Er hat auch keinen Schüler geschickt, was ein bisschen seltsam ist.«

Puliuru Jian reckte den Hals und sah sich um. »Ach ja, der Mann und die Frau an der Seite gehören zur Bixia-Schule vom Berg Tai und zum Liuli-Palast der Provinz Fanzhang. Die beiden Schulen verstehen sich gut mit dem Chunyang-Kloster, deswegen sind sie vermutlich hier. Die anderen sind eher unwichtige Leute aus gewöhnlichen Schulen. Es lohnt sich nicht, sie alle vorzustellen.«

Tatsächlich gab es noch einige bekannte Kampfkünstler hier, die Puliuru Jian nicht vorgestellt hatte, aber in seinen Augen waren sie alle Niemande. »Die Stärksten sind die Könige«, galt im Jianghu, und hier konnte man es deutlich sehen. Vielleicht waren ein paar der Menschen große Fische in ihrem kleinen Teich, aber da Puliuru Jian jeden Tag mit der Elite von Zhou verkehrte, verschwendete er keinen weiteren Gedanken an sie.

Shen Qiao merkte sich alle Namen. Er stand weiter weg, und er konnte ihre Gesichter nicht erkennen, also merkte er sich ihre Kleidung, ihre Statur und ihre Gestik. Zwei waren gerade in ein Gespräch vertieft, als zwei neue Leute den Gastgeber begleiteten. In diesem Moment trafen sich ihre Blicke. Xie Xiang zuckte ein wenig zusammen, nickte aber. Zhan Ziqian jedoch kam direkt herüber. »Shen-langjun! Kaum zu glauben, dass du auch hier bist!«

Shen Qiao lächelte. »Ach, Zhan-xiong. Was für ein Zufall!«

»Aber wirklich!«

Zhan Ziqian hatte einen guten Eindruck von Shen Qiao und wollte sich für ein Gespräch neben ihn setzen, aber Xie Xiang kam herüber.

»Shixiong, der Gastgeber hat uns unsere Sitze zugeteilt. Ist es nicht unhöflich, sich woanders zu platzieren?«

Zhan Ziqian stockte. »Es ist ein glücklicher Zufall, Shen-langjun hier zu treffen. Ich habe eine Bitte. Darf ich Shen-langjun bitten, nach dem Festessen noch etwas zu bleiben?«

Shen Qiao hatte nichts mit der Linchuan-Akademie zu tun, und Zhan Ziqian wusste nicht, wer er wirklich war. Sie hatten sich nur zufällig getroffen. Shen Qiao fiel kein Grund ein, warum Zhan Ziqian ihn sprechen wollte, aber er nickte. »Warum nicht.«

Nachdem das Xie-Zhan Duo gegangen war, sagte Puliuru Jian: »Die Linchuan-Akademie dominiert im Südlichen Chen. Sie sind selbstsüchtig und arrogant. Das merkt man sofort, wenn man Xie Xiang anschaut. Zhou möchte sich mit Chen verbünden, um Qi einzunehmen, deshalb ist Xie Xiang wahrscheinlich mit einem Trupp aus Chen angereist. Aber sie haben hier in Chang'an nichts zu sagen, also musst du nicht so übertrieben höflich sein.«

Shen Qiao lächelte. »Xie Xiang ist ein bisschen stolz, aber Zhan Ziqian ist ein angenehmer Zeitgenosse.«

Am Tag ihres Duells hatte Xie Xiang sich bemüht, den Radius ihres Kampfs gering zu halten, um keine unschuldigen Menschen einzubeziehen. Das zeigte, dass er trotz seiner Arroganz keine Bosheit im Herzen trug. Mit diesem Hintergrundgedanken machte Shen Qiao seine Arroganz nicht allzu viel aus. Während sie sprachen, begann das Geburtstagsbankett.

KAPITEL 31
SEID MEIN ZEUGE

Der Großteil der Gäste war eingetroffen, und die große Halle war voller einflussreicher Menschen. Von der königlichen Familie und angesehenen Adligen über diverse Schulen des Jianghu. Es war wirklich eine seltene Ansammlung. Und das nur, weil zwei Brüder komplett verschiedene Leben lebten. In dieser Zeit war die Gesellschaft sehr offen. Jeder hatte seinen eigenen Tisch, Männer und Frauen durften im selben Zimmer sein, mit nur einem dünnen Wandschirm, der mehr eine symbolische als eine echte Trennung war. Auf der Seite der Frauen kümmerte sich Su Weis Frau um die Gäste. Su Weis Mutter, Madame Qin, saß auf dem Platz der Gastgeberin. Unter ihr, jeweils zur Linken und zur Rechten, saßen ihre Söhne Su Wei und Su Qiao. Dienstmägde trugen feinen Wein und exquisite Delikatessen herbei, und in kürzester Zeit erfüllte Lachen und fröhliche Unterhaltungen die Halle. Musikanten spielten Trommeln und Flöten, und Tänzerinnen schwebten in ihren wallenden Kleidern durch den Raum. Shen Qiao konnte die Tänzerinnen nicht sehen, aber er konnte ihre zarten Figuren und flatternden Roben sehen. Sie tanzten durch den Raum, und Blumen säumten ihren Weg. Diese Art Tanz war heilig und rein, aber mit einem Hauch Sinnlichkeit unterschied er sich von den Tänzen im

Westen. Es war auch anders als die Tänze im Südlichen Chen, wo die Tänzer mit »gesenkten Köpfe unter weiten Ärmeln, Jadehaarsprangen schweben in der Herbstbrise‹ tanzten. Diese neue Art des Tanzes erfreute die Gäste, die eifrig applaudierten. Ein paar Becher Wein später klatschten einige Gäste enthusiastisch im Takt der Trommeln. Als Puliuru Jian Shen Qiaos Interesse an diesem Tanz bemerkte, beugte er sich näher vor: »Diese Tanzmusik nennt sich ›Kleiner Himmel‹ und kommt aus Kucha. Die Menschen aus Kucha waren devote Buddhisten. Sobald sie fort waren, breitete sich ihre Musik in den Zentralen Ebenen aus, deshalb hat das Lied einen buddhistischen Stil.«

Von dieser Anekdote aufgeklärt, lachte Shen Qiao. »Kein Wunder, dass ihre Schultern und Bäuche nackt sind und sie so viel Schmuck tragen. Das ist Kuchas Stil!«

Puliuru Jian grinste zurück. »O ja.«

Während alle die Stimmung genossen, eilte ein Diener ins Zimmer, beugte sich zu Su Wei und flüsterte ihm etwas ins Ohr. Su Weis Gesichtsausdruck wurde leer, und er machte eine hastige Geste. Mit einer lang gezogenen Note stoppten die Tänze und die Musik plötzlich. Die Gäste kamen zurück in die Realität und sahen verwirrt zu ihrem Gastgeber. Su Wei stand auf und faltete die Hände.

»Die Kaiserin hörte, dass meine Mutter Geburtstag feiert, und hat jemanden mit Geschenken geschickt. Ich bitte euch, euch einen Moment zu gedulden. Nachdem ich den Botschafter in Empfang nehme, bin ich wieder ganz für euch da.«

Die Kaiserin von Zhou hieß Ashina – sie war eine Göktürk, und der Kaiser hatte sie geheiratet, um sich mit den Göktürks gut zu stellen. Normalerweise hatten sie und die Su-Familie nichts gemeinsam, vor allem, da der Kaiser bereits Geschenke geschickt hatte. Doch die Kaiserin hatte selbst jemanden mit einem Geschenk geschickt. Alle waren verwundert und sahen sich ratlos an. Aber dem Gastgeber blieb nichts anderes übrig, als den Botschafter zu begrüßen. Die Musik war aus, und alle setzten sich gerade hin und beobachteten die Tür. Su Wei glättete seine Robe und wollte hinausgehen, als hinter der Tür ein lautes Lachen erklang.

»Keine Umstände, Herzog der Provinz Meiyang. Ich komme selbst rein!«

Die meisten Menschen in der Halle erkannten den Sprecher nicht. Sie dachten nur, dass er unhöflich war. Nur Shen Qiao runzelte die Stirn, sein Unbehagen wuchs. Herein kam ein junger Mann, groß und muskulös, mit einem dichten Bart. Er trug die Tracht der Zentralen Ebenen und hatte eine wilde Ausstrahlung. Seine Augen waren scharf und aufmerksam, sein Blick eindringlich und aggressiv. Nachdem er eingetreten war, sah er nicht zu Su Wei, sondern ließ den Blick durch die Halle schweifen. Alle außer den Kampfkünstlern wandten die Augen ab.

Puliuru Jian machte ein überraschtes Geräusch und flüsterte dann: »Dieser Mann hat so viel Energie, er muss ein Xiantian-Meister sein. Aber warum habe ich ihn noch nie in Chang'an gesehen?«

»Die ganze Su-Familie dankt Ihrer Majestät für diese Geste. Darf ich Euren Namen erfahren?«, fragte Su Wei zu dem Neuankömmling.

Der Mann lächelte. »Ich heiße Duan Wenyang. Kein Grund, zu höflich zu sein, Herzog. Das Mitgefühl deiner Mutter ist bekannt, die Kaiserin hört seit Jahren davon. Es ist schade, dass sie noch keine Gelegenheit hatten, sich zu treffen. Als sie hörte, dass deine Mutter Geburtstag feiert, hat sie mich geschickt, ein Geschenk und ihre besten Wünsche zu überbringen.«

Su Wei faltete die Hände. »Wir sind sehr dankbar für diese Aufmerksamkeit der verehrten Kaiserin. Ich bedanke mich herzlich. Als Besucher seid Ihr natürlich als Gast eingeladen; wenn Ihr Zeit habt, nehmt doch gern Platz.«

Da der Mann Kaiserin Ashina repräsentierte, verbeugten sich Madame Qin und Su Qiao ebenfalls. Aber Duan Wenyang lachte plötzlich. »Ich hab's nicht eilig, mich hinzusetzen. Es gibt noch einen anderen Grund für meinen Besuch. Ich hab ein Anliegen an Madame Qin.«

Su Weis Mutter war Tochter einer einflussreichen Familie und nie im Göktürk-Khaganat gewesen. Duan Wenyang war ein Göktürk, deshalb hatten sie offensichtlich nichts miteinander zu tun. Was wollte er mit ihr besprechen? Su Wei war verwirrt.

»Bitte sprecht, Botschafter Duan.«

»Madame Qin«, sagte Duan Wenyang. »Jemand hat mir aufgetragen, Grüße auszurichten. Er würde gern wissen, ob Ihr Euch an die Person erinnert, die am Hof der Göktürks seit dreißig Jahren auf Euch wartet.«

Su Wei und Su Qiao waren schockiert und sahen zu ihrer Mutter. Madame Qins Gesichtsausdruck blieb unberührt.

»Junger Mann«, sagte sie freundlich. »Ich fürchte, Ihr verwechselt mich.«

Duan Wenyang lachte laut. »Ich wusste, dass Ihr das nicht so leicht zugeben würdet. Möchtet Ihr, dass ich dem ganzen Saal die Geschichte erzähle?«

In diesem Moment erkannte Su Wei, dass Duan Wenyang mit bösen Absichten hergekommen war.

»Ihr seid sehr unhöflich!«, sagte er streng. »Hat die Kaiserin Euch nicht mit Geschenken geschickt, und nun fangt Ihr Streit an? Die Su-Familie hegt keinen Groll gegenüber der Kaiserin, und wir haben keine Verbindung zu ihr. Warum

behandelt Ihr meine Mutter an ihrem Geburtstag so ungebührlich? Ich werde Seiner Majestät Bericht erstatten. Wachen! Begleitet diesen Gast nach draußen!«

Die Wachen rannten auf Duan Wenyang zu, aber er schüttelte nur leicht die Ärmel aus, und sie alle gingen zu Boden. Die Gäste um ihn herum sprangen entsetzt auf. Manche sahen ihn verärgert an und bereiteten sich darauf vor, ihn zu rügen.

»Wie kannst du es wagen, hier Ärger zu suchen?«, rief Su Qiao wütend. »Denkst du, unsere Familie besteht aus Schwächlingen?«

Er machte sich bereit zum Angriff. Aber Duan Wenyang trat zurück und erhob seine Stimme.

»Wartet! Ich habe etwas zu sagen. Danach könnt ihr tun, was euch beliebt. Aber das hier ist extrem wichtig, und ihr alle seid ehrenhafte Leute mit großer Weisheit und Moral. Ich bitte alle ehrenwerten Gäste hier, ihr eigenes Urteil zu fällen: Bin ich hier, um grundlos Ärger zu stiften, oder hat Madame Qin Schuld auf ihr Gewissen geladen?«

Bevor jemand etwas sagen konnte, fuhr er fort: »Ich bitte Madame Qin darum, das Andenken meines Shizun zurückzugeben!«

Su Qiao war außer sich. »Du Göktürk-Bastard mit deinen haltlosen Anschuldigungen! Meine Mutter stammt aus einer angesehenen Familie in Guanzhong, wie könnte sie irgendwelche Verbindungen zu den Göktürks haben? Wenn du nicht die Wahrheit sagst und das Ansehen meiner Mutter wieder reinwäschst, dann wirst du hier nicht wieder herauskommen!«

Er zog sein Schwert. Das Licht des Schwerts breitete sich aus wie Wasser, unter der Oberfläche schwamm Mordlust. Li Qingyu stand aus der Menge auf.

»Was du isst, ist dein Geschäft, aber das du sagst, betrifft uns«, sagte er. Seine Worte waren langsam und fest. »Madame

Qin ist die Mutter meines Shixiong, also respektiere ich sie wie meine eigene Mutter. Wenn du sie weiter schlechtredest, wird das Chunyang-Kloster sich dieser Sache annehmen.«

Die Implikation seiner Worte war glasklar: Selbst wenn Su Wei keine offizielle Beschwerde einreichte und vor Gericht trat, würde das Chunyang-Kloster eingreifen und sich Duan Wenyang und seinen Meister zum Feind nehmen. Das Prestige des Klosters überschattete langsam das des Xuandu-Bergs. Und ihr Anführer Yi Pichen gehörte zu den Besten Zehn, deshalb hatten diese Worte viel Gewicht.

Aber Duan Wenyang war unbeeindruckt. Er lachte und sagte: »Du kannst das ganze Land auf deiner rechtschaffenen Reise durchqueren; ohne das kannst du keinen Schritt machen. Ich hab gehört, die Zentralen Ebenen lieben ihre Rechtschaffenheit – deswegen bin ich hier, um Gerechtigkeit zu suchen. Aber genau heute unterscheidet ihr nicht zwischen grün und rot oder schwarz und weiß? Benutzt ihr also euren Einfluss, um Menschen einzuschüchtern? Warum hört ihr nicht, was ich zu sagen habe? Madame Qins Vorname ist Ning, und ihr Höflichkeitsname ist Shuanghan, korrekt?«

Die Su-Brüder waren schockiert von diesen Worten. Den Vornamen zu kennen war eine Sache, aber der Höflichkeitsname war nur wenigen Menschen bekannt und schon gar nicht Kaiserin Ashina. Wie konnte dieser Göktürk davon wissen?

Duan Wenyang begann seine Erklärung: »Vor dreißig Jahren reiste Qin Shuanghan durch das Göktürk-Khaganat und wurde die Schülerin meines Meisters. Eines Nachts nutzte sie sein Vertrauen aus, stahl sein Andenken und nahm es mit in die Zentralen Ebenen. Und nun hat mir mein Meister aufgetragen, dieses Andenken zurückzuholen. Ich habe lange danach gesucht. Erst als ich hier in Chang'an ankam, begegnete ich ihr per Zufall. Die Qin Shuanghan, die ich nirgends finden konnte, war inzwischen die Mutter des Herzogs der Provinz Meiyang, Madame Qin!«

Er machte eine Pause und kicherte. »Madame Qin hat sich all die Jahre gut versteckt. Wer hätte gedacht, dass Madame Qin, die nie das Haus verlässt, einst die berüchtigte Aisaule außerhalb der Großen Mauer war!«

»Unsinn!«, schrie Su Qiao. »Meine Mutter war nie jenseits der Mauer oder im Khaganat! Wenn du Lehrgeschwister suchst, such woanders. Warum beschmutzt du unseren Familiennamen? Denkst du, du kannst uns herumschubsen?«

Duan Wenyang hob eine Augenbraue. »Madame Qin, willst du leugnen, was du getan hast?«, fragte er laut. »Wenn ich mich erinnere, ist der Ring, den du an der rechten Hand trägst, ein heiliges Relikt meiner Leute. Es ist auch das Andenken, das die Identität meines Meisters repräsentiert. Der Ring hat eine Gravierung des goldenen Lotus, für die mein Volk bekannt ist. Ist das also auch ein Zufall?«

Mit dieser unausweichlichen Beschuldigung war die Verwirrung komplett. Die Blicke fielen auf Madame Qins Hand. Sie trug tatsächlich einen Ring. Die Oberfläche war mit Kristallen geschmückt, darunter ein goldenes Muster. Licht floss in bunten Farben darüber; ein wunderschöner Anblick.

Su Wei wurde mit stiller Reue erfüllt, als er begriff, dass die heutigen Ereignisse unumkehrbare Spuren hinterlassen würden. Er wünschte sich, er hätte Duan Wenyang daran gehindert, das Haus zu betreten.

»Egal, was Ihr vorhabt«, sagte Prinzessin Qingdu ernst. »Wir sind heute zusammengekommen, um glücklich zu sein und zu feiern, und Ihr habt Euch ausgerechnet diesen Zeitpunkt ausgesucht. Ihr sagt, das geschah auf Befehl der Kaiserin. Wenn das so ist, begleitet mich zurück zum Palast! Dort können wir direkt mit ihr sprechen. Ich bin sehr interessiert daran, warum sie jemanden schickt, um eine Geburtstagsfeier zu ruinieren!«

Duan Wenyang bleib entspannt. »Die Kaiserin schickte mich los, ein Geschenk auszuliefern. Das habe ich getan und ihr Anliegen damit abgeschlossen. Die andere Angelegenheit betrifft meinen Meister. Seine Majestät ist weise und gerecht. Wenn er die Geschichte erfährt, würde er mich sicher nicht davon abhalten, von Madame Qin zurückzuverlangen, was uns gehört.«

Er fuhr stolz fort: »Außerdem ist mein Meister weltbekannt. Er muss Madame Qin nicht absichtlich angreifen!«

»Wer ist dein Meister?«, fragte Li Qingyu.

Duan Wenyang lächelte. »Hulugu von den Göktürks!«

Ein Raunen ging durch die Menge. Was für ein Mensch war Hulugu? Vor zwanzig Jahren hatte er gegen Qi Fengge gekämpft. Ihr Duell war im ganzen Land bekannt, und auch Jahre später sprachen die Leute noch gern darüber. Hulugu hatte verloren und schwören müssen, zwanzig Jahre lang nicht in die Zentralen Ebenen zurückzukehren. Und er hatte sein Versprechen gehalten. Kampfkünstler wie Qi Fengge oder Hulugu verloren selten ihr Leben, selbst bei einer Niederlage. Auch wenn Qi Fengges Kraft einmalig gewesen war, war Hulugu ihm fast ebenbürtig gewesen. Qi Fengge hatte ihn nicht töten können und ihn deshalb diesen Schwur ablegen lassen.

Wenn man Yan Wushis Neigungen berücksichtigte, hätte er ihn wohl schwören lassen, sich selbst zu töten. Dann hätte er das gesäte Unkraut an den Wurzeln ausreißen können. Aber offensichtlich war das nicht Qi Fengges Herangehensweise. Er kannte die Ambitionen der Göktürks, aber er hatte Hulugu respektiert. Deshalb hatte er das zwanzigjährige Exil ausgewählt. Zwanzig Jahre später war Qi Fengge tot, und Hulugu war nicht zurückgekehrt. Stattdessen hatte er zwei seiner Schüler geschickt. Kunye war zum Banbu-Gipfel gekommen, und nun tauchte einer hier auf und behauptete, dass Madame Qin eine Schülerin Hulugus gewesen sei. Die erste Angelegenheit war inzwischen schon wieder aus den Köpfen der Leute verschwunden, und sie seufzten nur darüber, dass Qi Fengge niemanden mehr hatte, der sein Erbe gebührend fortführte. Doch das hier spielte sich direkt vor ihren Augen ab. Egal, ob wahr oder falsch, Madame Qins Ansehen war schwer beschädigt.

Su Qiao gab seiner Rage nach und ergriff ohne ein weiteres Wort sein Schwert. In diesem Moment erhob Madame Qin ihre Stimme.

»Wenn Hulugu sein Andenken haben will, warum holt er es sich nicht selbst? Warum schickt er stattdessen dich?«

Ihre Worte implizierten, dass Duan Wenyang die Wahrheit gesprochen hatte. Su Qiao erstarrte und sah ungläubig zu seiner Mutter.

»Mutter, du …«

Madame Qin sah zu ihm. »Du was?«, fragte sie. »Verstehst du, wofür dieses Andenken ist? Der goldene Lotus ist das Symbol der Göktürks und das heilige Emblem des Zoroastrismus[69]. Solange er diesen Ring trug, konnte Hulugu alle Kampfkünstler in Persien, Tuyuhun, Khotan und Tangut herbeirufen und sich ihre Unterstützung für das Khaganat sichern. Damals gab es die Nördliche Zhou noch nicht, und die Östliche und Westliche Wei bekriegten sich unaufhörlich. Sie hätten einer großen Invasion aus dem Norden nichts ent-

69 Die Religion des Zoroastrismus, gegründet von dem Propheten Zarathustra, basiert auf alten indoiranischen Überlieferungen. Mehr dazu findet sich im Anhang.

gegensetzen können. Die Göktürks hätten die Zentralen Ebenen geplündert. Ich habe das Andenken genommen, damit Hulugu sich nicht als wahrer Nachfolger des Zoroastrismus präsentieren und zahlreiche Meister jenseits der Großen Mauer herbeirufen kann. Dadurch haben die Göktürks quasi ein Bein verloren. Sag mir, war das, was ich getan habe, falsch?«

Die beiden Brüder hätten nie erwartet, dass ihre Mutter eine solche Vergangenheit hatte. Sie waren wie gelähmt.

Madame Qin wandte sich Duan Wenyang zu und sagte: »Dieser Ring gehört in der Tat Hulugu, und ich bin auch diejenige, die ihn mitgenommen hat. Aber das ist lange her. Hulugu hat ihn vorher auch nicht gewollt, warum schickt er dich jetzt, mehr als dreißig Jahre später?«

Duan Wenyang war gelassen. »Es war der letzte Wunsch meines Meisters vor seinem Tod. Als sein Schüler ist es meine Pflicht, diesen Wunsch für ihn zu erfüllen.«

Madame Qin zuckte zusammen, aber sie schien nicht überrascht und schwieg, bevor sie sagte: »Ach so, deshalb. Deshalb also.«

»Da Madame Qin es zugegeben hat, sollte die Sache einfach zu lösen sein. Könntet Ihr mir den Ring aushändigen, sodass ich den Letzten Willen meines Meisters umsetzen kann?«

Nachdem er gesprochen hatte, schien er sich an etwas zu erinnern. Er sah sich um, dann landete sein Blick auf Shen Qiao, als hätte er ihn just in diesem Moment bemerkt.

»Was für ein Zufall! Schulleiter Shen Qiao ist ja auch da. Wenn das so ist, darf ich Euch bitten, unser Zeuge zu sein?«

Fortsetzung folgt in
»Thousand Autumns Buch 2:
Alte Feinde«

GLOSSAR

Genre

Danmei (耽美), wörtlich »Schwelgen in Schönheit«: ein chinesisches fiktionales Genre, dessen Fokus Liebesgeschichten zwischen Männern sind. Es ist eher ein Plotelement als ein Setting. Viele Danmei-Bücher spielen in Wuxia- oder Xianxia-, andere eher in Sci-Fi-, Fantasy- oder Horror-Settings.

Wuxia (武侠), wörtlich »kriegerische Helden«: eines der ältesten literarischen Genres Chinas, in dem edle Helden, die Ungerechtigkeit und das Böse bekämpfen, im Fokus stehen. Die Hauptfiguren sind oft Kampfkünstler, Mönche oder Einzelgänger, die außerhalb der Gesellschaft leben. Diese sozialen Außenseiter lösen Kämpfe unter sich anhand ihres eigenen Moralkodex. Die Figuren im Wuxia beschäftigen sich meist mit menschlichen Angelegenheiten wie politischen Unruhen oder ihrem persönlichen Gerechtigkeitsverständnis. Das ursprüngliche Wuxia hat kaum magische oder übernatürliche Elemente.

NAMEN, ANREDEN & TITEL

A-: eine freundliche Anrede, immer Präfix; meist bei einsilbigen oder zweisilbigen Namen.
Da-: ein Präfix, bedeutet »ältester«.

-er: ein Wort für Sohn oder Kind; als Suffix drückt es Zuneigung aus.
Xiao-: Als Präfix bedeutet es »klein« oder »jüngste/-r«; vor einem Namen drückt es Zuneigung aus.

Shizun: Lehrer*in oder Meister*in, genderneutral, wörtlich »ehrenwerte*r Meister*in«: eine respektvolle Anrede für den/die (Lehr-)Meister*in der eigenen Schule oder des eigenen Clans.

Shixiong (师兄), wörtlich »älterer Lehrbruder«: wird genutzt, um einen älteren männlichen Kollegen derselben Schule oder desselben Meisters oder derselben Meisterin respektvoll anzureden. Das Suffix -xiong kann auch dann für Nichtclanbrüder verwendet werden, um auf höfliche Weise einen Mann gleichen Ranges zu adressieren.

Shidi (师弟), wörtlich »kleiner Lehrbruder«: wird verwendet, um einen jüngeren männlichen Kollegen aus derselben Schule oder unter demselben Meister oder derselben Meisterin anzusprechen. Das Suffix -di kann auch für die freundliche Anrede von Nichtclanbrüdern verwendet werden. In einer lockeren Variante wird das Suffix -laodi verwendet.

Shimei (师妹), wörtlich »kleine Lehrschwester«: wird für eine jüngere weibliche Kollegin aus derselben Schule oder unter demselben Meister oder derselben Meisterin verwendet.

Shizhi (师侄), genderneutral, wörtlich »kleiner Lehrneffe/Lehrnichte«: verwendet für Schüler der Lehrgeschwister.

Qianbei (前輩): ein respektvoller Titel oder ein Suffix für eine ältere Person oder jemanden mit mehr Erfahrung in derselben Disziplin. Wird nicht bei Blutsverwandten benutzt.

Gongzi: eine höfliche Anrede für junge Männer, ursprünglich nur aus demselben Haushalt. Auch wenn es angemessen für formale Anlässe ist, wird es eher verwendet, wenn der Angesprochene dem Sprechenden höhergestellt ist.

Lang: eine übliche Anrede für Männer. Kann als Suffix für den Ehemann oder Liebhaber einer Frau verwendet werden, aber auch um andere Figuren höflich entsprechend ihrem Rang anzusprechen.
»Dalang«, »Erlang« und »Sanlang« bedeuten so ältester, zweiter und dritter Sohn. »Langjun« ist eine höfliche Anrede für alle Männer, ähnlich wie Gentleman.

Niangzi: eine höfliche Anrede für junge Frauen.

Xiansheng: eine höfliche Anrede für Männer. Einst nur für Männer, die sehr angesehen waren oder einen großen Beitrag für die Gesellschaft geleistet haben. Wird manchmal als Äquivalent zum Deutschen »Herr« gesehen.

Xiongzhang: eine sehr höfliche Anrede für einen älteren Mann, der dem Sprechenden nahesteht. Bedeutet so viel wie »geschätzter großer Bruder«.

FIGUREN UND FRAKTIONEN

Manche der Figurenbeschreibungen könnten Spoiler enthalten, bitte beachte das, falls du das Buch gerade erst begonnen hast.

Einige Figuren aus *Thousand Autumns* sind an reale Personen angelehnt oder haben ihren Namen von ihnen erhalten. Natürlich sind für die Dramaturgie des Buches einige Aspekte über diese Menschen geändert worden.

HAUPTFIGUREN

Shen Qiao (沈峤)

Titel: Anführer des Violetten Palasts vom Xuandu-Berg

Fiktional

Shen Qiao schien alles zu haben: Talent, einen großartigen Lehrmeister, eine liebende Familie. Er war der Nachfolger von Qi Fengge, Anführer der wichtigsten Daoisten-Schulen des Landes. Sein Herz schlug für die Lehren des Daoismus. Aber bei einem Duell auf dem Banbu-Gipfel änderte sich alles.

Das Zeichen 峤 (Qiao) in seinem Namen ist selten und bedeutet so viel wie »steiler Berg«. Der Name wurde inspiriert durch die Zeile eines Gedichts aus dem *Shijing* (ein Buch mit Liedern und Gedichten, das als eines der fünf Klassiker des Konfuzianismus gilt) in Gedenken an den König Wu von Zhou. In dem Vers geht es darum, wie der König nach einem Sieg durchs Land reist und den Göttern der Flüsse und der höchsten Berge Opfergaben darbringt.

Yan Wushi (晏无师)
Titel: Anführer der Huanyue-Schule, Junior-Unterweiser des Kronprinzen von Zhou
Fiktional
Der egoistische und launische Anführer der Huanyue-Schule. Ein Furcht einflößender Kampfkünstler, der sich mit Qi Fengge messen konnte. Er ist gerissen, ambitioniert und ein ziemlicher Misanthrop. In Yan Wushis Augen gibt es keine guten Menschen, sondern nur Blender. Jeder, der anders denkt, ist für ihn ein Lügner oder ein Narr.

Yan Wushis Name bedeutet übersetzt so viel wie »zufrieden ohne einen Meister«.

SCHULEN UND DYNASTIEN

XUANDU-BERG (玄都山)

Die führende Daoisten-Schule der Welt befindet sich an den Grenzen der Nördlichen Qi, der Südlichen Chen und der Nördlichen Zhou. Der Anführer Qi Fengge hat für ihren legendären Ruf gesorgt, aber er entschied sich trotz seines Ruhms und Einflusses dafür, den Xuandu-Berg vom Rest der Welt abzuschneiden. Er schloss die Tore und hielt sich aus allen weltlichen Angelegenheiten heraus. Nach seinem Tod ging sein Titel an seinen Schüler Shen Qiao, der dem Wunsch seines Shizun nach Isolation ebenfalls nachkam.

Offiziell ist der Xuandu-Berg ein Ort – die eigentliche Schule wohnt im Violetten Palast von Xuandu (玄都紫府). Xuandu bedeutet so viel wie »schwarze Stadt« und bezieht sich auf

Orte aus der daoistischen Mythologie um den Gott Taishang Laojun. Der Anführer des Violetten Palasts wird als Zhangjiao (掌教) bezeichnet. Yan Wushi, der ebenfalls ein Schulleiter ist, wird im Chinesischen beispielsweise als Zhongzhu (宗主) angesprochen.

Qi Fengge (祁凤阁)
Titel: Schulleiter des Violetten Palasts vom Xuandu-Berg, bester Kampfkünstler der Welt
Fiktional
Der beste Kampfkünstler im Land und Shen Qiaos Meister. Auch nach seinem Tod wird Qi Fengge von vielen bewundert. Zwanzig Jahre zuvor besiegte er Hulugu von den Göktürks und zwang ihn, sich für zwanzig Jahre aus den Zentralen Ebenen fernzuhalten. Er hatte insgesamt fünf Schüler: Tan Yuanchun, Shen Qiao, Yu Ai, einen namenlosen vierten Schüler und Gu Hengbo.

Yu Ai (郁蔼)
Titel: Vertretender Schulleiter des Violetten Palasts vom Xuandu-Berg
Fiktional
Einer von Qi Fengges Schülern und Shen Qiaos Shidi, obwohl er zwanzig Jahre älter ist. Obwohl er Shen Qiao am nächsten stand, zögerte er nach Shen Qiaos Duell nicht, die Führung des Xuandu-Bergs zu übernehmen. Er begann auch direkt mit radikalen Reformen.

HUANYUE-SCHULE (浣月宗)

Eine der drei dämonischen Schulen, gegründet und geleitet von Yan Wushi nach dem Zusammenbruch der Riyue-Schule. Obwohl sie einflussreich und wohlhabend sind, halten sie sich bedeckt. Sie unterstützen Yuwen Yongs Herrschaft in Zhou. Ihr Ziel ist es, die dämonischen Schulen unter sich zu vereinen.

Yu Shengyan (玉生烟)

Fiktional

Yan Wushis neuester Schüler. Ein talentierter, aber naiver Mann, der voller Überzeugung an Yan Wushis Philosophie glaubt.

Bian Yanmei (边沿梅)

Fiktional

Yan Wushis erster Schüler und Yu Shengyans Shixiong. Er ist so gerissen wie sein Meister und kümmerte sich während Yan Wushis Seklusion sowohl um die Logistik der Huanyue-Schule als auch um die Pflichten am Hof von Zhou.

HEHUAN-SCHULE (合欢宗)

Eine der drei dämonischen Schulen, die nach dem Zusammenbruch der Riyue-Schule entstand. Die Hehuan-Schule hat sich auf Verführung und parasitäre Kultivierung spezialisiert, bei der Praktizierende das Qi ihrer Sexpartner absorbieren. Die Hehuan-Schule wurde von Yuan Xiuxiu gegründet und geführt, aber ihr Liebhaber Sang Jingxing verfügt ebenfalls über große Macht. Sie sind vor allem im Land Qi sehr einflussreich.

Bai Rong (白茸)

Fiktional

Eine der berühmtesten Schülerinnen der Hehuan-Schule unter Sang Jingxing. Sie ist charmant und hinterhältig. Nach einem bestimmten Ereignis fängt sie an, sich für Shen Qiao zu interessieren.

Huo Xijing (霍西京)

Fiktional

Bai Rongs Shixiong und Sang Jingxings Lieblingsschüler. Er hat einen verstörenden Fetisch für schöne Gesichter. Er ist für seine grausame Häutungstechnik berüchtigt, bei der er die Gesichter seiner Opfer als seine eigenen trägt.

Yuan Xiuxiu (元秀秀)

Titel: Anführerin der Hehuan-Schule

Fiktional

Die Anführerin der Hehuan-Schule. Man munkelt, sie habe ihre Position durch ihre Beziehung mit Sang Jingxing bekommen. Während Yan Wushis Seklusion hat sie mehrmals versucht, die Huanyue-Schule zu erobern.

RIYUE-SCHULE (日月宗)

Der Ursprung der »noblen Disziplin« (von Außenstehenden dämonische Disziplin genannt). Sie befand sich einst in der Fenglin-Provinz und zerbrach in drei Teile: die Huanyue-, Hehuan- und Fajing-Schule. Ihr letzter Anführer war Sang Jingxings Meister Cui Youwang. Yan Wushi begab sich nach seiner Niederlage gegen Cui Youwang in Seklusion. Cui Youwang verstarb jedoch später.

LIUHE-GILDE (六合帮)

Eine der größten Kampfkunstorganisationen in den Zentralen Ebenen, die sich nördlich und südlich des Yangtse-Flusses erstrecken. Sie wird von Dou Yanshan und seiner Stellvertreterin Yun Fuyi geführt. Sie erledigen alle möglichen Aufträge von Eskorten bis zu Spionage.

Yun Fuyi (云拂衣)

Titel: Vizechefin der Liuhe-Gilde

Fiktional

Die Nummer zwei der Führungsebene der Liuhe-Gilde und eine begabte Kampfkünstlerin. Ihr Name kommt von dem Gedicht: ›Von den Wolken tropft der Frühlingsregen auf die Kleider, aber hinterlässt keine Spuren‹.

LINCHUAN-AKADEMIE (临川学宫)

Die führende konfuzianische Schule und die stützende Kraft hinter dem Kaiser von Chen. Ihr Anführer ist Ruyan Kehui, Leiter der Akademie und einer der besten zehn Kampfkünstler der Welt.

Xie Xiang (谢湘)

Fiktional

Ruyan Kehuis Lieblingsschüler, der als Botschafter nach Zhou geschickt wird. Er ist arrogant und einfühlsam zugleich und glaubt fest an die Chen-Dynastie.

Zhan Ziqian (展子虔)

Basiert auf einer historischen Vorlage

Xie Xiangs Shixiong, der ihn nach Zhou begleitet.

QI-DYNASTIE (齐朝)

Auch bekannt als Nördliche Qi verfügt die Dynastie über die Ländereien nördlich des Yangtse-Flusses. Sie wurde von Gao Huan gegründet und war kriegerisch und stark, aber seine Nachfolger – allen voran der inkompetente Gao Wei – haben dafür gesorgt, dass die Dynastie langsam den Bach runtergeht. Die Hauptstadt Yecheng liegt südlich der heutigen Stadt Hebei.

Murong Qin (慕容沁)

Titel: Murong-Patriarch

Fiktional

Angeblich der beste Kampfkünstler des kaiserlichen Hofs von Qi. Er ist der Anführer des Murong-Clans und behauptet, ein Nachfahre der königlichen Murong-Familie zu sein, die während der Zeit der Sechzehn Reiche existierte.

Mu Tipo (穆提婆)

Titel: Prinzkommandant von Chenyang

Basiert auf einer historischen Vorlage

Einer der drei Adligen von Qi neben Gao Anagong und Han Feng. Er ist ein lüsterner, sadistischer und korrupter Mann, aber auch einer der mächtigsten Männer von Qi. Er hält nichts vom gemeinen Volk und macht sich ein Spiel daraus, sie zu jagen oder zu foltern.

ZHOU-DYNASTIE (周朝)

Bekannt als die Nördliche Zhou umfasst dieses Land die Regionen nordwestlich des Yangtse-Flusses. Die Hauptstadt Chang'an ist heute bekannt als Xi'an. Yuwen Tai gründete dieses Land. Sein Neffe Yuwen Hu hatte lange Zeit die Fäden in der Hand und orchestrierte Yuwen Tais Söhne auf dem Thron. Der dritte Sohn, Yuwen Yong, gaukelte ihm jahrelang Gehorsam vor, bis er ihn schließlich in einem Hinterhalt ermordete und sich seine rechtmäßige Macht zurückeroberte.

Die Huanyue-Schule unterstützt Yuwen Yong.

Xueting (雪庭)
Titel: Ehemaliger staatlicher Unterweiser von Zhou
Fiktional
Einer der besten zehn Kampfkünstler der Welt und ein ehemaliges Mitglied der buddhistischen Tiantai-Schule. Unter Yuwen Yu, der den Buddhismus hoch schätzte, war er ein angesehener Beamter. Nun, da Yuwen Yong, ein Anti-Buddhist, an der Macht ist, ist Xuetings Lage etwas angespannt.

Puliuru Jian (普六茹坚)
Basiert auf einer historischen Vorlage
Ein gebildeter, hoher Beamter von Zhou, den Shen Qiao auf dem Geburtstagsbankett von Madame Qin trifft.

Su Wei (苏威)
Titel: Herzog des Bezirks Meiyang
Basiert auf einer historischen Vorlage
Als Patriarch der Su-Familie kommt er aus einer langen Reihe von Gelehrten und ist selbst sehr talentiert. Seine Mutter ist Madame Qin, und sein kleiner Bruder ist Su Qiao.

Madame Qin (秦老夫人)
Titel: Su-Matriarchin
Fiktional
Die Matriarchin der bekannten Su-Familie aus Zhou. Sie ist die Mutter von Su Wei und Su Qiao. Auf ihrem Geburtstagsbankett kommen schockierende Geheimnisse ans Licht.

CHEN-DYNASTIE (陈朝)
Das Land südlich des Yangtse-Flusses wurde von Chen Baxian gegründet und wird auch Südliche Chen genannt. Im Gegensatz zu Qi und Zhou, wo die Oberschicht vor allem xianbeischer Abstammung sind, ist die Chen-Dynastie von Han dominiert. Die Hauptstadt ist Jiankang (das heutige Nanjing) und wird von Chen Xu regiert.

GÖKTÜRK-KHAGANAT (突厥)
Ein mächtiges türkisches Kaiserreich nördlich der Großen Mauer, angeführt von Taspar Khagan. Ihre Leute haben seit Jahren Streit mit den Nationen der Zentralen Ebenen.

Hulugu (狐鹿估)
Fiktional
Einer der stärkste Kampfkünstler des Göktürk-Khaganats, wurde er vor zwanzig Jahren von Qi Fengge besiegt und schwor, für zwanzig Jahre nicht in die Zentralen Ebenen zurückzukehren.

Kunye (昆邪)
Titel: Linker weiser König
Fiktional
Hulugus Schüler und angeblich der beste Kampfkünstler der neuen Generation der Göktürks. Die Geschichte beginnt mit seinem Sieg über Shen Qiao auf dem Banbu-Gipfel.

Duan Wenyang (段文鸯)
Fiktional
Obwohl er angeblich ein Botschafter für die Kaiserin Ashina von Zhou ist, wird schnell klar, dass er in der Nördlichen Zhou auf der Suche nach etwas ist. Die Spur führt ihn zu Madame Qins Geburtstagsbankett.

ANDERE FIGUREN

Tao Hongjing (陶弘景)
Basiert auf einer historischen Vorlage
Der legendäre Autor der Zhuyang-Strategien. Vor seinem Tod war er als Genie und einziger Großmeister der Kampfkünste bekannt, dem es gelang, die Lehren aller drei Schulen zu vereinen.

Chen Gong (陈恭)
Fiktional
Ein obdachloser junger Mann, den Shen Qiao im Bezirk Funing trifft. Er ist misstrauisch und schroff, hofft aber auf ein besseres Leben.

HILFE ZUR AUSSPRACHE

Mandarin ist die offizielle Amtssprache auf dem Festland von China, das romanisierte Schriftsystem nennt sich Pinyin. Da Mandarin eine tonale Sprache ist, nutzt Pinyin Aussprachezeichen (z.B. ā, á, ǎ, à) um die Betonung wiederzugeben. Die meisten Wörter benutzen eine dieser vier Tonalitäten, manche haben jedoch eine neutrale Betonung. Außerdem gibt es regionale Besonderheiten und Dialekte. Im Nachfolgenden haben wir für diesen Band versucht, die Aussprachehilfe so barrierefrei wie möglich zu gestalten.

Hinweis zur Schreibweise: In lateinische Buchstaben übertragene Wörter aus dem Mandarin mögen teilweise gleich geschrieben und ausgesprochen werden und haben dennoch verschiedene Bedeutungen. Diese Wörter lassen sich im Chinesischen anhand der Schriftzeichen oder des Kontextes unterscheiden.

Bai Rong
Bai wie in »Bye«.
Rong ähnlich wie »**Lon**don« mit einem weichen R vorne.

Chen Gong
Chen wie »Tschön«, aber eher wie ein Öh mit einem nasalen N wie im Wort »Nein«.
Gong wie im Wort »Gong«.

Chunyang
Chun das Ch wie das Tsch im Wort »Autsch«, wobei das Un wie im Wort »Schund« ausgesprochen wird.
Yang wie bei »Yin und Yang«.

Hehuan
He wie ein Ch, wobei das E eher einem »Urgh« ähnelt.
Huan wie der spanische Name »Juan«.

Huanye
Huan wie der spanische Name »Juan«.
Ye wie im Wort »yeah«, aber ohne den Ah-Laut.

Kunye
Kun wie in dem Wort »Kunz«.
Ye wie im Wort »yeah«, aber ohne den Ah-Laut.

Linchuan
Lin wie im Wort »linear«.
Chuan: ch wie das Tsch im Wort »autsch«, wobei das Uan dann schnell ausgesprochen wird, wie im Wort »Ruanda«.

Liuhe
Liu wie Liyo, aber schneller ausgesprochen, wie der Name »Leo«, das U wird wie ein geschlossenes O ausgesprochen, wie im Wort »Brot«.
He wie ein Ch, wobei das E eher einem »Urgh« ähnelt.

Qi Fengge
Qi wie in Tai-**Chi.**
Feng ähnlich wie »Farn«, aber eher wie ein Ö mit einem nasalen Ng wie im Wort »Song«.
Ge wie der tonlose Buchstabe G.

Qian Qiu

Qian ungefähr wie »tschi-än«, aber als eine Silbe gesprochen.
Qiu wie ein kurzes, knappes »Tschio«.

Shen Qiao

Shen wie gie**ßen.**
Das E bei Shen Qiao gleicht dabei aber eher einem nachdenklichen, kurzen »Öh«.
Qiao wie »Tschau«. Das I wird mitgesprochen.

Tiantai

Tian wie »Tiän«.
Tai wie im Wort »Tai-Chi« oder »Taiwan«.

Xuandu-Berg

X wie ein scharfes Sch.
Uan wie »uän«, wie in dem Wort »Hyäne«.
Du wie das deutsche »Du«.

Yan Wushi

Yan wie »Yän«.
Wu wie »muh«, das W ist hier jedoch eher stimmlos.
Shi eher wie »schh«.
Das I wird hierbei nicht wie »Igel« betont, sondern eher tonlos wie eine Mischung aus e und u.

Yu Ai

Yu wie der Buchstabe Ü.
Ai wie das deutsche »Ei«.

Yu Shengyan
Yu wie der Buchstabe Ü-
Sheng wie »Schöng«, aber eher wie ein Öh mit einem nasalen Ng wie im Wort »Song«.
Yan wie »Yän«.

VOKALE

Die Aussprache der Vokale hängt stark vom vorangestellten Konsonanten ab.

Das I in »Shi« unterscheidet sich von dem I in »Di«. Das erste ist mehr eine gesummte Weiterführung des Konsonanten und das zweite ein wirklich kräftiges I. Zusammengesetzte Vokale werden oft als verbundener Konsonant ausgesprochen, aber nicht immer, deshalb sind hier ein paar der kniffligeren Beispiele aufgeführt:
Iu wie in **Jo**-Jo.
Ie wie in **Ye**s.
Uo wie in **Oh**r.

EINFÜHRUNG IN DIE GESCHICHTE

HISTORISCHE PERIODE

Man kann das Buch zwar auch verstehen, ohne diesen Abschnitt zu lesen, aber wer sich für die politischen, geschichtlichen und philosophischen Hintergründe interessiert, ist hier genau richtig. Das Ziel ist es, ein Anknüpfungspunkt zur Kultur und Geschichte dieses Buches zu sein.

Die Han
Als die Han oder das Han-Volk wird eine Bevölkerungsgruppe in China bezeichnet, die auch heute einen Großteil der Gesamtbevölkerung ausmacht. Der Name leitet sich vom Han-Kaiserreich ab, das von 206 v. Chr. bis 220 n. Chr. existierte. In dieser Zeit wurden »Nicht-Han«, also andere Bevölkerungsgruppen und Minderheiten, oft auch **Hu** genannt.

Die Jin-Dynastie
Im Jahr 266 n. Chr. wurden die Zentralen Ebenen nach jahrelangen Kämpfen (bekannt als die **Zeit der Drei Reiche**) von Sima Yan vereint. Die **Jin-Dynastie,** auch bekannt als **Westliche Jin-Dynastie,** war geboren. Aber im Jahr 290 n. Chr. verstarb Sima Yan. Sein Sohn war nicht fähig, ihn auf dem Thron zu beerben. Viele Mitglieder des Hofes erhoben Anspruch auf den Thron, allen voran acht Mitglieder der königlichen Familie, sodass der Konflikt **Krieg der Acht Prinzen** genannt wurde.

Der Aufstieg der Fünf Barbaren und die Zeit der Sechzehn Reiche

Über fünfzehn Jahre lang beutelten die Konflikte und Bürgerkriege die Jin-Dynastie. Die meisten Prinzen nutzten überwiegend Nicht-Han-Völker aus, um ihre Kämpfe zu führen, vor allem nicht aus China stammende Nomadenvölker, wie Xiongnu und **Xianbei.** Die Han haben sie mit anderen ausländischen Ethnien wie den Jie, Di und Qiang in einen Topf geworfen und sie kollektiv als **Hu** bezeichnet, was manchmal mit »Barbaren« übersetzt wird.

Doch die Kontrolle der Jin-Dynastie über die Stämme der Minderheiten geriet durch innere Unruhen und Rebellionen ins Wanken und führte 304 n. Chr. zum **Aufstieg der Fünf Barbaren.**

Auch wenn zu Beginn nur die Hu rebellierten, führten die Unruhen bald zu einem vollständigen Kollaps der Jin-Dynastie. Die oberen Schichten der Han flohen ins Gebiet südlich des Yangtse-Flusses. Diese **Massenmigration der Jin Richtung Süden** wird auch in *Thousand Autumns* erwähnt. Als die alte Hauptstadt Chang'an fiel, errichtete der neue Kaiser den Sitz der Regierung in Jiankang, so entstand die **Östliche Jin-Dynastie.** Zur selben Zeit errichteten die Di, Qiang, Jie und Xiongnu nördlich des Yangtse-Flusses ihre eigenen Dynastien und somit eine neue Zeit großen Umbruchs, bekannt als **Zeit der Sechzehn Reiche.**

Kriege innerhalb und mit der Östlichen Jin führten dazu, dass sich Königreiche bildeten und wenig später wieder zusammenbrachen. Dieser Konflikt endete schließlich, als die **Nördliche Wei-Dynastie** die anderen nördlichen Königreiche im Jahr 439 n. Chr. eroberte und die nördlichen Ländereien vereinte. Im Süden hingegen ergriff Liu Yu den Thron der Östlichen Jin-Dynastie und rief die **Liu-Song-Dynastie** aus. Damit beginnt die Zeit der **Nördlichen und Südlichen Dynastien,** in der *Thousand Autumns* spielt.

Nördliche und Südliche Dynastien

Die Nördliche Wei existierte von 385 bis 535 n. Chr. 471 n. Chr. gelangte Tuoba Hong an die Macht und verfestigte die Dominanz des Buddhismus und der Han-Kultur. Er ging sogar so weit, die Xianbei-Kleidung am Hof zu verbieten und deren Adligen Familiennamen mit nur einem Schriftzeichen zuzuordnen (Tuoba Hong selbst änderte seinen Familiennamen zu Yuan).

Südlich des Yangtse änderte sich die Regierung öfter – von Liu Song zur **Südlichen Qi** zu **Liang,** bevor die **Chen-Dynastie** im Jahr 557 n. Chr. gegründet wurde, die während *Thousand Autumns* an der Macht ist.

Im Norden tat sich unterdessen eine Kluft zwischen der Han-Kultur der Oberschicht und den Armeen auf, die weiterhin dem traditionellen Nomadentum zugetan waren. Vereinzelte Rebellionen eskalierten schließlich zu einer großen Revolte, die das Königreich im Jahr 535 n. Chr. in zwei Hälften aufteilte: die **Westliche Wei** unter der Führung von Yuwen Tai und die **Östliche Wei** unter Gao Huan. Innerhalb einer Generation entledigten sie sich der alten Führung und wurden zu den Dynastien **Nördliche Zhou** und **Nördliche Qi.** Nördlich bezieht sich hierbei auf die Position zum Yangtse-Fluss, Zhou liegt westlich und Qi östlich.

In der Zhou-Dynastie waren die Han-Adligen an der

Macht, während in der Qi-Dynastie die traditionellen Stämme die Macht ergriffen.

Qis militärische Übermacht über Zhou und Chen schrumpfte jedoch aufgrund von Korruption und inkompetenten Führern, vor allem dem Enkel des Kaisers **Gao Wei.**

Nach einer turbulenten politischen Regierungszeit in Zhou ergriff **Yuwen Yong** im Jahr 572 n. Chr. die Macht und stärkte vor allem die Verwaltung und das Militär.

Im Jahr 575 n. Chr., als *Thousand Autumns* beginnt, braut sich bereits ein neuer Sturm zusammen.

Die drei philosophischen Schulen

In diesem Kapitel soll es darum gehen, ein paar Grundlagen der philosophischen Schulen zu vermitteln. Dadurch, dass all diese Schulen schon so lange koexistieren, haben sie sich natürlich gegenseitig beeinflusst. Ihre Ideale haben Wurzeln in der chinesischen Kultur geschlagen, auch unter Nichtpraktizierenden.

Daoismus

Der Daoismus beschäftigt sich mit dem Konzept des **Dao,** »Wege«: die Pfade, denen Dinge folgen, wenn sie sich verändern. Auch wenn es viele Dao gibt, denen ein Mensch folgen kann, gibt es ein ursprüngliches »großes Dao« (大道), die Quelle des Universums und den Ursprung aller Dinge – den Raum des unerschöpflichen Potenzials. Der Pfad, dem alle Dinge im Universum folgen, ist das »himmlische Dao« (天道), die natürliche Ordnung.

Nach den daoistischen Prinzipien entfernt sich die Menschheit durch Zwanghaftigkeit und List vom ursprünglichen Dao und stagniert. Vor allem die strengen, durch die Gesellschaft geprägten Rollen werden als unnatürlich gesehen. Damit die Menschen sich entwickeln können, müssen sie in sich kehren und sich von diesen Normen lösen, um zum ursprünglichen Dao zurückzukehren. Das beschreibt man manchmal als »Einheit von Mensch und Natur« (天人合一). Die Methode des Lösens wird **wuwei** (无为) genannt und manchmal als Nichteingreifen übersetzt.

Darauf aufbauend gibt es im Daoismus die Konzepte **Xiantian** (先天, »Früher Himmel«) und **Houtian** (后天, »Später Himmel«).

Vor der Geburt befindet man sich im Xiantian-Zustand und näher am ursprünglichen Dao, er gilt als reiner und erhabener als der Houtian-Zustand, den man erlangt, sobald man geboren wird. Durch die Geburt erhält man einen **bewussten Verstand,** man denkt, nimmt wahr, und das trübt den ursprünglichen Geist. Dadurch entstehen die Quellen des Leids: Wut, Sorge, Zweifel, Begehren und Müdigkeit.

Das Ziel des Lösens, des *wuwei,* ist es, diese Veränderungen rückgängig zu machen und sich dem Xiantian wieder anzunähern. Im Konflikt mit der Natur entfernt man sich von ihr, und die Gesellschaft greift in die natürliche Ordnung ein. Sich von all dem zu lösen bedeutet, die sozialen Normen und Konventionen abzulegen und sich auch von der mundanen Welt zu distanzieren, weshalb Asketismus und Seklusion übliche Praktiken sind. Sich selbst von allen Emotionen und Künstlichem zu befreien ist der einzige Weg, sich mit der Natur zu vereinen und das Leben und den Tod zu übertreffen.

Wenn man sich die Politik anschaut, wurde der Daoismus

oft als Rechtfertigung für kleinere *Laissez-faire*-Regierungen (also lockere Regierungen) genutzt mit wenigen Steuern und weniger Gesetzen. Tatsächlich ist eine andere Übersetzung für *wuwei laissez-faire.* Die antiautoritäre Haltung des Daoismus blieb den Anhängern des Daoismus und den anderen jedoch nicht verborgen, weshalb es schwierig für den Daoismus war, Fuß in der Politik zu fassen, obwohl er über viele Kulturen hinweg verbreitet ist.

Buddhismus

Der von Gautama Buddha in Indien geschaffene Buddhismus schaffte es erst während der Han-Dynastie nach China, also lange nach dem Konfuzianismus und dem Daoismus. Trotz anfänglicher Ablehnung haben die Parallelen zum Daoismus dieser Schule bei der Verbreitung geholfen, aber auch zu einer Verfälschung der Prinzipien geführt.

Wichtige Konzepte des Buddhismus sind **Reinkarnation, Karma** und **Maya** – die Illusion der Existenz. Die Bindung zu Maya hält Organismen im Zyklus der Reinkarnation, ihr Karma entscheidet über die künftigen Wiedergeburten. Buddha geht davon aus, dass dieser Zyklus die Wurzel allen Leidens ist und der einzige Ausweg die Erleuchtung bzw. das **Nirwana** sind. Um Erleuchtung zu erlangen, muss man vollkommen akzeptieren, dass alle Dinge, die existieren, unecht sind. Daraus folgt, dass alle Emotionen, Bindungen oder Gedanken, die jemand mit der Welt verbindet, ebenso unecht sind. Diese Philosophie weitet diese Einstellung sogar bis aufs Karma aus – der ideale Buddhist vollbringt gute Taten, ohne Erwartung auf eine Belohnung, materiell oder nicht.

Trotz all dieser selbstlosen Ideale haben viele buddhistische

Tempel durch Spenden, Anbetung und Opfergaben Land, Autorität und Reichtum angehäuft. Viele Leute erhofften sich davon eine bessere Position bei ihrer Wiedergeburt. Außerdem verließen viele Männer ihr Zuhause, um buddhistische Mönche zu werden. Das sorgte auch dafür, dass die Beziehung des Buddhismus zu Königen und Regierungen eher verzwickter Natur war.

Konfuzianismus

Im Gegensatz zu Buddhismus und Daoismus fokussiert sich der Konfuzianismus auf das moralische Wachstum von Individuen als die Basis für eine ideale Gesellschaft.

Konfuzius, der Begründer der Schule, stellte sich ein rigides hierarchisches System vor, in dem die niederen Ränge die moralische Pflicht haben, den höheren Schichten zu dienen, die sogenannte kindliche Pietät. Die höheren Ränge haben gleichzeitig die moralische Verantwortung, sich um ihre Untergebenen zu kümmern. Dieser soziale Vertrag wird für ein harmonisches Leben auf alle Einheiten von Familien bis zur Nation angewandt. Der Kaiser ist Vater seines Volkes, und es muss ihm absoluten Gehorsam zeigen. Um eine Gesellschaft zu bilden, definierte Konfuzius **Fünf Tugenden** (五常):

Menschlichkeit (仁), **Rechtschaffenheit** (义), **Anstand** (礼), **Weisheit** (智) und **Integrität** (信).

Paragone, die all diese fünf Tugenden aufweisen, werden **Junzi** (君子) genannt, manchmal mit »Edelmann« übersetzt. Das direkte Gegenteil nennt man **Xiaoren** (小人), übersetzt als »Schurke« oder »niederträchtiger Mensch«.

Der Mainstream-Konfuzianismus glaubt im Verlauf der Geschichte zumeist an das Gute im Menschen, und dass jeder sich durch Bildung und das Lernen von höheren Schichten verbessern kann. Hierzu muss der ideale Anführer auch ein *Edelmann* sein, als Vorbild regieren und die Gesellschaft inspirieren. Deshalb erwartet der Konfuzianismus auch von offiziellen Ämtern, virtuose Elternfiguren zu sein, die einem höheren moralischen Standard gerecht werden müssen als gewöhnliche Bürger.

Aufgrund der Wichtigkeit der sozialen Ordnung war der Konfuzianismus in der Politik sehr einflussreich und beliebter als die anderen Schulen. Der soziale Vertrag war teilweise so absolut, dass selbst die Übernahme einer Dynastie so ausgeführt werden musste, um ihn nicht zu brechen. Thronräuber riskierten sonst die Verachtung des Volkes. Eine bekannte Umsetzung war, dass der alte Kaiser dem neuen Kaiser seine Position mehrmals anbieten sollte. Der neue sollte dreimal ablehnen, bevor er schließlich zustimmte.

Bonus: Legalismus

Der Legalismus war extrem einflussreich, auch wenn er nicht zu den »großen Drei« gehörte und nicht die gleiche Unterstützung erfuhr. Der Grund dafür ist, dass er 2000 Jahre lang als Fundament für die gesamte chinesische Regierungstradition diente, unabhängig von der Dynastie.

Anders als die drei Schulen, die geistige und moralische Ideale verfolgen, ist der Legalismus praktisch und auf Effizienz ausgelegt. Der chinesische Name 法家, »Gesetzesschule«, spiegelt dies wider. Im Kern glaubt der Legalismus daran, dass die menschliche Natur selbstsüchtig und böse ist und Menschen durch Belohnungen und Bestrafungen motiviert werden müssen. Moral ist inkonsequent, der Zweck heiligt die Mittel, und die effektivste Regierung minimiert Korruption, indem sie die Rechte der angestellten Beamten streng einschränkt.

Mit diesen Grundsätzen zerstörte das erste vereinte chinesische Kaiserreich, die Qin-Dynastie, das bestehende feudale System und richtete stattdessen eine zentrale Regierung mit einem Kaiser ein. Nach dem Zusammenbruch der Qin – teilweise begründet darin, dass ein striktes legalistisches Regime zu harsch für die Menschen war – sorgte die nachfolgende Han-Dynastie unter Kaiser Wu von Han für die Unterdrückung des Legalismus. Aber sie behielten die legalistischen Regierungsstrukturen ohne große Änderungen, auch wenn viele Gesetze und Vorschriften durch den Einfluss des Konfuzianismus aufgeweicht wurden. Dieser Trend, den Legalismus mit den philosophischen Schulen zu vermischen (meistens mit dem Konfuzianismus), hielt sich fast ununterbrochen über mehrere Tausend Jahre. Viele Herrscher studierten auch legalistische Texte wie die *Han Feizi*.

ANDERE WICHTIGE KONZEPTE

Daoistische Kultivierung, die Zhuyang-Strategien und die Macht der Fünf

Im echten Leben hat der Gelehrte Tao Hongjing die berühmten drei Bände *Geheimlehre des Aufstiegs zur Wahrheit* (登真隱訣) veröffentlicht. Für *Thousand Autumns* hat Meng Xi Shi ein weiteres Werk dazuerfunden, die Strategie des zinnroten Yang (朱陽策), im Buch als Zhuyang-Strategien übersetzt. Der Name stammt von dem Kloster auf dem Mao-Berg, wo Tao Hongjing sich selbst in Seklusion begeben hat. Die Zhuyang-

Strategien bedienen sich der klassischen Konzepte der daoistischen Kultivierung und verbinden sie mit Ideen der chinesischen Kultur. Sie basieren auf dem Wuqi Chaoyuan (五气朝元), lose übersetzt »Die fünf Qi zu ihrem Ursprung zurückbringen«. Wuqi Chaoyuan ist ein eigenständiger Begriff, der sich auf die innere Alchemie und spirituelle Praktiken im Daoismus bezieht.

Hierbei werden bei der spirituellen Praxis die fünf fundamentalen Energien (die mit den fünf Elementen oder Organen des Körpers verbunden sind) harmonisiert und zum ursprünglichen Qi, also zur ursprünglichen, reinen Lebensenergie zurückgeführt. Ziel dieser Praxis ist es, den Körper und Geist zu reinigen und in Einklang mit dem Dao zu bringen.

Die ersten Sätze der jeweiligen Bände der Zhuyang-Strategien entsprechen den Prinzipien des Wuqi Chaoyuan.

1. Das Herz verbirgt den Verstand; Houtian zeugt den bewussten Verstand, während Xiantian den Anstand erzeugt; einst von Sorgen geleert, ist der Verstand bereit, und aus dem Feuer steigt der blutrote Kaiser des Südens auf und kehrt zurück zum Ursprung.
2. Die Leber verbirgt die Seele; Houtian zeugt die verlorene Seele, während Xiantian die Güte zeugt; einst von Freude geleert, ist die Seele bereit, und aus dem Holz steigt der azurblaue Kaiser des Ostens auf und kehrt zurück zum Ursprung.
3. Das Pankreas verbirgt den Gedanken; Houtian erzeugt die getäuschten Gedanken, während Xiantian Integrität erzeugt; einst von Begehren gelehrt, ist der Gedanke bereit, und aus der Erde steigt der gelbe Kaiser des Zentrums auf und kehrt zurück zum Ursprung.

4. Die Lunge verbirgt die Anima; Houtian zeugt die verdorbene Anima, während Xiantian die Rechtschaffenheit zeugt; einst von Wut befreit, ist die Anima bereit, und aus dem Metall steigt der weiße Kaiser des Westens auf und kehrt zurück zum Ursprung.
5. Die Nieren verbergen die Essenz; Houtian zeugt die Bewölkte Essenz, während Xiantian die Weisheit erzeugt; einst von Stimmung befreit, ist der Wille bereit, und aus dem Wasser steigt der schwarze Kaiser des Nordens auf und kehrt zurück zum Ursprung.

Die traditionelle chinesische Weltanschauung beinhaltet fünf Phasen, fünf Gottheiten aus fünf Regionen, fünf Tugenden, fünf Geister und fünf Hauptorgane. Das Wuqi Chaoyuan verbindet diese Ideen miteinander und schafft eine Doktrin, die erklärt, wie jemand Unsterblichkeit bzw. »Göttlichkeit« erlangen kann.

Wir geben hier einen kurzen Überblick über diese Konzepte, der euch hoffentlich einen noch tieferen Einblick in die Welt von *Thousand Autumns* ermöglicht.

Die Fünf Wandlungsphasen

Das Wuxing (五行) ist einer der Eckpfeiler der daoistischen Philosophie und wird oft mit »die fünf Elemente« übersetzt. Anders als die vier Elemente, die Aristoteles beschrieb, sind die fünf Phasen dynamisch und miteinander verknüpft. Es gibt: Metall (金), Holz (木), Wasser (水), Feuer (火) und Erde (土). Alle Phasen können sich gegenseitig verstärken (生) oder unterdrücken (克). Der Daoismus sagt, dass alle Organismen dieser natürlichen Ordnung unterliegen, sodass die Fünf Wandlungsphasen als Naturgesetze angesehen werden können. Die meisten Dinge, beispielsweise Planeten, Jahreszeiten, Himmelsrichtungen, Organe, Farben und Arten von Qi, werden einer bestimmten Phase zugeordnet (z.B. gelten die Nacht, der Norden und der Winter als dem Element Wasser zugehörig).

Fünf Kaiser

Im Daoismus gibt es das sogenannte Wufang Shangdi (五方上帝) oder auch »Höchster Kaiser der Fünf Regionen«. Das sind die fünf Ausprägungen des wahren Gottes, des Höchsten Kaisers des Himmels (天皇大帝) – oder einfacher des Himmels (天). Sie entsprechen den fünf Wandlungsphasen Metall, Holz, Wasser, Feuer und Erde und haben eine zugehörige Himmelsrichtung und eine Farbe: Schwarz, Weiß, Gelb, Grün und Rot.

Fünf Essenzen, fünf Organe

Das traditionelle Konzept des Geistes teilt auch diesen in fünf Aspekte auf: Verstand (神), Seele (魂), Gedanken (意), Anima (魄) und Wille (志). Die Klassifikation entspricht nicht unbedingt den westlichen Definitionen dieser Begriffe.

Ein anderes Beispiel wäre Anima, die Instinkte, Impulse und Reflexe kontrolliert und sich mit dem Tod auflöst – im Gegensatz zur Seele.

Jeder dieser fünf Aspekte soll in einem wichtigen inneren Organ wohnen: Herz, Leber, Pankreas (inklusive Milz), Lunge und Nieren. Diese korrespondieren mit den fünf Phasen.

Die vier Berufsklassen

Die Shi-Nong-Gong-Shang-(士农工商-)Einteilung der Bürger in Shi (Gelehrte der Oberschicht), Nong (Bauern), Gong (Handwerker) und Shang (Händler) war ein Eckpfeiler der antiken chinesischen sozialen Hierarchie und tief verwurzelt in Konfuzianismus und Legalismus.

Als Entscheidungstreffer galten die Oberschicht als höchste Kraft, gefolgt von den Bauern und Viehzüchtern, die man als Rückhalt der Gesellschaft schätzte. Handelsleute, die als ausbeuterische und kapitalistische Kräfte gesehen wurden, landeten auf dem untersten Platz.

In der Realität formte diese hierarchische Ordnung eher die kulturelle Haltung als die Politik. Auch wenn man auf Handelsleute herabsah, brachte ihnen das Geld mehr Einfluss als den Bauern oder Handwerkern. Das führte zu einer kuriosen Situation: Händler wurden von der Oberschicht gleichermaßen verspottet und gebraucht. In späteren Dynastien kauften sich Händler teilweise Ämter bei Hofe und erschlichen sich so ihren Weg in die Oberschicht und genossen sogar gesetzliche Vorteile. Auch wenn die Oberschicht fest an der Spitze der sozialen Hierarchie saß, veränderte sich die Zusammensetzung dieser Klasse mit der Zeit. Einst adelige Kriegsherren, ähnlich wie westliche Ritter, verloren sie an Einfluss, als die Bürgerkriege auch die einfachen Leute zu den Waffen riefen. Mit dem Aufstieg der Philosophie wurden sie nach und nach durch Gelehrte ersetzt. Im stark legalistischen Regime der Qin-Dynastie vermachte der Kaiser einigen vielversprechenden Gelehrten sogar wichtige Positionen. Um die Autorität der Adelsklasse zu mindern, zerlegte er das bestehende feudale System, um eine zentrale Bürokratie mit zugehörigen offiziellen Ämtern zu erschaffen.

Auch wenn das System der Qin-Dynastie deren Zerfall überlebte, spielten Familien eine wichtige Rolle, und die Gelehrten wurden die neuen Aristokraten. Ihr Reichtum und ihr Einfluss sorgten meist dafür, dass auch ihre Nachfahren Ländereien und Positionen am Kaiserhof erhielten. *Thousand Autumns* hat ein paar dieser mächtigen Clans als Beispiel wie die Su und die Xie. Ein geschickter Vorfahre konnte seine Familie für Generationen nach ihm sichern. Erst in der Tang-Dynastie, als das leistungsbezogene System vorgestellt wurde, hatten auch Bürgerliche die Chance auf eine Position in der Regierung.

TERMINOLOGIE

Gesicht (脸/面子): Das Gesicht einer Person ist ein wichtiges Konzept in der chinesischen Gesellschaft. Es ist eine Metapher für jemandes Ansehen oder Würde. Einige Redewendungen lassen sich auch ins Deutsche übertragen, z.B. »das Gesicht verlieren«, wenn man öffentlich an Ansehen einbüßt.

Innere Kultivierung (内功): Innere Kultivierung oder Neigong bezieht sich auf die Atmung, das Qi und die Meditationsübungen, die Kampfkünstler durchlaufen, um auch ihre »äußere Kultivierung«, also Kampftechniken und Fußarbeit, optimal zu nutzen. Im Daoismus gelten Qi und die Atmung als eng verbunden, weshalb ein Großteil der inneren Kultivierung darauf abzielt, eine höhere Stufe der **inneren Atmung** (内息) zu erreichen.

Praktizierende konzentrieren sich auf die Regulation und Koordination ihrer Atmung, bis es zur Selbstverständlichkeit wird. Das führt dazu, dass sie das Qi mit weniger Aufwand beeinflussen und lenken können.

Im Wuxia-Genre werden die Möglichkeiten der inneren Kultivierung meistens übertrieben. Kampfkünste erlauben es einem, mit Qinggong zu fliegen, Kraftfelder zu schaffen, Objekte ohne Körperkontakt zu bewegen, den Körper hart wie Stein zu machen oder Schaden zu reflektieren.

Jianghu (江湖, »Flüsse und Seen«): ein Kernaspekt des Wuxia-Genres. Das Jianghu beschreibt die Untergrundgesellschaft von Kampfkünstlern und allen, die mit ihnen zu tun haben. Die Mitglieder des Jianghu regieren sich selbst und lösen auch interne Probleme anhand ihrer Prinzipien von Ehre und Stärke. Das hält sie aber nicht unbedingt davon ab, auch auf die konventionelle Gesellschaft Einfluss zu nehmen.

Meridiane: die Wege, auf denen Qi durch den Körper fließt, ähnlich wie Venen. Manche medizinischen Behandlungen, aber auch physische Angriffe zielen auf spezifische Meridianpunkte im Körper, die sogenannten Akupunkturpunkte. So kann das Qi umgelenkt, manipuliert oder sein Fluss gestoppt werden. Die Qi-Zirkulation zu unterbrechen, hindert Kultivierer daran, ihre innere Kultivierung anzuwenden.

Namen: Wenn Männer und Frauen im antiken China erwachsen wurden, erhielten sie einen neuen Namen, mit dem sie von Mitgliedern ihrer Generation angesprochen wurden, bekannt als Volljährigkeitsname. Die Nutzung des persönlichen Namens war nur für angesehene ältere Personen und die Person selbst vorgesehen. Wenn jemand anderer diesen Namen benutzte, galt das als unhöflich und grenzüberschreitend.

Den persönlichen Namen des Kaisers zu nutzen, war dabei extrem unangebracht. Der Name des Herrschers setzte sich in der Regel zusammen aus der Dynastie, die er leitete, und einem formellen Zusatztitel, um ihn von seinen Vorgängern und Nachfolgern zu unterscheiden.

Zum Beispiel lautet Yuwen Yongs offizieller Titel »Kaiser Wu der Nördlichen Zhou« (北周武帝).

Paarkultivierung/duale Kultivierung (双修): eine Praktik, bei der Sex zwischen den Praktizierenden genutzt wird, um das Kultivierungsgeschick zu verbessern. Wird aber auch einfach als Umschreibung für Sex genutzt.

Parasitäre Kultivierung (采补, »ernten und ergänzen«): die Praktik, Lebensenergie und Qi eines Wirtes zu stehlen, um die eigenen Kampfkünste zu stärken. Man glaubte, dass männliche Körper mehr Yang-Qi beinhalten, während Frauen mehr Yin-Qi haben. Eine Person wird also vom gegenteiligen Geschlecht »ernten«, um das eigene Qi zu »ergänzen«. Wird oft mit sexueller Kultivierung verbunden.

Qinggong (轻功): eine auch in der Realität existierende Trainingsdisziplin. Im Wuxia werden die Möglichkeiten des Qinggong stark übertrieben, sodass Praktizierende durch die Luft fliegen, Wände hochlaufen, über Wasser gehen oder mühelos durch Bäume springen können.

Seklusion (闭关): auch bekannt als »Meditation hinter verschlossenen Türen«. Der Prozess, wenn ein Kampfkünstler sich von der Welt isoliert, um zu meditieren, an der inneren Kultivierung zu feilen, um beispielsweise Verletzungen zu heilen oder seine Kampfkünste auf die nächste Stufe zu heben.

Wahres Qi und Kerne: Das wahre Qi (真气) ist eine präzisere Beschreibung als das »Qi«, das man normalerweise in den chinesischen Medien sieht. Im Daoismus ist das wahre Qi oder die Lebensenergie die Fusion des Xiantian-Qi und des Houtian-Qi. Das wahre Qi wird im unteren Dantian (丹田, »Zinnoberfeld«) im Abdomen gebildet, wo auch das Fundament der Kampfkünste einer Person liegt, das als Kern oder energetisches Zentrum bezeichnet wird. In *Thousand Autumns* werden daoistische und dämonische Kerne erwähnt, unterschieden nach der Schule, die ein Praktizierender wählt. Die interne Kultivierung und Atmung bauen auf diesem Fundament auf – es zu verlieren oder zu zerstören, ist gleichbedeutend mit dem Verlust aller Kampfkünste. Im Wuxia können Praktizierende mit guter interner Kultivierung übermenschliche Leistungen mit ihrem Qi erbringen. Zusätzlich zu den Dingen, die weiter oben bei »interner Kultivierung« erwähnt werden, können Kampfkünstler ihr Qi in Schwerter leiten, um Schwert-Qi zu erschaffen, Objekte mit Energie zu bewegen, ihre Stimme über große Entfernungen zu projizieren, kleinere Verletzungen zu heilen oder ihre Sinne zu verbessern.

Weiqi (围棋): auch bekannt unter dem japanischen Namen Go, manchmal auch »chinesisches Schach« genannt. Das älteste bekannte Brettspiel der Geschichte. Das Brett hat ein liniertes Netz, auf dem schwarze und weiße Spielsteine platziert werden, um Territorium einzunehmen.

Yin und Yang (阴阳): Im Daoismus sind Yin und Yang zwei sich ergänzende und beeinflussende Kräfte, die den Kosmos lenken. Es repräsentiert die Dualität, die sich in vielen Aspekten der Natur widerspiegelt, wie Licht und Schatten, Himmel und Erde, Mann und Frau. Yin gilt als passiv, Yang als aktiv.

Zeit der Streitenden Reiche: eine Ära in der chinesischen Antike, die durch die vielen militärischen Aktivitäten zwischen den sieben Hauptstaaten geprägt wurde. Der Aufstieg der verschiedenen philosophischen Schulen wie Daoismus, Konfuzianismus und Legalismus war eine Antwort auf die extremen Unruhen und das Leid in dieser Zeit. Diese Periode dauerte von 475 v. Chr. bis 221 v. Chr. und endete damit, dass der Qin-Staat die anderen annektierte und das erste vereinigte chinesische Kaiserreich errichtete: die Qin-Dynastie.

Zoroastrismus bzw. Zarathustrismus: eine Religion aus dem antiken Persien, gegründet von dem Propheten Zarathustra (auch Zoroaster genannt).

NACHWORT

Vielen Dank, dass du *Thousand Autumns* zur Hand genommen hast! Wir freuen uns sehr, dass chinesische Werke nun langsam auch im deutschsprachigen Raum immer mehr Anklang finden und es die Möglichkeit gibt, dir diese nun auch auf Deutsch zur Verfügung zu stellen.

Die Übersetzung aus dem Chinesischen ist nicht immer ganz einfach, und einiges kann auch nicht direkt übertragen werden. Wie immer, wenn es um die Übersetzung in eine andere Sprache geht, gibt es Themen, die kulturspezifisch und bei uns in Deutschland nicht existent sind. Daher möchten wir hier gerne die Gelegenheit nutzen, um auf ein paar Themen einzugehen, die uns in der Übersetzung beschäftigt haben:

Das betrifft insbesondere die sogenannte »dritte Person« oder auch Third-Person, wie es gerne im Englischen übersetzt wird. In bisherigen englischen Übersetzungen sprechen die Figuren von sich zum Teil in der dritten Person.

Um dieses Phänomen zu erklären, müssen wir uns zunächst die chinesische Gesellschaft kurz anschauen.

Anders als im Westen definiert sich in China der Individualismus mehr durch die Rolle der einzelnen Personen innerhalb der Gesellschaft. Konfuzius hat dieses Gesellschaftsprinzip festgehalten, indem er es in Gefälle von Kaiser und Volk, Meister und Schüler, Vater und Sohn unterteilte. Jeder hat seine aufgetragenen Pflichten zu erfüllen, wodurch dem gesamten Reich Frieden und ein harmonisches Miteinander gewährt werden soll. Dadurch ist es nicht nur im chinesischen, sondern auch im japanischen und koreanischen Raum dazu gekommen, dass man sein Gegenüber mit jenen Suffixen anspricht, die sich für seine jeweilige »Rolle« gebühren. Dies trifft auch dann zu, wenn man von sich selbst spricht.

Wenn wir uns das im Rahmen des historischen Kontexts anschauen, wird dieses Prinzip sehr deutlich: Prinzen beispielsweise ersetzen das chinesische 我 (ich) mit 本王 (dieser Prinz bzw. dieser Königliche) und Kaiser mit 朕 (der Kaiser).

Für unsere Übersetzung haben wir uns dazu entschieden, diese Personalpronomen ins Deutsche zu übertragen und nicht wörtlich zu übersetzen, da einerseits diese kulturelle Nuance im Deutschen nicht vorhanden ist und es so gegebenenfalls andere Assoziationen weckt, andererseits der Versuch der Übersetzung des gesellschaftlichen Merkmals aus dem Chinesischen an der sprachlichen Wiedergabe scheitert, da eine Art »dritte Person« entsteht, die im Chinesischen weder gemeint ist noch existiert.

Wir hoffen, dass diese Anpassungen zu einem besseren Verständnis und einem flüssigen Leseerlebnis beitragen, und wünschen dir viel Spaß beim Eintauchen in die Welt von *Thousand Autumns!*

Luise Renner und Bramble Verlag

DIE AUTORIN

Meng Xi Shi ist eine bekannte Webautorin, deren Werke Fiktion mit detaillierter Recherche und frecher Schreibkunst verbinden und so die Herzen von Lesenden weltweit gewinnen. Ihre Arbeiten werden in China von Jingjiang Literature City veröffentlicht, im Deutschen von Droemer Knaur. Auf Weibo, einer chinesischen Social-Media-Plattform, nennt sie sich Meng Xi Shi Ya.

LESEPROBE

Meng Xi Shi

Thousand Autumns

2

ALTE FEINDE

BRAMBLE

KAPITEL 32

Shen Qiao begegnete den erstaunten Blicken der Menge seelenruhig. »Ich bin nicht mehr Leiter einer Schule. Daher fürchte ich, ich muss Euch enttäuschen, Duan-xiong.«

Natürlich wusste Duan Wenyang, wer Shen Qiao war – er war derjenige, der die Nachricht von Kunyes Herausforderung überbracht hatte. Duan Wenyang war Kunyes Shixiong, aber wegen seines Han-Bluts hatte er bei den Göktürks einen niedrigeren Rang. Deshalb hatte auch Kunye das Duell ausgefochten.

Duan Wenyang lachte. »Schulleiter Shen ist wirklich ein ungewöhnlicher Einsiedler – der sich mitten in einer Stadt zurückzieht! Wenn man deine moralische Überlegenheit berücksichtigt, müssten sich selbst die Leute aus dem Chunyang-Kloster vor dir verbeugen. Warum nimmst du unter dem Namen von Schulleiter Yan an diesem Bankett teil? Oder sind die Gerüchte im Jianghu wahr? Man munkelt, dass du eine ernste Beziehung zu Yan Wushi pflegst und ihr immer zusammen seid.«

Niemand auf dem Bankett hatte etwas Derartiges erwartet. Sie waren gekommen, um einen Geburtstag zu feiern, und befanden sich nun inmitten zweier riesiger Dramen. Die Gäste waren aufgeregt. Sie sahen Shen Qiao mit offen stehenden Mündern an. Auch Puliuru Jian, der neben ihm saß, drehte sich erstaunt zu ihm um.

Nachdem Shen Qiao von der Klippe gefallen war, hatte niemand seinen Körper gefunden, weder tot noch lebendig. Alle dachten, er schämte sich zu sehr und sei aus Schuldgefühlen gegenüber dem Xuandu-Berg untergetaucht. Dass er vielleicht allein in den Bergen leben würde. Aber niemand hatte ihn auf dem Geburtstagsbankett einer wohlhabenden Familie in der Nördlichen Zhou erwartet.

Li Qingyu studierte Shen Qiao aufmerksam, Enttäuschung erfüllte ihn. Als er zum Xuandu-Berg gegangen war, hatte er bereut, nicht gegen Shen Qiao kämpfen zu können. Aber nun, da er die zerbrechliche, abgemagerte Gestalt sah, bereute er es noch mehr. Er trauerte nicht mehr dem Verlust eines Rivalen hinterher, sondern bedauerte eher, dass dieser Rivale es nicht mehr wert war, so genannt zu werden.

Shen Qiao blieb ruhig und beantwortete keine von Duan Wenyangs Fragen. Madame Qin seufzte, nahm ihren Ring ab und gab ihn an ihren Sohn. »Das gehörte einst Hulugu, und die Zeiten haben sich geändert. Das Objekt ist noch hier, aber der Mensch dazu nicht mehr. Es sollte zurück an seinen ursprünglichen Besitzer gesehen. Nimm es.«

Sie war aus einer angesehenen Familie gekommen und dennoch den ganzen Weg zu den Göktürks gegangen, um einen Lehrmeister zu finden. Sie empfand eine tiefe Verbindung zu Hulugu. Ihre Söhne, Su Wei und Su Qiao, hatten stets gedacht, dass ihre Mutter eine ganz gewöhnliche Dame gewesen sei, die eine liebevolle Beziehung zu ihrem Vater führte. Nun, da sie die komplizierten Gefühle anhand ihrer Worte erahnten, wurde ihnen bewusst, dass die Beziehung ihrer

Mutter mit Hulugu weit über die von Lehrmeister und Schülerin hinausgingen. Und Hulugu selbst war noch seltsamer. Er hatte sein Andenken verloren, und statt es zurückzuholen, dreißig Jahre lang gewartet. Erst jetzt, mit Duan Wenyang, war diese Vergangenheit endlich ans Licht gekommen.

Su Qiao wurde von Angst zerfressen, aber er konnte nicht weiter nachhaken. Er vermochte nur den Ring entgegenzunehmen und ihn einem Diener zu überreichen, der ihn Duan Wenyang überbrachte. Als er den Ring erhielt, salutierte Duan Wenyang im Stile der Göktürks. »Ich bedanke mich für Madame Qins Verständnis und ihre Prinzipien. Mit diesem Andenken kann ich die Angelegenheiten meines Meisters abschließen.«

»Wie ist Hulugu gestorben?«, fragte Madame Qin.

Duan Wenyang seufzte. »Auf seiner Suche nach der Union von Mensch und Himmel hat er sich in Seklusion begeben und nach einem Durchbruch gesucht. Er befahl uns, ihn drei Jahre lang nicht zu stören. Als die Zeit vorbei war, haben wir nach ihm gesehen. Wir mussten schockiert feststellen, dass er bereits verstorben war, während er meditiert hatte.«

Die älteren Gäste erinnerten sich an Hulugus ehrgeizige Angriffe auf die Zentralen Ebenen, bevor Qi Fengge ihn gestoppt hatte. Er war der Großmeister einer ganzen Generation und am Ende doch mit dem Wind davongetragen worden. Nun würde kein aufkommender Sturm im Jianghu mehr von Hulugu oder Qi Fengge stammen. Die Talentierten und Begabten, zerstreut von der Zeit, hinterließen nur Seufzer und Wehklagen.

Madame Qin blieb still. Niemand konnte sagen, was sie dachte. Su Wei und Su Qiao waren immer noch erzürnt darüber, dass Duan Wenyang das Geburtstagessen ihrer Mutter ruiniert hatte, und hielten sich nicht weiter mit Höflichkeiten auf. »Da du den Ring erhalten hast, bitten wir dich, die Su-Residenz sofort zu verlassen!«

»Jetzt beeilt euch doch nicht so, mich zu vertreiben, werte Herren«, sagte Duan Wenyang. »Ich bin gekommen, um nach jemandem zu fragen.«

Su Qiao, der dachte, dass seine Mutter wieder ein Ziel dieser Frage war, antwortete kalt: »Wir haben hier niemanden mehr, den du willst.«

Duan Wenyang lachte. »Su-erlang verneint, ohne die Frage gehört zu haben. Entspannt Euch, ich will Madame Qin nichts Böses. Der Ring ist wieder in unserem Besitz, der Wunsch meines Meisters erfüllt, ich belästige sie nicht weiter. Taspar Khagan hat mir aufgetragen, jemanden zu suchen.«

Su Wei sagte: »Dann solltest du das dem verehrten Kaiser berichten. Die Su-Residenz ist nur ein kleiner Tempel, der keinen großen Buddha wie dich beherbergen kann. Wachen, begleitet ihn raus!«

»Warte«, sagte Duan Wenyang. »Hat der Herzog des Bezirks Meiyang eine jüngere Schwester, die Yuan Xiong geheiratet hat? Wir haben eine Feindschaft mit diesem Mann. Der Khagan hat mir aufgetragen, ihn und seine ganze Familie mit ins Khaganat zu nehmen, wenn es je eine Allianz zwischen uns und der Zhou geben soll. Deshalb verlange ich von Euch die Herausgabe!«

Su Weis Gesichtszüge entgleisten.

Tatsächlich war die Familie, von der Duan Wenyang sprach, die seiner Cousine. Der Ehemann seiner Cousine, Yuan Xiong, hatte die Göktürks erzürnt, und seine Familie hatte große Angst, dass sie die Allianz nach einer Auslieferung fragen würden. Sie hatten heimlich in Su Weis Haus Schutz gesucht. Aber er hatte nicht erwartet, dass Duan Wenyang davon erfahren hatte und an seine Tür klopfen würde.

»Ich weiß nicht, wohin sie gegangen sind«, sagte Su Wei. »Wenn du jemanden suchst, dann such sie selbst. Das hat nichts mit der Su-Residenz zu tun!«

»Ich bitte Euch, es mir nicht so schwer zu machen«, sagte Duan Wenyang. »Ich kam zu Eurem Haus, um nachzufragen, da ich die tiefe Bindung meines Meisters zu Madame Qin respektiere. Ansonsten hätte ich die Angelegenheit direkt Seiner Majestät berichtet und auf eine offizielle Anweisung des Kaisers von Zhou gewartet. Aber das wäre ziemlich peinlich für Euer geschätztes Anwesen.«

Su Qiao war rasend vor Wut. »Du hast dir absichtlich Mutters Geburtstag ausgesucht, um hier reinzuplatzen. Du willst den Ring und hast ihn bekommen. Du fragst nach einer Hand und willst nun den ganzen Arm? Denkst du, die Su-Familie hat Angst vor dir? Wenn wir sagen, dass sie nicht hier sind, sind sie nicht hier! Verschwinde!«

Auch Duan Wenyang lächelte nicht mehr. Er musterte Su Qiao mit zusammengekniffenen Augen und sagte langsam: »Ich hörte, Su-erlang ist ein Schüler des Chunyang-Klosters, also musst du äußerst begabt sein. Da wir uns heute begegnen, würde ich gern nach ein paar Hinweisen fragen.«

Su Qiao grinste spöttisch. »Na also, der Fuchs zeigt sich endlich! Du kamst eindeutig, um Ärger zu machen, auch wenn du dich unschuldig gibst. Du hast das selbst auf dich geladen, also renn nicht heulend zurück ins Khaganat, wenn du hier verletzt rauskriechst!«

Sobald er ausgesprochen hatte, warf er sich auf Duan Wenyang. Sein Angriff war nicht formlos – er unterstützte seine Schwerttechnik. Sein Körper flog, wie er es wollte, die Bewegung war gewagt und wunderschön.

»Spektakulär!«, rief jemand sofort.

Su Qiaos brillante Schwertkunst ließ Duan Wenyang kalt. Er wich nicht zurück, sondern wartete, bis die Klinge direkt vor ihm war. Er griff mit der bloßen Hand danach. Als seine Haut die schimmernde Schneide berührte, wurde sie nicht von dem Licht des Schwerts zerfetzt – Duan Wenyang hielt das Schwert fest. Alle starrten ungläubig zu den beiden. Duan Wenyangs rechte Hand umfasste die Klinge, und er drehte sein Handgelenk hin und her. Es sah nicht aus, als würde er viel Kraft einsetzen, aber die Klinge zitterte. Su Qiao flog das Schwert fast aus den Händen. Auf seinem Gesicht breitete sich Fassungslosigkeit aus. Zwar ließen sich seine Kräfte nicht mit denen seines Shidis, Li Qingyu, vergleichen, aber er war dennoch ein erstklassiger Kampfkünstler. Nie zuvor war er direkt zu Beginn eines Duells dermaßen unterlegen. Könnte es sein, dass Hulugus Schüler auf einer ganz anderen Stufe war als er? Su Qiao konnte das nicht akzeptieren. Er änderte seine Taktik. Ohne innezuhalten, zog er seine Hand zurück, entfernte sich mehrere Schritte und machte dann kehrt, indem er an einer Säule absprang. Er schoss einen Schwerthieb mit wahrem Qi in Duan Wenyangs Gesicht und sammelte Energie in seiner freien Hand, um ihn auch damit anzugreifen.

»Hier ist es zu eng«, sagte Duan Wenyang. »Das schmälert den Spaß am Kämpfen!«

Duan Wenyang erwiderte den Angriff nicht direkt. Er lachte herzhaft, drehte sich und hüpfte in Richtung Ausgang. Su Qiao war ihm auf den Fersen, und der Kampf zog sich durch das Innere des Hauses bis nach draußen. Innerhalb von Sekunden flogen Schwerthiebe durch die Nacht, begleitet von Wellen eiskalter Luft. Die Gäste folgten dem Tumult nach draußen, um zuzusehen. Die Schwerthiebe des einen Mannes waren unnachgiebig wie Stromschnellen, die alles verschluckten. Der andere bliebt unbewaffnet und tänzelte durch die Hiebe, als wäre es fallendes Herbstlaub. Duan Wenyang befand sich am Rande einer Katastrophe, so unsicher wie ein Kartenhaus, aber wieder und wieder entging er den Angriffen um Haaresbreite. Es war ein Spektakel für die Gäste. Manche, wie Prinzessin Qingdu, kannten sich mit Kampfkünsten nicht aus und zogen sich zurück. Sie blieben mit Madame Qin im Haus, um das Blutvergießen nicht mitansehen zu müssen. Die Laien sahen begeistert zu, die geübten Kampfkünstler schauten sich einige Tricks ab. Und die besten unter ihnen begriffen, dass es zwar aussah, als würde Duan Wenyang auf dünnem Eis laufen, doch in Wahrheit hatte er die Oberhand.

Puliuru Jian flüsterte zu Shen Qiao: »So wie ich das sehe, spielt er nur mit Su-erlang.«

Shen Qiao nickte. »Das denke ich auch.«

Neugierig hakte Puliuru Jian nach: »Shen-xiong, du kannst sehen?«

Shen Qiao schmunzelte. »Ich kann den Kampf nicht sehen, aber ich kann ihn hören.«

»Was meinst du damit?«

»Der Hieb eines Schwerts, das wahre Qi, die Schritte und selbst die Atmung: All das macht Geräusche. Da ich nichts sehen kann, habe ich mein Gehör trainiert. Duan Wenyang möchte die Kampfkünste des Chunyang-Klosters beobachten, deshalb hat er es nicht eilig, den Kampf zu entscheiden. Schade, dass Su Qiao das nicht bemerkt. Duan Wenyang hat ihn im Griff.«

Natürlich fiel nicht nur Shen Qiao und Puliuru Jian auf, was da vor sich ging. Aber da es noch keinen eindeutigen Sieger gab, traute sich niemand, einzugreifen. Das würde die Fairness des Kampfs infrage stellen, was erstens eine Schande war und zweitens Su Qiao bevormunden würde. Deshalb konnte selbst sein Shidi Li Qingyu nichts tun, außer abzuwarten. Als Puliuru Jian Shen Qiaos Antwort hörte, sagte er gedankenlos: »Duan Wenyang und Kunye sind beide Schüler von Hulugu. Wer von beiden ist wohl stärker?«

Sobald die Worte über seine Lippen waren, bemerkte er, dass sie unangebracht waren. Eilig entschuldigte er sich. »Ich wollte bei Shen-xiong keine schmerzhaften Erinnerungen hervorrufen!«

Shen Qiao lachte auf. »Kein Problem. Kunye ist stark, aber die strenge Arroganz seines Kampfstils zeigt, dass er nicht so locker ist wie Duan Wenyang. Meiner Meinung nach ist Duan Wenyang näher am Kern von Hulugus Kampfkünsten, deshalb ist er vermutlich ein bisschen stärker als Kunye.«

Puliuru Jian wurde ernst. »Wenn das wahr ist, fürchte ich, dass dieser Mann nicht nur hierhergekommen ist, um ein Andenken oder den Su-langjuns Cousin zu holen, sondern auch, um sich einen Namen zu machen.«

Shen Qiao nickte. »Das denke ich auch.«

Mehr als die Hälfte der Gäste des Banketts waren dank Su Qiao Menschen des Jianghu. Unter ihnen gab es einige aus der jüngeren Generation wie Li Qingyu, und sie hätten sich vermutlich um einen Platz unter den Besten Zehn messen können. Wenn Duan Wenyang ihn besiegte, bedeutete das, er wäre stärker, und das würde ebenso viele Wellen im Jinaghu schlagen wie das Duell von Shen Qiao gegen Kunye.

Das Vorstoßen der Göktürks war langsam, aber wohlüberlegt. Sie verbündeten sich durch eine Hochzeit mit der Nördlichen Zhou-Dynastie und blieben im Kontakt mit der Nördlichen Qi uneindeutig. Auf der einen Seite halfen sie Zhou im Kampf, auf der anderen boten sie Adligen und Beamten der Nördlichen Qi Schutz. Man konnte denken, dass sie unschlüssig waren, weil sie hin und her schwankten. Aber aufgrund ihrer Macht wagten es weder die Nördliche Zhou noch die Nördliche Qi, sie zu verärgern. Und der Wolf hatte seine Ambitionen nie verheimlicht.

Nun kam eine neue Generation von göktürkschen Meistern in die Zentralen Ebenen; einer nach dem anderen, als ob sie Hulugus alte Größe erreichen und das unstillbare Verlangen nach vollkommener Dominanz stillen wollten. Zuerst hatte Kunye Shen Qiao herausgefordert, den Xuandu-Berg unter seinem Fuß zerquetscht und sich mit nur einem Kampf ins Rampenlicht begeben. Und nun war ein anderer hier in der Su-Residenz und forderte alle heraus. Wenn Kunye nicht von Yan Wushi besiegt worden wäre, hätte die Arroganz der Göktürks vermutlich ein noch größeres Ausmaß angenommen.

Während Shen Qiaos und Puliuru Jians Gespräch hörten sie Duan Wenyangs lautes Lachen. Die schimmernden Schwerthiebe stoppten sofort. Dort, wo sie herkamen, ertönte Su Qiaos ersticktes Stöhnen. Bevor irgendjemand sehen konnte, was Duan Wenyang gemacht hatte, stürzte Su Qiao bereits vom Dach.

»Erlang!« Su Wei eilte auf ihn zu und zog ihn hoch. »Bist du in Ordnung?!«

Su Qiao schüttelte den Kopf. Sein Gesicht war schmerzverzerrt, doch er ertrug es, ohne einen weiteren Laut von sich zu geben. Duan Wenyang sprang gelassen vom Dach. Niemand fand ihn besonders sympathisch, aber sie mussten seine Stärke anerkennen.

»Duan Wenyang, du gehst zu weit«, sagte Su Wei wütend. »Denkst du wirklich, du kannst uns als Fußabtreter benutzen?«

Duan Wenyang lächelte höhnisch. »Das ist nicht ganz korrekt, Herzog. Dein Bruder hat angefangen. Wie kannst du mir die Schuld dafür geben? Wenn du mir Yuan Xiongs Familie übergibst, dann verschwinde ich sofort und lasse euch in Ruhe.«

»Du hast uns Provokation nach Provokation entgegengeschleudert, und wir haben dir ein Zugeständnis nach dem anderen gewährt, dennoch hältst du uns für matschige Kirschen, über die du einfach so hinwegspazieren kannst! Also, lass mich sehen, wie viel Hulugu dir beigebracht hat.«

Madame Qin trat auf den Hof. Sie war in ihren Fünfzigern, aber vielleicht zeigte sich durch ihre innere Kultivierung ihr Alter kaum. Sie hatte einen erwachsenen Charme und das Aussehen einer wunderschönen Frau mittleren Alters.

Duan Wenyang sprach voller Reue: »Da wir beim Thema sind, ich sollte Euch Shijie nenne. Nur schade, dass der Meister Euch verstoßen hat, nachdem Ihr das Khaganat mit seinem Ring verlassen hat. Ich hörte, dass Shizun Euch sehr verehrt hat und Euch sogar als seine Nachfolgerin wollte. Aber Madame Qin, Ihr habt Eure Schönheit genutzt, um ihn zu verführen und ihn dann beraubt. Wenn Ihr jetzt darüber nachdenkt, fühlt Ihr Euch nicht schuldig?«

»Still!«

Die Su-Brüder waren erzürnt über die Beleidigung gegen ihre Mutter. Aber Madame Qin lächelte nur abschätzig.

»Als Junior haben Leute wie du keine Berechtigung über Dinge zu sprechen, die nur Hulugu und mich etwas angehen! Haben die Göktürks so einen Mangel an guten Leuten, dass Hulugu nur so einen Sprücheklopfer wie dich als Schüler aufnehmen konnte?«

Dann wandte sie sich an Su Wei. »Dalang, bring mir Erlangs Schwert.«

Bevor Su Wei sich bewegen konnte, sagte jemand: »Madame Qin, Ihr müsst Euch nicht dazu herablassen, Euch mit einem Göktürk-Barbaren abzugeben. Dieser Mann hat gegen einen Schüler des Chunyang-Klosters gekämpft, deshalb obliegt es den anderen Schülern, diesen Kampf zu beenden.«

Li Qingyu hatte das Wort ergriffen. Sein Gesichtsausdruck und sein Ton waren gemäßigt, ohne einen Hauch von Mordlust. Aber genau das ließ Duan Wenyang ernst werden. Er musterte Li Qingyu genau und sagte dann: »Du musst Li-gongzi sein, der andere Teil der Jadezwillinge von Qingcheng. Dein Shixiong scheint nicht einmal so stark zu sein wie dein kleiner Finger, und trotzdem teilt ihr euch einen Titel. Was für ein Unrecht für dich!«

Li Qingyu ignorierte die Provokation und zog sein Schwert, die Spitze zeigte nach unten. Sein Handgelenk wirkte entspannt, doch er hob es leicht; sein ganzer Körper strahlte mühelose Lässigkeit aus.

Duan Wenyangs Gesicht verfinsterte sich, und in seiner Hand tauchte eine Pferdepeitsche auf. Sie war dunkel und schmal. Das Material war unbekannt, es glänzte kein bisschen.

Puliuru Jian wusste nichts damit anzufangen. Er konnte nicht widerstehen und fragte Shen Qiao: »Shen-xiong, weißt du, ob diese Peitsche etwas Besonderes ist?«

Shen Qiao schüttelte den Kopf. »Ich kann sie kaum erkennen. Was ist es für eine Peitsche?«

Puliuru Jian beschrieb sie ihm, und Shen Qiao dachte für einen Moment nach. »Ich würde schätzen, dass es eine Peitsche aus getränkter Krokodilhaut aus dem Südlichen Meer ist, die mit einem speziellen Gebräu des Miao-Stamms behandelt wird. Die Haut ist unglaublich hart; selbst die schärfste Waffe kann nicht hindurchdringen.«

»Ah«, sagte Puliuru Jian. »Also hat sie tatsächlich eine beeindruckende Geschichte. Scheint, als hätte Li-gongzi einen würdigen Gegner gefunden!«

Nicht nur Puliuru Jian, auch die anderen Gäste reckten neugierig ihre Hälse. Natürlich waren alle vor so einem spektakulären Kampf aufgeregt. Puliuru Jian hatte seinen Satz gerade beendet, als Li Qingyu sich in Bewegung setzte. Der Unterschied zu Su Qiao war so deutlich wie der zwischen Tag und Nacht. Su Qiaos Bewegungen waren flink und brutal. Er nutzte seine Beweglichkeit, um zu siegen. Seine Schwerthiebe und sein Qi waren wie ein weites Netz, das seinen Gegner umspannte und kein Entkommen zuließ. Sein Stil war gegen schwächere Gegner wirkungsvoll, aber ein Meister wie Duan Wenyang, dessen innere Kultivierung hart wie eine Stahlwand war, konnte das Schwert-Qi ignorieren und einfach hindurchbrechen. Li Qingyus Bewegungen waren im Kontrast dazu viel langsamer, er wirkte gesammelt und ungerührt. Man sah nur, wie er sein Schwert gerade nach vorne richtete, bevor er die Klinge in einer wilden Finte herumdrehte; die Spitze zielte nicht mehr auf Duan Wenyang, sondern auf den Boden. Li Qingyus Bewegungen waren beinahe träge und geschmeidig, wie eine Blume, die sich langsam der Sonne entgegenreckt.

Aber durch Duan Wenyangs Augen sah er das wahre Qi, das aus Li Qingyus Körper in die Schwertspitze floss und aus dem Schwert auf den Boden zuraste. Wo das Qi zuschlug, flogen dunkle Bodenplatten in die Luft, und Risse zogen sich über die Erde. Die Bruchstücke wurden vom Wind hochgewirbelt und schossen direkt auf ihn zu!

Bevor Duan Wenyang seinen nächsten Zug machen konnte, war Li Qingyu schon in der Luft. Mann und Schwert wurden eins und schmolzen zu einem gleißenden Lichtstrahl, der sich durch das schützende Qi um Duan Wenyang bohrte, als wäre es Luft. Blaue und violette Funken spritzten in die Luft wie Blitze bei einem Sommergewitter! Von langsam zu schnell, Ruhe zu Hektik; alles passierte im Bruchteil einer Sekunde. Wenn ein Zuschauer auch nur einen Moment unaufmerksam war, hatte er keine Chance, um zu verstehen, was gerade passiert war. Duan Wenyang wirbelte seine Peitsche nach vorne und schlug sowohl die Person als auch das Schwert im perfekten Augenblick! Zwei wahre Qis prallten mit unglaublicher Macht aufeinander, stark genug, um Ozeane aufzuhalten. Am Ende würde entweder Duan Wenyangs Peitsche Li Qingyus Schwert in Kleinteile zerreiben, oder Li Qingyus Schwert-Qi würde die Peitsche zerstören. Doch das Ergebnis kam für alle unerwartet, denn Duan Wenyangs Peitsche ging ins Leere. Alle hatten gesehen, wie Li Qingyu bereits unter der Peitsche gewesen war, aber dennoch hatte sie ihn nicht umwickelt. Stattdessen war er einfach verschwunden und tauchte plötzlich links, rechts und hinter Duan Wenyang auf. Jeder dieser »Li Qingyus« tat dasselbe: Sie stießen die Klinge vorwärts.

In diesem Moment ertönte in der Nähe von Shen Qiao ein Schrei: »Die Schwertabsicht! Li Qingyu hat die Schwertabsicht gemeistert!«

KAPITEL 33

Es gab vier Stufen des Schwerts: Schwert-Qi, Schwertabsicht, Schwertherz und Schwertgeist. Wenn ein Laie das Schwert-Qi des Kämpfers sah, das Qi, dass das Schwert selbst kontrollierte, dachten sie, derjenige wäre ein exzellenter Schwertkämpfer. Aber tatsächlich war es nur die erste Stufe. Natürlich konnte nicht jeder diese erste Stufe erreichen. Manche Leute versuchten ihr Leben lang, die erste Pforte zu durchbrechen, und gelangten doch nicht hinein. Und viele weitere verließen sich auf feste Angriffe, um ihre Gegner zu besiegen. Nur durch Yan Wushis unnachgiebigen Druck, der Shen Qiao mehrmals an den Rand des Todes gedrängt hatte, war er in der Lage gewesen, dieses Schicksal abzuwenden und die Schwertabsicht zu erlangen. Und dennoch war es Li Qingyu bereits in so jungem Alter gelungen, die Schwertabsicht zu erreichen. Das schiere Ausmaß seiner Kampfkunst war deutlich. Aber da Shen Qiao diese Stufe erst vor kurzer Zeit erklommen hatte, war er noch nicht damit vertraut. Vielleicht hätte er auf dem Xuandu-Berg nicht gegen Yu Ai verloren, wenn er sie schon damals erreicht hätte.

Als das Wort »Schwertabsicht« ausgesprochen war, sah die Menge Li Qingyu in einem neuen Licht. Yi Pichen gehörte zu den Besten Zehn Kultivierern der Welt, und nun gab es noch Li Qingyu. Es schien, als könne niemand den Aufstieg des Chunyang-Klosters aufhalten. Duan Wenyang gab sich jedoch nicht geschlagen. Auch wenn er nicht sofort erkannte, welches der echte Li Qingyu war, griff er nicht wahllos an. Stattdessen ließ er seine Peitsche auf den Boden krachen und katapultierte sich höher in die Luft, um auf einem nahe gelegenen Ast zu landen. Seine Peitsche wickelte sich um den Ast, als er wieder absprang und sich auf Li Qingyu stürzte. Die dunkle Wolke, die sein Peitschenschlag hinterlassen hatte, umschloss die Abbilder vollkommen. Bevor er Li Qingyu erreichte, verschluckten die Schatten seiner Peitsche und sein wahres Qi alles. Egal, welches Abbild echt war, Li Qingyu musste mit Gewalt durch das Bollwerk brechen, das Duan Wenyang erschaffen hatte.

Duan Wenyangs wahres Qi und seine interne Kultivierung waren ebenso wie der Eindruck, den er anderen vermittelte: stur und unbekümmert, aber auch stark und herrisch. Es schien überall zu sein, und doch war es wie eine dünne Schicht Eis, unbeweglich und kaum wahrnehmbar. Es gelangte in jeden noch so kleinen Spalt, und es war unmöglich, sich dagegen zu verteidigen. Sein wahres Qi riss die Blätter von den Bäumen im Hof und zog sie in einen Wirbel, der die beiden Kämpfer umgab und sie vor den Blicken des Publikums abschirmte. Was die beiden in diesem Moment fühlten, war schwierig zu sagen, aber die Menge verspürte Angst. Die Angehörigen des Chunyang-Klosters wussten, dass Li Qingyu kein einfaches Ziel war, aber sie fürchteten den Ausgang des Duells. Besonders Su Qiao – er hatte selbst gegen Duan Wenyang gekämpft. Es war unklar, ob sein Shidi gewinnen konnte oder nicht. Wenn Duan

Wenyang siegte, konnte ihm wahrscheinlich keiner der Anwesenden das Wasser reichen. Das Hauptproblem war dann nicht, dass er Su Weis Cousine und ihren Ehemann mitnehmen konnte, sondern dass sich die Neuigkeiten verbreiten würden. Das Prestige der Göktürks würde wachsen und die Zentralen Ebenen weiter an Glanz verlieren. Auch das war vermutlich ein Grund für Duan Wenyangs Angriff am heutigen Tag.

Doch bevor Su Weis Gedanken weiter abschweifen konnten, beruhigte sich der Blätterwirbel, und eins nach dem anderen sank zu Boden. Die beiden Kontrahenten standen einander gegenüber. Li Qingyu stand noch am selben Ort, aber sein Schwert lag einige Meter entfernt auf dem Boden. Duan Wenyang hielt die Peitsche noch fest in der Hand. Es waren keine äußerlichen Verletzungen zu sehen, und ihre Mienen waren unverändert. Das Publikum war verwirrt. Dann lachte Duan Wenyang lauthals auf und sprach: »Li-gongzis Ruhm ist wohlverdient. In so jungen Jahren die Schwertabsicht zu erlangen, ist beeindruckend. Du wirst es noch weit bringen. Ich gebe zu, dass ich verloren habe!«

Li Qingyu antwortete langsam: »Meine Fähigkeiten sind deinen unterlegen. Mehr kann ich dazu nicht sagen.«

Die Verwirrung nahm zu. Die Leute sahen von Duan Wenyang zu Li Qingyu und zurück. Einer gestand sich die Niederlage ein, während der andere seine Fähigkeiten als schwächer beschrieb. Wer hatte verloren, wer gewonnen?

Duan Wenyang lachte. »Ich bin für eine Familie hergekommen und hätte nie gedacht, dass ich die Chance erhalte, mit einem aufgehenden Stern am Kämpferhimmel zu kämpfen. Diese Reise war keine Zeitverschwendung!«

Xie Xiang mischte sich ein. »Wenn Ihr weitermachen wollt,

bietet die Linchuan-Akademie gern an, Euch weiter zu unterhalten.«

Duan Wenyang sah sich in der Runde um und verschränkte die Arme hinter dem Rücken. »Und was kann die Linchuan-Akademie anbieten?«, fragte er arrogant. »Du kannst mich nicht besiegen – Ruyan Kehui soll selbst kommen. Ich hab gehört, dass sich viele große Helden hier versammelt haben: die Akademie, das Chunyang-Kloster, die Liuhe-Gilde; alles illustre Schulen und Organisationen aus den Zentralen Ebenen. Voller Respekt und Bewunderung habe ich euch einen Besuch abgestattet, aber euer Ruhm ist unverdient. Die Gerüchte übertreiben. Von allen Anwesenden hier ist Li-gongzi der Einzige, der es wert ist, mein Gegner zu sein. Der Rest ist eher mittelmäßig.« Er machte eine Pause, bevor er fortfuhr. »Ah, fast vergessen. Schulleiter Shen ist auch hier. Deine Kultivierung mag etwas besser sein, aber das war, bevor du gegen meinen Shidi verloren hast. Jetzt bist du nur ein zahnloser Tiger. Hattet ihr in den Zentralen Ebenen nicht eine Redensart? Irgendwas wie ›selbst Hunde können einen Tiger in den Ebenen herumschubsen‹. Du kannst in diesem Zustand nicht zurück zum Xuandu-Berg und musst Schutz hinter Schulleiter Yan suchen. Du bist sogar schwächer als ein Straßenköter! Wenn ich du wäre, hätte ich mich wegen dieser Schmach schon lange selbst umgebracht. Wie kannst du in dieser Welt leben und dich selbst ertragen?«

Auch wenn Duan Wenyang ein Lächeln im Gesicht trug, war sein Ausdruck gegenüber Shen Qiao unglaublich kalt. Shen Qiao war in seinen Augen weniger wert als ein Passant, er war Abfall. Puliuru Jian dachte, dass er so eine öffentliche Demütigung nicht aushalten konnte, aber Shen Qiao stand einfach da, unterwürfig und sanftmütig, den Kopf gesenkt, die

Lider geschlossen. Als hätte er nichts davon gehört oder wäre im Stehen eingeschlafen. Diese Duldsamkeit brachte ihm Bewunderung ein, aber sie sorgte auch für Verachtung. Xie Xiang war egal, wie Duan Wenyang über Shen Qiao sprach, aber die Linchuan-Akademie als mittelmäßig zu bezeichnen, war etwas anderes. Er konnte nicht so tun, als hätte Duan Wenyang gerade gesagt, dass nur das Chunyang-Kloster in der Lage sei, Gegner für ihn hervorzubringen, und alle anderen wären unterlegen. Er lachte abfällig und war kurz davor, zu explodieren.

»Duan Wenyang«, sagte Su Wei. »Du hast das Geburtstagsbankett meiner Mutter als dein persönliches Übungsgelände missbraucht. Du hast mehr als genug Chaos verursacht. Da du als Botschafter der Kaiserin hier bist, werde ich Seiner Majestät dem Kaiser davon berichten. Jetzt fordere ich dich auf, sofort zu gehen!«

Duan Wenyang lachte. »Ich habe Li-gongzis Ratschlag mit seiner Schwertabsicht bekommen, deswegen bin ich zufrieden. Ich wollte ohnehin gehen, ob mit oder ohne Aufforderung des Herzogs. Ich freue mich drauf, euch wiederzusehen!«

Er wandte sich zum Gehen, und Xie Xiang konnte sich nicht länger zusammenreißen. »Halt! Ich, Xie Xiang von der Linchuan-Akademie bittet darum, Duan-xiongs Weisung zu erhalten!«

Noch bevor er zu Ende gesprochen hatte, zog er sein Schwert. Sein Körper flog im hohen Bogen auf Duan Wenyang zu. Der hingegen schien den Angriff erwartet zu haben. Ohne sich umzusehen, sprang er hoch in die Luft. Er verschwand komplett, und nur sein Lachen hallte noch nach.

»Ich verstehe, dass Xie-langjun mich ausnutzen will, um sich ein bisschen Ruhm zu holen. Entschuldige, dass ich dir keine Gesellschaft leisten will«, sagte er. »Lass uns das nachholen, sobald du deine Schwertabsicht erlangt hast, haha!«

Ohne Ziel konnte Xie Xiang nur auf dem Boden landen und sein Schwert einstecken. Hasserfüllt blickte er in die Richtung, in die Duan Wenyang verschwunden war.

Aus dem Publikum drang ein Rufen. »Li-gongzi, seid Ihr in Ordnung?«

Alle drehten sich hastig zu ihm um. Li Qingyu hatte ein Taschentuch hervorgezogen und wischte sich Blut vom Mund.

»Mir geht's gut«, sagte er. »Ich habe nur ein paar kleine Verletzungen. Ein paar Tage Ruhe sollten ausreichen.«

Jetzt begriffen alle, was er vorher mit seinen Worten ausdrücken wollte. Aber wenn selbst jemand wie Li Qingyu, der die Schwertabsicht erlangt hatte, Duan Wenyang nicht besiegen konnte, wie weit war er in seiner Kultivierung fortgeschritten? Konnte er ein zweiter Hulugu werden? Hilflos sahen sich die Anwesenden untereinander an. Auch Xie Xiangs Mut sank. Er hatte sich selbst für ziemlich begabt gehalten. Die Gegner, denen er im Jianghu bisher begegnet war, hatten ihm das Bild vermittelt, dass er es auch bald unter die Besten Zehn schaffen konnte. Aber nun waren all diese Meister aufgetaucht, einer nach dem anderen. Zuerst Li Qingyu, der schon die Schwertabsicht gemeistert hatte. Jetzt Duan Wenyang, der noch stärker war. Einst hatte Xie Xiang gedacht, er könne im Jianghu alles erreichen und selbst die wildesten Wellen bezwingen. Aber genau hier kamen immer neue, junge Kämpfer, und jeder neue Berg türmte sich höher auf als der vorherige. Während Xie Xiang in Gedanken versank, näherte sich Li Qingyu Shen Qiao.

»Schulleiter Shen.«

»Ich bin nicht mehr Leiter einer Schule«, sagte Shen Qiao. »Ihr müsst mich nicht mit diesem Titel ansprechen.«

Li Qingyu überging das und fuhr fort: »Ich habe die Stufe der Schwertabsicht erreicht, dennoch bin ich Duan Wenyang unterlegen. Bedeutet das, dass sein Shidi Kunye noch stärker ist als er?«

Shen Qiao schüttelte den Kopf. »Kunyes Kultivierung ist beeindruckend, aber er ist nicht auf einer Stufe mit Duan Wenyang.«

»Qi Fengge war der beste Kämpfer der Welt, und ich habe ihn für seine Kampfkünste und Großartigkeit bewundert«, sagte Li Qingyu. »Und dennoch konntet selbst Ihr, als sein direkter Nachfolger, Kunye nicht besiegen.«

Shen Qiao blieb still.

Li Qingyu seufzte leise. »*›Als Ihr geboren wart, war ich es nicht. Als ich geboren war, wart Ihr bereits alt.‹* Ich bereue, dass ich Qi Fengges Kampfkünste nie selbst erleben konnte und dass ich glaubte, dass der Xuandu-Berg würdige Nachfolger haben könnte. So eine Schande, wirklich.«

Auch wenn sein Blick so sanft war wie zuvor, konnte man die Enttäuschung in seinen Worten hören. Er war ein Mann, der sich ganz und gar seiner Kampfkunst verschrieben hatte. Er würde niemals auf die herabsehen, die kein Talent hatten oder nicht unter einem guten Lehrmeister studierten. Aber so wie Li Qingyu es sah, hatte Shen Qiao sowohl großes Potenzial als auch einen guten Nährboden durch seinen Lehrmeister gehabt – und dennoch war er nun in diesem Zustand. Er sah nicht nur auf Shen Qiao herab, er trug auch Ärger in seinem Herzen, der durch diese Entzauberung entstanden war.

Zuerst hatte Shen Duan Wenyangs Abscheu geschluckt und

nun Li Qingyus Klagen; nicht zu vergessen die kritischen Blicke der Menge um sie herum. Jeder stolze Mensch würde das Gesicht verziehen oder einen Wutausbruch haben. Er hätte nicht das Gesicht, um ruhig zu bleiben. Aber Shen Qiao ertrug, was andere nicht ertragen konnten. Oder vielleicht hielt er es auch nicht aus. Er blieb unberührt und stur wie immer, sein Gesichtsausdruck unverändert, und nickte. »Mein Meister war wirklich außerordentlich beeindruckend – nur wenige können ihm das Wasser reichen. Es ist schade, dass Ihr ihn nicht treffen konntet. Mein Meister hätte Euer einzigartiges Talent sicherlich gelobt.«

Trotz allem konnte er so etwas sagen. Puliuru Jian konnte nicht anders, als Shen Qiao dafür zu bewundern, wie er sich zusammenriss und diese persönliche Kritik einfach an sich abperlen ließ. Auch Li Qingyu schien solch eine Reaktion nicht erwartet zu haben. »Ihr wart ein großer Mann, warum müsst Ihr euch erniedrigen und mit einem Dämon tanzen?«

Mit »Dämon« war natürlich Yan Wushi gemeint. Shen Qiao war angesehener, ehrwürdiger Leiter einer Daoistischen Schule gewesen und so tief gestürzt, dass er sich nun mit einem »Dämon« wie Yan Wushi abgab. Natürlich sah es von außen aus wie Verdorbenheit. Aber obwohl die Gruppierungen des Jiaghu Yan Wushi als Leiter einer dämonischen Schule sahen, war er auch der Juniorunterweiser des Kronprinzen, ausgewählt vom Kaiser höchstpersönlich. Puliuru Jian hob eine Augenbraue und sprach, bevor Shen Qiao es konnte.

»Li-gongzi, Ihr habt wirklich ein außergewöhnliches Talent, und ich bewundere Euch sehr. Aber je mächtiger jemand ist, desto bescheidener und offenherziger sollte er sein. Shen-langjun ist nicht bei guter Gesundheit und hat Euch nie beleidigt, warum müsst Ihr ihn derart aggressiv angehen?

Findet Ihr das nicht unehrbar als Kultivierer einer noblen Schule?«

Li Qingyu warf Puliuru Jian einen Blick zu und sagte nichts. Er wandte sich ab und wollte gehen.

Su Wei hielt ihn auf – er verbeugte sich und sagte laut: »Das Bankett wurde durch einen ungebetenen Gast ruiniert, und es ist die Schuld unserer Familie Su. Ich danke Euch allen für Euren Mut, uns aktiv zu unterstützen und zu verteidigen. Mein Bruder ist verletzt, deshalb müssen wir das Bankett frühzeitig beenden. Ich entschuldige mich und verspreche, dass wir es an deinem anderen Tag nachholen werden. Ich bitte um Entschuldigung.«

Niemand hätte vorhersehen können, was geschehen war, deswegen gab niemand den Gastgebern die Schuld. Einer nach dem anderen sprachen sie ihr Mitgefühl aus. Ein paar befreundete Adlige und Beamte besprachen, wie sie gemeinsam eine Nachricht an den Kaiser formulieren konnten. Die meisten Gäste verließen das Anwesen, während die Bediensteten von Madame Qin Li Qingyu zurück ins Innere geleiteten, damit er behandelt werden und sich ausruhen konnte.

Puliuru Jian sagte zu Shen Qiao: »Shen-xiong, lasst uns aufbrechen.«

Shen Qiao nickte, aber er hatte noch nicht gesprochen, als etwas anderes geschah.

»Während ich auf dem Weg war, ist mir etwas eingefallen. Wenn du Yuan Xiong und seine Ehefrau nicht ausliefern willst, lade ich die Madame als Gast ein. Lass uns sehen, wen du mehr schätzt: deine Mutter oder deine Cousine!«

Es war eine Stimme, die sich von Weitem näherte und dennoch hell und unglaublich klar klang. Als spräche sie direkt in das Ohr des Zuhörenden. So eine hohe Stufe der »Klangverschiebung« war noch schwieriger als die Technik der »Klangübertragung«. Su Wei und Su Qiaos Gesichter verzerrten sich vor Angst. Su Wei war ein Gelehrter durch und durch, er könnte nicht einmal ein Huhn besiegen. Su Qiao hingegen hatte eben eine herbe Niederlage gegen Duan Wenyang eingesteckt. Seine rechte Hand war immer noch nicht funktionsfähig, aber er ignorierte das und warf sich dorthin, wo seine Mutter war. Doch noch bevor er sie erreichte, wurde er in eine andere Richtung geschleudert und prallte hart am Boden auf. Niemand hatte gesehen, was ihn getroffen hatte. Und niemand hatte erwartet, dass Duan Wenyang so schnell zurückkehren würde. Aber er hatte nie behauptet, dass er die Sache mit Yuan Xiong ruhen lassen würde. Er schien genau das geplant und in der Nähe gewartet zu haben. In diesem Augenblick hätte es keinen Sinn, ihn für so eine hinterlistige und schamlose Herangehensweise anzuklagen. Egal, ob im Jianghu oder am Hof, inmitten der sich stetig ändernden Welt galt das Gesetz des Stärkeren. Wer am härtesten zuschlug, lachte zuletzt. In dem Moment, in dem Su Qiao weggestoßen wurde, setzten sich Li Qingyu, Dou Yanshan und Xie Xiang gleichzeitig in Bewegung, um Duan Wenyang aufzuhalten. Diese Männer waren die Elite der aktuellen Jianghu. Wenn es eine Lücke zwischen ihnen und den Besten Zehn gab, war sie klein. Li Qingyu war bereits qualifiziert genug, sich in diese Ränge zu begeben – auch wenn er im Duell eben um Haaresbreite unterlegen war. Doch wenn sie zu dritt angriffen, gab es keinen Grund zur Besorgnis. Aber sie hatten sich verschätzt. Duan Wenyang griff nicht Madame Qin an. Stattdessen änderte er auf halbem Weg sein Ziel und schoss direkt auf Su Wei zu!

Madame Qin war in ihrer Jugend eine Schülerin Hulugus.

Auch wenn sie viele Jahre nicht auf dem Schlachtfeld gekämpft hatte, war ihre Kultivierung unverändert. Aber Su Wei war anders – der Herzog des Bezirks Meiyang war nur ein Gelehrter, er hatte keine Ahnung von der Kampfkunst. Duan Wenyangs Bewegungen waren zielstrebig und schnell, er zögerte nicht. Das hier war von Anfang an sein Plan gewesen. Er war der Gruppe bereits einen Schritt voraus und mit einem Handschlag, der seinen Ärmel flattern ließ, hielt er sie erneut zurück. Als sie sich gefangen hatte, berührten Duan Wenyangs Finger bereits Su Weis Hals. Auch wenn sie gottgleiche Unsterbliche gewesen wären, hätten sie ihn nicht rechtzeitig retten können. Su Qiao schrie hilflos auf: »Xiongzhang!«

Madame Qin verzerrte das Gesicht und fauchte: »Wag es nicht, meinen Sohn anzufassen!«

Doch plötzlich machte Duan Wenyang einen Laut der Überraschung. Nicht wegen des Geschreis von Su Qiao oder Madame Qin und sicher nicht wegen der Gruppe um Li Qingyu. Ein Bambusstock war aus dem Nichts vor ihm aufgetaucht und schnitt ihm den Weg ab. Duan Wenyang griff instinktiv danach, doch der Stock entzog sich wieder und wieder seinen Fingern. Unmöglich zu ergreifen, wie ein glitschiger Fisch im schlammigen Flussbett. Wahres Qi breitete sich von den Bewegungen des Stocks aus wie Kreise auf dem Wasser. Und auch wenn die Kraft nicht erdrückend war, war sie doch extrem beständig. Duan Wenyang musste von Su Wei ablassen und sich dem neuen, unerwarteten Gegner stellen. Als er endlich einen Blick auf ihn erhaschte, zeigte sich der Schock deutlich in seinem Gesicht.

Erfahre, wie es weitergeht, in:

ISBN 978-3-426-56370-0

575 N. CHR.
GÖKTÜRK-KHAGAN
Beschbalik
Kucha
Turfan-Senke
Tarim-Becken
Su
Kan
Liang
TUYUHUN-REICH
Koko-nor
NÖRDLICHE ZH
Tibetische Hochebene
Himalaja
TIBET
Lhasa
Jangtse
Brahmaputra
Ganges
Yunnan Plateau
Ch'eng-chiang
Mekong
Pagan
Golf von Bengalen
VAN
0 100 200 300 400 500 km